ライブラリ 今日の法律学 1

憲法

柳瀬 昇 著

新世社

はしがき

　本書は，日本国憲法の標準的な解釈論を，通説と判例の立場から平明に解説するものである。本書において，筆者は，学界に対して独自の新たな学説を提唱しようなどという冒険を試みるつもりはない。今日の憲法学のスタンダードな議論を，読者に対してわかりやすく説明するだけである。

　読者に憲法学の基礎を確実に理解してもらうために，本書では，学習者にとって必要かつ十分な内容の解説を提供することとする。また，初学者にとって誤解されやすい論点については，ねばり強く丁寧に説明していく。随所に挿入する図表は，読者の理解の一助となるだろう。なお，本書では，各論点における判例の立場を簡潔に解説しているが，教科書としての性質上，具体的な事実の概要や判旨を詳細には紹介していない。判例の学習については，定評のある判例集などを用いて知識を補充されたい。

　　　まずは本文の内容をしっかりと理解することが重要であるが，それを踏まえて今日知っておくべき新たな議論の展開や，より高度な学習のために必要となる発展的な内容については，この段落のように，本文よりも小さな文字で記述することとする。初めて憲法を学ぶ読者にとっては，小さな文字で書かれた部分を読み飛ばし，理解が深まった後に改めて読むほうが，学習方法として効果的である。

　法律学の学習の第一歩は，専門用語の意味を正確に理解することである。そもそも言葉の意味を知らなければ，その言葉を用いて構築された議論の内容を理解できるはずがないからである。本書では，憲法解釈論上の重要な概念すべてを青色のゴシック体で強調し，そのほとんどについて標準的な定義を示すこととする。読者は，定義の部分（特に暗記すべきものについては，青色で記載する）にラインマーカーなどで線を引いて，しっかりと覚えてほしい。本書の巻末の事項索引は，憲法の重要概念の用語集である。覚えるべき用語はすべて索引に挙げられており，そこに示されたページをめくれば，その概念の標準的な定義が書かれているという構造になっている（実用性を重視し，学習上重要でないものは，索引項目として敢えて挙げていない）。

　筆者は，大学の法学部またはそれに相当する学部の学生を念頭に置いて，本書を執筆している。読者は，本書を通じて，日本国憲法の標準的な解釈論を無理なく要領よく把握することができるはずである。なお，高度な国家試験等を受験する学生は，本書の内容を一通り理解したうえで，各自が受験する試験に必要な水準まで，問題演習等を補うことで対応してほしい。司法試験予備試験受験生や法科大学院生にとって，本書は，限られた時間で憲法の学習内容を概観するために通読し，あるいは基礎的な事項を把握する際に必要な部分を確認するといった形で活用できるだろう。また，憲法に関心を有する一般の方々にとっても，本書は，その知的欲求を充足させる教養書となりうると考える。

　本書が，憲法を学ぼうとする方々の知識の習得と理解の増進のための一助となれば，筆者にとって幸いである。

　2023 年 3 月

　　　　　　　　　　　　　　　　　　　　　　　　　　柳瀬　昇

目　次

〈第1部　憲法総論〉

第1章　憲法総論　　2

1.1　憲法の概念・分類 ……………………………………………… 2
　　憲法の概念／憲法の分類／憲法の法源／
　　憲法前文の内容と法的性格

1.2　立憲主義の原理 ………………………………………………… 7
　　憲法規範の特質／日本国憲法の基本的原理／
　　権力分立主義・法の支配／立憲主義の原理とその展開

1.3　日本国憲法の制定 …………………………………………… 15
　　日本国憲法の制定経緯／日本国憲法成立の法理

〈第2部　人権論〉

第2章　人権総論　　20

2.1　人権の概念・特質・分類 …………………………………… 20
　　人権の概念／人権宣言の歴史／人権の国際的保障／
　　人権の特質／人権の分類／国民の義務

2.2　人権の享有主体性 …………………………………………… 30
　　人権の享有主体性／外国人の人権享有主体性／
　　法人の人権享有主体性／未成年者の人権

2.3　人権の制約原理と違憲審査 ………………………………… 37
　　自由権の保障とその制約／公共の福祉／比較衡量論／
　　二重の基準論／三段階審査／違憲審査基準論と三段階審査の融合／
　　制度依存的権利と立法裁量の統制

2.4 特別な法律関係における人権保障 ················· 51
特別な法律関係における人権保障 総論／
公務員の政治活動の自由／公務員の労働基本権／
刑事施設被収容者の人権

2.5 憲法の私人間効力 ······························ 58
憲法の私人間効力

第3章 幸福追求権・法の下の平等 63

3.1 幸福追求権の意義 ······························ 63
幸福追求権の意義／新しい人権の保障／人格権／
名誉権／プライバシーの権利／自己決定権／環境権

3.2 法の下の平等 ································· 73
法の下の平等の意義／14条1項後段の列挙事項／
平等権侵害についての違憲審査／法の下の平等が争われた事例

第4章 内心の自由──精神的自由権（1） 85

4.1 思想・良心の自由 ······························ 85
思想・良心の内容／思想・良心の自由の内容／
思想・良心の自由が争われた事例

4.2 信教の自由 ································· 90
信教の自由の内容／信教の自由が争われた事例／
政教分離の原則の意義／政教分離の原則の判断基準／
政教分離の原則が争われた事例

4.3 学問の自由 ································· 99
学問の自由の内容／大学の自治

第5章 表現の自由──精神的自由権（2） 102

5.1 表現の自由の意義・価値・射程 ················· 102
表現の自由の意義・価値／表現の自由の射程／通信の秘密

5.2 表現の自由の内容 ······························ 106
報道の自由／取材の自由／

放送の自由・インターネット上での表現の自由／

性表現（わいせつ文書）の規制／名誉毀損的表現の規制／

差別的表現・ヘイトスピーチの規制／

違法行為の煽動的表現の規制／営利的表現

5.3　表現の自由の限界 ……………………………………… 117

二重の基準論／表現に対する事前抑制・検閲／

表現に対する不明確な規制／表現内容規制と表現内容中立規制／

表現内容中立規制が争われた事例

5.4　集会・結社の自由 ……………………………………… 134

集会の自由／パブリック・フォーラム論／

集団行動の自由／結社の自由

第 6 章　経済的自由権　　141

6.1　居住・移転の自由 ……………………………………… 141

居住・移転の自由／外国移住の自由・国籍離脱の自由／

海外渡航の自由

6.2　職業選択の自由 ………………………………………… 144

職業選択の自由の意義／職業選択の自由に対する規制／

規制目的二分論／職業選択の自由が争われた事例

6.3　財 産 権 ………………………………………………… 154

財産権の保障の意義／財産権の内容形成・財産権に対する規制／

損失補償の要否

第 7 章　人身の自由　　160

7.1　人身の自由 総論 ……………………………………… 160

人身の自由の意義／奴隷的拘束・意に反する苦役からの自由／

法定適正手続の保障

7.2　刑事手続上の権利 ……………………………………… 164

被疑者の権利／被告人の権利

第8章　国務請求権・社会権——積極的権利　171

8.1　積極的権利の意義　………………………………………… 171
積極的権利の一般的特質／国務請求権の意義とその内容／
社会権の意義

8.2　生　存　権　………………………………………………… 175
生存権の内容／生存権の法的性格／
生存権の具体化と立法裁量の審査／
生存権の自由権的側面・制度後退禁止原則

8.3　教育を受ける権利　………………………………………… 182
教育を受ける権利の内容／教育権の所在

8.4　勤労の権利・労働基本権　………………………………… 185
勤労の権利・勤労の義務／労働基本権の意義とその内容

第9章　参　政　権　191

9.1　選挙権・被選挙権　………………………………………… 191
参政権の意義／選挙権の法的性格／在外選挙制度／
被選挙権／選挙運動の自由／近代選挙法の基本原則

9.2　一票の較差（議員定数不均衡）　………………………… 200
一票の較差（議員定数不均衡）／
衆議院議員中選挙区選挙における一票の較差／
衆議院議員小選挙区選挙における一票の較差／
参議院議員選挙区選挙における一票の較差／
地方議会議員選挙における一票の較差

〈第3部　統治機構論〉

第10章　国会と立法権　210

10.1　立法権の概念と国会の地位　…………………………… 210
立法権の概念／国会の地位——国権の最高機関／
国会の地位——国の唯一の立法機関／
国会の地位——国民の代表機関

10.2　国会の組織と活動　……………………………………… 216

国会の組織——二院制／会期制／会議の原則／

本会議と委員会／衆議院の優越

10.3　国会・議院の権能　………………………………………… 227

国会の権能／条約締結の承認権／議院の権能／

国政調査権／国会議員の権限／国会議員の地位と特権

10.4　民主政治を支える制度　…………………………………… 239

選挙制度／現行の選挙制度の合憲性／政党／

比例代表選出議員の党籍離脱

第 11 章　内閣と行政権　　　　　　　　　　　　　　　　252

11.1　行政権の概念と内閣の組織　……………………………… 252

行政権の概念／内閣の組織／内閣の権能／

内閣総理大臣・国務大臣の権限／独立行政委員会

11.2　国会と内閣との関係　……………………………………… 264

内閣の責任／議院内閣制と大統領制／

議院内閣制の本質／衆議院の解散

第 12 章　裁判所と司法権・違憲審査権　　　　　　　　273

12.1　裁判所の組織・権能　……………………………………… 273

政治部門と法原理部門／裁判所の組織／

特別裁判所の禁止／裁判官／最高裁判所の権能／

国民の司法参加／司法権の独立／裁判の公開

12.2　司法権の概念　……………………………………………… 291

司法権の概念・範囲／法律上の争訟／司法権の限界

12.3　違憲審査権の概念　………………………………………… 299

違憲審査権の概念・根拠／

裁判所による違憲審査と民主的正統性／

違憲審査権の性格／違憲審査の主体／違憲審査の対象／

条約の違憲審査／立法不作為の違憲審査

12.4　憲 法 訴 訟　……………………………………………… 307

憲法訴訟の意義・訴訟要件／

憲法訴訟の当事者適格（違憲主張の適格）／

憲法判断の方法／違憲審査の方法／違憲判断の方法／

法令違憲判決の効力／判例の拘束力

第13章　財　政　320

13.1　財政民主主義 ·· 320
財政民主主義／租税法律主義／

国費支出・国庫債務負担行為国会議決主義／

公金支出等の禁止

13.2　財政監督の方法 ·· 325
予算の意義・法的性格／予算の国会による修正／

予算と法律との不一致／決算・財政状況の報告

第14章　地方自治　330

14.1　地方自治の本旨 ·· 330
地方自治の意義／地方自治の本旨／地方自治特別法／

直接請求制度

14.2　地方公共団体の組織と権能 ································ 335
地方公共団体の意義／地方公共団体の組織／

地方公共団体の権能

14.3　条例制定権 ·· 342
条例制定権の意義／

法律留保事項についての条例による規制の可否／

条例制定権の限界

第15章　天　皇　346

15.1　日本国憲法下の天皇制 ···································· 346
天皇の地位／皇位の継承／天皇の権能／

天皇の法的責任／天皇・皇族の人権享有主体性／

皇室財産と皇室経費／天皇に関連する論点

第16章　平和主義　356

16.1　日本国憲法9条の法意　……………………………………　356
平和主義の意義・経緯・背景／
日本国憲法前文における平和主義／
9条の法的性格／9条の法意／戦争の放棄／
戦力の不保持／自衛権の概念／集団的自衛権／
交戦権の否認／平和的生存権／有事法制

16.2　日米安保体制と日本の国際貢献　……………………　369
日米安全保障体制／重要影響事態／
安全保障面での日本の国際貢献

第17章　憲法保障　376

17.1　憲法保障の意義　………………………………………………　376
憲法保障の意義／組織的な憲法保障制度／
未組織的な憲法保障制度

17.2　憲法改正の意義　………………………………………………　379
憲法改正の意義と手続／憲法改正の限界／憲法の変遷

参 考 文 献（383）

索　引
事 項 索 引（384）
判 例 索 引（393）

凡 例

1 法 令

　題名の長い法令・条約については，一般的な略称を用い，各章で初めて登場する箇所で，かっこ内に正式名称を挙げた。

　法令を引用する際には，漢数字を算用数字に改めた。

2 判 例

最大判（決）　　最高裁判所大法廷判決（決定）
最判（決）　　　最高裁判所判決（決定）
高判（決）　　　高等裁判所判決（決定）
地判（決）　　　地方裁判所判決（決定）
簡判　　　　　　簡易裁判所判決

3 判 例 集

民集　　　　　最高裁判所民事判例集
刑集　　　　　最高裁判所刑事判例集
集民　　　　　最高裁判所裁判集民事
高刑集　　　　高等裁判所刑事判例集
訟月　　　　　訟務月報
判時　　　　　判例時報
判タ　　　　　判例タイムズ
判決文を引用する際には，漢数字を算用数字に改めた。

第1部
憲法総論

第 1 章

憲 法 総 論

1.1 憲法の概念・分類

1.1.1 憲法の概念

　憲法という概念の定義の方法は，大きく分けて2つある。一つは，形式に着目する方法であり（中身に何が書かれていようが関係ない），具体的には，「憲法」という名称が付された，憲法という法形式を採った成文の法典（憲法典）が憲法であるという定義である（形式的意味の憲法）。国会が制定する法律や行政機関が制定する命令ではなく，法規範としてより上位の憲法という法形式を採っているということが重要となる。この場合，現在の日本では，「日本国憲法」という題名をもつ法典がそれに当たる。もう一つは，ある特定の内容をもった法こそが憲法であるという定義である（実質的意味の憲法）。この場合，「憲法」という題名が付いていなくても，法形式として憲法でなくても（例えば，憲法ではなく法律という法形式であっても），憲法で規定されるべき内容が規定されていれば，それは実質的意味の憲法であるといえる。現在の日本における実質的意味の憲法とは，日本国憲法（憲法で書かれるべき内容が書かれている）以外にも，後述するとおり，さまざまな法律等を含む概念である。

　　　例えば，英国には，日本国憲法のような単一の成文の憲法典は存在しておらず，権利章典（1689年），王位継承法（1701年），人権法（1998年）などの法律，裁判所の判例の集積である判例法，長期間の慣行を通じて形成された慣習法などをまとめて，一体的に憲法として理解されている。この場合，形式的意味の憲法が存在するとはいえないが，実質的意味の憲法（これは，法形式を問わないので，法律であってもかまわない）は存在するといえる。

　では，実質的意味の憲法，すなわち，憲法で規定されるべき内容とは何か。

　憲法のもともとの意味（固有の意味の憲法）は，国家権力の組織・作用及びその相互関係を規律する法規範である。この意味での憲法は，どんな時代においても，どのような統治体制の下でも，必ず存在する（国家の統治の基本を定めるルールというものは，絶対王政下の専制国家であっても存在する）。固有の意味の憲法は実質的意味の憲法であるから，憲法という名前で呼ばれていなくとも，単一の法典でなくともかまわない。日本国憲法は，国会・内閣・裁判所などの統治機構について規定しており，固有の意味の憲法であるといえる。また，実質的意味の憲法は法形式を問わないので，国会法，内閣法，裁判所法，地方自治法などの法律も，（固有の意味の）憲法であるといえる。

　もっとも，今日では，憲法の役割として，統治機構を規定することよりも，人権を保障することのほうがより重要であると考えられるようになっている。このような考え方は，18世紀末の近代市民革命期に主張された，専断的な権力を制限して，広く国民の権利を保障するという立憲主義の思想に基づくものである。この思想によれば，憲法とは，自由主義に基づき，人権を保障するために，公権力を抑制することを定めた基本法（立憲的意味の憲法）をいう。例えば，専制的な国家が，議会などの国家機関について定める憲法典を制定したとしても，その憲法

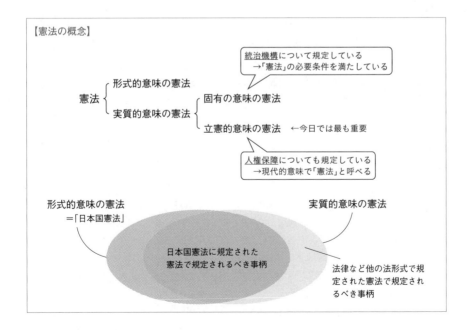

によって人権の保障がなされなければ，それは固有の意味の憲法を定めたといえても，立憲的意味の憲法を定めたとはいえない。なお，立憲的意味の憲法も実質的意味の憲法であるから，憲法という名前で呼ばれていなくとも，単一の法典でなくとも，憲法という法形式でなくともかまわない。

　現代の日本において，私たちが学ぶべき憲法とは，立憲的意味の憲法である。したがって，学習の対象は日本国憲法という法典に限られず，他の法律もその射程に含まれる（もっとも，その主たる対象は日本国憲法である）。

1.1.2　憲法の分類

　憲法は，さまざまな観点から分類することができる。

　まず，形式の点から見て，成典憲法（成文の法典という形式を採る憲法）と，不成典憲法（単一の法形式を採らずに，いくつかの制定法や判例法などから構成される憲法）とがある。

　次に，性質の点から見て，硬性憲法（改正手続が通常の法律の改正の場合よりも加重されている憲法）と，軟性憲法（改正手続が通常の法律の改正の場合と同じである憲法）とがある。

　そして，憲法を制定する主体の点から見て，欽定憲法（君主によって制定された憲法），民定憲法（国民によって制定された憲法），協約憲法（君主と国民との合意によって制定された憲法）とがある。

　これらの点に従って分類すれば，日本国憲法は，成典憲法であり，硬性憲法であり（96条参照），民定憲法（前文第1段参照）である。一方，単一の憲法典を有しない英国の憲法は，不成典憲法であり，議会が制定する法律によって実質的意味の憲法を改正しうるから，軟性憲法であるといえる。また，明治憲法（大日本帝国憲法）は，天皇によって制定された欽定憲法であり，七月革命後にフランスで制定された1830年憲章は，国王と国民との協約憲法である。

　　　さらに，憲法が現実の政治過程において有する機能に着目して，規範的憲法（政治権力が憲法規範に適応し，服従しており，関係者すべてによって遵守されている），名目的憲法（憲法規範は一応は存在しているが，現実には規範性を発揮していない），意味論的憲法（独裁国家や開発途上国家における憲法のように，現実の権力保持者が自己の利益のためにのみ既存の政治権力の配分を定式化したにすぎない）とに分類することもできる。これは，憲法のあるべき姿についての分類である（具体的には，意味論的憲法であってはならず，名目的憲法ではなく，規範的憲法でなければならないという意味である）。

【憲法の分類】

形式	性質	制定主体	機能
成典憲法	硬性憲法	欽定憲法	規範的憲法
不成典憲法	軟性憲法	民定憲法	名目的憲法
		協約憲法	意味論的憲法

1.1.3　憲法の法源

　わが国は日本国憲法という成典憲法を有するが，この憲法典以外にも，実質的意味の憲法は存在する。憲法の法源（法の存在形式）としては，次のようなものが考えられる（実質的意味の憲法は法形式を問わない概念であるので，憲法典以外の形式を採りうることはもちろん，成文の法典だけでなく不文の法規範も含まれる）。

　（1）憲法典　　日本国憲法を指す。

　（2）成文法　　国会によって制定された法律その他の成文の法規範のうち，国政上の理念を表すもの，国会・内閣・裁判所などの統治機構に関するもの，国民の権利・義務に関するもの，国際関係などに関するものは，憲法の法源として観念される。例えば，皇室典範，元号法，国籍法，国会法，公職選挙法，内閣法，裁判所法，財政法，会計法，地方自治法，国民投票法（日本国憲法の改正手続に関する法律），衆議院規則，参議院規則，いわゆるサンフランシスコ平和条約（日本国との平和条約），日米安全保障条約（日本国とアメリカ合衆国との間の相互協力及び安全保障条約），国際連合憲章，国際人権規約（経済的，社会的及び文化的権利に関する国際規約，市民的及び政治的権利に関する国際規約），女子差別撤廃条約（女子に対するあらゆる形態の差別の撤廃に関する条約），児童の権利条約（児童の権利に関する条約）などが挙げられる。

　（3）憲法慣習　　国会や内閣などが行った有権解釈（解釈権限を有する国家機関によってなされた憲法・法令等の解釈）によって，現に国民を拘束する憲法制度から，慣習法としての憲法慣習が形成されることがあるが，これも憲法の法源とされる。慣習法であるから，長期間，反復・持続され，不変かつ明確な意味を有し，それに一種の規範としての価値を認める国民の潜在的な合意が形成される必要がある。例えば，閣議の議事は構成員の全会一致によるという慣習は，憲法66条3項に基づくものであるといえるが，同条自体は具体的な決定ルールを定めているわけではないので，憲法に基づきその意味を具体化した憲法慣習であると解することも

【憲法の法源】

憲法の法源 {
　・「日本国憲法」という法典（形式的意味の憲法）
　・法律その他の法形式の法規範のうち，人権や統治機構に関する基本的なもの
　・憲法慣習
　・憲法判例（法的拘束力はないが，事実上，法源として機能する）

実質的意味の憲法は，
法形式を問わず，
成文でなくてもよい

できる。なお，憲法慣習は，国会や内閣などに対する政治的な拘束力を有するが，裁判所を拘束するものではない。また，憲法の規定に明らかに違反する慣習に憲法規範としての効力を認めるべきかについては，これを否定するのが通説的見解である（詳しくは，17.2.3 憲法の変遷を参照）。

　これらのほかに，最高裁判所が具体的事件において憲法の解釈について終局的な判断を示すことがあるが，このような憲法判例を法源として認めるか否かについては，争いがある。わが国は英国のような判例法国ではないため，判例には，先例拘束性の原則が認められておらず，後の裁判における裁判所に対する法的な拘束力は認められない。しかし，法的安定性の見地から，同種の事例には同一の結論が与えられるべきであるとして，判例に事実上の拘束力を認めるのが通説的見解である（つまり，事実上，法源として機能するといえる）。なお，他の実定法分野では（最高裁判所の判断だけでなく）下級裁判所の判断をも判例と呼ぶことがあるが，憲法学において，判例とは，原則として最高裁判所による憲法の解釈についての判断を指す（判例の意義については，12.4.7 判例の拘束力を参照）。最高裁判所のみが，統一的な法秩序や憲法上の規律を維持するという見地から，終局的に憲法判断を行うことができる（81条）ためである。

1.1.4　憲法前文の内容と法的性格

　日本国憲法には，4つの段落からなる前文（法律等の目的，趣旨，制定の経緯などを定める文章）が付されている。

　前文の内容としては，特に，その第1段において，「主権が国民に存すること」の宣言（国民主権主義），「自由のもたらす恵沢」の確保（人権尊重主義）と「戦争の惨禍」からの解放の決意（平和主義），日本国民が「この憲法を確定する」こと（民

定憲法性），「国政は，国民の厳粛な信託によるものであつて，その権威は国民に由来し，その権力は国民の代表者がこれを行使」すること（代表民主制），「人類普遍の原理……に反する一切の憲法，法令及び詔勅を排除する」こと（違憲審査制・憲法改正の限界）などについて述べている点が重要である。

前文は，憲法の一部を構成するものであり，1条以下の本文と同じ法的性質を有する。そして，前文は，憲法の本文や他の法令の解釈の指針として機能する。例えば，前文第1段の「人類普遍の原理……に反する一切の憲法，法令及び詔勅を排除する」という規定は，憲法改正に対する法的限界を定める法規範であると解される。

もっとも，前文は，裁判規範（裁判所が具体的な争訟を裁判する際に，直接に判断基準として用いることのできる法規範）ではないとするのが通説的見解である。前文は憲法の原理を抽象的に宣明したものであり，具体性を欠くため，裁判所に対して前文の執行を求めることはできないからである。

1.2 立憲主義の原理

1.2.1 憲法規範の特質

憲法規範の特質としては，(1) 自由の基礎法であり，(2) 制限規範であり，(3) 最高法規であることという3つが重要である。

(1) 憲法は，国会，内閣，裁判所などといった国家機関を設置し（組織規範），各機関に対して，立法権，行政権，司法権などといった国家作用を授権する（授権規範）。このように組織規範であり授権規範であるということは憲法の必要条件である（固有の意味の憲法）が，今日，より重要な点は，憲法が，公権力を規律することによって，国民の権利・自由を確保するという自由の基礎法であるということ（立憲的意味の憲法）である。

【憲法規範の特質】

憲法
- ・自由の基礎法（憲法は人々の自由を保障する）
- ・制限規範性（憲法は公権力を制限する）
- ・最高法規性（憲法は最上位の法規範である）

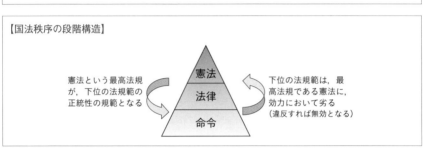

　（2）憲法がある国家機関に対して特定の権限を授権するということは，その機関は授けられた権限のみを行使することが許され，その権限を越える国家作用を行使することは許されないということを意味する。言い換えれば，国家機関が，憲法によって与えられた権限を越えて国民の権利・自由を侵害することのないように，憲法は，国家機関への授権を制限的に行っている。このように考えるならば，憲法の統治機構の規定は，人権保障という目的を達成するための手段にすぎないといえる。要するに，憲法は，国民の権利・自由を侵害させないように公権力を制限する規範である（制限規範）。

　（3）そして，自由の基礎法であり公権力の制限規範である憲法は，国法秩序において最も強い効力を有する最高法規である。国の法体系は，憲法－法律（国会が制定する法規範）－命令（行政機関が制定する法規範のことで，具体的には，内閣が制定する政令と，各府省の大臣が制定する内閣府令・省令を指す）という順で段階構造をなしているが，憲法が国の法体系の最も上位にあるということは，その下にある法規範が憲法の規定に違反してはならない（もし憲法の規定に違反する法令が制定された場合には，その法令は無効である）ということを意味する。このことを最もわかりやすく示しているのが，「この憲法は，国の最高法規であつて，その条規に反する法律，命令，詔勅及び国務に関するその他の行為の全部又は一部は，その効力を有しない」と定める日本国憲法98条1項の規定である。

　法律は，その上位法である憲法の定める手続に従って国会によって制定されたことがその正統性の根拠となる。では，憲法の場合も，より上位の法規範が憲法制定権者に対して憲法制定権を授権したから，制定された実定憲法が憲法としての効力を有する（憲法は，自然法のような憲法を超える授権規範〔根本規範〕により根拠づけられている）という考え方は成り立つだろうか。この点，実定法秩序において，憲法の正統性の根拠となる根本規範は，憲法自らによって憲法に書き込まれていると考えられている。すなわち，憲法の外にあって憲法を制定する権力である憲法制定権（制憲権）は，憲法典の中に取り込まれて，国民主権の原理として宣言されるとともに，憲法改正を最終的に決定する権限を国民が有すると定める憲法改正手続規定（96条1項）として具体的に制度化される。この立場によれば，憲法の規定の中には，根本規範に対応するより重要なものと，それ以外のものとが存在することになり，かつ，憲法規定の中で価値序列があることになる（憲法の規定はそれぞれ等しく重要であるというのではなく，改正することのできないより重要な根本規範的な憲法規定と，そうではない規定とが併存していると考えられる）。

1.2.2　日本国憲法の基本的原理

　日本国憲法には，いくつかの基本的原理がある。このうち，国民主権主義，平和主義，人権尊重主義（基本的人権の尊重）の3つが，いわゆる三大原理である。

　主権が国民に存することは，天皇の地位について定める1条に明記されており，平和主義の趣旨は，9条に規定されている。また，日本国憲法が人権尊重主義を採ることは，憲法の第3章（10条〜40条）に詳細な人権のカタログが規定されて

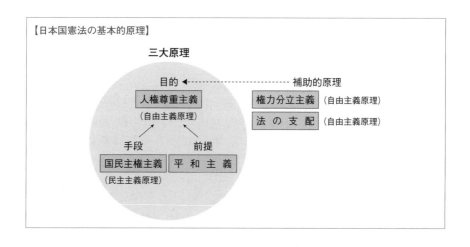

いることからも明らかである。なお，前文には，これらの基本原理の趣旨がすべて含まれている。

では，三大原理について，その内容を確認していくことにしよう。

（1）国民主権主義とは，国の政治のあり方を決定する権力と権威が国民にあるということを意味する。これは，絶対王政時代の君主による専制的支配（君主主権）に対抗して，国民こそが政治の主役であるということを示す観念である。国民主権の原理には，国の政治のあり方を最終的に決定する権力を国民が行使するという権力的契機と，国家の権力行使を正当化する究極的な権威は国民に存するという正当性の契機という2つの要素がある。そもそも国民主権の原理は，国民の憲法制定権力（制憲権）の思想に由来する（国家や憲法などが存在しなかった時代に，始原的な主権として，国民が憲法を制定する権力を有していた）が，国民の制憲権は，憲法が制定された時点で，自らを憲法典の中に制度化し，国家権力の正当性の究極の根拠は国民に存するという理念・建前としての国民主権原理と，憲法改正権（制度化された制憲権）とに転化した（したがって，通常の政治の場面では，国民主権の権力的契機は発動されることはない）。

　　　国民が公権力の行使に服さざるをえないことの根拠が国民にある（例えば，国民がなぜ法律を遵守しなければならないのかといえば，法律を制定したのは国会＝国民の代表機関＝国民自らであるからである，という擬制が成り立つ）ということが正当性の契機の表れである。一方，通常の政治過程では対応できないような国の政治のあり方を最終的に決定する場面である憲法改正において，それを決定する最終的な権限を国民が有するということ（96条1項）が，権力的契機の表れである。国民主権の権力性の側面を強調するとき，そこでの主権の主体としての国民は，実際に政治的意思決定を行うことができる有権者を意味する一方で，正当性の側面においては，国民とは有権者に限定されず，観念的な全国民（その時点ですでに死亡した国民や，まだ生まれていない国民，選挙権を有していない国民をも含む）を意味する（10.1.4 国会の地位──国民の代表機関を参照）。

　　　始原的な憲法制定権力はもっぱら権力的契機のみであったが，国民が憲法を制定し国家を創設した時点で，国家の権力行使がその憲法によって正当化されるという正当性の契機が発生する。ひとたび憲法を制定した時点で，憲法制定権力は使えなくなるが，憲法制定者としての国民は，憲法制定権力＝権力的契機を憲法改正権という形に変容させ，憲法典の中に残すことにした。

なお，主権の概念は多義的であるが，一般に，①国家権力そのもの，すなわち，立法権・行政権・司法権の総称としての国家の統治権，②国家権力の属性としての最高独立性（国内的には国家が最高の権力を有しており，対外的には国家として独立し

【国民主権の原理】

国民主権 { 権力的契機　国の政治のあり方を最終的に決定する**権力**を国民が行使する

正統性の契機　国家の権力行使を正当化する究極的な**権威**は国民に存する

ているということ），③国政についての最高決定権という3つの意味で用いられる。例えば，日本国憲法41条にいう「国権」とは①の意味の主権を意味する。また，前文第3段で「自国の主権を維持し」という場合の主権は②の意味であり，前文第1段で「ここに主権が国民に存することを宣言し」という場合や，1条で「主権の存する日本国民の総意」という場合の主権は③の意味である。そして，国民主権というときの主権とは，③の意味である。

　　　　最高裁判所は，定住外国人地方参政権訴訟判決（最判平成7年2月28日民集49巻2号639頁），東京都管理職選考受験訴訟判決（最大判平成17年1月26日民集59巻1号128頁），在外国民選挙権訴訟判決（最大判平成17年9月14日民集59巻7号2087頁）などで，憲法15条1項が公務員の選定罷免権を国民に保障することを基礎づけるものという意味で（通常政治における権力の問題として），国民主権の原理という言葉を用いている（そのほかに，国民主権の理念という形で用いられた例として，裁判員制度違憲訴訟最高裁判決〔最大判平成23年11月16日刑集65巻8号1285頁〕）。

　(2)　日本国憲法は，先の大戦の反省を踏まえて，戦争を放棄し，戦力の不保持を宣言し，国の交戦権を否認すること（9条）によって，平和（戦争あるいはその危険性のない状態）を維持しようとするという平和主義を採っている。具体的には，9条の解釈が問題となるが，詳細は，第16章 平和主義で検討する。

　(3)　人権尊重主義とは，個人を尊厳ある人間として尊重し，その人権を最大限保障しようとすることである（人権の概念等については，2.1.1 人権の概念で詳述する）。日本国憲法13条は「すべて国民は，個人として尊重される」と規定するが，ここに憲法の意義が集約されている。すなわち，憲法の目的は，国家権力を制約することにより，個人を最大限に尊重できる社会をつくり，もって，各人の幸福追求を実現することにある。そして，そのためには，基本的人権が，すべての国民に対して最大限に保障されなければならない。

　三大原理の相互関係について検討するならば，その中心は人権尊重主義である。個人の人権が十分に尊重されるために，その手段として，国政について国民一人ひとりの発言権を認める国民主権主義が採用され，その前提として，人権享有の前提である個人の生命そのものにできる限り危険が及ばないようにする必要があ

るため，平和が求められる。このように，三大原理は，基本的人権の尊重を中心
に相互に関連している。

1.2.3　権力分立主義・法の支配

日本国憲法は，三大原理のほかに，その補助的な原理として，権力分立主義と
法の支配を採用している。

国家権力が単一の国家機関に集中している場合，ひとたび権力が濫用され，人
権が侵害されるならば，その被害は甚大である。そこで，近代憲法の多くは，国
家の諸作用を性質に応じて区別し，それぞれ異なる機関に担当させるよう分離し，
相互に抑制と均衡を図らせ，全体として国家権力が公正に行使されるようにする
という権力分立主義を採用している。その典型が，国家の諸作用を立法・行政・
司法というように区別し，それぞれ国会・内閣・裁判所に担当させ（41条，65条，
76条1項），相互に抑制と均衡を図らせることである（なお，国と地方との垂直的な
権限分配や議会における二院制も，権力分立主義の発現形態の一つであるといえる）。権力
分立の主たる狙いは，公権力の濫用を防止し個人の人権を保障することにあるこ
とから，権力分立主義は自由主義的な原理であるといえる。

権力分立制は，現代国家においては，次の3点において，当初の形態から大き
く変容している（権力分立制の現代的変容）。（1）20世紀の積極国家（1.2.4 立憲主義
の原理とその展開を参照）の要請に伴い，行政活動の役割が飛躍的に増大し，行政
権が肥大化し，法の執行機関であるはずの行政府が国の基本政策の形成・決定に
事実上中心的な役割を営むようになっている（行政国家現象）。（2）国民と議会と
を媒介する組織としての政党が発達し，政党が国家意思の形成に事実上主導的な
役割を担っている（政党国家現象）。これに伴い，議会と政府との関係は，与野党
一体となって議会が政府を統制し政府が議会に責任を負う関係から，与党と政府
とが一体となったうえで政府＝与党↔野党との対抗関係へと機能的に変化してい

【権力分立】

　　目　的：公権力の濫用を防止し，個人の人権を保障すること（自由主義）

　　内　容：権力を分割し，別々の機関に分担させ，相互に抑制させ，均衡を図らせる

　　具体例：立法（国会）・内閣（行政）・司法（裁判所）の三権分立，など

る。(3) 裁判所の違憲審査制が導入され，司法権が議会や政府の活動をより強くコントロールするようになっている（司法国家現象）。

　専制君主によって恣意的な支配が行われるとすれば（人の支配），個人の人権は十分に尊重されない。そこで，国家権力が国民を統治する際には，必ず国会によって制定された法律によらなくてはならないという法治主義の原理が重要となる。個人の権利・自由を制約するためには，その主体である国民自身が納得して制約を甘受することが必要であるが，国民主権国家において，国民の代表機関である国会が法律を制定するということは，国民自身がその制約に納得したということと同視できるから，法律によって一定の範囲で権利制限が正当化されるのである。

　しかしながら，そこでいう法律を形式的な概念として理解するならば，法治主義原理は，悪法であっても国民はそれに従わなければならないという不合理な原理として機能することになる。そこで，法律は，人権保障を目的とする憲法の趣旨に適合的に制定されなければならず，また，国会が制定した法律といえども，その内容が憲法に抵触する場合は無効としなくてはならない。このように，民主的な法律による統治を前提として，その法律そのものを上位法である憲法で統制しようという考え方が法の支配である。すなわち，法の支配とは，専断的な国家権力の支配を排斥し，権力を法で拘束することによって，国民の権利・自由を擁護することを目的とする原理である。この法の支配も，権力分立主義と同様に，人権保障を目的とする自由主義的な原理であるといえる。

　なお，形式的な法治主義の原理にいう「法」とは，（国家が定め国民が守るべき）法律のことを指す（したがって，どのような内容のものであっても，法律で定めさえすればかまわない）一方で，法の支配にいう「法」とは，（国家のほうが守るべき）憲法のことを指す（合理的な内容であり，かつ，人権の観念と結びつくものでなければならない）。

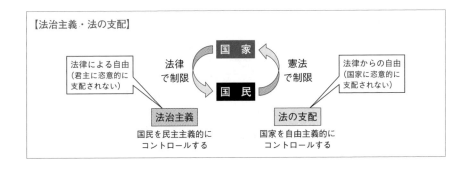

　　　形式的な法治主義とは，戦前のドイツで典型的に見られたものである一方，法の支配は英米法的な観念である。戦後のドイツでは，敗戦とその反省を踏まえて，法律の内容の正当性を重視するようになり，今日における実質的な法治主義の概念は，法の支配の原理とほぼ同じ意味を有するようになっている。

　法の支配の内容としては，憲法が最高法規である（国会が制定する法律よりも効力が強い）ことや，公権力が私人の人権を侵害してはならないことなどが挙げられる。そして，公権力によって私人の人権が侵害されないように，国会が制定した法律といえども（国会以外の国家機関による国家行為も同様に）憲法に違反する場合には無効とするという違憲審査制は，法の支配の考え方を最もわかりやすい形で具体化したものであるといえる。

　　　法の支配の具体的な内容としては，①憲法の最高法規性の観念，②公権力によって侵害されない人権の保障，③法の内容・手続の公正を要求する適正手続，④公権力の恣意的な行使をコントロールする裁判所の役割への尊重などが挙げられる。

1.2.4　立憲主義の原理とその展開

　かつての絶対王政における専制君主による恣意的な支配体制を打破することを目的とした近代市民革命の指導原理こそが，国家の権力行使は憲法に基づいて行われなければならないという立憲主義の思想であり，これは，市民革命以降に制定された憲法に実定化された。

　19世紀の自由国家においては，個人は自由かつ平等な存在であり，個人の自由意思に基づく経済活動が広く容認される一方で，国家による干渉は避けるべきと考えられ，社会の最小限度の秩序の維持と治安の確保のみが求められていた（そ

のような国家観を，消極国家または夜警国家という）。また，このような自由国家では，人権は，国家からの自由（自由権）を中心にとらえられてきた。

　しかしながら，資本主義の高度化に伴って，貧富の差などの弊害が顕在化した。そこで，そのような状況を解消するために，国家が積極的に市民生活に関与することが要請されるようになった。このような社会国家の下では，国民に対して社会権を保障することによって，社会的・経済的弱者を救済することが，国家の新たな任務となった（従来は個人の自律に委ねられてきた領域に，国家が一定の積極的な介入を行うべきという国家観を，積極国家ないし福祉国家という）。

　そもそも，立憲主義は，国家が市民生活にみだりに介入すべきではないという消極的な国家観を前提としている（したがって，個人の人格的自律を重視するならば，今日においてもなお，人権の基本は自由権である）。もっとも，立憲主義の本来の目的は，個人の権利・自由の保障にあることを想起すれば，その目的を現実の生活で実現しようとする社会国家の思想と，立憲主義とは矛盾しない。

1.3　日本国憲法の制定

1.3.1　日本国憲法の制定経緯

　1889（明治22）年2月11日に公布され，1890（明治23）年11月29日に施行された，いわゆる明治憲法は，一定の権利や自由を保障する規定を設けていたものの（第2章），それは，「法律ノ範囲内ニ於テ」保障される臣民（天皇の臣下）の権利として，法律により容易に制限できるものにすぎず（法律の留保），また，権力分立制を採用していたものの，帝国議会・各国務大臣・裁判所は，統治権の総攬者である天皇（4条）の大権を翼賛する機関にすぎなかった（5条，55条1項，57条1項）。しかも，天皇は陸軍・海軍の統帥権を有しており（11条），議会や内閣はこれに関与することはできなかった（明治憲法下での天皇の地位等については，15.1.1 天皇の地位を参照）。そして，この憲法の下で，わが国は，第二次世界大戦・太平洋戦争を行った。

　　　明治憲法下では，立法権は，天皇が帝国議会の協賛をもって行い，行政権については，国務大臣の輔弼を受けて責任を負わせて行使し，司法権も，天皇の名で裁判所が行うものとされていた。また，地方自治は存在せず，憲法の規定に違反した国

家行為の適合性を審査し無効と判断する違憲審査制度も存在しなかった。

　　なお，明治憲法下の臣民の権利保障規定のように，法律に基づく限り権利・自由の制限・侵害は可能であるという考え方を法律の留保というが，これは，行政法学で「法律の留保」が用いられる場合（国民の権利・自由に対する制限は，立法権によって法律に基づき行われるべきであり，行政権が恣意的に行うことはできない）とは異なる意味で用いているので注意が必要である。

　わが国は，1945（昭和20）年8月14日にポツダム宣言を受諾し，翌15日に，その旨が日本国民に伝えられた。

　ポツダム宣言を受諾した結果，わが国は，民主的な国家の形成が求められるようになった。同年10月11日，連合国軍総司令部（General Headquarters：GHQ）を訪問した幣原喜重郎内閣総理大臣は，最高司令官マッカーサーから，明治憲法を自由主義化させる必要があるとの示唆を受け，松本烝治国務大臣を長とする憲法問題調査委員会を発足させた。憲法問題調査委員会による憲法改正試案の内容は，明治憲法の条文を改正・削除するものであり，天皇主権の原理が維持されていた。

　　憲法問題調査委員会による憲法改正試案は，1946（昭和21）年2月8日に総司令部に提出されることになるが，それに先立つ2月1日に，委員の1人による試案が毎日新聞により報道され，その保守的な内容に失望した総司令部は，独自に内部で憲法改正案を作成することにした。

　マッカーサーは，天皇の地位，戦争の放棄，封建制度の廃止などに関して，憲法の改正の際に必要となる事項をまとめ（マッカーサー・ノート），それに基づき，総司令部の民政局の内部で憲法改正案（マッカーサー草案）が作成された。総司令部側は，同年2月13日の日本政府との会談で，憲法問題調査委員会による憲法改正試案を全面的に承認できない旨を伝えるとともに，マッカーサー草案を日本側に提示し，日本政府に対して，その内容を最大限に考慮して憲法改正を行うよう要請した。日本政府は，総司令部と交渉し，一院制の国会を二院制とするなど一部を変更したうえで，マッカーサー草案に基づき，憲法改正草案（内閣草案）を作成し，同年4月17日，公表した。

　憲法改正草案は，明治憲法73条の手続に従い，枢密院での審議・議決（6月8日）を経て，同月20日に帝国議会に提出された。衆議院（8月24日）・貴族院（10月6日）でそれぞれ修正議決され（同月7日に衆議院が回付案を可決），さらに枢密院での審議・議決（同月29日）を経て，11月3日に，「日本国憲法」として公布された。そして，1947（昭和22）年5月3日に施行された。

　　帝国議会が憲法改正を審議するに先立ち，1947（昭和22）年4月10日に，衆議院

議員総選挙が行われたが，その際には，改正された衆議院議員選挙法に基づき，女性を含む 20 歳以上の国民に選挙権が与えられ，女性を含む 25 歳以上の国民に被選挙権が与えられた（それ以前の日本では，女性に参政権は認められていなかった）。

　衆議院段階では，総司令部側からの要請に基づき，67 条・68 条に関して，内閣総理大臣を国会議員の中から指名することとし，国務大臣の過半数を国会議員の中から任命することとしたほか，日本の議員が主導したものとして，9 条 2 項の冒頭に「前項の目的を達するため」との文言（いわゆる芦田修正）を追加するとともに，国家賠償請求権（17 条），生存権（25 条），刑事補償請求権（40 条）の保障規定を設けるなどの修正が行われた。また，貴族院段階では，総司令部側からの要請に基づき，内閣総理大臣・国務大臣は文民でなければならないとする 66 条 2 項の規定（いわゆる文民条項）を設ける修正が行われた。

1.3.2　日本国憲法成立の法理

　憲法は，当該主権国家の国民の自由意思に基づき，他国からの干渉を受けることなく制定されなければならない（憲法の自律性）。しかしながら，日本国憲法は，1.3.1 日本国憲法の制定経緯で述べたとおり，連合国軍総司令部によって作成された憲法改正案に基づき制定されたものであるため，法的に自律性を欠くものではないかとの疑念が示されることがある。

　この点，通説は，(1) ポツダム宣言は（連合国側からの一方的な命令ではなく）連合国と日本の双方を拘束する休戦条約としての性格を有するものであると解したうえで，この宣言は明治憲法の改正を要求する趣旨であり，連合国は一定の限度でその趣旨を日本に遵守させる条約上の権利を有していたため，日本国憲法の制定は，国際法上，憲法の自律性の原則に違反しないと解する。また，国内法的に見ても，(2) ポツダム宣言の求める国民主権の原理と基本的人権の尊重は，近代憲法の一般的原理であり，この原理に基づき憲法を制定することが必要不可欠であったこと，(3) 終戦直後の日本政府は，自主的に近代憲法を制定することができなかったこと，(4) 帝国議会の審議段階では，日本政府のみならず当時の多くの日本国民が，日本国憲法の価値体系に近い憲法意識を有していたこと，(5) 女性を含む普通選挙により選出された衆議院議員からなる帝国議会によって，憲法改正草案が審議され，日本側のイニシアティブによる修正を経て可決されたこと，(6) 日本国憲法が施行されて以降，この憲法の基本原理が国民の間に定着してい

るという社会的事実が広く認められること（極東委員会から改正の要否について検討する機会が与えられながらも，日本政府は改正の必要はないと判断した）などから，日本国憲法は，国民の自律的な決定に基づき制定されたと解される。

　　　日本国憲法の制定は，連合国軍総司令部によって作成されたマッカーサー草案に基づき，終戦直後の日本政府が抑圧された状況下で事実上拒否権を認められないまま行われたものであり，制定過程に瑕疵がある（したがって，無効である）との，いわゆる「押し付け憲法論」に対しては，日本国憲法の自律性は確保されていたため妥当ではないと解する点で，主流派の憲法学説において異論がない。

　　　なお，陸戦ノ法規慣例ニ関スル規則43条は他国の「占領者ハ……占領地ノ現行法律ヲ尊重」しなければならないと規定しており，占領国が被占領国の憲法の改正に介入してはならないと解されるところ，日本国憲法の制定は，同規則に違反するとの見解がある。この点，通説は，この規則が交戦中の占領に適用されるものであり，ポツダム宣言の受諾によって休戦状態であった日本には適用されないため，このような見解は失当であると解している。

　日本国憲法は，欽定憲法である明治憲法73条の改正手続に基づき制定されたものであり，上諭（天皇が〔公式令の廃止以前の〕憲法・法令を公布する際に付していた文章のことで，前文の前に付された「朕は」で始まる文章のこと）によれば，天皇によって改正が裁可され公布されているが，前文第1段で「日本国民は，……代表者を通じて行動し，……主権が国民に存することを宣言し，この憲法を確定する」と宣明するとおり，日本国民が国民主権の原則に基づき制定した民定憲法である。そして，明治憲法の主権者は天皇であったのに対して，日本国憲法の主権者は日本国民である。通説は，憲法改正には法的限界があり，改正によって主権の所在を変更することはできないと解している（17.2.2 憲法改正の限界を参照）ため，明治憲法の改正によって日本国憲法を制定することは不可能ではないかとの疑念が示されることがある。

　この点，通説は，(1) 1945（昭和20）年8月のポツダム宣言の受諾により，明治憲法の天皇主権は否定され，国民主権が成立し（法的な意味での革命が行われた），その結果，(2) 明治憲法は，ポツダム宣言の趣旨と矛盾する限度で（改正条項をも含め）失効し，(3) 日本国民が，国民主権主義に基づき自ら日本国憲法を実質的に制定したと解する（8月革命説）。日本国憲法が明治憲法の改正手続に基づき制定され天皇の裁可を経たのは，明治憲法との間に外形的な継続性をもたせる便宜上の都合という形式的な理由のためであって，あくまで実質的には日本国憲法は国民自身が制定した民定憲法である。

第 2 部
人 権 論

第2章

人 権 総 論

2.1 人権の概念・特質・分類

2.1.1 人権の概念

　人権（基本的人権）とは，人格的生存に不可欠な利益を内容とする権利をいう。人格的生存とは，人間が単に生命体として存続しているという意味ではなく，人間が尊厳あるものとして自分らしく・人間らしく生きているということを意味する。今日では，憲法上保障された権利を人権という（ただし，固有で不可侵で普遍的な前国家的な人権と，実定憲法に保障された権利とを区別すべきという見解も有力である）。

　憲法は，2.5 憲法の私人間効力で後述するように，国家と私人との関係を規律する法規範であり，原則として，私人相互間を直接規律するものではない。

> 本書でいう「国家」とは，第14章 地方自治を除き，地方公共団体を含む広い意味での国家，すなわち公権力のことを指す。

　私人相互間を規律するのは，民法や刑法などといった憲法よりも下位の法規範である。例えば，私人が他の私人の名誉を毀損した場合，被害者は法律によって保護され，加害者は法律によって責任を追及されうる。すなわち，人の名誉を毀損する行為は，民法上，不法行為に当たり，被害者は加害者に対して損害賠償を請求する権利を有する（民法709条，710条）とともに，名誉は刑法上の保護法益であり，これを毀損する加害者の行為は犯罪として刑罰の対象となる（刑法230条）。このような，民法上の権利や刑法上の法益と，憲法上の人権とは明確に区別して理解されなければならない。憲法上の人権とは，原則として，私人が国家に対して主張しうるものであるであるから，人権の侵害とは，本来は，国家によって私人の人権が侵害されるときのみをいう。

　なお，人権は，その成熟度に応じて，それぞれの時代の状況や要請に応じて，さ

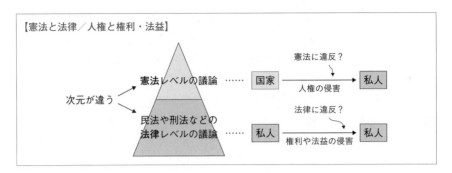

まざまに主張される背景的権利（法的権利を生み出す母体として機能する），背景的権利が明確で特定化しうる内実を有するに至り，かつ憲法の基本的人権の保障体系と調和する形で特定の条項（13条も含む）に基礎づけることができる法的権利，裁判所に対してその保護・救済を求め法的強制措置の発動を請求しうる具体的権利の3つに区別されることがある。このうち，背景的権利は，人権として具体化されていないため，司法的救済の対象とはならず（私人は，裁判所に対して，国家による人権侵害について救済を求めることができない），また，法的権利も，そのすべてが司法的救済の対象となるとは限らない。

2.1.2 人権宣言の歴史

　人権の思想が最も早く登場したのは英国であった。1215年のマグナ・カルタは，国王に対して封建領主の特権を擁護するための文書であったが，その趣旨は，1628年の権利請願や1689年の権利章典を成立させる基盤となった。このうち，権利請願は，議会の承認なしの負担を禁止し，人身の自由や法の適正な手続の要求を保障し，名誉革命後の権利章典は，請願権，選挙の自由，議会における言論の自由，陪審による裁判を受ける権利などの保障を認めた。もっとも，これらは，イギリス人が歴史的に有していた権利・自由を（人権というよりも）国民の権利として保障したものである。

　人が生まれながらにして有する不可侵の権利としての自然権という観念は，18世紀後半に，アメリカ独立戦争やフランス革命などの結果として誕生した。1776年から1789年までの間に，アメリカの諸州の憲法が，前国家的な自然権として人権を保障した（例えば，1776年のヴァージニア権利章典は，1条で，すべての人が生来的

に等しく自由かつ独立しており，一定の生来の不可侵の権利を有する旨を規定し，続く条項でさまざまな人権を保障している）。1776年7月4日の独立宣言では，「すべての人は，平等に造られ，一定の不可侵の権利が造物主によって与えられており，その権利の中には，生命，自由及び幸福の追求が含まれる」と述べられている。さらに，1787年に制定され1788年に成立したアメリカ合衆国憲法は，当初，統治機構に関する条項のみで構成されていたが，1789年に提案され1791年に発効した最初の10か条の修正条項（権利章典と呼ばれる）によって，信教の自由，表現の自由，人身の自由，財産権などの保障が明確にされた。

　1789年のフランスの人権宣言（人および市民の権利宣言）も，アメリカ諸州の憲法や独立宣言などと同様に，人が自由かつ権利において平等なものとして出生し存在することを明言し，国家以前に人権が存在するという自然権の考えを明らかにした（なお，現行のフランスの第5共和国憲法〔1958年制定〕は，前文で，この人権宣言が憲法の一部をなすことを確認している）。このフランスの人権宣言の影響を受けて，ヨーロッパ諸国で，人権宣言を含む近代立憲主義の憲法が，19世紀から制定されるようになった。

　20世紀に入ると，各国の憲法は，労働者や社会的弱者の権利を保障する規定を設けるようになった。1919年に制定されたドイツのヴァイマル憲法は，社会権について詳細に定めた世界最初の憲法として知られている（社会的・経済的弱者を保護するために，国家が積極的に施策を講じる義務を定めるとともに，財産権が公共の福祉に役立つよう行使されなければならない旨が規定されている）。これ以降に制定された世界各国の憲法は，生存権，教育を受ける権利，勤労・労働の権利などの社会権をも保障し，社会国家（社会主義国家という意味ではない）として国民の福祉の向上についての努力義務を課すようになった。もっとも，ヴァイマル憲法には大統領に強大な権限を認めていたため，ナチズムの台頭を止めることができなかった（第二次世界大戦後の1949年に制定されたドイツ連邦共和国基本法では，公権力の暴走を抑制する厳格な規定を設けるとともに，自由主義と民主主義を維持する義務を国民に課している）。

　19世紀のヨーロッパでは，議会が国の最高機関であるとする議会中心主義の考え方が一般的であったため，人権保障において中心的な役割を担うのは立法府であった。つまり，議会が法律を制定し，私人の人権を保障することが期待されていた。しかし，政府による行為だけでなく，議会が制定した法律そのものが憲法に違反し，人権を侵害することが問題とされるようになった。アメリカ合衆国最高裁判所が1803年にマーベリー対マディソン事件判決によって創設した違憲審

【人権宣言の歴史】

　　　　国民権から人権へ
　　　　　→　自由権中心から社会権の保障へ
　　　　　　　→　法律による保障から憲法による保障（法律からの保障）へ
　　　　　　　　　→　国内的保障から国際的保障へ

査制度が，第二次世界大戦後から，ヨーロッパの国々で採用されるようになった
（わが国が違憲審査制度を導入したのも，日本国憲法が制定された1946年〔昭和21〕であ
る）。そこでは，法律による人権の保障だけでなく，憲法による（法律からの）人
権の保障も重視されるようになった。さらに，近時では，西洋社会だけではなく，
アジアやアフリカの多くの国々でも，違憲審査制度が導入されている。

　なお，日本では，1889（明治22）年に公布され1890（明治23）年に施行された
明治憲法（大日本帝国憲法）に，外見的な人権保障の規定が置かれていたが，実質
的な人権宣言が設けられたのは，1946（昭和21）年に公布され1947（昭和22）年
に施行された日本国憲法においてである。すなわち，明治憲法は，第2章におい
て，「臣民権利義務」として，伝統的な自由権を中心に，さまざまな権利を保障す
る規定を置いたが，これらは天皇が臣下である臣民に対して恩恵的に与えたもの
であり，自然権としての人権とは考えられていなかった。また，これらの権利は，
「法律ノ範囲内ニ於テ」認められていたにすぎず，立法権や行政権によって容易に
侵害されうるものであった。また，違憲審査制度が設けられていなかったため，
公権力がこれらの権利を侵害したとしても，救済する手段が実質的に存在しなか
った。一方，日本国憲法は，第3章において，「国民の権利及び義務」として，不
可侵の自然的な権利としての基本的人権（11条）を保障するとともに，これらの
人権が公権力によって侵害された場合には，裁判所による違憲審査によって救済
が得られるようにしている（81条）。

2.1.3　人権の国際的保障

　国家と国民との関係は，従来，純然たる国内法の問題と考えられていたため，
国際法が特定の国の国民の人権について規律するという発想は，一般的ではなか
った。しかし，第二次世界大戦以降，国際社会における平和が維持されるために
は，各国で人権が尊重されることが不可欠であると認識されるようになり，立憲

主義国家が他国の人権状況に無関心ではいられなくなった。そして，人権思想の進展に伴い，世界中でさまざまな人権侵害が問題として認識されるようになると，人権を国内法的に保障するだけでなく，国際法的にも保障しようとする傾向が強まってきた。

　1945年に発効した国際連合憲章は，国際連合の目的として，「国際の平和及び安全を維持すること」とともに，「人種，性，言語又は宗教による差別なくすべての者のために人権及び基本的自由を尊重するように助長奨励することについて，国際協力を達成すること」などを目的として位置づける（1条）。国際連合憲章にいう人権の具体的内容を定めたものが，1948年の国際連合総会で採択された世界人権宣言である。この宣言自体は法的拘束力を有するものではないが，世界で初めて人権の国際的保障を明確に述べたものであり，「すべての人民とすべての国とが達成すべき共通の基準」（前文）として，戦後に制定された各国の憲法に大きく影響を与えた。

　その後，世界人権宣言で述べられた人権に法的な拘束力をもたせるため，1966年に，国際人権規約が採択された（1976年発効）。国際人権規約は，社会権規約（経済的，社会的及び文化的権利に関する国際規約），自由権規約（市民的及び政治的権利に関する国際規約），自由権規約の実施を確保するための選択議定書（市民的及び政治的権利に関する国際規約の選択議定書）の3つの条約から構成される（その後，いわゆる死刑廃止条約〔市民的及び政治的権利に関する国際規約の第2選択議定書〕〔1989年〕と，社会権規約の実施を確保するための選択議定書〔経済的，社会的及び文化的権利に関する国際規約の選択議定書〕〔2008年〕も採択された）。なお，日本は，1979年に，社会権規約と自由権規約を批准したが，労働者への休日の報酬の支払いや公務員の争議権の保障などに関して留保（条約の特定の規定に関して自国についての適用を排除する宣言）を行っている。また，日本は，選択議定書については，いずれも批准していない。

　また，国際人権規約のような包括的な人権条約のほかに，ジェノサイド条約（集団殺害罪の防止及び処罰に関する条約）（1948年国連総会採択，日本未批准），ILO87号条約（結社の自由及び団結権の保護に関する条約）（1948年採択，1965年批准），難民条約（難民の地位に関する条約）（1951年採択，1981年批准），人種差別撤廃条約（あらゆる形態の人種差別の撤廃に関する国際条約）（1965年採択，1995年批准），女子差別撤廃条約（女子に対するあらゆる形態の差別の撤廃に関する条約）（1979年採択，1985年批准），拷問等禁止条約（拷問及び他の残虐な，非人道的な又は品位を傷つける取扱い又は刑罰に関する条約）（1984年採択，1999年批准），児童の権利条約（児童の権利に関する

```
【人権の国際的保障】
  ┌ 普遍的な人権条約
  │    ┌ 包括的な人権条約
  │    │    国際連合憲章 → 世界人権宣言（法的拘束力のない決議）
  │    │                   → 国際人権規約（法的拘束力のある条約）
  │    │                     ・社会権規約（A 規約）
  │    │                     ・自由権規約（B 規約）
  │    │                     ・自由権規約の選択議定書
  │    │                     ・自由権規約の第 2 選択議定書（死刑廃止条約）
  │    │                     ・社会権規約の選択議定書
  │    └ 個別的な人権条約
  │         労働者 → 難民 → 人種的マイノリティ
  │                   → 女性 → 子ども → 障害者 など
  └ 地域的な人権条約
       ヨーロッパ人権条約 など
```

条約）（1989 年採択，1994 年批准），障害者権利条約（障害者の権利に関する条約）（2006 年採択，2014 年批准），強制失踪条約（強制失踪からのすべての者の保護に関する国際条約）（2006 年採択，2009 年批准）などが，個別的な人権条約として重要である。

　なお，地域的な人権条約として，ヨーロッパ人権条約（人権と基本的自由の保護のための条約）（1953 年発効），米州人権条約（1978 年発効），アフリカ人権憲章（人及び人民の権利に関するアフリカ憲章）（1986 年発効）が注目される。

　　　現時点で，アジア人権条約というものは存在しない（2023〔令和 5〕年 7 月時点）。なお，米州人権条約は，アメリカ合衆国，カナダ，キューバを含む米州機構による条約であるが，これら 3 か国は批准していない（もっぱら中南米諸国の地域的人権条約である）。

2.1.4　人権の特質

　人権には，固有性・不可侵性・普遍性という 3 つの特質がある。

　（1）人権は，憲法や君主から恩恵として与えられたものではなく，人であるということによって当然に有するとされる権利である（人権の固有性）。言い換えれば，人為的に付与されたものではなく，自然（西洋社会であれば，造物主）によって与えられたものという意味である（したがって，天賦性ともいう）。日本国憲法が，人

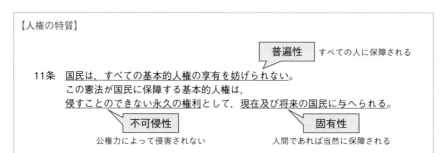

権を「現在及び将来の国民に与へられる」もの（11条），ないし「現在及び将来の国民に対し……信託されたもの」（97条）と規定するのは，この人権の固有性を意味している。

（2）11条・97条に規定されているとおり，人権は，公権力によって「侵すことのできない永久の権利」である（人権の不可侵性）。ただし，人権の不可侵性は，人権が絶対無制限であることを意味するものではない（公共の福祉による制約を受けうる）。

（3）人権は，人種，性，身分などの区別にかかわらず，あらゆる人に平等に保障される権利である（人権の普遍性）。日本国憲法11条が，「国民は，すべての基本的人権の享有を妨げられない」と定めるのは，人権が普遍的であることを意味している。

　　　人間が人間として本質的に有する生まれながらの権利としての人権（基本的人権）と，（もともと自然権として認められなかったもの）憲法によって初めて保障された権利（憲法上の権利）とを区別する見解も有力である。この見解によれば，例えば，国家賠償請求権（17条）や刑事補償請求権（40条）は，国家の成立＝憲法の制定以前から私人に保障されていた基本的人権（前国家的な人権）ではなく，憲法の制定によって初めて国民に保障された憲法上の権利（後国家的な人権）ということになる。

2.1.5　人権の分類

　人権は，大別して，消極的権利としての自由権，積極的権利としての社会権，能動的権利としての参政権の3つに分けることができる。

（1）消極的権利としての自由権とは，国家が個人の領域に対して権力的に介入

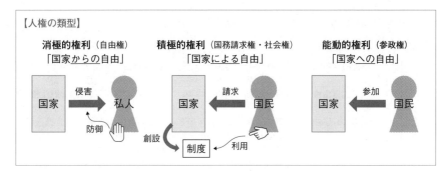

することを排除して，個人の自由な意思決定と活動を保障する権利である。個人から見て国家からの干渉を排除し，その自由を維持するという意味で，「国家からの自由」ともいわれる（その多くは，「○○の自由」と名付けられる）。自由権の内容は，精神活動の自由としての精神的自由権，経済活動の自由としての経済的自由権，身体に関する自由としての人身の自由に分けられる。

（2）積極的権利とは，国民が国家に対して一定の積極的作為を要求する権利である。これは，国民が国家に対して制度の創設と政策の遂行を請求し（法治国家では，制度は国会が制定する法律に基づき創設され，その法律に基づき政策が遂行される），国家によって作られた制度・政策を国民が利用することによって実現する（国家の不作為を要求する自由権とは異なり，積極的権利は国家の作為〔法律の制定〕を必要とする）。その意味で，積極的権利は，「国家による自由」ともいわれる（その多くが，「○○の権利」または「○○請求権」と名付けられる）。積極的権利には，古典的な受益権である国務請求権と，20世紀的以降に新たに認められるようになった社会権（資本主義の高度化に伴って生じた失業・貧困・労働条件の悪化などの弊害から，社会的・経済的弱者を守るために保障される人権）とがある。積極的権利は，一般に，憲法の規定のみを直接的な根拠として権利の実現を裁判所に請求することのできる具体的権利ではなく，国会によってその内容が法律として制定されることによって，具体的権利となる（例えば，教育を受ける権利は，教育基本法や学校教育法などの法律によって学校制度や教育政策が作られ，国民がその制度・政策を利用することによって実現されるし，国家賠償請求権や刑事補償請求権も，それぞれ国家賠償法・刑事補償法という法律に基づき国家賠償制度・刑事補償制度が創設され，国民がそれらを利用することによって実現される）（詳しくは，8.1.1 積極的権利の一般的特質を参照）。

（3）能動的権利としての参政権とは，国民が主権者として国家（地方公共団体を

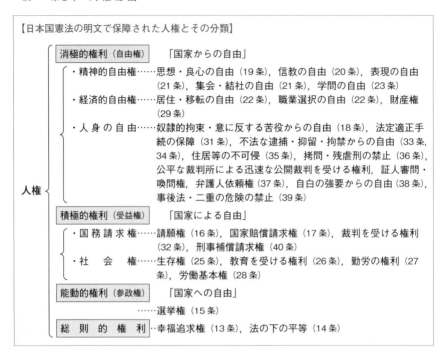

含む）の政治に参加する権利である。国民が国家の運営に参画する権利であること（例えば，国民は選挙において選挙権を行使することで，政治家を通じて国政を左右しているし，被選挙権や公務就任権に基づき政治家や公務員となり，国家という立場で公権力を行使する）から，「国家への自由」ともいわれる。

　これらの基本的な分類のほかに，人権の総則的な権利として，幸福追求権（13条）と法の下の平等（14条）がある。

　なお，人権の分類は相対的なものであるから，1つの人権が複数の性質を有することもある。例えば，表現の自由（21条）の保障から導出される知る権利は，情報の受領を妨げられないという意味で自由権としての性格を有するが，それだけでなく，国に対して情報の公開を積極的に請求しうるという意味で社会権としての性格を有する。また，社会権である生存権（25条）にも，公権力によってそれが不当に制限されてはならないという意味で自由権的側面がある（8.2.4 生存権の自由権的側面・制度後退禁止原則を参照）。

　日本国憲法の明文で保障された人権がどれに分類されるかについては，上の図

表に示すとおりである（ここに挙げたもの以外に，幸福追求権等に基づく新しい人権などがある）。

2.1.6 国民の義務

立憲的意味の憲法は，国民に対して人権を保障するためのものであり，国民に義務を課すことを主たる目的とするものではないが，わが国の憲法には，義務の規定も設けられている。

明治憲法が，兵役の義務（20条），納税の義務（21条），教育の義務（ただし，勅令による）の3つを定めていたのに対して，現行の日本国憲法は，子女に普通教育を受けさせる義務（26条2項），勤労の義務（27条1項），納税の義務（30条）の3つを規定する（教育を受けさせる義務については8.3.1 教育を受ける権利の内容を，勤労の義務については，8.4.1 勤労の権利・勤労の義務を，納税の義務については，13.1.2 租税法律主義を，それぞれ参照）。これら憲法上の義務規定から，直接的な法的義務が国民に発生するのではなく，法律を制定することによって初めて義務が生じる（その時点で，法律上の義務となる）。

なお，日本国憲法は，12条において，「この憲法が国民に保障する自由及び権利は，国民の不断の努力によつて，これを保持しなければならない」と定めるとともに，「国民は，これを濫用してはならないのであつて，常に公共の福祉のためにこれを利用する責任を負ふ」と規定する。これは，人権を保持し濫用せずに公共の福祉のために利用する国民の責務を規定したものにすぎず，国民に対して具体的な法的義務を課したものではない。

また，天皇，摂政，国務大臣，国会議員，裁判官その他の公務員に対しては，憲

【憲法上の義務】

明治憲法下の三大義務　→　日本国憲法下の三大義務

- ・兵役の義務（20条）
- ・納税の義務（21条）
- ・教育の義務（勅令）

- ・子女に普通教育を
　受けさせる義務（26条2項）
- ・勤労の義務（27条1項）
- ・納税の義務（30条）

憲法解釈論として，
重要な意義はない

人権保持の一般的義務（12条）

（公務員）　憲法尊重擁護義務（99条）＝憲法保障としての
意義がある

法尊重擁護義務が課されている（99条）。憲法尊重擁護義務については，17.1.2 組織的な憲法保障制度を参照。

2.2　人権の享有主体性

2.2.1　人権の享有主体性

　人権総論で議論すべき主要な論点は，日本国憲法が規定する人権が，（1）誰にどのように保障されるのかと，（2）どのような法律関係において保障されるのかの2つに大別しうる。前者が人権の享有主体性という論点であり，ここで扱う。なお，後者は，特別な法律関係における人権保障と憲法の私人間効力という論点であり，2.4 特別な法律関係における人権保障と 2.5 憲法の私人間効力で検討する（詳しくは，2.4.1 特別な法律関係における人権保障 総論を参照）。

　人権には普遍性という特質があるが，実際には，あらゆる人権がすべての人たるものに対して等しく保障されるわけではなく，外国人など一定の人々に対しては，人権の権利としての性質ごとに保障の程度が異なりうる。例えば，日本国憲法は，第3章の表題として「国民の権利及び義務」と規定しており，その中には，国家の成立（憲法の制定）以前から当然に個人に保障されなければならない自然権としての前国家的権利（自由権）と，国家の存在を前提として（国家がなければ認められない）国民に保障される後国家的権利（社会権や参政権）とがあり，それらを国家の構成員以外の外国人に保障すべきか否かが問題となる。また，人権とは，自然人（法律上，権利能力が認められる社会的実在としての人間）としての個人の権利であるが，今日では，会社などの法人も，憲法上，人権の享有主体であると考えら

【人権総論・人権各論の課題】

人権総論	人権各論
（1）誰にどのように人権が保障されるのか 　　（人権享有主体性） （2）どのような法律関係において 　　人権が保障されるのか 　　・特別な法律関係における人権保障 　　・憲法の私人間効力	個別の人権保障規定について ・人権の保障範囲 ・人権の制約の態様 ・人権制約の合憲性

れているため，法人にどのような人権が保障されるのかを議論する必要がある。

　なお，日本国憲法にいう国民とは，当然のことながら日本国民のことを指し，その範囲は憲法10条により国籍法という法律によって規定されている（一方で，外国人とは，日本国民以外の者すべてを指し，外国の国籍を有する者に限らず，無国籍の者を含む）。国籍の取得は，出生による場合と帰化による場合とがあり，前者については，日本の国籍法は血統主義（親の血統に従って親と同じ国籍を子に取得させる）を原則とし，例外的に出生地主義（出生地国の国籍を子に取得させる）を認めている（2条）。

2.2.2　外国人の人権享有主体性

　日本国憲法第3章の表題は「国民の権利及び義務」であり，そこでいう「国民」は日本国民であるから，日本国憲法に規定する人権は日本国民に保障される。しかし，(1) そもそも人権とは前国家的・前憲法的な性格を有するものであり，また，(2) 日本国憲法が国際協調主義を採っていること（前文，98条2項）から，憲法の規定する人権は，権利の性質上，日本国民のみをその対象としていると解されるものを除き，外国人にも保障されると解される（通説・判例〔マクリーン事件最高裁判決（最大判昭和53年10月4日民集32巻7号1223頁）〕）。

　条文に権利主体が「国民は」と限定して書かれているものとそうでないもの（「何人も」と書かれているものや，権利主体を明示していないもの）とで，外国人への適用を区別するという見解（文言説）もあるが，外国移住・国籍離脱の自由を「何人」にも保障すると規定する22条2項があるため，採りえない（日本国憲法の外国移住・国籍離脱の自由の保障は，日本国民に対してのみ行いうるものであり，外国人に対してはできない）。そこで，条文の文言にかかわらず，権利の性質上適用可能な人権はすべて保障されるという性質説が，通説・判例（マクリーン事件最高裁判決）である。

　外国人には保障されない人権として，次のようなものがある。

　(1) 参政権は，国民が自分の所属する国の政治に参加する権利であり，性質上国民にのみ認められる権利であるから，国民主権国家においては，当然に，外国人には認められない。憲法上，国政レベルの選挙権・被選挙権は国民にのみ保障され（ヒッグス・アラン訴訟最高裁判決〔最判平成5年2月26日判時1452号37頁〕，最判平成10年3月13日集民187号409頁），地方政治レベルの選挙権・被選挙権も，憲法上は国民である住民にのみ保障される（最判平成7年2月28日民集49巻2号639頁）。

　ただし，住民の日常生活に密接に関連する地方政治に関しては，永住者等であ

【人権享有主体性】

　人権享有主体性＝誰に人権を保障すべきか？
　そもそも法人／外国人に人権を保障すべきか？　文言説 × 性質説 ○

　　　　　　　　　　　　　　　　　　　　　　　　（外国人の性質ではなく，権利の性質である）

　特定の人権を保障すべきか？
　禁止説 ……その権利を保障することを憲法が禁止している
　　　　　　　→法律を制定して権利を与えることはできない（与えたら違憲）
　許容説 ……その権利を保障することを憲法が禁止していない
　　　　　　　→法律を制定すれば権利を与えられる（与えても与えなくても合憲）
　要請説 ……その権利を保障することを憲法が要請している
　　　　　　　→法律を制定して権利を与えるべき（与えなければ違憲）

　ってその地方公共団体と特段に緊密な関係をもつに至ったものに対して，法律により選挙権を付与することは禁止されていないとする最高裁判決がある（前掲最判平成7年2月28日）。これは，（1）禁止説（国民にのみ憲法上の権利が保障されており，外国人に権利を認めることを禁止されているものについて，外国人に法律で権利を付与すれば違憲となる），（2）許容説（国民にのみ憲法上の権利が保障されており，外国人に権利を認めることを禁止されていないものについて，外国人に法律で権利を付与しても違憲とはならないし，付与しなくても違憲とはならない），（3）要請説（国民にも外国人にも憲法上の権利が保障されているものについて，外国人に法律で権利を付与しなければ違憲となる）の3つのうち，許容説に立つものである。したがって，外国人に地方レベルの選挙権は憲法上保障されておらず，（要請説ではないため）選挙権を付与する法律を制定しなくても違憲ではないが，（禁止説ではないため）付与する法律を制定しても違憲ではなく，その是非は国会の裁量的判断による（なお，現行の公職選挙法は，地方レベルといえども外国人に選挙権を付与していない）。

　広義の参政権である公務就任権は，国家公務員・地方公務員いずれについても，憲法上，外国人には保障されていない（東京都管理職選考受験訴訟最高裁判決〔最大判平成17年1月26日民集59巻1号128頁〕）。実務上，公権力の行使または国家意思の形成への参画に携わる公務員となるためには，日本国籍を有することが必要とされており（公務員に関する当然の法理），実際には，国家公務員の採用試験には国籍条項がある（人事院規則8-18第9条1項3号）ため，外国人は試験を受験することができない（したがって，外国人は国家公務員にはなれない）。ただし，外国人に公務就任権を認めることは憲法上禁止されていないため，地方公共団体が条例を設けて外国人を地方公務員として採用することは違憲とはならない（許容説）。現に，

受験資格段階では国籍条項を設けない地方公共団体は少なくない。

　　　　国家公務員のうち，主として対外主権を代表する外務公務員は，法律上，日本国籍を有することが就任要件となっている。また，日本国籍を有する者であっても，外国の国籍を有する者は，外務公務員にはなれない（外務公務員法7条1項）。

　韓国籍の特別永住者である東京都の公務員（保健師）が，日本国籍を有しないことを理由に管理職選考（昇任試験）の受験を拒否されたことを理由に，都に対して損害賠償を請求した事件で，最高裁判所は，(1) 地方公共団体が外国人を職員として採用することは，憲法上，禁止されていないが，(2) 昇任等に関して，合理的な理由に基づき，職員に採用された外国人について国民と異なる取扱いをすることは，許されないものではなく（14条1項に違反しない），(3) 地方公務員のうち，公権力行使等地方公務員（住民の権利義務を直接形成し，その範囲を確定するなどの公権力の行使に当たる行為をしたり，地方公共団体の重要な施策に関する決定を行ったり，これに参画したりすることを職務とする地方公務員）は，国民に限られると判示し，請求を棄却した（東京都管理職選考受験訴訟判決）。

　(2) 生存権をはじめとする社会権は，第一次的には各人が所属する国によって保障されるべきであり，外国によって当然に保障されるべき性格のものではない。ただし，外国人に社会保障を施すことが憲法上禁止されているわけではないから，財政事情等の支障がなければ，法律によって外国人にも政策的に保障を及ぼすことができる（許容説）。実際，わが国では，外国人に対して手厚い社会保障給付がなされているが，これは憲法上の要請ではない（給付を打ち切ったとしても，当然に違憲となるわけではない）。ただし，（あくまで外国人に社会権が憲法上保障されているわけではないので）社会保障給付に関して外国人をどのように処遇するかは，国の政治的判断に委ねられており，国家が国民を外国人よりも優先的に扱うことも許される（塩見訴訟最高裁判決〔最判平成元年3月2日判時1363号68頁〕）。

　　　　例えば，現行の国民年金法は，国民年金の被保険者について，日本国内に住所を有する20歳以上60歳未満の者と規定しており，日本国民であることを要件としていない（7条）。国民健康保険法も，国民健康保険の被保険者について，（日本の）都道府県の区域内に住所を有する者としており，国籍を要件としていない（5条）。生活保護法1条は外国人を法の適用対象としていないが，当分の間，生活に困窮する外国人に対しても，日本国民に対する生活保護の取扱いに準じて必要な保護が行われている（行政実例）。外国人である子どもの保護者には，その子どもの就学義務はない（教育基本法5条）（ただし，保護者自身が外国人であっても，子ども自身が日本国民であれば，就学義務がある）が，公立の義務教育諸学校へ就学を希望する場合には，

社会権規約（経済的，社会的及び文化的権利に関する国際規約）13 条や児童の権利条約（児童の権利に関する条約）28 条を踏まえ，外国人である子どもも日本国民と同様に無償で学校に受け入れられている。

（3）出入国の自由に関して，自国の安全と福祉に危害を及ぼすおそれのある外国人の入国を拒否しうることは，国際慣習法上，国家の主権的権利とされている（最大判昭和 32 年 6 月 19 日刑集 11 巻 6 号 1663 頁）。つまり，憲法上，外国人には入国の自由は保障されておらず，入国の可否は国家（具体的には，法務大臣）の自由裁量による。在留の権利についても，同様に保障されておらず，その許否は国家の自由裁量による（マクリーン事件最高裁判決）。出国の自由については，22 条 2 項により外国人にも保障される（最大判昭和 32 年 12 月 25 日刑集 11 巻 14 号 3377 頁）が，入国の自由が保障されない以上，再入国の自由は保障されないとするのが，判例の立場である（森川キャサリーン事件最高裁判決〔最判平成 4 年 11 月 16 日集民 166 号 575 頁〕，最判平成 10 年 4 月 10 日民集 52 巻 3 号 776 頁）。一方，学説は，再入国の自由は新規の入国とは異なる特別の配慮を与え，著しくかつ直接にわが国の利益を害することのない限り許可されるべきであるという見解が有力である。

このほかの人権についても，外国人に対して保障されるとしても，保障の程度が日本国民とまったく同じではないものもある。例えば，政治活動の自由は，わが国の政治的意思決定またはその実施に影響を及ぼさない範囲でのみ保障される（マクリーン事件最高裁判決）。また，職業選択の自由や財産権など，法律上，一定の制限があるものもある（公証人法 12 条 1 項 1 号，電波法 5 条 1 項 1 号，鉱業法 17 条）。

2.2.3　法人の人権享有主体性

人権とは，個人の権利であるから，その主体は，本来は自然人でなければならない。しかし，(1) 現代社会では，企業をはじめとする法人（自然人以外で，法律上，権利義務の主体となることを認められたもの）その他の団体は，1 つの社会的実体として重要な活動を行っており，また，(2) 法人の活動は自然人を通じて行われ，その効果は究極的には自然人に帰属するので，憲法の規定する人権は，権利の性質上可能な限り，法人にも保障されると解される（通説・判例〔八幡製鉄事件最高裁判決（最大判昭和 45 年 6 月 24 日民集 24 巻 6 号 625 頁）〕）。

　　法人の例として，会社（会社法 3 条），一般社団法人・一般財団法人（一般社団法人及び一般財団法人に関する法律 3 条），特定非営利活動法人（いわゆる NPO 法人）（特

定非営利活動促進法1条），医療法人（医療法39条），宗教法人（宗教法人法4条），社会福祉法人（社会福祉法22条），政党（政党交付金の交付を受ける政党等に対する法人格の付与に関する法律4条1項），学校法人（私立学校法3条），国立大学法人（国立大学法人法6条）などがある。国，地方公共団体（地方自治法2条1項），独立行政法人（独立行政法人通則法6条），地方独立行政法人（地方独立行政法人法5条）なども，法人である。

　もっとも，法人は自然人とは異なり肉体を有しないので，権利の性質上自然人のみを対象とする選挙権・被選挙権（15条），生存権（25条），一定の人身の自由（18条，33条，34条，36条）などは，法人には保障されない。

　精神的自由権については，思想・良心の自由などの内心の自由は，性質上，法人に保障されないが，その一方で，法人には，結社の自由（21条）が保障されるほか，団体の性質に応じた人権の保障もなされる（例えば，宗教法人には信教の自由〔20条〕が，報道機関には報道の自由〔21条〕が，学校法人には学問の自由〔23条〕が保障される）。企業による政党への政治献金に関して，最高裁判所は，会社が自然人たる国民と同様に国や政党の特定の政策を支持・推進・反対するなどの政治的行為を行う自由を有することを認め，政治の動向に影響を与えることがあったとしても，自然人たる国民による寄附と別異に扱うべき憲法上の要請はないと判示した（八幡製鉄事件判決）。

　ところで，法人に人権享有主体性を認めると，法人の人権と自然人の人権とが衝突する場面が生ずる。

　一つは，法人によるその外部の自然人の人権に対する侵害である。例えば，報道機関などの巨大な社会的権力としての法人が，報道の自由を行使して，自然人の名誉権やプライバシーの権利を侵害するような場面である。

　もう一つは，法人によるその内部の自然人の人権に対する侵害である。例えば，株式会社が従業員に対してその信条により不当に差別的な待遇を行うような場面である。この場合，当該法人が強制加入か任意加入か，また，任意加入でも公的性格の弱いものか強いものかによって，構成員に対する制約が容認される限度が異なるものと解される。この点，強制加入団体である税理士会（会員でなければ税理士業務を行えないため，実質的に脱退の自由が保障されていない）が，会の決議に基づき，会員から特別会費を徴収し，税理士法改正のために特定の政治団体に寄附をしたことが法人の「目的ノ範囲内」（民法43条，現34条）の行為に当たるか否かが争われた事件で，最高裁判所は，政治団体への寄附は，会員各人の個人的な政

治的思想等に基づいて自主的に決定すべき事柄であり，それを団体が多数決原理によって団体の意思として決定し，構成員にその協力を義務づけることはできないとして，目的の範囲外の行為であると判示した（南九州税理士会事件判決〔最判平成 8 年 3 月 19 日民集 50 巻 3 号 615 頁〕）。これに対して，同じく強制加入団体である司法書士会が，震災で被災した兵庫県司法書士会に寄附をするために，会員から特別負担金を徴収する決議を行ったことについては，最高裁判所は，司法書士の業務の円滑な遂行による公的機能の回復に資するとして，会の目的の範囲を逸脱するものではないと判示した（群馬司法書士会事件判決〔最判平成 14 年 4 月 25 日判時 1785 号 31 頁〕）。

　法人が，自然人と比べて巨大な経済的・社会的実力をもつことを考えると，一定の人権について，法人は自然人とは異なる規制を受けることを認めざるをえない。特に，（法人にも営業の自由〔22 条〕や財産権〔29 条〕が保障されるが）法人の経済的自由権については，社会国家・福祉国家の理念に基づき，自然人よりも広汎な積極的規制を加えることが許されると解される。

2.2.4　未成年者の人権

　未成年の日本国民も当然に人権の享有主体であるが，本来，憲法上の人権保障は社会の成員として成熟した者を対象としているため，未成年者の人権に対しては一定の制約がありうる。

　　　公職選挙法上の選挙権年齢（9 条）及び民法上の成年年齢（4 条）は，かつて（選挙権年齢は，2016〔平成 28〕年 6 月 18 日まで，成年年齢は，2022〔令和 4〕年 3 月 31 日まで）は 20 歳であったが，現在は 18 歳である。

　すなわち，未成年者は，心身ともに発達の途上にあり成人と比べて判断能力も劣るため，選挙権・被選挙権が制限される（憲法 15 条 3 項，公職選挙法 9 条，10 条）ほか，政治活動の自由（憲法 21 条 1 項，公職選挙法 137 条の 2 第 1 項），婚姻の自由（憲法 24 条 1 項，民法 731 条），職業選択の自由（憲法 22 条 1 項，成年者であることを資格要件とする職業がある〔医師法 3 条，弁理士法 8 条 9 号，公認会計士法 4 条 1 号など〕），財産権（憲法 29 条 1 項，民法 5 条 1 項本文）なども制限される。

　　　婚姻適齢（婚姻が可能な年齢）（民法 731 条）は，2022〔令和 4〕年 3 月 31 日までは，男性が 18 歳，女性が 16 歳とされ，未成年者の婚姻には父母の同意が必要とされていた（民法旧 737 条 1 項）が，民法上の成年年齢の引下げに伴い，女性の婚姻適齢が

　　引き上げられ，男女ともに成年年齢と同じ18歳となり，そもそも未成年者が婚姻を
　　することができなくなったため，父母の同意の規定は削除された。

　なお，未成年者の人権制約の根拠は，未成年者の心身の健全な発達を図るため
であり，その制約は，公共の福祉に基づく内在的制約や政策的制約とは異なる，
限定されたパターナリスティックな制約であると解する見解が有力である。パタ
ーナリズムとは，独立した能力のない子どもに対して親が干渉して面倒を見るか
のように，能力が完全ではない私人の行動に対して国家が干渉することをいうが，
限定されたパターナリスティックな制約とは，（純然たるパターナリスティックな制約
とは異なり）未成年者の成熟した判断を欠く行動の結果，未成年者自身の人格的自
律そのものを回復不可能なほど永続的に害する場合にのみ限定して，国家の干渉
を認めうるという意味である。

2.3　人権の制約原理と違憲審査

2.3.1　自由権の保障とその制約

　憲法学において，人権（ここでは，特に，自由権のことを指す）の問題を考える際
に常に念頭に置くべきことは，原則として，人権とは憲法によって私人に対して
保障されており（本来は，私人は自由である），国家（公権力）が法律を制定したり，
法律に基づき具体的な処分を行ったりするなどして，その私人の人権を制限する
ことがあり（ここで，人権をめぐる国家と私人との対立構造が現れる），その制限が私
人の人権を侵害しているといえるかどうか（すなわち，憲法の人権保障規定に違反し
ているかどうか）が問題となっている（ここで，国家の行為が私人の人権を侵害するか
否か＝違憲か合憲かを判定する裁判所が登場する）ということである。

　この2.3 人権の制約原理と違憲審査では，人権を制約する原理としての公共の
福祉について確認したうえで，その制約が違憲かどうかを裁判所が審査する際の
基準としての比較衡量論について検討し，さらに，公共の福祉の通説的理解の趣
旨を具体的な違憲審査基準として準則化した二重の基準論について解説する。

　なお，人権のうち，財産権，国務請求権，社会権といった制度依存的権利につ
いては，その権利を具体化したり，実現するための制度を創設したりする法律を
国会が制定することが（そして，その法律に基づき具体的な給付等を行うことも）必要

【自由権と制度依存的権利との区別】

自由権 （財産権を除く）　国家がなくても（法律で具体化されなくても）はじめから存在する権利
　　　　＝国家は不作為が求められる
　　　　→しかし，国家による作為（制限）がなされた
　　　　→その制限が違憲かどうかを，裁判所は審査する
制度依存的権利　法律によって初めて具体化し，創設された制度によって実現する権利
　　　　＝国家は作為（立法による制度構築）が求められる
　　　　→しかし，国家による立法が憲法に適合的でない
　　　　→その立法裁量の行使が違憲かどうかを，裁判所は審査する

【人権論における問題の基本構造（自由権の場合）】

となるが，その際に法律の制定（あるいは，法律に基づく給付等の実施）が憲法上の人権保障の要請にかなっていない場合に，その国家行為の違憲性が問題となる（立法府や行政府の裁量が審査される）。制度依存的権利の場合，私人は原則として自由であり（国家は不作為が求められる），例外的に国家によって制限され，それを私人が防御するという構造（＝多くの自由権の場合）ではなく，むしろ，私人の権利の実現のために国家が法律を制定し制度を創設する（そして，その法律＝制度に基づき給付等を行う）という国家の作為が求められる。立法者による制度構築（あるいは，それに基づく給付等）は，基本的には立法府の（あるいは，行政府の）裁量に委ねられるが，その裁量権の行使を裁判所が審査し，憲法の要請を充足していない場合に憲法の人権保障規定に違反するということになる（この点については，2.3.7 制度依存的権利と立法裁量の統制で詳しく解説する）。

2.3.2　公共の福祉

　憲法の保障する人権は，絶対的な無制限のものではない。日本国憲法は，「この憲法が国民に保障する自由及び権利は，国民の不断の努力によつて，これを保持

しなければなら」ず，「国民は，これを濫用してはならないのであつて，常に公共の福祉のためにこれを利用する責任を負ふ」と定める（12条）。この規定から，人権を濫用してはならないということと，人権には公共の福祉による制限があるということが読み取れる。また，13条後段は，人権が「公共の福祉に反しない限り，立法その他の国政の上で，最大の尊重を必要とする」と定めており，人権保障の限界として公共の福祉があることを示されている。そのほかにも，経済的自由権の保障規定である22条1項（居住・移転の自由，職業選択の自由）と29条2項（財産権）にも，公共の福祉という文言が登場する。

　これら憲法の4か所で登場する「公共の福祉」という文言をどのように解するかをめぐって，学説は変遷してきた。

　(1) かつては，12条や13条の「公共の福祉」とは，人権の外にあってすべての人権を制約する原理である一方，22条1項や29条2項の「公共の福祉」は特別の意味をもたない（これら4つの公共の福祉はすべて同じ意味であり，いずれも人権の外在的制約である）という一元的外在制約説が通説であった。しかし，この見解によれば，公共の福祉という抽象的な文言で広汎な人権制約が容易に肯認されうるという問題点がある。

　(2) その後，12条や13条の「公共の福祉」は訓示的意味にとどまり，人権制約の根拠とはならない（他人の権利・自由を侵害してはならないという内在的制約は，明文の規定を必要としない当然のことであるとする）一方，22条1項と29条2項の「公共の福祉」は，（それが明記されている）経済的自由権と（経済的自由権の制限によって実現される）社会権に対してのみ国家の政策的・積極的な規制を認めるものであると見る内在・外在二元的制約説が主張されるに至った。しかし，この見解は，区別が相対化しつつある自由権と社会権とを峻別する必要があることや，訓示的な規定と解されることになる13条を根拠に新しい人権を基礎づけることが困難になることなど，問題点が多い。

　(3) そこで，公共の福祉はすべての人権を制約する原理であり，その制約は（憲法の規定にかかわらず）すべての人権に内在しているが，さらに権利の性質に応じて制約の程度が異なるという一元的内在制約説が，今日，通説となった。

　すなわち，公共の福祉とは，人権相互の矛盾・衝突を調整するための実質的公平の原理である（人権を制約できる理由は，基本的には，他の人の人権を保障するためである）と解される。そして，自由権一般について，各自の人権相互の衝突を調整するため，必要最小限度で，12条や13条を根拠とした内在的な制約のみを認め

【公共の福祉をめぐる学説の変遷】

一元的外在制約説	→	内在・外在二元的制約説	→	一元的内在制約説
12条・13条＝人権制約原理		12条・13条＝特に意味なし		12条・13条＝人権制約原理（自由国家的公共の福祉）
22条1項・29条2項＝特に意味なし		22条1項・29条2項＝人権制約原理		22条1項・29条2項＝人権制約原理（社会国家的公共の福祉）

【公共の福祉をめぐる学説の変遷】

1945〜　一元的外在制約説

12条・13条「公共の福祉」　22条1項・29条2項「公共の福祉」

制約

人権

1948〜　内在・外在二元的制約説

12条・13条「公共の福祉」　22条1項・29条2項「公共の福祉」

制約

人権　経済的自由権・社会権　内在的制約

1955〜　一元的内在制約説

公共の福祉＝人権相互の矛盾・衝突を調整するための実質的公平の原理

制約　実現のため

人権　経済的自由権　社会権　12条・13条「公共の福祉」　22条1項・29条2項「公共の福祉」

る（自由国家的公共の福祉）とともに，社会権を実質的に保障するための自由権の規制については，必要な限度で，22条や29条を根拠に政策的な制約を認める（社会国家的公共の福祉）。

　　なお，通説である一元的内在制約説では，ある人権の制約の合憲性が問題となったときに，その人権と矛盾・衝突する人権を同定する必要が生ずるが，それは常に容易にできるとは限らない（例えば，街の美観を保持するためにビラ貼りという表現の自由を制限する際に，表現の自由と衝突する人権を同定するのは難しく，強いて「美しい街に住む権利」なる新しい人権を憲法13条に基づき挙げるとすれば，かえって人権のインフレ化を招き，人権の重要性が相対的に希薄化される）。そこで，今日では，公共の福祉の主要な内容として，①（従来の通説である）人権相互の衝突を調整する措置のほかに，②（自己の人権行使とは無関係であるが）他人の人権を侵害する行為を禁止する措置，③（他人の人権を直接侵害するとはいえないが）他人の重要な利益のため

に人権を制限する措置（例えば，街の美観の維持），④本人の利益のために本人の人権を制限する措置（パターナリスティックな制約）が含まれるという見解が有力となっている（このうち，④パターナリスティックな制約は，公共の福祉以外の原理に基づく制約であるとする見解も有力である）。つまり，人権を制約できる理由は，必ずしも他の人の人権を保障するためとは限らない。

2.3.3 比較衡量論

比較衡量論は，ある人権を制約することによって得られる利益とそれによって失われる利益（あるいは，制約しないことによって維持される利益）とを比較して，前者のほうが大きい場合には人権を制約しうる（人権制約は合憲である）とする違憲審査の判断方法である。

比較衡量論は，個々の事件において具体的な状況を踏まえて，対立する利益を丁寧に衡量しながら妥当な結論を導き出そうとする方法であり，公共の福祉という抽象的な原理のみによって人権制約を違憲審査する考え方よりも優れている。

判例は，当初，公共の福祉という抽象的な原理によって人権制約の合憲性を判断してきたが，全逓東京中郵事件最高裁判決（最大判昭和41年10月26日刑集20巻8号901頁）以降，公務員の労働基本権の制約に関して，都教組事件最高裁判決（最大判昭和44年4月2日刑集23巻5号305頁）などにおいて，比較衡量論を用いている。そのほかにも，表現の自由（博多駅テレビフィルム提出命令事件決定〔最大決昭和44年11月26日刑集23巻11号1490頁〕，猿払事件判決〔最大判昭和49年11月6日刑集28巻9号393頁〕，よど号ハイジャック記事抹消事件判決〔最大判昭和58年6月22日民集37巻5号793頁〕，北方ジャーナル事件判決〔最大判昭和61年6月11日民集40巻4号872頁〕，第一次家永教科書訴訟判決〔最判平成5年3月16日民集47巻5号3483頁〕），職業選択の自由（薬事法事件判決〔最大判昭和50年4月30日民集29巻4号572頁〕），財産権（森林法事件判決〔最大判昭和62年4月22日民集41巻3号408頁〕）などの制約の合憲性を審査する際に，最高裁判所は比較衡量論を用いている。

しかしながら，すべての人権への制約に関する違憲審査基準論として比較衡量を用いることに対しては，学説上，批判がある。一般に憲法が問題となる場合には，国家権力と私人とが人権をめぐって対立しており，人権を制約することによって失われる利益が私人の利益であるのに対して，制約によって得られる利益は常に公共的・社会的利益であるため，概して，国家権力の利益が優先されやすい

ためである。例えば，全農林警職法事件最高裁判決（最大判昭和48年4月25日刑集27巻4号547頁）では，公務員の労働基本権と国民全体の共同利益の擁護とを比較しているが，十分な衡量なしに後者を優先させているとの批判が，学説上，有力である。

　したがって，この基準は，報道の自由とプライバシー権など，同程度に重要な2つの人権を調節するために裁判所が仲裁者として働くような場合に限定して用いるべきであると解される（通説）。なお，比較衡量論は，それ自体が違憲審査基準の一つである（従来の通説によれば，違憲審査は二重の基準論を基礎として行われるべきであり，比較衡量論が妥当する場合は限定されるべきと解される）が，そのような違憲審査基準としての比較衡量のほかに，二重の基準論を基礎として審査を行うに際して，明白かつ現在の基準などといった個別の違憲審査基準を具体的事件に適用する際にも，ある人権を制約することによって得られる利益とそれによって失われる利益との比較衡量は行われる（比較衡量は憲法解釈において一般的に用いられる方法の一つでもあるため，比較衡量という言葉が，一つの違憲審査基準として用いられる場合と，違憲審査において審査基準を適用する際の一つの方法として用いられる場合とで混同しないように注意する必要がある）。

　　比較衡量は，「利益衡量」ともいう。また，衡量という漢字は，「考量」や「較量」と書かれることもある。違憲審査基準として用いられる際には比較衡量と，解釈手法として用いられる際には比較考量と，それぞれ書き分けられることもある。
　　なお，比較衡量論が批判されているのは，すべての人権への制約に対する違憲審査基準としてそれを単純に用いることについてであり，憲法解釈の方法として比較衡量を用いること（例えば，明白かつ現在の危険の基準など，個別の人権の性質に応じて設定された違憲審査基準を具体的事件に適用する際に比較衡量を用いること）については問題がない。

2.3.4　二重の基準論

　比較衡量論に対する批判を踏まえて，公共の福祉をめぐる一元的内在制約説の趣旨を違憲審査基準として準則化したものが，二重の基準論である。これは，アメリカ合衆国の判例法理に基づき定式化されたものである。

　これは，表現の自由をはじめとする精神的自由権に対する規制（12条や13条を根拠とした自由国家的公共の福祉による必要最小限度の内在的な制約のみが認められる）と，経済的自由権に対する規制（22条や29条を根拠とした社会国家的公共の福祉によ

る必要な限度での政策的な制約が認められる）とで，それぞれ違憲審査をする際に，異なる基準を用いるべきであるという考え方である。具体的には，二重の基準論とは，精神的自由権は，経済的自由権に比べて優越的地位を占めるので，精神的自由権を規制する立法の違憲審査には，経済的自由の規制立法に一般に妥当する合理性の基準よりも厳格な基準が用いられるべきであるという違憲審査の判断方法である（詳しくは，5.3.1 二重の基準論）。

　通説によれば，比較衡量が妥当すべき場合（同程度に重要な 2 つの人権を調節するために裁判所が仲裁者として働くような場合）以外について，この二重の基準論と規制目的二分論（詳しくは，6.2.3 規制目的二分論を参照）の考え方に基づき，規制される人権の種類や規制の態様に応じて，規制の合憲性について，①厳格審査基準，②厳格な合理性の基準（中間審査基準），③合理性の基準というように基準を使い分けていくべきと解される（違憲審査基準論）。

　判例は，小売商業調整特措法事件最高裁判決（最大判昭和 47 年 11 月 22 日刑集 26巻 9 号 586 頁）や薬事法事件最高裁判決（最大判昭和 50 年 4 月 30 日民集 29 巻 4 号 572頁）で，精神的自由権と比較して経済的自由権に対する公権力による制約の要請が強いことを指摘し，二重の基準論を採るという考えを明らかにした（ただし，精神的自由権への制約についての違憲審査において，最高裁判所がそれを厳格に審査すると明確に述べた判例は存在しないし，学説の主張どおりに審査基準を使い分けているわけでもない）。

　　　堀越事件最高裁判決（最判平成 24 年 12 月 7 日刑集 66 巻 12 号 1337 頁）における千葉勝美裁判官の補足意見によれば，「近年の最高裁大法廷の判例においては，基本的人権を規制する規定等の合憲性を審査するに当たっては，多くの場合，それを明示するかどうかは別にして，一定の利益を確保しようとする目的のために制限が必要とされる程度と，制限される自由の内容及び性質，これに加えられる具体的制限の態様及び程度等を具体的に比較衡量するという「利益較量」の判断手法を採ってきており，その際の判断指標として，事案に応じて一定の厳格な基準（明白かつ現在の危険の原則，不明確ゆえに無効の原則，必要最小限度の原則，LRA の原則，目的・手段における必要かつ合理性の原則など）ないしはその精神を併せ考慮したものがみられる」ものの，「厳格な基準の活用については，アプリオリに，表現の自由の規制措置の合憲性の審査基準としてこれらの全部ないし一部が適用される旨を一般的に宣言するようなことをしないのはもちろん，例えば，「LRA」の原則などといった講学上の用語をそのまま用いることも少ない」し，「これらの厳格な基準のどれを採用するかについては，規制される人権の性質，規制措置の内容及び態様等の具体的な事案に応じて，その処理に必要なものを適宜選択して適用するという態度を採っており，

さらに，適用された厳格な基準の内容についても，事案に応じて，その内容を変容させあるいはその精神を反映させる限度にとどめるなどしており……，基準を定立して自らこれに縛られることなく，柔軟に対処している」という。

①厳格審査基準とは，（i）規制の目的が，やむにやまれぬ必要不可欠な公共的利益であって，かつ，（ii）その目的を達成するための手段が必要最小限度で厳密に仕立てられている場合に限り，合憲となるとする基準である。やむにやまれぬ必要不可欠な利益とは，それがなければ国家の存続が危うくなり，社会が成立しなくなるような，絶対に死守しなければならない利益をいう。

②厳格な合理性の基準（中間審査基準）とは，（i）規制の目的が十分に重要な利益であって，かつ，（ii）その目的を達成するための手段が，その目的と実質的関連性を有している場合に限り，合憲となるとする基準である。十分に重要な利益とは，目的が単に正当であるというだけでは足りず，それを超えてさらに十分に重要なものでなければならないことを意味する。また，目的と手段との実質的関連性とは，目的を達成するための手段として合理性を有するだけでは足りず，より制限的でない他の手段が存在しないことまでを要求するものである（厳格な合理性の基準については，6.2.3 規制目的二分論を，LRA の基準〔より制限的でない他の選びうる手段の基準〕については，5.3.4 表現内容規制と表現内容中立規制を，それぞれ参照）。

③合理性の基準とは，（i）規制の目的が正当であり，かつ，（ii）その目的を達成するための手段が，その目的と合理的関連性を有する場合に，合憲となるとする基準である。規制が正当な目的であり，手段について一般に合理的だと考えられるならば，合憲であるという基準である。つまり，目的が不当なものではなく，手段が目的とまったく無関係な規制でない限り合憲と判定する，きわめて緩やかな基準である。

今日では，規制される人権の性質や規制の目的に応じて，二重の基準論や規制目的二分論を機械的に適用することは強く批判されており，権利の重要性と権利制限の強度に応じて，審査基準を使い分けていくべきであるとされている。例えば，重要な権利が強力に侵害されていれば（「審査密度を高める」べき場合）厳しい基準で，重要ではない権利や権利そのものでない利益（単に「尊重に値する」だけのもの）が軽微に（あるいは間接的に）制限されている場合には緩やかな基準で，それぞれ審査すべきである。とはいえ，その前提として，従来の学説が定式化してきた違憲審査基準論は，知識として必ず習得しておかなければならない。

【違憲審査基準論（利益衡量を目的の意義・目的と手段の連関構造を審査する形に再構成したもの）】

厳しい　① 厳格審査基準
　　　　　目的が，やむにやまれぬほどの必要不可欠な利益であって，
　　　　　その目的を達成するための手段が，必要最小限度である ────────→ 合憲

　　　　　② 厳格な合理性の基準 （中間審査基準）
　　　　　目的が，重要な利益であって，
　　　　　その目的を達成するための手段が，目的との実質的関連性を有している
　　　　　　　　より制限的でない他の選びうる手段（LRA）では達成できない ─→ 合憲

　　　　　③ 合理性の基準
　　　　　目的が，正当ないし合理的な利益であって，
緩やか　その目的を達成するための手段が，目的との合理的関連性を有している ─→ 合憲

2.3.5　三段階審査

　違憲審査の判断方法としては，二重の基準論を基礎として考える違憲審査基準論が従来の通説的見解であり，判例も二重の基準論を採っていると考えられるが，近時，ドイツ憲法学の議論をもとに，三段階審査という新たな論証の形が提唱されており，学説上，にわかに支持を集めつつある。

　　　　　三段階審査はドイツ憲法学に由来する議論であるため，そこではドイツ憲法学に
　　　　固有の概念が用いられる。ここでは，さしあたり（学術的には適切とは言い難いとし
　　　　ても），人権＝憲法上の権利＝基本権と理解しておけば十分である。

　三段階審査とは，自由権に関しては，自由であることが原則であって，例外的に制限を課す場合には正当化の論証が要求される（それに成功しなければ，許容されない）ということを前提に，（1）問題となる自由が憲法上の権利（基本権）として保護されているか否か（基本権の保護領域の画定），（2）その自由が憲法上の保護領域にあるとしても，国家による法律（または処分）が保護領域に制限を加えているか否か（基本権の制限），（3）その制限が憲法上正当化しうるか否か（基本権制限の正当化）という順で審査を行うという論証方法である。

　基本権制限の正当化に関しては，（A）制限に法律上の根拠があるか（形式的要件）と，（B）制限が実質的に正当化されるか（実質的要件）が審査される。形式的要件に関して，そもそも法律に基づかない権利制限は，実質的要件を考慮するまでもなく，直ちに憲法違反となる。実質的要件に関しては，まず，（a）規制目的（制限の目的）が正当ないし重要かどうかが審査され（目的審査），規制目的の正当

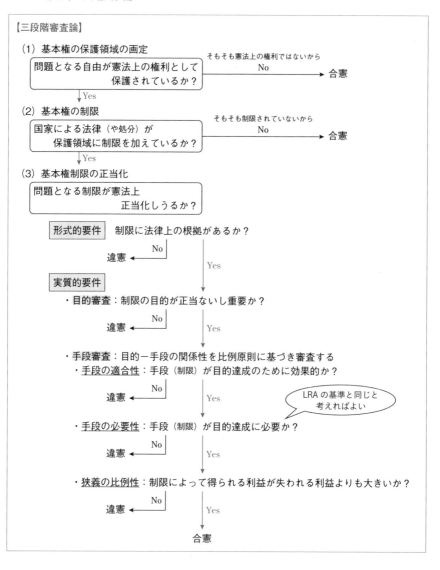

性・重要性が認められると，次に，（b）目的－手段（制限）の関係が比例原則に基づき審査される（手段審査）。ここでいう比例原則とは，人権に対する規制が合憲であるためには，規制の目的と手段とが比例していなければならないという考え方のことであり，（i）手段の適合性，（ii）手段の必要性，（iii）狭義の比例性

の3つを審査することをいう。すなわち，規制手段（制限）が，（i）目的を達成するために効果的か（目的との合理的関連性があるか）どうか，（ii）目的の達成に必要であるか（より制限的でない他の選びうる手段がないか）どうか，（iii）目的と均衡しているか（規制によって得られる利益が失われる利益よりも大きいか）どうか（狭義の比例性）を審査する。

　なお，基本権の保護領域は，通常，国家が法律を制定し具体化しなくても明らかである（表現の自由や職業選択の自由などは，個人はそもそも自由であり，国家が規制をしなければよいというだけである）が，財産権，国務請求権，社会権といった制度依存的権利は，国家が法律を制定し具体的な制度を構築すること（基本権の内容形成）で初めて，権利として通用するだけの内容をもつことになる。この場合，国家による不十分な権利の具体化（内容形成）が基本権侵害とみなされることもありうるが，それは基本権の保護領域に対する国家の介入（基本権の制限）とは異なると解される（その場合の違憲審査の方法については，2.3.7 制度依存的権利と立法裁量の統制を参照）。また，法律によってひとたび具体化されたものを事後的に不利益変更する場合（制度後退）は，基本権制限と同一に扱うこともできる（詳しくは，8.2.4 生存権の自由権的側面・制度後退禁止原則を参照）。

2.3.6　違憲審査基準論と三段階審査の融合

　憲法の事例問題において，私人の自由権に対する国家による制限の合憲性が争点となる場合，二重の基準論などの違憲審査基準論や三段階審査をどのように用いて解答すればよいのか。アメリカ流の違憲審査基準論とドイツ由来の三段階審査は，いずれも，公共の福祉のための規制であれば何でも合憲であると判断するような公共の福祉を単純に用いる手法や，裁判官が指針なく利益衡量をして規制の合憲性を判断する（違憲審査基準としての）比較衡量論を克服するために形成された議論であり，相互に排他的なものではないため，具体的に事例問題の解答を作成する際には，これらを融合させて用いればよいというのが，近時の日本の憲法学の有力な見解である。

　まずは，三段階審査における①基本権の保護領域の画定→②基本権の制限→③基本権制限の正当化の順序で審査をするという考え方に依拠して，事例問題を解答していく。

　例えば，薬事法事件最高裁判決（最大判昭和50年4月30日民集29巻4号572頁）

の事例であれば，第一に，憲法22条1項によって保障される人権には職業の選択の自由のみならずその遂行の自由も含まれ，その職業の自由は個人の人格的価値とも不可分の関連を有する重要な人権である一方で，職業が性質上，社会的関連性が大きいため，その人権に対して公権力による規制の要請が強いということを示す（①基本権の保護領域の画定）。第二に，薬事法による薬局開設の許可制が，この職業の自由の制限となることを示すとともに，許可制が，職業活動の内容・態様に対する規制を超えて，職業選択の自由そのものに制限を課す強力な制限であることを述べる（②基本権の制限）。第三に，本件で職業の自由への制限が正当化されるかどうかについて，比例原則の適用に際して，（人格的価値と不可分の関連を有する）重要な権利を（許可制という形で）強力に制限していることから，その制限に対する違憲審査の一般的な判断枠組み（その制限が重要な目的のために必要かつ合理的な手段であり，また，その目的を達成するために許可制に比べてより緩やかな規制手段がないのであれば，正当化される）を示したうえで，その枠組みに当てはめていく（③基本権制限の正当化）。

　そして，正当化の論証を行う際に，人権の性質等に応じて審査基準を厳しいものから緩やかなものまで多層化するという違憲審査基準論を活用することになる。例えば，薬事法事件であれば，薬局開設の許可制が，積極目的規制ではなく消極目的規制であることを示すことで，厳格な合理性の基準という判断枠組みを導く。薬局開設の許可制自体に関しては，目的は不良医薬品の供給の防止という重要なものであり，その目的に直結する手段としての許可制は必要性と合理性を肯定しうる。一方で，許可基準としての適正配置規制（距離制限）については，目的（不良医薬品の供給の防止，無薬局地域・過少薬局地域への薬局の開設等の促進）は重要であるが，手段として（必要性がまったくないとはいえないが）合理性を欠くため，原告の職業の自由を侵害し，憲法22条1項に違反すると結論づける。

　なお，LRAの基準（より制限的でない他の選びうる手段の基準）の適用に関して，薬事法事件判決は，不良医薬品の供給防止という目的は，薬事法・薬剤師法に定める監督措置・行政上の制裁・罰則などで達成しうるが，（本件で問題となっている）薬局の設置場所の地域的制限を憲法上正当化しうるには，必要性がないとはいえないというだけでは足りず，そのような制限を施さなければ国民保健への危険が生じることを，（単なる観念上の想定ではなく）確実な根拠に基づき合理的に論証しなければならないと判示している。また，同判決は，薬局の設置場所の地域的制限（これは職業の自由への強力な制限である）が，無薬局地域等の解消の促進という目的を達

成するための手段として実効性に乏しく，他にその目的を達成する方策が考えられるため，目的と手段との均衡を著しく失するものであり，その合理性を認められないとも判示している（ここでは，LRA の基準は目的手段審査に組み込まれている）。

　人権享有主体性の問題は①基本権の保護領域の画定の段階で検討し，②基本権の制限では，規制の態様（直接的な制約か間接的・付随的な制約か，内容規制か内容中立規制か，など）や程度（強力な制限か否か，全面的な禁止か部分的な規制か，など）に注目する。委任立法の範囲の逸脱，条例制定権の範囲の逸脱，刑罰法規の明確性の問題は，③基本権制限の正当化の形式的要件の審査段階で，検閲該当性は，実質的要件の審査段階で，それぞれ検討すればよい。

　なお，ここまでで検討してきたのは，基本的には，自由権を制約する法令の全体が憲法に違反するか否かを審査すること（法令審査）である（法令全体が違憲であれば，その法令をどのような事例に適用しても必ず違憲となる）。目的−手段の思考様式が妥当するのは，法令審査の場合である。一方，法令自体が違憲でないと判断されても，そのことは，その法令がどのような事例に適用されても必ず合憲であるということを意味するわけではないので，その法令が具体的な事案において行政機関等によって適用され，その適用行為や処分が憲法に違反するか否かを審査すること（処分審査）は，法令審査とは別に行う必要がある（12.4.5 違憲判断の方法も参照）。

2.3.7　制度依存的権利と立法裁量の統制

　すでに 2.3.1 自由権の保障とその制約で述べたとおり，違憲審査基準論と三段階審査は，いずれも自由権に対する規制が合憲か否かを判断審査する際の手法である。これらは，財産権，国務請求権，社会権といった制度依存的権利に関する憲法問題では，原則として，利用できない（例外的に，社会権の問題を自由権の枠組みで検討する手法に関しては，8.2.4 生存権の自由権的側面・制度後退禁止原則を参照）。

　制度依存的権利（制度的権利）とは，自由権とは異なり，その権利を実現するためには，その権利を行使するための制度を創設する法律を国会が制定することを必要とする権利であり，具体的には，憲法によって保障された人権では，財産権（29条），請願権（16条），国家賠償請求権（17条），裁判を受ける権利（32条），刑事補償請求権（40条），生存権（25条），教育を受ける権利（26条），勤労の権利（27条），労働基本権（28条）がこれに当たる。

　　国務請求権や社会権が制度依存的権利であるということは，その性質上明らかで

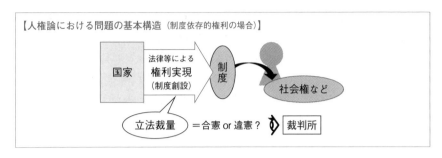

あるが，自由権である財産権も，憲法29条2項に「財産権の内容は，公共の福祉に適合するやうに，法律でこれを定める」と規定されているように，制度依存的権利である。

　制度依存的権利は，その性質上，その権利を実現するためには，国家が法律を制定し制度を創設することが必要である。立法府（国会）による制度構築は，基本的には立法府の裁量に委ねられる（その法律に基づく具体的な給付については，同様に，行政府の裁量に委ねられる）。立法府による（制度依存的権利等を具体化する）基本的な制度の創設についての裁量権の行使の合理性を確認したうえで，問題となる制度を創設した立法府の裁量権の行使が基本決定である制度に準拠しているか否か（あるいは問題となる行政府による法律の適用行為・処分が制度に準拠しているか否か）を，裁判所が審査し，裁量権の行使が憲法の要請を充足していない場合に憲法の人権保障規定に違反するということになるが，このような違憲審査の手法を制度準拠審査という。

　なお，国籍制度（10条），相続制度（24条2項），選挙制度（43条2項，47条）のように，憲法が，制度の創設を国会に明示的に委任しているものについても，制度依存的権利と同様に，創設された制度の合憲性を考えることになる。

　　　選挙権については，国民の選挙権が侵害されている場合には，自由権と同様の違憲審査が行われる（「国民の選挙権又はその行使を制限することは原則として許されず，国民の選挙権又はその行使を制限するためには，そのような制限をすることがやむを得ないと認められる事由がなければならない」と判示する在外国民選挙権訴訟最高裁判決〔最大判平成17年9月14日民集59巻7号2087頁〕参照）一方で，選挙権の行使を可能にするための選挙制度の違憲性については，制度を具体化する国会の立法裁量を尊重した違憲審査が行われる（最大判平成11年11月10日民集53巻8号1577頁等参照）。選挙権（権利の問題）については9.1 選挙権・被選挙権を，選挙制度（制度の問題）については10.4.2 現行の選挙制度の合憲性を，それぞれ参照。

2.4 特別な法律関係における人権保障

2.4.1 特別な法律関係における人権保障 総論

　憲法の規定する人権は，どのような法律関係において保障されるのか。ここでは，①国家と私人との関係，②国家と，国家と特別な関係にある私人との関係，③私人と私人との関係（私人相互間の関係）の３つに分けて考える。

　①の関係が，憲法が本来規律することを予定している関係である（2.3 人権の制約原理と違憲審査で議論したことが妥当するのは，この関係においてである）。

　②の関係（例えば，国家と，一般職公務員や刑事施設被収容者との関係）でなされる人権制約については，かつては，特別権力関係論（法律の規定や本人の同意などによって，国家と特別な関係にある国民に対しては，法治主義が排除され，国家は，包括的な支配権〔命令権や懲戒権など〕を有し，法律の根拠なしに人権を制限でき，この関係内部での国家行為に対しては司法審査が及ばないという理論）によって説明されていた。しかし，法の支配の原理を採用し，基本的人権の尊重を基本原理とする日本国憲法下では，この理論を認めることができない（公務員関係や刑事施設収容関係などは，まったく性質の異なるものであるが，公権力への服従という点で一括りにとらえて，特別な人権制約が広く認められるとする点でも，この理論には問題がある）。そこで，現在では，人権制約の根拠は，憲法自体が公務員関係や刑事施設収容関係の存在とその自律性を憲法的秩序の構成要素として認めていることに由来するという考え方が支配的である。以下，公務員の人権と刑事施設収容者の人権について検討する。

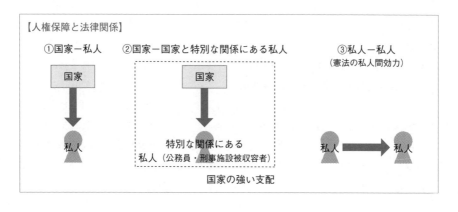

　なお，憲法が本来規律することを予定していない③の関係についても，憲法の規定する人権がまったく保障されないというわけではない（憲法の人権規定を私人間に適用させる方法について，2.5 憲法の私人間効力を参照）。

2.4.2　公務員の政治活動の自由

　一般職公務員には，（一般の国民であれば，政治的表現の自由という形で憲法21条1項によって保障される）政治活動の自由が，法令によって制限されている。

　具体的には，国家公務員については，政党または政治的目的のために，寄附金等を募ったり，受け取ったりすること（国家公務員法102条1項），公選による公職の候補者になること（2項），政党等の役員等となること（3項）が禁じられるほか，人事院規則14-7に定める政治的目的（5項）をもって政治的行為（6項）を行うことが禁じられ，違反行為に対しては，懲戒処分による制裁（国家公務員法82条1項1号）とともに刑罰による制裁（同法111条の2第2号）が科される。また，地方公務員についても，同様の規定がある（地方公務員法36条，29条1項1号）。ただし，国家公務員よりも禁止される行為の範囲が狭く，違反者に対する刑事制裁の規定はない。なお，特別職国家公務員である国会職員，自衛隊員，裁判所職員も同様である（国会職員法20条の2第1項，自衛隊法61条1項，裁判所職員臨時措置法1号）（禁止された政治的行為をした自衛隊員の懲戒処分につき，自衛隊法46条1項3号，刑罰による制裁につき，同法119条の2）。

　管理職ではない現業の国家公務員（旧 郵政省の事務官）が，勤務時間外に，衆議院議員選挙用のポスターを配布・掲示したことにつき，国家公務員法102条1項，人事院規則14-7第5項3号・6項13号に違反するとして，国家公務員法110条1項19号（現111条の2第2号）の罪で起訴された猿払事件判決において，最高裁判所は，公務員が全体の奉仕者（15条2項）であることから，行政の中立的運営とそれに対する国民の信頼の維持が憲法上要請され（行政分野における公務は，憲法の定める統治組織の構造に照らし，議会制民主主義に基づく政治過程を経て決定された政策の忠実な遂行を期し，もっぱら国民全体に対する奉仕を旨とし，政治的偏向を排して運営されなければならず，そのためには，個々の公務員が，政治的に一党一派に偏することなく，厳に中立の立場を堅持して，その職務の遂行にあたることが必要となる），公務員の政治的中立性が維持されることは国民全体の重要な利益であると述べたうえで，国家公務員法・人事院規則による政治的行為の禁止が合理的で必要やむを得ない程度

にとどまるか否かについて，①禁止の目的，②目的と禁止される政治的行為との関連性，③政治的行為を禁止することにより得られる利益と失われる利益との均衡の3点から検討することが必要であるとした。そして，(1) 公務員の政治的行為のすべてが自由に放任されたときの弊害（公務員の政治的中立性が損なわれ，その職務の遂行・その属する行政機関の公務の運営に党派的偏向を招くおそれがあり，行政の中立的運営に対する国民の信頼が損なわれるし，公務員が党派的に偏向すれば，逆に政治的党派の行政への不当な介入を容易にし，行政の中立的運営が歪められる可能性が一層増大し，本来政治的中立を保ちつつ一体となって国民全体に奉仕すべき責務を負う行政組織の内部に深刻な政治的対立を醸成し，行政の能率的で安定した運営が阻害され，ひいては議会制民主主義の政治過程を経て決定された国の政策の忠実な遂行にも重大な支障をきたすおそれがある）の発生を防止し，行政の中立的運営とこれに対する国民の信頼を確保するという立法目的は正当であり，(2) その目的のために公務員の政治的中立性を損なうおそれがある政治的行為を禁止することは，目的との間に合理的関連性があり，(3) 禁止によって得られる利益（公務員の政治的中立性を維持し，行政の中立的運営とこれに対する国民の信頼を確保するという国民全体の共同利益）は失われる利益（公務員の意見表明の自由についての，単に行動の禁止に伴う限度での間接的・付随的な制約にすぎず，法律・規則の定める行動類型以外の行為により意見を表明する自由までをも制約するものではない）と比べてさらに重要であるとの理由を挙げ，政治的行為の自由を保障する憲法21条等に違反しないと判示した（最大判昭和49年11月6日刑集28巻9号393頁）。

　また，管理職ではない非現業の国家公務員（厚生労働省の事務官で，外局の係長）が，勤務時間外に，公務員とはわからない態様で，政党の機関紙を配布した行為につき，国家公務員法102条1項，人事院規則14-7第6項7号・13号に違反するとして，国家公務員法110条1項19号（現111条の2第2号）の罪で起訴された堀越事件判決では，最高裁判所は，国家公務員法102条1項により禁止される「政治的行為」について，「公務員の職務の遂行の政治的中立性を損なうおそれが，観念的なものにとどまらず，現実的に起こり得るものとして実質的に認められるもの」に限られる（このようなおそれが認められない政治的行為は禁止されない）としたうえで，「当該公務員の地位，その職務の内容や権限等，当該公務員がした行為の性質，態様，目的，内容等の諸般の事情を総合して判断する」と，本件行為は公務員の職務の遂行の政治的中立性を損なうおそれが実質的に認められるものとはいえず，法律上禁止された政治的行為に該当しないと判示した（被告人を無罪とす

る控訴審判決を認容した）（最判平成24年12月7日刑集66巻12号1337頁）。その一方で，管理職の非現業の国家公務員（厚生労働省の事務官で，本省の課長補佐）が政党の機関紙を配布した行為につき起訴された宇治橋事件判決では，最高裁判所は，被告人が指揮命令や指導監督等を通じて他の多数の職員の職務の遂行に影響を及ぼしうる地位にあったことなどから，職務遂行の政治的中立性を損なうおそれが実質的に認められる（これを罰することは憲法21条1項・31条に違反しない）として，被告人を有罪とする控訴審判決を維持した（最判平成24年12月7日刑集66巻12号1722頁）。

　　　　猿払事件では，被告人の行為が，①公務員により組織される団体としての性格を有し，②その行為の態様から見て公務員が特定の政党の候補者を積極的に支援する行為が一般人にも容易に認識されうるようなものであったため，公務員の職務の遂行の政治的中立性を損なうおそれが実質的に認められる事案であったのに対して，堀越事件では，①・②の要素を欠き，実質的なおそれが認められなかったため，事案を異にするものであった。

　一方，通説は，公務員の政治活動の自由の制限は，憲法が公務員関係という特別な法関係の存在とその自律性を憲法的秩序の構成要素として認めていること（15条，73条4号）に求められると解している。政党政治の下では，行政の中立性が保たれてこそ初めて，公務員関係の自律性が確保され，行政の継続性と安定性が維持されるが，このような中立性の維持という目的を達成するために合理的で必要最小限度の規制のみが憲法上許容されるという。また，公務員の地位，職務の内容・性質等の相違，勤務時間の内外，国の施設の利用の有無，政治活動の種類・性質・態様などを考慮したうえで，具体的・個別的に判断すべきであると考えられる。制約は必要最小限度にとどめなければならないため，違憲審査基準としては，LRAの基準（より制限的でない他の選びうる手段の基準）を用いるべきとするのが通説的見解である（したがって，猿払事件最高裁判決を批判する）（LRAの基準については，5.3.4 表現内容規制と表現内容中立規制を参照）。

2.4.3　公務員の労働基本権

　公務員は，日本国憲法28条にいう「勤労者」であるので，労働基本権（団結権，団体交渉権，団体行動権）が保障されている（労働基本権については，8.4.2 労働基本権の意義とその内容を参照）。しかし，公務員には，その地位の特殊性と職務の公共性

にかんがみ，政治活動の自由と同様に，労働基本権が法令によって大幅に制限されている。

　（1）警察職員，消防職員，海上保安庁や刑事施設の職員には，団結権，団体交渉権，争議権のいずれもが認められていない（国家公務員法108条の2第5項，98条2項，地方公務員法52条5項，37条1項）。特別職国家公務員である自衛隊員も同様である（自衛隊法64条）。厳しい服務規律を要求される職務であるため，職員団体の結成すら認められない。

　（2）非現業の一般の国家公務員と地方公務員には，団結権は認められているが，団体交渉権について当局と（団体交渉はできるが）団体協約を締結できず，争議権は認められない（国家公務員法108条の2第3項，108条の5第2項，98条2項，地方公務員法52条3項，55条2項，37条1項）。特別職国家公務員である国会職員や裁判所職員も同様である（国会職員法18条の2，裁判所職員臨時措置法1号）。

　（3）行政執行法人（旧 特定独立行政法人）の職員，地方公営企業の職員，地方公共団体の単純労務職員などには，団結権と団体交渉権は認められるが，争議権は認められない（行政執行法人の労働関係に関する法律4条，8条，17条1項，地方公営企業等の労働関係に関する法律5条，7条，11条1項）（争議行為・その共謀等をした職員は解雇されうる〔行政執行法人の労働関係に関する法律18条，地方公営企業等の労働関係に関する法律12条〕）。

　団結権が認められていない者が職員団体を結成した場合，懲戒処分の対象となる（国家公務員法82条1項1号，地方公務員法29条1項1号）ほか，国家公務員については，刑罰が科される（国家公務員法110条1項20号，自衛隊法119条1項2号）。また，争議行為の禁止に違反した場合には，懲戒処分の対象となる（国家公務員法82条1項1号，地方公務員法29条1項1号）。また，争議行為の遂行を共謀したり，あおったり，これらの行為を企てた者に対しては刑罰が科される（国家公務員法111条の2第1項，地方公務員法62条の2）。

　　　　自衛隊員は，争議行為の共謀等だけでなく，争議行為そのものを行うだけで刑罰
　　　の対象となる（自衛隊法119条1項3号，120条1項1号）。

　最高裁判所は，かつて，全逓東京中郵事件判決（最大判昭和41年10月26日刑集20巻8号901頁）において，現業の国家公務員による正当な争議行為は刑事免責されるとし，都教組事件判決（最大判昭和44年4月2日刑集23巻5号305頁）において，争議行為を禁止し，そのあおり行為を処罰の対象とする地方公務員法37条1項・61条4号（現62条の2）の規定につき，文字どおりに解釈すれば違憲の疑い

【公務員の労働基本権の制限】

	団結権	団体交渉権	争議権
（国・地方）警察職員 （地方）消防職員 （国）海上保安庁職員 （国）刑事施設職員 （国）自衛隊員	×	×	×
（国・地方）非現業公務員	○	団体交渉は○ 団体協約の締結は×	×
（国）現業公務員 （国）行政執行法人職員 （地方）地方公営企業職員 （地方）単純労務職員	○	○	×
民間の労働者	○	○	○

があるため合憲限定解釈（12.4.3 憲法判断の方法を参照）をし，処罰の対象となる争議行為・あおり行為を（通常のものではなく）違法性の強いものに限定し，同法に違反したとして起訴された被告人を無罪と判示した。

　しかし，これらの判例は，全農林警職法事件最高裁判決（最大判昭和48年4月25日刑集27巻4号547頁）によって全面的に変更された。すなわち，全農林労働組合の役員を務める非現業の国家公務員（旧 農林省の事務官）が，1958（昭和33）年の警察官職務執行法改正に反対する統一行動の一環として，他の職員に対して，勤務時間内の職場大会への参加を呼びかけたところ，この行為が国家公務員法98条5項（現98条2項）の禁止する違法な争議行為のあおり行為に該当するとして起訴された。公務員の労働基本権に対する制約は憲法28条に違反すると，被告人が主張したのに対して，最高裁判所は，（1）公務員の実質的な使用者は国民全体であり（憲法15条），その地位の特殊性と職務の公共性にかんがみれば労働基本権に対して必要やむを得ない限度の制限を加えることは合理的であるところ，公務員の争議行為はその地位の特殊性と職務の公共性に相容れず，それがもたらす公務の停滞は勤労者を含めた国民全体の共同利益に重大な影響を及ぼす（またはそのおそれがある）こと，（2）公務員の勤務条件は国会が制定する法律や予算によって定められるので，政府に対して争議行為を行うべきでないこと（政府に委任されていない事項について，政府に対して争議行為をすれば，議会制民主主義に背馳し国会の議

決権を侵害するおそれがある），（3）私企業には市場抑制力が働く（使用者は作業所の閉鎖によって争議行為に対抗できるし，労働者の過大な要求は企業そのものの存立を危ぶませ，労働者自身の失業を招くことになるため，労働者は妥協することになる）一方で，公務員の場合にはそのような市場の機能が作用する余地がなく，公務員の争議行為は一方的に強力な圧力になること，（4）公務員にも労働基本権が保障されるが，それを制約することや違反に対して罰則を設けることについて，現行公務員法制は必要最小限度にとどめていること，（5）現行公務員法制は労働基本権の制約に見合った代償措置（勤務条件の法定，人事院勧告制度，身分保障制度など）を設けていることなどの理由から，公務員に対する一律かつ全面的な労働基本権の制限を合憲と判示した。

　通説は，公務員の労働基本権の制限は，（政治活動の自由への制約と同様に）憲法が公務員関係という特別な法関係の存在とその自律性を憲法的秩序の構成要素として認めていること（15条，73条4号）及び財政民主主義（83条以下）に求められると解している。また，制約は合理的で必要最小限度のもののみが憲法上許容されるとして，全農林警職法事件判決を批判している。

2.4.4　刑事施設被収容者の人権

　判決確定前の身柄の拘束（逮捕，未決勾留）や判決確定後の拘禁刑の執行，死刑確定者の拘置などのために刑事施設（刑務所，少年刑務所，拘置所）に収容されている人（刑事施設被収容者）には，拘禁の確保と戒護（逃亡・罪証隠滅・暴行・殺傷の禁止，施設内の規律・秩序の維持など）または（受刑者の）矯正教化などの目的を達成するために必要最小限度の人権の制約が認められる。

　　　　1908（明治41）年に制定された監獄法は，行刑運営の透明性の確保，被収容者の権利義務関係や職員の権限の明確化，受刑者の処遇の充実などのため，2005（平成17）年に，刑事施設及び受刑者の処遇等に関する法律として全面的に改正され，現在は，（受刑者に対するものだけでなく，未決拘禁者・死刑確定者の処遇も含めて）刑事収容施設及び被収容者等の処遇に関する法律（2006〔平成18〕年制定）となっている。なお，監獄法時代には，刑事施設被収容者は在監者と呼ばれていた。

　最高裁判所は，図書・新聞紙の閲読の制限（旧 監獄法31条2項）につき，逃亡・罪証隠滅の防止という勾留目的及び刑事施設内の規律・秩序の維持のため（よど号ハイジャック記事抹消事件判決〔最大判昭和58年6月22日民集37巻5号793頁〕），喫

煙の制限（旧 監獄法施行規則96条）につき，罪証隠滅の防止及び拘禁の本質的目的（火災発生時には被拘禁者の逃走が予想される）を達成するため（最大判昭和45年9月16日民集24巻10号1410頁），それぞれ合憲と判示した（ただし，これらはいずれも旧 監獄法下の在監者の人権制限に関する判例である）。

　通説は，刑事施設被収容者の各種の人権の制限は，（公務員の場合と同様に）憲法が刑事施設収容関係という特別な法関係の存在とその自律性を憲法的秩序の構成要素として認めていること（18条，31条）に求められると解している。

2.5　憲法の私人間効力

2.5.1　憲法の私人間効力

　近代的な憲法観の下では，私人の人権を侵害しうる権力主体として最も典型的なものは国家であると想定されていた。そして，憲法は，本来，国家と私人との関係を規律することによって国民の権利・自由を保護するための法規範であって，私人と私人との関係を規律する規範ではないと考えられてきた。したがって，私人相互間の関係は，原則として，憲法以下の，民法や刑法などといった法律によって解決されるべき問題である。

　しかし，資本主義の高度化によって，大企業，労働組合，マス・メディアなどといった強力な私的団体が登場し，そのような社会的権力によって個人の人権が侵害されうるようになった。そこで，従来のように人権保障の名宛人として国家のみを想定していたのでは不十分であり，私人相互の関係においても，憲法の人権規定を適用させるべきではないかということが議論されるに至った。この論点は，憲法の人権規定を私人相互間で効力をもつように適用させる議論であることから，憲法の私人間効力という（あるいは，憲法の本来的な適用関係〔国家と私人との間の関係〕以外の第三者の関係〔私人相互間の関係〕に適用させる議論であることから，憲法の第三者適用ともいう）。

　憲法の人権規定を私人相互間に適用させる方法として，主に，無適用説，直接適用説，間接適用説などの学説が対立している。ただし，私人相互間で適用されることが規定そのものまたはその趣旨・目的から読み取れるもの（投票の無答責〔15条4項〕，奴隷的拘束・意に反する苦役からの自由〔18条〕，児童酷使の禁止〔27条3

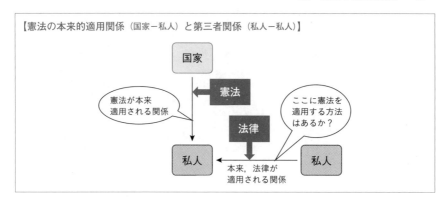

【憲法の本来的適用関係（国家－私人）と第三者関係（私人－私人）】

項〕，労働基本権〔28条〕）は，以下のどの見解に立っても，直接的な私法的効力を
有する。

（1）無適用説（無効力説）　憲法の人権保障は私人相互間の法律関係にはまっ
たく及ばない。この見解は，本来，憲法は国家権力と私人との関係を規律する規
範であり，私人相互間の関係を規律するものではないという原則を貫き通すもの
である。28条など私人間で直接適用されることが予定されているものを除き，憲
法の人権規定は，私人間には一切適用されない。この見解によれば，憲法が適用
されるのはあくまで公権力による私人の人権侵害であって，私人間の人権侵害的
な状況に対しては，民法や刑法などの法律で対処すべきであるとする。無適用説
を採ることで，単なる法律上の権利を憲法上の人権問題として争うこと（過剰な憲
法論）を避けられる（この点は，間接適用説についても妥当する）。

　無適用説は，憲法の法規範としての本来のあり方に忠実であるが，私人相互間
の法律関係に憲法の人権保障を及ぼす必要があるという現代社会の要請に十分に
応えていないとして，批判されている。

（2）直接適用説（直接効力説）　憲法の人権規定は私人相互間の法律関係に全
面的に適用される。この見解は，憲法が，私法を含む全法秩序の基本原則として，
（国家－私人間だけでなく）すべての法領域に妥当すべきものであるから，憲法の人
権規定は私人による私人に対する人権侵害的行為にも直接的に適用されるべきで
あるとする。

　直接適用説に対しては，私人相互間の法律関係は私人間の自由な合意や契約で
定めるべきである（国家には許されない権利・自由への制限も，それが当事者である私人
同士の間で納得しているものであれば，許される場合がある）という私的自治の原則を

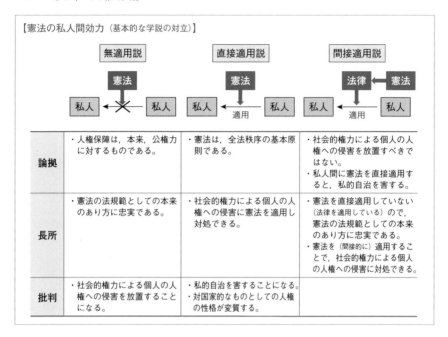

【憲法の私人間効力 (基本的な学説の対立)】

	無適用説	直接適用説	間接適用説
論拠	・人権保障は，本来，公権力に対するものである。	・憲法は，全法秩序の基本原則である。	・社会的権力による個人の人権への侵害を放置すべきではない。 ・私人間に憲法を直接適用すると，私的自治を害する。
長所	・憲法の法規範としての本来のあり方に忠実である。	・社会的権力による個人の人権への侵害に憲法を適用し対処できる。	・憲法を直接適用していない（法律を適用している）ので，憲法の法規範としての本来のあり方に忠実である。 ・憲法を (間接的に) 適用することで，社会的権力による個人の人権への侵害に対処できる。
批判	・社会的権力による個人の人権への侵害を放置することになる。	・私的自治を害することになる。 ・対国家的なものとしての人権の性格が変質する。	

否定することになり，また，本来，主として対国家的なものであった人権の性格が変質することになる点などに問題があるとの批判がなされている。

　(3)　間接適用説（間接効力説）　　憲法の人権規定を私人相互間に直接適用させず，民法90条（公序良俗違反の法律行為の無効）などの私法の一般条項を通じて，間接的に適用させる。憲法の人権規定は私人相互間には直接的に適用されないが，私法の一般条項を憲法の趣旨を取り込んで解釈・適用することによって，間接的に私人間の行為を規律する（私人間に適用しているのは，あくまで憲法ではなく民法等の規定である）。この見解は，本来，憲法が直接的に適用されるべきではない私人相互間の法律関係について，憲法を直接適用することなく法律を適用する（無適用説と同様に，憲法の法規範としての本来のあり方に忠実である一方で，直接適用説とは異なり，私的自治を侵害することはない）が，法律を単に適用するのではなく，憲法の人権保障の趣旨を取り込んで解釈・適用することで，私人相互の問題に間接的に憲法を適用させるものである（無適用説とは異なり，直接適用説と同様に，社会的権力による個人の人権への侵害的行為にも対処できる）。なお，私人間で直接適用されることが予定されている憲法の人権規定は，間接適用説においても，私人間に直接的

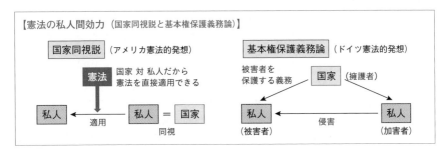

に適用される。通説は，この間接適用説である。

　判例は，三菱樹脂事件最高裁判決（最大判昭和 48 年 12 月 12 日民集 27 巻 11 号 1536 頁）において，「憲法の……規定は……，国または公共団体の統治行動に対して個人の基本的な自由と平等を保障する目的に出たもので，もつぱら国または公共団体と個人との関係を規律するものであり，私人相互の関係を直接規律することを予定するものではない」と述べたうえで（直接適用説を採らないことを明言している），「私的支配関係においては，個人の基本的な自由や平等に対する具体的な侵害またはそのおそれがあり，その態様，程度が社会的に許容しうる限度を超えるときは，これに対する立法措置によつてその是正を図ることが可能であるし，また，場合によつては，私的自治に対する一般的制限規定である民法 1 条，90 条や不法行為に関する諸規定等の適切な運用によつて，一面で私的自治の原則を尊重しながら，他面で社会的許容性の限度を超える侵害に対し基本的な自由や平等の利益を保護し，その間の適切な調整を図る方途も存する」として，間接適用説を採ったものと解される。日産自動車事件最高裁判決（最判昭和 56 年 3 月 24 日民集 35 巻 2 号 300 頁）では，男女で定年の年齢に差を設けた私企業の就業規則を民法 90 条により無効と判示したが，その判決文にはかっこ書きで「憲法 14 条，民法 1 条ノ 2〔現 2 条〕参照」と付記されており，間接適用説が明確に採用されている。

　　なお，アメリカ合衆国の判例法理を参考にして，無適用説を前提に，私的団体が，国から財政援助を受けたり，公的な機能を行使したりしているなど，国家と同視しうる場合，その私的団体による行為を国家行為（ステイト・アクション）とみなし，憲法の直接適用を認めるという国家同視説も有力に主張されている（国家による行為であれば当然に憲法を直接適用できる）。私人による私人に対する人権侵害的行為が，純然たる事実行為に基づくものの場合（法律行為に基づくものとは異なり，民法 90 条を媒介物として使えないので，憲法の人権規定の間接適用ができない），国家同視説に立てば，私人の事実行為による人権侵害的行為を国家行為とみなして違憲と判断し，

民法709条の不法行為該当性の裏付けの強化などを図ることができる。

　また，ドイツの判例法理を参考に，憲法の私人間効力の問題について，侵害者（私人）－被侵害者（私人）の二面関係ではなく，国家－侵害者－被侵害者の三極関係ととらえたうえで，侵害者によって被侵害者の人権が侵害された場合，国家には，侵害者から被侵害者を保護する義務があるとする見解（基本権保護義務論）が，学界ではにわかに有力となっている。この保護義務は，第一次的には国会（国家）による（被侵害者の人権を侵害させないように）法律の制定によって履行されるが，法律による保護がなされない場合には，裁判所（国家）が，民法90条などの私法の一般条項を用いて具体的事件を解決することで保護義務を履行する。

第3章

幸福追求権・法の下の平等

3.1 幸福追求権の意義

3.1.1 幸福追求権の意義

日本国憲法13条は、「すべて国民は、個人として尊重される」と定め、「生命、自由及び幸福追求に対する国民の権利については、公共の福祉に反しない限り、立法その他の国政の上で、最大の尊重を必要とする」と規定する。

このうち、前段部分は、個人の尊重（個人の尊厳）についての規定である。これは、個人の平等かつ独立の人格価値を尊重するという個人主義原理を表明したものであり、国政全般を支配する憲法の基本的な原理である。なお、家族法（民法等の家族に関する規定）が「個人の尊厳と両性の本質的平等に立脚して、制定されなければならない」と定める24条2項も、私法の一般条項である民法2条等と相まって、私法秩序を支配する。

後段では、「生命、自由及び幸福追求に対する国民の権利」の保障を規定しているが、これらをひとまとめにして幸福追求権の保障と理解する（生命権・自由権などと分けて理解しない）のが一般的である。この幸福追求権は、かつては、14条以下に列挙された個別の人権の総称であり、そこから具体的な法的権利を引き出すことはできないと考えられていたが、今日では、列挙された個別の人権以外で憲法上保障すべき法的利益を新しい人権として保障する際の根拠となる一般的・包括的な権利であると考えられる。

幸福追求権の意味については、あらゆる生活領域における行為の自由と解すべきか（一般的行為自由説）、個人の人格的生存に不可欠な利益を内容とする権利のみと解すべきか（人格的利益説）、争いがある。（1）もし一般的な行為の自由ととらえた場合には、人権として保障するまでもないような単なる行為の自由までも憲

法上保障されることになり，本来保障されるべき人権の価値が相対的に低くなる（人権のインフレ化を招来する）とともに，(2) 新たに人権を認めるということはそれと対立する別の人権を制約する根拠を新たに認めることを意味することになる（公共の福祉を人権相互の矛盾・衝突を調整する実質的公平の原理として理解するならば，ある人のある人権は別の人の別の人権を制約する根拠となるため，人権を広く保障すればするほど人権を制約する根拠を広く認めることになる）ため，人格的利益説が通説である。なお，人格的利益説を採った場合，人格的生存に不可欠な利益といえない行為（例えば，通常人にとっての飲酒や散歩など）の自由は人権として憲法上保障されないことになるが，それでも，そういった行為が公権力によって直ちに禁止されたり，公権力によってたやすく制約されたりしてよいということにはならない（人権として憲法上保障されていないということは，その行為が憲法上禁止されているということを意味するものではない）。人格的生存に不可欠でない行為の自由であっても，公権力が十分に実質的な合理的理由なく制限した場合には，平等原則や比例原則に違反し，憲法上問題となりうる。

　また，14 条以下の個別の人権保障規定との関係については，13 条が個別の人権保障規定と競合して適用されると解すべきか（競合的保障説），個別の人権保障規定が妥当しない場合に限り 13 条が適用されると解すべきか（補充的保障説），争いがある。個別の人権条項で対応できる場合には，当該人権の問題と考えれば十分であり，包括的な幸福追求権を用いる必要がないため，補充的保障説が通説である。すなわち，13 条と個別の人権条項との関係は一般法と特別法の関係にあるため，個別の人権条項が妥当しない場合に限って 13 条が適用される。

3.1.2　新しい人権の保障

　日本国憲法は 14 条以下で詳細な人権規定を置いているが，これは，すべての人権を網羅的に規定したものではなく，歴史的に国家によって侵害されることが多かった重要な権利・自由を列挙したものにすぎない。したがって，憲法に明示的に保障する規定がない法的利益であっても，人権として憲法上保障されるべきものは存在する。また，社会の変化に伴って，それまで人権として認識されてこなかった法的利益を，新たに人権として憲法上保障する必要が生じる場合もある。そして，14 条以下で列挙されている個別の人権以外で憲法上人権として保障すべき法的利益は，新しい人権として保障されるべきであると考えられるようになっ

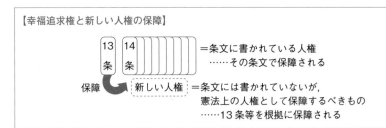

【幸福追求権と新しい人権の保障】

た。その際の保障の根拠となるのが，13 条後段の幸福追求権である。この幸福追求権によって基礎づけられた新しい人権は，裁判上の救済を受けることができる具体的権利であると解されている。判例も，京都府学連事件最高裁判決（最大判昭和 44 年 12 月 24 日刑集 23 巻 12 号 1625 頁）で，具体的権利性を肯定している。

　新しい人権としては，名誉権，プライバシーの権利，自己決定権，環境権，アクセス権，平和的生存権など，さまざまなものが学説上主張されている。しかし，幸福追求権の法的性格に関して通説である人格的利益説に立った場合，これらの権利を明確な基準なく裁判所が新しい人権として憲法上承認すれば，裁判所の主観的な価値判断によって権利が創設されるおそれが生じることになる。そこで，通説は，ある法的利益を新しい人権として認めるための要件として，特定の行為が個人の人格的生存に不可欠であることだけでなく，その行為を社会が伝統的に個人の自律的決定に委ねたものだと考えているか，その行為が多数の国民が行おうと思えば行うことができるか，その行為によって他者の人権を侵害するおそれがないかなどの要素を考慮して決定すべきであるという。

　なお，最高裁判所が憲法 13 条に基づき新しい人権として明示的に承認したのは，人格権としての名誉権（北方ジャーナル事件判決〔最大判昭和 61 年 6 月 11 日民集 40 巻 4 号 872 頁〕），プライバシーの権利ないしその一部としての肖像権（京都府学連事件判決），個人情報を公表されない自由（住基ネット訴訟判決〔最判平成 20 年 3 月 6 日民集 62 巻 3 号 665 頁〕）のみである。具体的には，北方ジャーナル事件判決は，「人格権としての名誉の保護」を憲法 13 条に基づき認め，京都府学連事件判決は，憲法 13 条が「国民の私生活上の自由が，……国家権力の行使に対しても保護されるべきことを規定しているもの」であって，「個人の私生活上の自由の一つとして，何人も，その承諾なしに，みだりにその容ぼう・姿態……を撮影されない自由」を（「肖像権と称するかどうかは別として」と述べたうえで）13 条によって保障されると判示した。住基ネット訴訟判決では，「憲法 13 条は，国民の私生活上の自

由が公権力の行使に対しても保護されるべきことを規定しているものであり，個人の私生活上の自由の一つとして，何人も，個人に関する情報をみだりに第三者に開示又は公表されない自由を有する」と判示されている。

3.1.3　人　格　権

　人格権とは，身体，名誉，信用，肖像，氏名など，個人の人格的価値に関わる利益を侵害されない権利を意味する（人格権とは多義的に用いられる概念であり，論者によって，あるいは文脈によってさまざまな意味で用いられるが，ここでは憲法 13 条との関係でより広義に解することとする）。判例は，前述のとおり，北方ジャーナル事件最高裁判決（最大判昭和 61 年 6 月 11 日民集 40 巻 4 号 872 頁）で，「人格権としての名誉の保護（憲法 13 条）」という表現を用いている。

　人格権は，本来は私法上の権利であるが，個人の尊厳と密接に関連するため，13 条後段の幸福追求権から導き出される新しい人権の一つとしてとらえられるようになった。ただし，人格権は，後述するプライバシーの権利などと並び新しい人権の一つとして理解するのではなく，むしろ，それら個別の新しい人権の総称として，あるいは適切な呼び方が存在しない場合にその代わりの呼び方として用いるものと理解しておけばよい。

　人格権に関して，判例は，自衛官合祀訴訟最高裁判決（最大判昭和 63 年 6 月 1 日民集 42 巻 5 号 277 頁）で，「静謐な宗教的環境の下で信仰生活を送るべき利益」としての宗教上の人格権の主張を「直ちに法的利益として認めることができない」と判示する一方で，船橋市西図書館蔵書廃棄事件最高裁判決（最判平成 17 年 7 月 14 日民集 59 巻 6 号 1569 頁）は，公立図書館で閲覧に供されている図書の著作者の利益を「法的保護に値する人格的利益である」と判示した。なお，憲法問題として提起されていない（民法 709 条・710 条の問題である）が，「氏名は，社会的にみれ

【新しい人権＝人格権の保障】

13 条後段＝幸福追求権 ………導き出される………▶ 新しい人権 ＝ 人格権

・名誉権
・プライバシーの権利
・自己決定権
・環境権
　（根拠条文は 13 条＋25 条）
　……

ば，個人を他人から識別し特定する機能を有するものであるが，同時に，その個人からみれば，人が個人として尊重される基礎であり，その個人の人格の象徴であつて，人格権の一内容を構成するものというべきであるから，人は，他人からその氏名を正確に呼称されることについて，不法行為法上の保護を受けうる人格的な利益を有する」と判示した判例がある（NHK 韓国人名日本語読み訴訟最高裁判決〔最判昭和 63 年 2 月 16 日民集 42 巻 2 号 27 頁〕）。

3.1.4　名　誉　権

　名誉とは，個人の社会的評価のことであり，個人の人格的価値の基本的部分をなすものであるから，人格権の重要な構成要素である。名誉は，それを毀損することが，民事上の不法行為として損害賠償請求の対象となり，刑事上の犯罪として刑罰の対象ともなりうるなど，法律によって保障されている（民法 709 条，710 条，刑法 230 条）。名誉は個人の尊厳と密接に結びつくものであるから，下位法による保護だけでなく，憲法 13 条によって名誉権という新しい人権として保障されると解される（通説）。判例も，北方ジャーナル事件最高裁判決（最大判昭和 61 年 6 月 11 日民集 40 巻 4 号 872 頁）において，名誉の保護を憲法 13 条に基づき人格権として認めている。ただし，私人に対する名誉権の主張は，通常では，侵害者である私人の表現の自由と衝突するため，表現の自由の保障との調整が必要となる（詳細は，5.2.5 名誉毀損的表現の規制を参照）。

　なお，後述するプライバシーとの異同に関して，名誉が個人の社会的評価のことであるのに対して，プライバシーは社会的評価にかかわらない個人の私的領域を意味する。名誉を毀損する表現が真実である場合には免責されうるのに対して，プライバシーを侵害する表現は，たとえ真実であっても免責されない。

3.1.5　プライバシーの権利

　プライバシーの権利は，13 条の幸福追求権を根拠とする新しい人権として保障されるべきであるということについては，学説上争いはないが，問題は，ここで保障されるプライバシーの権利の意義についてである。

　そもそも，プライバシーの権利とは，「ひとりで放っておいてもらう権利」として，アメリカ合衆国の判例法理として形成されてきたものであり，わが国におい

ては，「私生活をみだりに公開されない法的保障ないし権利」と位置づけられてきた（「宴のあと」事件東京地裁判決〔東京地判昭和39年9月28日判時385号12頁〕）。この「宴のあと」事件判決では，公開された内容が，①私生活上の事実または事実らしく受け取られるおそれのある事柄であり（私事性），②一般人の感受性を基準にして当該私人の立場に立てば公開を欲しないであろうと認められる事柄であって（非公開性），③一般の人々にいまだ知られていない事柄である場合（非公知性），それが公開されたことによって当該私人が実際に不快・不安の念を覚えたとき，プライバシーの権利の侵害に当たると判示された（プライバシー侵害の3要件）。このような人格権の一つとしてのプライバシーの権利は，前述のとおり，京都府学連事件最高裁判決により，憲法上の権利として確立している。また，最高裁判所は，前科照会事件判決（最判昭和56年4月14日民集35巻3号620頁）では，（憲法13条を挙げなかったものの）前科等が「人の名誉，信用に直接にかかわる事項であり，前科等のある者もこれをみだりに公開されないという法律上の保護に値する利益を有する」と判示し，指紋押捺事件判決（最判平成7年12月15日刑集49巻10号842頁）では，「個人の私生活上の自由の一つとして，何人もみだりに指紋の押なつを強制されない自由を有する」ので，国家機関が正当な理由なく指紋の押捺を強制することが13条の趣旨に反して許されない（指紋自体は個人の内心に関する情報となるものではないが，性質上，万人不同性・終身不変性を有するので，その利用方法次第では個人の私生活・プライバシーが侵害される危険性があるため）と判示した。

　　　なお，私生活秘匿権という意味におけるプライバシーの権利に関して，①「宴のあと」事件のように私生活を不特定多数の人々に対して公開された事案と，②前科照会事件のように情報（前科というきわめてセンシティブなものではあるが）を特定第三者に対して開示された事案とでは区別できる。最高裁判所は，前科の情報の公開が問題となったノンフィクション「逆転」事件判決では，前科を公表されない法的利益が表現の自由に優越するため，それを公表した原告は民法上の損害賠償責任を負うと判示した（最判平成6年2月8日民集48巻2号149頁）。

　情報化社会の進展に伴って，プライバシーの権利は，単に私人の私生活について公権力による介入を排除するという自由権的な意義（私生活秘匿権）にとどまらず，自己に関する情報をコントロールする権利（情報プライバシー権）として，請求権的にとらえられるべきであるという見解が有力になっている。この見解によれば，個人に関する情報を行政機関等が大量に保有している現代社会においては，自己の情報についての閲覧・訂正・抹消を求める権利も，プライバシーの権利の一部

【プライバシーの権利への侵害とその違憲審査基準】

明白にプライバシーに当たると考えられる個人情報
　：最も厳格な審査基準
目的：必要不可欠なやむにやまれぬ利益
手段：その目的を達成するために必要最小限度のもの

一般的にプライバシーに当たると考えられる個人情報
プライバシーに該当するかどうか判然としないもの
　：厳格な合理性の基準
目的：重要なもの
手段：目的との実質的関連性を有する

として保障されると解されることになる。最高裁判所は，早稲田大学江沢民講演会参加者名簿事件判決（最判平成 15 年 9 月 12 日民集 57 巻 8 号 973 頁）で，私立大学が講演会の参加者の名簿を本人に無断で警察に提供したことについて，（憲法 13 条を挙げなかったものの）私人によるプライバシーの侵害を認め，住基ネット訴訟判決（最判平成 20 年 3 月 6 日民集 62 巻 3 号 665 頁）では，「憲法 13 条は，国民の私生活上の自由が公権力の行使に対しても保護されるべきことを規定しているものであり，個人の私生活上の自由の一つとして，何人も，個人に関する情報をみだりに第三者に開示又は公表されない自由を有する」と判示した。

　　　住基ネット訴訟では，行政機関が，個人の氏名・生年月日・性別・住所の 4 情報に加えて，住民票コード（11 桁の数字の羅列）等の本人確認情報を，本人の同意なく収集・管理・利用する行為が，憲法上のプライバシーの権利の侵害となるか否かが問題となった。最高裁判所は，本人確認情報それ自体は個人の内面に関わるような秘匿性の高い情報とはいえず，法令等の根拠に基づき，住民サービスの向上と行政事務の効率化という正当な行政目的の範囲内で取り扱われており，システムの構造上の問題に起因して個人のプライバシーに係る情報が第三者に開示・公表される具体的な危険が生じているとはいえないため，憲法 13 条に違反しないと判示した。

　プライバシーの権利への侵害に対する違憲審査基準としては，①誰が考えても明白にプライバシーに当たると考えられる個人情報については，個人の人格的生存の根源に関わるため，最も厳格な審査基準（目的は必要不可欠なやむにやまれぬ利益であり，手段はその目的を達成するために必要最小限度のものに限られる）によって審査されるべきである一方，②一般的にプライバシーに当たると考えられる個人情報や，③プライバシーに該当するかどうか判然としないものについては，原則として，厳格な合理性の基準（目的が重要なものであり，手段が目的との実質的な関連性を有することが求められる）を用いるべきであると解される（通説）。

　　　なお，プライバシーの権利に関して，2003（平成 15）年に制定された個人情報保護法（個人情報の保護に関する法律）は，（「プライバシーの権利」という表現を用いる

ことなく）個人情報（生存する個人に関する情報であり，①氏名，生年月日その他の記述等により特定の個人を識別することができるもの，または②個人識別符号〔顔，指紋，静脈など身体の一部等を電子計算機のために変換した符号や，個人番号，旅券番号，基礎年金番号，運転免許証番号などの個人に割り当てられた番号〕が含まれるもの〔2条1項〕）は，個人の人格尊重の理念の下に慎重に取り扱われるべきものであることにかんがみ，その適正な取扱いが図られなければならないとしている（3条）。同法は，個人情報取扱事業者（16条2項）及び行政機関（2条11項）に対して，利用目的の特定（17条1項，61条1項），目的達成に必要な範囲を超えた取扱いの禁止（18条1項，61条2項），不適正な利用の禁止（19条，63条），適正な取得（20条，64条），取得に際しての利用目的の通知・公表（21条），データ内容の正確性の確保（22条，65条），安全管理措置（23条，66条）などにつき義務規定を設けるほか，一定の場合を除き，本人の同意を得ずに個人データ（個人情報データベース等を構成する個人情報）を第三者に提供してはならず（27条1項），ないしは利用目的以外の目的のために保有個人情報を自ら利用し，または提供してはならず（69条1項），本人から開示請求を受けた場合に個人データを開示しなければならず（33条2項本文，78条1項），また，一定の場合に，本人からの請求を受けて個人データの内容の訂正や利用停止等を行わなければならない（34条2項，35条2項本文，92条，100条）。

　これらは，基本的には，経済協力開発機構（OECD）のプライバシー保護と個人データの国際流通についてのガイドライン（個人情報は，本人の同意を得たうえで適法かつ公正な手段で収集しなければならず，その利用目的に沿った必要な範囲内で正確かつ最新の状態に保たなければならず，収集の目的を明らかにしなければならず，収集した個人情報は明確化された目的以外に使用してはならず，紛失等の危険に対し安全保護措置を講じなければならず，本人による情報所在の確認・訂正等の要請に対応しなければならない，など）に対応している。

3.1.6　自己決定権

　個人の人格的生存に関わる重要な私的事項を公権力の介入・干渉なしに各自が自律的に決定できる自由を，自己決定権（人格的自律権）といい，13条の幸福追求権を根拠に，憲法上，新しい人権として保障されると解されている（通説）。

　自己決定権の対象となる個人の人格的生存に関わる重要な私的事項としては，①医療拒否や尊厳死などといった自己の生命や身体の処分に関する事柄，②婚姻や離婚，養子縁組など家族の形成・維持に関する事柄，③子どもを産む・産まないという選択や，避妊，妊娠中絶などといったリプロダクションに関する事柄，④髪型，服装，性的自由，飲酒や喫煙などといったライフスタイルに関する事柄

などが考えられる。これらのうち，④のライフスタイルの事柄に関しては，一般的行為自由説に立つか人格的利益説に立つかによって，自己決定権の保障の要否が異なる（一般的行為自由説に立てば，ライフスタイルに関する事柄についても，自己決定権として憲法上保障されるべきと解される）。

　最高裁判所は，①の自己の生命や身体の処分に関する事柄に関して，エホバの証人輸血拒否事件判決（最判平成 12 年 2 月 29 日民集 54 巻 2 号 582 頁）で，自らの信仰する宗教の教義を理由に輸血を伴う医療行為を拒否している患者に対して医師が輸血を行ったことに関して，損害賠償請求を認めている。ただし，医療拒否について，控訴審判決（東京高判平成 10 年 2 月 9 日判時 1629 号 34 頁）が患者の自己決定権によって根拠づけた一方で，最高裁判所は，それを「人格権の一内容として尊重されなければならない」とするものの，自己決定権については言及しなかった（患者の人格権を侵害したものとして，民法 709 条等に基づく損害賠償責任を認めた）。

　また，④のライフスタイルの事柄に関して，喫煙の自由について，最大判昭和 45 年 9 月 16 日民集 24 巻 10 号 1410 頁は，タバコが嗜好品であって生活必需品とまではいえず，「喫煙の禁止は，煙草の愛好者に対しては相当の精神的苦痛を感ぜしめるとしても，それが人体に直接障害を与えるものではないのであ」るから，「喫煙の自由は，憲法 13 条の保障する基本的人権の一に含まれるとしても，あらゆる時，所において保障されなければならないものではない」と判示しているが，この判決が喫煙の自由を憲法 13 条によって保障されたものと判示したと解すべきか否かは議論が分かれている。酒造の自由に関連して，無免許での酒類製造の禁止が憲法 13 条等に違反しないと判示した（どぶろく裁判最高裁判決〔最判平成元年 12 月 14 日刑集 43 巻 13 号 841 頁〕）。また，最高裁判所は，髪型の自由に関して，私立高校の生徒が校則で禁止されているパーマをかけたために自主退学させられた事件において，髪型についての自己決定権侵害であるとする原告の主張を認めず（修徳高校パーマ自主退学事件判決〔最判平成 8 年 7 月 18 日判時 1599 号 53 頁〕），同様に，バイクの購入・運転・免許取得を禁止する私立高等学校の校則をめぐる訴訟でも，バイクに乗る自由を自己決定権として認めなかった（東京学館高校バイク自主退学事件判決〔最判平成 3 年 9 月 3 日判時 1401 号 56 頁〕）。

　自己決定権は，アメリカ合衆国では，プライバシーの権利の一態様として，判例上，形成されてきたものであるから，わが国の憲法解釈においても，同様に保障されると解すべきであるという見解がある。この立場に立てば，（広義の）プライバシーの権利は，情報プライバシー権と自己決定権から構成されることになる。その一

```
【プライバシーの権利と自己決定権との関係】

  プライバシーの権利を自己情報コントロール権として
   ・理解する場合……                      ・理解しない場合……

  ┌──────────────┐              ┌──────────────┐
  │  情報プライバシー権   │              │  プライバシーの権利   │
  └──────────────┘              └──────────────┘
  ┌──────────────┐       それぞれ          いずれも
  │    自己決定権     │       別のもの          13条で保障される
  └──────────────┘              ┌──────────────┐
          13条で保障される                │    自己決定権     │
                                 └──────────────┘
    広義のプライバシーの権利
     （自己情報コントロール権）
```

方，プライバシーの権利を情報プライバシー権の意味に限定して解釈し，自己決定権はプライバシーの権利とは別個の人権であるとする見解もある。いずれの見解も，自己決定権の根拠を13条に見出すものであり，学説上どちらも有力である。

　　プライバシーの権利とは，もともと，アメリカ合衆国において，1890年に（後に合衆国最高裁判所判事となる）ブランダイス弁護士らが「プライバシーの権利」という論文で「一人で放っておいてもらう権利」として提唱し，その後，最高裁判所が，避妊具の利用等を禁止する州法を合衆国憲法に違反するとしたグリズウォルド対コネチカット州事件判決（1965年）で，修正1条等の人権条項の放射による半影としてプライバシーの権利が認められる（したがって，夫婦の寝室という神聖な領域を警察は捜索できない）と判示した。その後，1973年，最高裁判所は，人工妊娠中絶を規制する州法を違憲と判示したロー対ウェイド事件判決で，憲法典に列挙されていない権利であっても，法の適正な手続の保障を規定する修正14条（それ自体はプライバシーの権利を規定するものではない）を根拠に人権として認められるとし，女性の妊娠中絶の権利をプライバシーの権利として承認した（ただし，2022年のドブス対ジャクソン女性健康機構事件最高裁判決により，女性の妊娠中絶の権利は否定された）。このように，プライバシーの権利は，発生論的に，私事の秘匿の権利から自律の権利として展開してきたものであり，また，アメリカでは（日本でいう）リプロダクションに関する事柄についての自己決定権として主に議論されてきたものである。

3.1.7　環　境　権

　わが国は1960年代に高度な経済成長を遂げたが，その代償として，大気汚染や水質汚濁などの公害が各地で発生し，社会問題化した。その後も，都市化・工業化に伴い，自然環境の著しい悪化が続いた。世界的規模で進行する環境悪化が問

題視される中，国民の生命や健康を維持するためには，環境破壊による被害が現実に生じる前に，被害の原因である公害を除去し，減少させなければならないという観点から，新しい人権として，環境権が提唱されるに至った。

環境権とは，健康で快適な生活を維持する条件としての良好な環境を享受し，これを支配する権利と定義される。この意味での環境権は，「健康で文化的な最低限度の生活」を維持するうえでの必要最小限の条件であるから，25条によって根拠づけられ，また，それは幸福追求の基本的条件であるので，13条によっても根拠づけられる。環境権の実現のためには，環境破壊を防止し排除するだけでなく，公権力による積極的な環境保全・改善のための施策が必要であるため，自由権としての側面が大きい13条だけでなく，社会権である25条を根拠としている。

ここでいう環境とは，大気や水，日照などの自然環境のみを指すのか，遺跡，寺社，公園，学校などといった文化的・社会的環境をも含めるのかについては，議論が分かれている。後者と解すると，環境権の内容が広汎になりすぎ，権利性が弱められるので，前者と解する見解が有力である。

環境権については，その内容，効果（侵害に対して損害賠償責任を認めるのか，さらにその差止めまで認めうるのか），帰属主体（環境権侵害を裁判所に出訴する当事者としての適格性の範囲はどこまで認められるのか）などが不明確であると批判されている。そこで，環境権は，裁判において，それに基づいて損害賠償や差止めを求めうる具体的権利ではないと解される（通説）。

最高裁判所は，新しい人権としての環境権を認めていない（大阪空港訴訟判決〔最大判昭和56年12月26日民集35巻10号1369頁〕）。

3.2　法の下の平等

3.2.1　法の下の平等の意義

日本国憲法14条1項は，「すべて国民は，法の下に平等であつて，人種，信条，性別，社会的身分又は門地により，政治的，経済的又は社会的関係において，差別されない」と規定している。この規定は，国家から不当に差別を受けない権利（平等権）を個々の国民に保障するとともに，国家が国民を不当に差別してはならないという平等原則を規定したものである。

　　日本国憲法の人権規定は，そもそも，公権力がそれを侵害してはならないということを義務づける客観的な法原則である（公権力はそれに違反してはならない）と同時に，私人の側から見れば，それは侵害されてはならない主観的な権利である（侵害された場合には裁判所に対して救済を求めうる）という2つの側面がある。14条は，客観的法原則と主観的権利というこの2つの側面が最もわかりやすい形で表れる（14条以外の人権についても，客観的法原則と主観的権利の両側面がある）。

　14条にいう「法の下」の平等とは，法文の文言どおり，国家が法律を適用する際にのみ差別が禁止される（14条は立法府を拘束せず，法律を適用する行政府と司法府のみを拘束する）という意味（法適用平等説・立法者非拘束説）ではなく，法律の適用のみならず法律の内容そのものも差別的であってはならない（14条は行政府・司法府だけでなく，法律を制定する立法府をも拘束する）という意味である（法内容平等説・立法者拘束説）。なぜなら，法律の内容が平等でなければ，その不平等な法律を平等に適用しても差別が生じうるからである。

　また，14条にいう「平等」とは，原則として，現に存在する事実上の差異を捨象して個人を法的に均等に取り扱うという形式的平等（機会の均等）を意味するが，それだけでなく，日本国憲法は，現実の差異に着目してその格差を是正して結果を均等にする実質的平等（結果の平等）をも志向する社会福祉国家に立脚している（ただし，14条それ自体は近代的意味の平等としての形式的平等を保障したものであり，実質的平等は14条から裁判規範として直接導かれるものではなく，社会福祉国家の理念に基づき立法によって実現されるべきものであると解される）。また，現に存在する事実上の差異をまったく無視して，単に個人を機械的に均一に扱う絶対的平等ではなく，個人に差異が存在することを前提として，同一条件・同一事情の下で均等に取り扱う（したがって，性質に応じた合理的な区別は認められる）という相対的平等を意味する。つまり，14条は，いかなる場合にも法律上の取扱いに差異を設けてはならないという意味ではない。個人の尊重の観点から，不合理な差別は許されないが，各人の能力等に差異がある場合には，合理的な区別は許される（例えば，女性にのみ認められる産前産後休暇・生理休暇や，各人の資力に応じて税額に差異を設ける累進課税制度は，一般的に14条違反とはされない）。最高裁判所も，待命処分無効確認事件判決において，憲法14条1項は，「国民に対し絶対的な平等を保障したものではなく，差別すべき合理的な理由なくして差別することを禁止している趣旨と解すべきであるから，事柄の性質に即応して合理的と認められる差別的取扱をすることは，なんら右各法条の否定するところではない」と判示している（最大判昭和39

【法の下の平等の意義】

14 条は,
- 国家が平等原則に違反してはならない（客観的な法原則→国家を義務づける）
- 個人の平等権は侵害されてはならない（主観的な権利　→個人に保障される）

私人	← 差別的取扱い	国家
主観的に見れば	客観的に見れば
平等権侵害	平等原則違反

法の下のとは？
- 法適用平等説＝立法者非拘束説
  のみ
  14 条は行政・司法を拘束する
  法の適用の際に平等にすべき
- 法内容平等説＝立法者拘束説（通説）
  立法も
  14 条は行政・司法を拘束する
  法の制定の際も平等にすべき
  適用だけでなく

平等とは？
- 形式的平等＝機会の平等 だけでなく
- 実質的平等＝結果の平等 を目指す
  〈ただし, あくまで形式的平等が基本〉

- 絶対的平等＝機械的平等 ではなく
- 相対的平等＝合理的区別を認める である

年 5 月 27 日民集 18 巻 4 号 676 頁）。この相対的平等という観点から，合理的な区別
は認められる一方で不合理な差別のみが禁止されることになり，公権力による差
別が問題となるときの違憲審査基準としての合理性の基準が導き出される。

　実質的平等の貫徹という観点から，伝統的に構造的な差別を受けてきた社会的
弱者に対して，優先的な処遇を行う積極的差別解消措置（アファーマティブ・アクシ
ョン）を講ずるべきであるという主張がある。具体的には，社会的弱者に対して，
教育や雇用の機会などを優先的に付与することなどである。もっとも，行きすぎ
た優遇措置は，かえって平等原則違反の問題となりうる（弱者以外の大多数の者に
対する逆差別になる）し，また，社会的弱者の自主的な自立を阻害する要因にもな
りかねない。あくまで 14 条は第一義的には形式的平等を保障した規定であると
いうことに，注意が必要である。

　平等に関して，日本国憲法は，14 条 1 項において一般的な原則を述べたうえで，
2 項では，華族その他の貴族の制度を認めないこと（天皇制は，日本国憲法自体が認
めた例外である）を，3 項では，国家による栄典の授与は行いうるものの，それは
一代限りのものとし（世襲されない），特権を伴わないこと定めている。24 条 2 項

で家族生活における男女の平等を，26条で教育を受ける権利の享受における平等を，44条但書で国政選挙における人種・信条・性別・社会的身分・門地・教育・財産・収入についての平等を規定している。さらに，25条などの社会権の規定は，実質的平等の保障を志向するものである。

3.2.2　14条1項後段の列挙事項

　14条1項後段は，「人種，信条，性別，社会的身分又は門地により」差別されないと規定しているが，この規定は，これら5事項に限定して差別を禁止する（これら5つ以外の事項についての差別は許容される）趣旨（限定列挙説）ではなく，歴史的に見て不合理な差別が行われてきた典型例を挙げただけであり，これら5つ以外の事項についても差別を禁止するという意味であると解するのが，通説・判例（待命処分無効確認事件最高裁判決〔最大判昭和39年5月27日民集18巻4号676頁〕）の立場である（例示列挙説）。限定列挙説・例示列挙説どちらの見解に立っても，14条1項後段の5事項に基づく差別の合憲性には，より厳格な審査が求められると解される（3.2.3 平等権侵害についての違憲審査を参照）。

　14条1項後段にいう人種とは，皮膚や毛髪・虹彩の色などの身体的特徴によって区別される人類学的な分類である。人種と国籍とは異なる概念である（したがって，人類学的には日本民族でなくても，帰化等により日本国籍を取得した者は，10条に定める日本国民に含まれる）。外国人に対する法的取扱いの区別は，国籍の有無を基準とした日本国憲法上の人権享有主体性の問題であり，人種差別の問題とは性格を異にする（最大判昭和30年12月14日刑集9巻13号2756頁）。

　信条とは，宗教上の信仰に限らず，広く思想上・政治上の主義を含む，ものの考え方のことを指す。国家公務員法は，職員の採用等につき憲法14条1項後段列挙事由に加え政治的な意見・所属関係による差別を禁止する確認規定を置く（27条）一方で，38条4号で「日本国憲法施行の日以後において，日本国憲法又はその下に成立した政府を暴力で破壊することを主張する政党その他の団体を結成し，又はこれに加入した者」を公務員の欠格事由としているが，これは公務の本質に基づく例外であり，不合理ではないと解される。一方，私企業における雇用については，三菱樹脂事件最高裁判決（最大判昭和48年12月12日民集27巻11号1536頁）が思想・信条を理由とした雇入れの拒否を合法としており（企業による思想・信条の調査も違法ではないとされる），信条を理由とした不採用は禁止されない（ただ

し，採用後の労働者に対しては，労働基準法3条により，使用者は思想・信条に基づき差別してはならない）。

　性別とは，生物学的な男女の区別を意味する。もっとも，男女には，実際に肉体的・生理的な差異があり，それを理由とする合理的な区別は認められるべきであると考えられる。例えば，1997（平成9）年改正前の労働基準法64条の3は女性の深夜労働を禁止しており，2017（平成29）年改正前の刑法177条は女性のみを強姦罪の客体としており，これらは，女性を保護するための合理的な区別とされてきた。しかし，こういった規定が，かえって女性に実質的に不利益をもたらす場合もあるとして，再検討がなされてきた（労働基準法の女性の深夜労働の禁止は削除され，また，強姦罪に代わる強制性交等の罪〔2023（令和5）年の刑法改正により，不同意性交等の罪〕は男性も客体として認めるようになった）。

　社会的身分とは，出生という生来的な理由で定まる自己の意思で変えられない社会的地位を指すのか，それとも，人が社会において占める継続的な地位を指すのか争いがある。この点，前者が学説上有力であるが，判例は後者の立場である（待命処分無効確認事件最高裁判決）。例えば，特定の地域の出身者であるということ（特に，被差別部落出身者が問題となる）や，嫡出子・非嫡出子という身分が，社会的身分に当たる（なお，非嫡出子相続分規定違憲訴訟最高裁決定〔最大決平成25年9月4日民集67巻6号1320頁〕の内容は，3.2.4 法の下の平等が争われた事例を参照）。

　門地とは，家系・血統等の家柄を指す。明治憲法（大日本帝国憲法）下で存在した華族・士族・平民などといったものが門地に当たるが，日本国憲法は，14条2項において，華族その他の貴族の制度を明文で禁止した。

3.2.3　平等権侵害についての違憲審査

　国家行為（個別・具体的な処分だけでなく，一般的な法律の制定を含む）の憲法14条適合性に関して，私人は，その主観的な権利である平等権が国家によって侵害された場合には，その違憲性を訴訟において争うことができるが，単に国家行為が客観的に平等原則に違反している場合については，それを認識したとしても，特に法律によって訴訟の提起を認める制度（例えば，選挙無効訴訟〔公職選挙法204条等〕，当選無効訴訟〔同法208条等〕，住民訴訟〔地方自治法242条の2〕など）が存在しない限り，訴訟で争うことはできない（12.2.1 司法権の概念・範囲を参照）。

　　選挙人が（たとえ自分自身の選挙権が侵害されていなくても）9.2 一票の較差（議員

定数不均衡）で示す選挙における一票の較差を訴訟で争いうるのは，公職選挙法204条が選挙無効訴訟という特別の訴訟類型を設けており，それを利用しているからであって，日本国憲法下で，（自らの権利侵害がないのに）平等原則違反の国家行為の違憲性を争うことが一般的に認められているからではない。

　なお，平等権侵害の問題が，他の人権の規制の問題として構成できる場合には，①他の人権の侵害の問題として扱う場合（例えば，葛飾政党ビラ配布事件最高裁判決〔最判平成21年11月30日刑集63巻9号1765頁〕の事案であれば，他のビラの投函は問題視されないにもかかわらず，被告人による政党のビラの投函行為が刑法130条前段違反とされたことについて，憲法14条1項ではなく，もっぱら憲法21条1項の問題として構成すればよい），②平等権侵害の問題として扱う場合（サラリーマン税金訴訟最高裁判決〔最大判昭和60年3月27日民集39巻2号247頁〕の事案であれば，原告は他者に認められる控除が自分に認められないことを問題視しているので，財産権〔29条〕侵害ではなく，平等権〔14条1項〕侵害を争うほうが適切である），③平等権と他の人権の両方の問題として扱う場合（学生無年金障害者訴訟最高裁判決〔最判平成19年9月28日民集61巻6号2345頁〕の事案では，原告の生存権〔25条〕侵害と〔他者との〕別異取扱い〔14条1項〕を別々に検討しうる）とが考えられる。

　（自由権の規制の違憲審査が，保護領域の画定→制限→制限の正当化という3段階で行うべきと考えられる〔2.3.5 三段階審査を参照〕のに対して）平等権の侵害についての違憲審査は，(1) 区別（別異取扱い）が行われているか，(2) 区別が行われているとしても，その区別が憲法上正当化しうるか，という2段階で論証を行う（二段階審査）。第1段階である区別の有無に関して，まずは，均等に扱われるべき者の間に，法的に別異の取扱いが国家によって行われていることが示されなければならない（差別・区別というのは相対的な概念なので，誰と誰との間で別異の取扱いがなされているのかといった，比較の対象を明確に示すことが必要である）。そして，第2段階で，その区別が憲法上正当化しうるかを検討する。

　では，どのような区別が憲法上正当化され，どのようなものが正当化されないのか。憲法14条1項にいう平等を相対的平等と解するならば，相対的平等の観点から合理的な区別は許容され，不合理な差別は許されないことになる。つまり，14条1項で禁止される差別に該当するか否かは，区別の合理性の有無で判断される。

　判例は，平等権侵害についての違憲審査の多くの場合で，合理性の基準を用いている。すなわち，(1) ある人とある人とを区別する目的（立法目的）に合理性（合理的な根拠）があるか否かを検討し，(2)（区別それ自体は憲法14条1項に違反しないとしても）その目的を達成する手段としてその区別（の程度や態様）に合理性が

あるか否かを検討する（合理性のない目的による区別，または合理的な手段ではない区別を，憲法 14 条 1 項に違反する差別と判断する）（尊属殺重罰規定違憲訴訟最高裁判決〔最大判昭和 48 年 4 月 4 日刑集 27 巻 3 号 265 頁〕）。その検討の際には，区別によって侵害される不利益の質・大きさや区別の事由などの「事柄の性質」に応じて，求められる合理性の程度が（厳しくなったり緩やかになったりなどと）変わりうる。

　　平等権侵害が争われる事案に関して最高裁判所が用いる合理性の基準（別異取扱いが「合理的な理由」ないし「合理的な根拠」に基づくものか否かで判断する）は，違憲審査基準としての合理性の基準（合憲性が推定される緩やかな基準）とは異なるものである。すなわち，事柄の性質によって，合理性が厳格に審査されることもあれば，緩やかに審査されることもある。平等権侵害についての合理性の基準のデフォルトは，比較的緩やかなものではあるが，専門技術的な領域である租税法の分野（サラリーマン税金訴訟最高裁判決）や制度形成が法律に依存する場合（最大判平成 11 年 11 月 10 日民集 53 巻 8 号 1577 頁，2.3.7 制度依存的権利と立法裁量の統制を参照）は，立法裁量が広く認められより緩やかに審査される一方で，区別の対象となる権利・利益が重要であったり，区別がその対象者の意思や努力によって変えることのできなかったりする場合には，より厳格に審査が行われる（国籍法 3 条 1 項違憲訴訟最高裁判決〔最大判平成 20 年 6 月 4 日民集 62 巻 6 号 1367 頁〕）。

　一方，従来の通説は，14 条 1 項違反が争われる場合には，次のように判断すべきであるとする。

　区別される事由を考えて，それが憲法 14 条 1 項後段に列挙された「人種，信条，性別，社会的身分又は門地」に該当する場合には，これらの区別は原則として不合理なものであると考えられるため，厳格な審査が要求される。具体的には，人種や信条による差別には，厳格審査基準（立法目的が必要不可欠なものであり，立法目的達成手段が必要最小限度のものでなければ，違憲とする）を，性別・社会的身分による差別については，厳格な合理性の基準（立法目的が重要なものであり，目的と手段との間に実質的関連性がなければ，違憲とする）を，それぞれ適用すべきとする（違憲審査基準論については，詳しくは，2.3.4 二重の基準論を参照）。ただし，問題となっている区別が積極的差別解消措置の場合には，優遇の対象となっている弱者の属性に留意して，個別的に判断する（厳格審査基準を適用して当該措置を違憲と判断しないようにするため，厳格な合理性の基準などに基準を緩和する）。

　また，憲法 14 条 1 項後段の列挙事由以外の事由（財産，学歴，年齢など）による区別であっても，区別によって侵害されうる権利が何であるかを検討し，それが二重の基準論で厳格な審査が要求されるものの場合（例えば，精神的自由権や選挙権

【平等権侵害についての違憲審査】

　判例：合理性の基準（区別をすることの合理性＋区別の程度・態様の合理性）
　　　　事柄の性質に即応して，厳しく or 緩やかに適用する

　従来の
　　通説：違憲審査基準論として構成

> 問題となっている「差別」が積極的差別解消措置の場合には，優遇の対象となっている弱者の属性に留意して，個別的に判断する（厳しい基準を適用して当該措置を違憲と判断しないようにするため，基準を緩和する）

　　　どのような事由に基づく差別か？
　　　○後段列挙事由　・人種・信条 ──────────→ 厳格審査基準
　　　　　　　　　　　・性別・社会的身分 ───────→ 厳格な合理性の基準
　　　○それ以外の事由→どのような人権に関する差別か？
　　　　　　　　　　　・精神的自由権・選挙権 ────→ 厳格審査基準
　　　　　　　　　　　・経済的自由権（消極目的規制）→ 厳格な合理性の基準
　　　　　　　　　　　・社会権 ───────────→ 厳格な合理性の基準
　　　　　　　　　　　・経済的自由権（積極目的規制）その他 → 合理的根拠の基準

	目的	手段
厳格審査基準	必要不可欠である	必要最小限度である
厳格な合理性の基準	重要である	目的との実質的関連性がある
合理的根拠の基準	正当である	目的との合理的関連性がある

に対する制約における差別の場合）には，厳格審査基準で判断すべきとする。経済的自由権に対する消極目的規制における区別や，社会権の実現についての区別に対しては，厳格な合理性の基準で判断する。一方，経済的自由権の積極目的規制やそれ以外の人権に関して平等原則違反が問題となる場合には，国会に広い裁量が認められるので，立法目的が正当なものであり，目的と手段との間に合理的関連性（事実上の実質的な関連性があることを要しない）があることをもって足りるとする基準（合理的根拠の基準）でよいと解される。

3.2.4　法の下の平等が争われた事例

　どのような区別が法の下の平等に違反するかについては，具体的な事例を通じて検討する必要がある。ここでは，憲法14条が争点となった重要な判例について概説する。
　（1）自己または配偶者の直系尊属（自分より上の世代の親族であり，傍系である兄弟姉妹を含まない）を殺害する尊属殺人罪（卑属またはその配偶者が尊属を殺すこと）

に対して法定刑として死刑または無期懲役刑のみを定めていた（1995〔平成7〕年改正前の）刑法200条について，尊属殺重罰規定違憲訴訟最高裁判決の多数意見は，その立法目的は尊属に対する殺害行為は高度の社会的・道義的非難に値するため通常の殺人罪よりも厳重に処罰し強く禁圧しようとすることにあり（尊属に対する尊重報恩は社会生活上の基本的道義であり，このような自然的情愛・普遍的倫理の維持は刑法上の保護に値するとする），被害者が尊属である場合に，これを類型化し法律上刑の加重要件とする規定を設けること自体は不合理であるとはいえないが，刑法200条の定める刑の加重の程度は，普通殺人罪に関する刑法199条の法定刑と比べて極端に大きいため，刑法200条の規定は立法目的達成の手段として均衡を失しており，不合理な差別的取扱いであるため，憲法14条1項に違反すると判示した。これに対して，尊属殺人に関する特別の規定を設けること自体が，一種の身分制道徳の見地に立つものであり，旧家族制度的倫理観に立脚するものであり，個人の尊厳と人格価値の平等を基本的な立脚点とする民主主義の理念に抵触し，不合理な差別に当たるとする少数意見が付されている（最大判昭和48年4月4日刑集27巻3号265頁）。

　多数意見も少数意見も，刑法200条が憲法14条に違反するという結論は共通であるが，判例の多数意見が刑の加重の程度が極端であることを理由としているの（手段違憲説）に対して，少数意見は，刑を加重すること自体が違憲である（目的違憲説）という。通説は目的違憲説である。

　　　なお，刑法200条は，1995年に，刑法の条文を文語体から口語体に変更する際に，他の尊属への犯罪に対する重罰規定（尊属傷害致死罪に係る刑法205条2項等）とともに削除された（違憲判決後，改正までの間は，尊属殺人であっても普通殺人罪〔刑法199条〕で起訴するよう最高検察庁が通達することによって対応された）。

　(2)　所得税法が給与所得者に源泉徴収制度を設けているため，必要経費の実額控除を認めず（概算控除しか認めない），所得の捕捉率が他の所得（事業所得や農業所得など）に比べて高くなっているため，事業所得者等に比べて給与所得者に著しく不公平な税負担を課しているとして，その憲法14条1項違反が争われたサラリーマン税金訴訟判決で，最高裁判所は，国政全般からの総合的な政策判断が求められ，きわめて専門技術的な判断が必要となる租税法の定立は立法府の政策的・技術的な判断に委ねるほかなく，裁判所はその裁量的判断を尊重せざるをえないため，租税法分野における所得の性質の違い等を理由とする取扱いの区別は，その立法目的が正当なものであり，当該立法において具体的に採用された区別の態

様が目的との関連で著しく不合理であることが明らかでない限り，その合理性を否定することはできないところ，本件区別の目的は正当であり，区別は合理的であるので，憲法14条1項違反ではないと判示した（最大判昭和60年3月27日民集39巻2号247頁）。

　（3）非嫡出子の法定相続分を嫡出子の相続分の2分の1と定めていた（2013〔平成25〕年改正前の）民法900条4号ただし書前段について，最高裁判所は，かつて，（ⅰ）法定相続分の規定は，遺言による相続分の指定等がない場合などにおいて，補充的に機能するものであり，相続制度をどのように定めるかは，立法府の合理的な裁量判断に委ねられているが，（ⅱ）民法900条4号ただし書前段の立法理由は，法律上の配偶者との間に出生した嫡出子の立場を尊重するとともに，非嫡出子にも法定相続分を認めることにより，非嫡出子を保護しようとしたものであり，法律婚の尊重と非嫡出子の保護の調整とを図ったものと解されるところ，立法理由に合理的根拠があり，この規定は著しく不合理とはいえず，合理的な立法裁量を逸脱していないとして，憲法14条1項に違反しないと判示していた（最大決平成7年7月5日民集49巻7号1789頁）。

　しかし，その後，最高裁判所は，1947（昭和22）年の民法改正時点から現在至るまでの間に，わが国において家族という共同体の中における個人の尊重がより明確に認識されてきたことは明らかであり，このような認識の変化に伴い，父母が婚姻関係になかったという，子にとっては自ら選択・修正する余地のない事柄を理由としてその子に不利益を及ぼすことは許されず，子を個人として尊重し，その権利を保障すべきであるという考えが確立されてきていることからすれば，2001（平成13）年当時において，嫡出子と非嫡出子の法定相続分を区別する合理的な根拠は失われていたため，民法900条4号ただし書前段の規定は，2001年時点において，憲法14条1項に違反していたと判示した（非嫡出子相続分規定違憲訴訟決定〔最大決平成25年9月4日民集67巻6号1320頁〕）。

　（4）2008（平成20）年改正前の国籍法3条1項は，「父母の婚姻及びその認知により嫡出子たる身分を取得した子で20歳未満のもの……は，認知をした父又は母が子の出生の時に日本国民であった場合において，その父又は母が現に日本国民であるとき，又はその死亡の時に日本国民であったときは，法務大臣に届け出ることによって，日本の国籍を取得することができる」と規定していた。つまり，婚姻関係にない日本国民である父と日本国民でない母との間に生まれた非嫡出子は，父から生後に認知され，父母が婚姻することによって嫡出子たる身分を得れ

ば（準正），日本国籍を取得できる。一方で，同じく婚姻関係にない日本国民である父と日本国民でない母との間に生まれ，父から生後に認知されても，父母が婚姻しなければ，その子は日本国籍を取得できなかった（また，胎児の時点で父から認知されれば，日本国民である父と日本国民でない母との間の非嫡出子は，準正なしに日本国籍を取得できたし，日本国民でない父と日本国民である母との間の非嫡出子も，準正なしに日本国籍を取得できた）。最高裁判所は，このような区別をする立法目的（血統主義を基調としつつ，日本国民との法律上の親子関係の存在に加え，わが国との密接な結びつきの指標となる一定の要件を設けて，これらを満たす場合に限り出生後における日本国籍の取得を認めることとする）自体は合理的であるが，立法目的との合理的関連性が（制定当初はあったものの）国内的・国際的な社会的環境の変化等によって失われたため，国籍法3条1項の規定は，国籍取得につき合理性を欠いた過剰な要件を課するものとなっていると判示した。そのうえで，過剰な要件を課したことにより区別が生じたからといって，区別による違憲状態の解消のために同項の規定自体を全部無効とすることは，立法者の合理的意思として想定し難いため，前記下線部分を除いた同項所定の要件が満たされれば，日本国籍の取得を認められるとした（国籍法3条1項違憲訴訟最高裁判決〔最大判平成20年6月4日民集62巻6号1367頁〕）。

　（5）「女は，前婚の解消又は取消しの日から6箇月を経過した後でなければ，再婚をすることができない」と定めていた（2016〔平成28〕年改正前の）民法733条1項について，最高裁判所は，かつて，同条の立法趣旨が父性の推定の重複を回避し父子関係をめぐる紛争の発生を未然に防ぐことにあると判示していた（最判平成7年12月5日判時1563号81頁）。

　しかし，その後，最高裁判所は，再婚の要件に関して男女を区別することが，事柄の性質に応じた合理的な根拠に基づくものであると認められない場合には，憲法14条1項に違反することになり，憲法24条が，婚姻や家族に関する事項について，具体的な制度の構築を第一次的には国会の合理的な立法裁量に委ねるとともに，その立法にあたっては，個人の尊厳と両性の本質的平等に立脚すべきであるとする要請・指針を示すことにより，裁量権の限界を画しているところ，女性の再婚後に生まれた子につき父性の推定の重複を回避し父子関係をめぐる紛争の発生を未然に防ぐという民法733条の立法目的には合理性があり，民法733条1項の規定のうち100日の再婚禁止期間を設ける部分は，憲法14条1項，24条2項に違反しないが，（2022〔令和4〕年改正前の）民法772条に定める父性の推定の重複（同条2項は，婚姻の成立の日から200日を経過した後，または婚姻の解消・取消し

の日から300日以内に生まれた子は婚姻中に懐胎したものと推定すると定めていた）を回避するために必要ない100日超過部分は，2008（平成20）年時点において，憲法14条1項，24条2項に違反するに至っていたと判示した（再婚禁止期間規定違憲訴訟判決〔最大判平成27年12月16日民集69巻8号2427頁〕）。

　（6）法律上の婚姻をするためには夫婦のいずれか一方が婚姻前の氏を変更しなければならないという，現行の夫婦同氏制（民法750条）が，憲法13条，14条1項，24条等に違反するか否かが争われた夫婦同氏制違憲訴訟において，最高裁判所は，（i）氏は，婚姻・家族に関する法制度の一部として法律がその内容を規律するものであるところ，氏には（名と同様に個人の呼称としての意義があるものの）社会の構成要素である家族の呼称としての意義があることからすれば，身分関係の変動に伴って改められることがありうることは，その性質上予定されているため，婚姻の際に氏の変更を強制されない自由は憲法上の権利として保障される人格権の一内容であるとはいえず（憲法13条に違反しない），（ii）民法750条の規定は夫婦の氏をその協議に委ねており（文言上性別に基づく法的な差別的取扱いを定めているわけではない），男女間の形式的な不平等は存在せず（憲法14条1項に違反しない），（iii）民法750条の規定は，婚姻をすることについての直接の制約を定めたものではなく，（a）夫婦同氏制がわが国の社会に定着してきたものであること，（b）同氏により同じ家族の構成員であると実感することに意義があることが認められる一方で，（c）改氏によるアイデンティティの喪失感や個人の社会的な信用・評価・名誉感情等の維持の困難さなどの不利益，（d）夫の氏を選択する夫婦が圧倒的に多いことから，女性が不利益を受ける場合が多い現状，（e）不利益を避けるために法律上の婚姻をしない者が存在することが認められるが，上記不利益は通称使用の広まりにより一定程度は緩和されることから，夫婦同氏制が直ちに個人の尊厳と両性の本質的平等の要請に照らして合理性を欠く制度であるとは認められない（憲法24条に違反しない）と判示した（最大判平成27年12月16日民集69巻8号2586頁）。

　なお，通説は，夫婦同氏制が，氏に関する自己決定権の侵害であり，夫の氏を選択する夫婦が圧倒的に多いことから，女性の自由な選択といえず，事実上の女性の差別として機能しており，婚姻の自由を不当に制限するものであるとして，憲法13条，14条1項，24条に違反すると解している（立法論として，婚姻の際に夫婦が希望する場合には各自の婚姻前の氏を称することを認める選択的夫婦別氏制を導入すべきであるとする）。

第4章

内心の自由——精神的自由権（1）

精神的自由権とは，私人の精神活動の自由であり，内心の領域について保障されるものと，内心を超えて外部的行為について保障されるものとがある。第4章内心の自由——精神的自由権（1）では，内面的精神活動がその中核部分をなす自由権（内心の自由）について扱うこととする。すなわち，思想・良心の自由（19条），信教の自由（20条），学問の自由（23条）の3つである。外面的な精神活動の自由である表現の自由（21条）と集会・結社の自由（同条）については，次の第5章 表現の自由——精神的自由権（2）で扱う。なお，内心の自由と分類される自由権についても，信教の自由のうちの宗教的行為の自由と宗教的結社の自由や，学問の自由のうちの研究発表の自由と教授の自由など，外面的精神活動の自由を保障する内容が含まれる。

4.1 思想・良心の自由

4.1.1 思想・良心の内容

日本国憲法19条は，思想・良心の自由を保障している。ここでいう思想と良心の意味に関して，前者を人間の精神活動のうち論理的な側面と，後者をその倫理的な側面として区別する見方もあるが，併せて個人の精神活動の中核となる内面的な精神活動のことであり，思想と良心とを特に区別する必要はない（通説）。

ここでいう思想・良心の内容について，世界観，人生観，思想体系，政治的意見を含むものであるが，そのような人格形成に役立つ内心の活動に限定されるとする見解（これによれば，事実に関する単なる認識や記憶，日常生活における何気ない判断，反省や謝罪の意思のような心情は含まれないこととなる）と，より広く人の内心の活動一般を指すとする見解とがある。思想・良心の内容を広くとらえれば，思

想・良心の自由の保障が希薄化するため，人格形成に役立つ内心の活動のみを意味し，人格形成に関連しない内心の活動は，19条の保障の対象とはならないという前者の立場が，学説上，有力であり，判例も基本的にはこの立場を採る。

謝罪の強制に関して，思想・良心の内容を広くとらえる見解に立てば，謝罪広告の強制は（倫理的な意味があるため）憲法19条に違反することになる一方，狭くとらえる見解に立てば，謝罪の意思表示の基礎にある道徳的な反省や誠実さというような事物の是非・善悪の判断などは19条にいう思想・良心に含まれず，19条の問題とはならないことになる（ただし，21条の消極的表現の自由や13条の個人の尊厳の問題とはなりうる）。名誉毀損に対する名誉回復処分（民法723条）として，新聞や雑誌等に（名誉毀損の被害者に対する）謝罪広告を掲載するよう，裁判所が名誉毀損の加害者に命ずることが，加害者の思想・良心の自由を侵害するか否かが争われた事件で，最高裁判所は，単に事態の真相を告白し陳謝の意を表明するものにとどまる限り，憲法19条に違反しないと判示した（謝罪広告事件判決〔最大判昭和31年7月4日民集10巻7号785頁〕）。また，労働組合法に基づき労働委員会が使用者に対して発するポストノーティス命令で「深く反省する」という謝罪文の掲載を命じることの憲法19条適合性が争われた事件で，最高裁判所は，そもそもこれは反省等の意思表明を強制するものであるとはいえないと判示した（最判平成2年3月6日判時1357号144頁）。

4.1.2　思想・良心の自由の内容

日本国憲法19条の保障する思想・良心の自由には，次の3つの意味がある。

（1）私人がどのような思想をもっていようとも，それが内心の領域にとどまる限りは，絶対的に自由である（狭義の思想・良心の自由）。このことは，私人が特定の思想をもつ（または，もたない）ことを国家が強要したり禁止したりしてはならないこと（思想の強制の禁止）と，特定の思想をもつ（または，もたない）ことを理由として，国家が私人に対して不利益を課してはならないこと（思想に基づく不利益取扱いの禁止）を意味する。

（2）私人がいかなる思想をもっているかを，国家が強制的に表明させることは許されない（思想表明の強制の禁止）。国家が思想の表明を強要してきた場合，私人はそれに応じなくてもよい（沈黙の自由）。また，（例えば，江戸時代に寺社奉行が隠れキリシタンの摘発のために行った「絵踏み〔踏み絵〕」のように）特定の思想を有する者

```
【思想・良心の自由の内容】

 思想・良心の自由 (19条)

         ・狭義の思想・良心の自由 (内心における思想の絶対的自由・思想の強制の禁止・
          思想に基づく不利益取扱いの禁止) [内面的作用]
 内容 ⎨  ・思想表明の強制の禁止・沈黙の自由・外的行為からする思想推知の禁止
          [外部的行為]
         ・思想に反する行為の強制の禁止 [外部的行為]
```

が特定の行為を行う（または，行わない）という法則性があるとき，国家が，個人がその行為を行う（または，行わない）ことからその者の思想を推知することも許されない（外的行為からする思想推知の禁止）。

　(3) 何らかの思想と特定の外部的行為とが強く結びついているとき，国家は，（思想そのもののみならず）思想に反する行為を私人に対して強制することは許されない（思想に反する行為の強制の禁止）。

　なお，上記の (1) に関して，公務員は全体の奉仕者としての公共の利益のために勤務すべき責務を自覚し日本国憲法を遵守する旨の宣誓が求められる（国家公務員法97条，地方公務員法31条）が，これは憲法19条に違反しないと解される。公務員は憲法尊重擁護義務（憲法99条）を負うことから，公務員に憲法の遵守を宣誓させることは，職務の性質上，本質的な要請と解されるためである。また，日本国憲法下では，ドイツに見られるような，憲法そのものを否認したり民主主義を否定したりする思想は思想の自由によって保障されないという考え方（戦う民主主義）は採られておらず，むしろ，思想そのものは絶対的に保障されるべきであると解される。したがって，現実的に具体的な害悪が発生しない限り，反憲法的な思想を有する自由も憲法上保障される。

　(2) に関して，思想・良心の自由の内容について狭くとらえる見解に立てば，19条から導き出される沈黙の自由は，世界観などの人格形成に役立つ内心の活動に限定されるため，事実の知・不知は19条によって保障されるのではなく，21条1項の表現の自由（消極的表現の自由）によって保障される（この見解によれば，謝罪広告は21条1項の問題であり，19条の問題ではない）。また，自己の知っている事実についての証言を証人に義務づけること（民事訴訟法200条，刑事訴訟法160条，161条）は，思想・良心の自由の侵害とはならないと解される。

　(3) に関しては，例えば，公立学校の入学式や卒業式などの式典において，国

旗や国歌に批判的な教職員に対して，国旗に向かって起立し国歌の斉唱を求めることが，思想に反する行為の強制に当たるか否かなどが問題となる（判例の立場については，4.1.3 思想・良心の自由が争われた事例を参照）。

4.1.3　思想・良心の自由が争われた事例

（1）高校への進学を希望する生徒の調査書に，学校側の指導・説得を聞かずにビラを配ったり，政治的な集会に参加したりしたなどと公立中学校が記載したことが憲法19条に違反するか否かなどが争われた事件で，最高裁判所は，生徒の思想・信条そのものは記載されておらず，そこから生徒の思想・信条を了知できるものでもなく，また，生徒の思想・信条自体が高校の入学者選抜の資料に供されたものでもないので，憲法19条に違反しないと判示した（麹町中学校内申書訴訟判決〔最判昭和63年7月15日判時1287号65頁〕）。

（2）私企業が，特定の思想・信条をもつことを理由として，労働者の雇入れを拒否しても，当然に違法とはいえないというのが判例の立場である（三菱樹脂事件最高裁判決〔最大判昭和48年12月12日民集27巻11号1536頁〕）。最高裁判所は，労働者の採否の決定にあたって，思想・信条を調査し，または申告を求めても違法ではないとも判示した（ただし，労働者の雇入れに際して，企業が，大学在学中の団体への加入や学生運動への参加の事実の有無を尋ねることは，直接に思想・信条そのものの開示を求めるものではないが，思想・信条とまったく関係ないものとすることは相当でないとも判示している）。

> もっとも，今日では，企業は，応募者の適性・能力とは無関係な事柄で採否を決定してはならないとされる。具体的には，本籍・出生地，家族，住宅状況，生活環境・家庭環境などといった本人の責任のない事項や，宗教，支持政党，人生観・生活信条，労働組合の加入状況，社会運動，購読新聞・雑誌・愛読書などといった思想・信条に関することについて，企業は，応募書類に記載させたり面接で質問したりしてはならない（厚生労働省「公正な採用選考の基本」）。

（3）入学式での国歌のピアノ伴奏を求める校長による職務命令に従わなかったため公立小学校の音楽専科の教諭が受けた戒告処分の取消請求訴訟において，最高裁判所は，(i) ピアノ伴奏と国歌に関する歴史観・世界観とは一般的には不可分に結びつくものとはいえないから，ピアノ伴奏を求める本件職務命令が直ちに原告の歴史観・世界観それ自体を否定するものではなく，(ii) 入学式における国

歌の伴奏（公立小学校における儀式的行事において広く行われていることである）は音楽専科の教諭にとって通常想定され期待されることであり，原告に対して，特定の思想をもつことを強制・禁止するものではなく，特定の思想の有無の告白を強制するものでもなく，児童に対して一方的な思想・理念を教え込むことを強制するものでもなく，（iii）原告は憲法 15 条 2 項，地方自治法 30 条，32 条により法令等や職務命令に従わなければならない立場であり，ピアノ伴奏による国歌斉唱は学校教育法や学習指導要領の趣旨に適うものであることから，本件職務命令は，目的・内容において不合理ではないとして，憲法 19 条に違反しないと判示した（ピアノ伴奏拒否事件判決〔最判平成 19 年 2 月 27 日民集 61 巻 1 号 291 頁〕）。

　（4）卒業式での国歌斉唱の際の起立斉唱を求める校長による職務命令に従わなかったため教育委員会から戒告処分を受け，定年退職後の再雇用を認められなかった公立高校の教諭が，職務命令の憲法 19 条適合性を争った国家賠償請求訴訟において，最高裁判所は，（i）式典における国歌斉唱の際の起立斉唱行為は一般的・客観的に見て慣例上の儀礼的な所作としての性質を有するものであり，原告の有する歴史観・世界観を否定することと不可分に結びつくものではなく，特定の思想の表明として外部から認識されるものと評価することは困難であるところ，本件職務命令が特定の思想をもつことを強制したり禁止したり，特定の思想の有無について告白を強要するものではないから，個人の思想・良心の自由の制約とはならないが，（ii）起立斉唱行為は国旗・国歌に対する敬意の表明の要素を含む行為であるから，これらに敬意を表明できない者が個人の歴史観・世界観に由来する行為（敬意表明の拒否）と異なる外部的行為を求められることになる（その限りにおいて，その者の思想・良心の自由についての間接的な制約となる）ところ，（iii）本件職務命令は，学校教育の目標や儀式的行事の意義等を定めた法令等の諸規定の趣旨に沿って，地方公務員の地位の性質・職務の公共性（憲法 15 条 2 項，地方公務員法 30 条，32 条）を踏まえて，生徒への配慮を含めて，教育上の行事にふさわしい秩序の確保とともに式典の円滑な進行を図るものであり，職務命令の目的・内容及び制約の態様等を総合的に較量（こうりょう）すれば制約を許容しうる必要性・合理性が認められるため，憲法 19 条に違反しないと判示した（起立斉唱拒否事件判決〔最判平成 23 年 5 月 30 日民集 65 巻 4 号 1780 頁〕）。

　　国旗や国歌の意義については，15.1.7 天皇に関連する論点を参照。

4.2　信教の自由

4.2.1　信教の自由の内容

　日本国憲法 20 条の保障する信教の自由は，信仰の自由，宗教的行為の自由，宗教的結社の自由の 3 つの内容からなる。

　（1）私人がどのような宗教を信仰するのもしないのも自由である（信仰の自由）。私人が特定の宗教を信仰する（または，しない）ことを国家が強制したり禁止したりしてはならないし，特定の宗教を信仰する（または，しない）ことを理由として，国家が私人に対して不利益を課してはならない。いかなる宗教も信仰しないという無宗教の自由は，信仰の自由の一形態として保障される。信仰告白の自由も信仰の自由に含まれるから，国家は個人の信仰する宗教の告白を強要したり，信仰に反する行為を強制したりしてはならない。親が子どもに宗教教育をする（または，しない）自由も，信仰の自由から派生する。

　（2）個人が礼拝や祈祷を行ったり，宗教上の儀式や祝典に参加したり，布教を行ったりする（または，しない）ことは自由である（宗教的行為の自由）。国家が個人に宗教的行為を強要したり禁止したりしてはならない。布教の自由は，宗教的行為の自由に含まれる（教義の宣伝という意味では，表現の自由でもある）。20 条 2 項は，宗教的行為への参加を強制されない自由が保障されることを明記している。

　（3）特定の宗教を信仰する者が，宗教的行為を行う団体を結成する（または，しない）ことや，結成された宗教団体に参加する（または，しない）ことは自由である（宗教的結社の自由）。国家は，私人の宗教的結社への参加等を強制・禁止してはならない。ここでいう宗教的結社とは，宗教法人法に基づき認証された宗教法人に限られない（信仰をもつ複数の者が継続的に結合していれば，ここでいう宗教的結社に当たる）。結社の自由は 21 条 1 項で保障されているが，結社のうち宗教的なものについては信教の自由の一部としても保障されている。

　信教の自由のうち，内心における信仰の自由の保障は絶対的であり，国家によるいかなる制約も受けない。その一方，内心にとどまらない信教の自由は，無制限に保障されるわけではなく，自由国家的公共の福祉によって制約されることもある（加持祈祷事件最高裁判決〔最大判昭和 38 年 5 月 15 日刑集 17 巻 4 号 302 頁〕）。逃亡中の刑事事件の犯人を教会に 1 週間宿泊させたキリスト教の牧師が犯人蔵匿罪

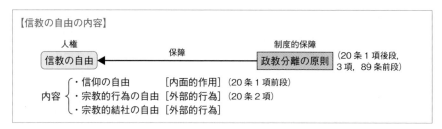

（刑法 103 条）で起訴された事件では，犯罪者の魂の救済を目的とした被告人（牧師）の行為は，その目的と手段が相当であるので，正当な業務行為（刑法 35 条）に当たるとして無罪と判示した裁判例がある（牧会活動事件神戸簡裁判決〔神戸簡判昭和 50 年 2 月 20 日判時 768 号 3 頁〕）。

　上記（3）に関して，大量殺人を目的として毒ガスを組織的・計画的に大量に生成した宗教法人が，宗教法人法 81 条 1 項 1 号・2 号にいう「法令に違反して，著しく公共の福祉を害すると明らかに認められる行為」及び「宗教団体の目的を著しく逸脱した行為」を行ったことを理由になされた解散命令について，最高裁判所は，本件命令によって，法人格を有しない宗教団体を存続させたり新たに結成したり，個人が宗教的行為を行ったりすることは妨げられないので，憲法 20 条 1 項に違反しないと判示した（オウム真理教解散命令事件決定〔最決平成 8 年 1 月 30 日民集 50 巻 1 号 199 頁〕）。

　なお，信教の自由（20 条 1 項前段，2 項）というときの「宗教」とは，「超自然的，超人間的本質（すなわち絶対者，造物主，至高の存在等，なかんずく神，仏，霊等）の存在を確信し，畏敬崇拝する心情と行為」（津地鎮祭事件控訴審判決〔名古屋高判昭和 46 年 5 月 14 日判時 630 号 7 頁〕）というように広義にとらえる（集団的なものだけでなく個人的なものも含み，自然発生的なものだけでなく創唱的なものも含む）一方で，政教分離の原則（20 条 1 項後段，3 項，89 条前段）にいう「宗教」とは，何らかの固有の教義体系を備えた組織的背景をもつものというように狭義にとらえるべきと解される（通説）。

4.2.2　信教の自由が争われた事例

　（1）指定された社寺の文化財の鑑賞に対して鑑賞者に 1 回 50 円の古都保存協力税を課すことについて，有償で行う文化財の鑑賞という行為の客観的・外形的

側面に担税力を見出して，鑑賞者の内心にかかわりなく一律に課税するものであり，税額が物価水準からして僅少であることから，鑑賞者個人の信仰の自由を制限するものではないとする裁判例がある（京都市古都保存協力税条例事件京都地裁判決〔京都地判昭和59年3月30日判時1115号51頁〕）。

　（2）自分の信仰する宗教の教義により必修科目の体育の剣道の実技を拒否した結果，原級留置処分・退学処分を受けた公立高等専門学校の学生による処分取消請求訴訟で，最高裁判所は，（i）高等専門学校では剣道実技の履修は必須のものとまでは言い難く，他の体育種目の履修などの代替的方法によっても教育目的の達成は可能であり，（ii）原告が剣道実技への参加を拒否する理由は信仰の核心部分と密接に関連する真摯なものであり，被る不利益はきわめて大きく（不利益を回避するためには，教義に反する行為を採らざるをえなかった），（iii）学校が代替措置を講ずることは政教分離原則に違反するとはいえない（代替措置が特定宗教を援助・助長・促進する効果または他の宗教者等に圧迫・干渉する効果があるとはいえない）などとして，代替措置が不可能ではないのに，それを何ら検討しなかった学校による処分は社会通念上著しく妥当を欠くので，処分の裁量権を超える違法なものであると判示した（エホバの証人剣道実技拒否事件判決〔最判平成8年3月8日民集50巻3号469頁〕）。

　（3）公立小学校で日曜日に行われた参観授業を，宗教行為への参加を理由に欠席した児童とその親が，指導要録に欠席と記載されたことの取消しと損害賠償を求めた事件において，指導要録に欠席と記載することは事実行為であり（取消訴訟の対象となる）行政処分ではなく，また，宗教行為に参加する児童に対して学校が出席を免除することは公教育の宗教的中立性を保つうえで好ましくなく，公教育上の特別の必要性（日曜日であればより多くの保護者の参観が期待できる）がある授業日の振替えの範囲内では宗教団体の集会と抵触することになったとしても，合理的根拠に基づくやむを得ない制約として容認されるとして，原告の請求を退けた裁判例がある（日曜日授業参観事件東京地裁判決〔東京地判昭和61年3月20日判時1185号67頁〕）。

4.2.3　政教分離の原則の意義

　国家と宗教との関係について，欧米では，①国教制度を前提として，国教以外の宗教にも寛容に信教の自由を保障するもの（英国），②国家と宗教とを分離させ，それぞれ固有の領域において独立であることを認め，競合する事項については国

家と宗教とで政教条約（コンコルダート）を締結しそれに基づき処理するもの（イタリア，ドイツ），③国家と宗教とを厳格に分離し，相互に干渉しないもの（アメリカ合衆国）の３つの形態がある。わが国は，③の厳格な政教分離を採用している。

　すなわち，日本国憲法は，20条１項後段で「いかなる宗教団体も，国から特権を受け，又は政治上の権力を行使してはならない」と，３項で「国及びその機関は，宗教教育その他いかなる宗教的活動もしてはならない」と，それぞれ定めている。また，89条前段は，「宗教上の組織若しくは団体」に対する国の公金の支出等の禁止を規定している。

　これらの規定による政教分離の原則とは，国家が非宗教的であり宗教的に中立でなければならないことを意味する（通説，判例〔津地鎮祭事件最高裁判決（最大判昭和52年７月13日民集31巻４号533頁）〕）。ここでいう非宗教性とは，国家が宗教に基づく統治を行わないことであり，宗教的中立性とは，国家が特定の宗教に対して援助したり弾圧したりしてはならないことである。政教分離の原則とは，国家と宗教とのかかわり合いを一切認めない絶対的な分離ではなく，国家と宗教とが一定のかかわり合いをもつことは避けられないこと（例えば，宗教系の私立学校に対して，非宗教系学校と同様に，国が補助金を支給する場合）を前提に，国家と宗教との相当とされる限度を超えるかかわり合いを許さないという相対的な分離を意味する（もし絶対的分離を意味するのであれば，国家と宗教との相当とされる限度のかかわり合いを考える必要はないので，目的効果基準〔4.2.4 政教分離の原則の判断基準を参照〕が登場する余地もなくなる）。もっとも，相対的な分離であっても，厳格な分離が要請される。

　もし政教分離の原則がなければ，国家が特定の宗教に対して援助したり弾圧したりできることになるが，その場合，弾圧された宗教を信仰する人ないし促進された宗教を信仰しない人の信教の自由が侵害されることになる。したがって，政教分離の原則は，信教の自由を保障するために不可欠である。このような意味で，政教分離の原則は信教の自由の制度的保障（憲法が，人権を直接保障する規定を設けるほかに，その人権の保障と密接に結びついている一定の制度について，国会にそれを創設・維持すべき義務を課し，立法によってもその制度の本質的内容を侵害することのできない特別の保護を与え，当該制度それ自体を客観的に保障すること）であると解されている（通説，判例〔津地鎮祭事件最高裁判決〕）。

　　　制度的保障の対象は（客観的な）制度それ自体であり（主権的権利である人権ではない），制度的保障の規定に違反する国家行為は，それ自体必ずしも直ちに人権侵害を意味するわけではない。

　20条1項後段にいう「特権」とは，国家が特定の宗教団体に対して，他の宗教団体ないし一般の国民・団体との比較において特別な利益を与えることをいう。宗教法人に対する非課税措置（宗教法人などの公益法人は，収益事業についてのみ法人税が課され〔法人税法4条1項ただし書〕，住民税や境内建物・境内地の固定資産税・不動産取得税が非課税であり〔地方税法25条1項2号，296条1項2号，348条2項3号，73条の4第1項2号〕，収益事業以外には事業税が課されない〔同法72条の5第1項2号〕，など）については，他の公益法人等（医療法人，学校法人，社会福祉法人，労働組合など）とともに非課税とされている（特定の宗教法人のみが免税とされているのではなく，宗教法人を含む公益法人一般が免税とされている）ため，ここでいう特権には当たらない。

　20条1項後段にいう「政治上の権力」とは，立法権や課税権などの統治的権力をいう。なお，宗教団体やその信者が政治活動することはまったく自由であり（もし，それが禁止されるならば，信教の自由や政治活動の自由を侵害することになる），また，公務員が個人として特定の宗教を信仰することも，当然に自由である。

　20条3項にいう「宗教的活動」については，国家と宗教との相当とされる限度を超えるかかわり合いを意味する（詳しくは，4.2.4 政教分離の原則の判断基準を参照）。なお，20条3項によって国及びその機関が「宗教教育」を行うことを明示的に禁止しているため，国公立学校で特定の宗教のためにする宗教教育を行うことはできない（一方で，私立学校は宗教教育をすることができる）が，宗教に関する寛容の態度，宗教に関する一般的な教養，宗教の社会生活上の地位を伝えることは，憲法上禁止されていない（教育基本法15条参照）。

4.2.4　政教分離の原則の判断基準

　国家と宗教とのかかわり合いは，津地鎮祭事件最高裁判決で定立された目的・効果基準によって判断される。これは，政教分離原則違反が疑われる国家による行為について，(1) その目的が宗教的意義をもち，かつ，(2) その効果が特定宗教に対する援助・助長・促進または圧迫・干渉等になるかどうかを，諸般の事情を考慮し，社会通念に従って客観的に判断して，2要件ともに該当する場合に，国と宗教との相当とされる限度を超えるかかわり合いに当たるとして，政教分離原則に違反するというものである。国家が宗教とかかわり合いをもつことをまったく許さないということではなく，相当と認められる限度を超えるかかわり合いを

もつことを禁止する趣旨である。これらの判断にあたっては，当該行為の外形的側面だけでなく，その行為の行われる場所，それに対する一般人の宗教的評価，行為者の意図・目的・宗教的意識の有無・程度，一般人に与える効果・影響などが考慮される。

　市が市立体育館の建設にあたって起工式として神式の地鎮祭を挙行し，それに公金を支出したことが憲法20条3項等に違反するかが争われた事件で，最高裁判所は，(i) 政教分離原則が国家の非宗教性ないし宗教的中立性を確保しようとする，信教の自由の制度的保障であること，(ii) 政教分離は絶対的な分離ではなく相対的な分離にとどまること，(iii) 20条3項により禁止される宗教的活動とは国家と宗教との相当とされる限度を超えるかかわり合いに限られること，(iv) その判断基準として目的効果基準を用いることを示したうえで，(v) 本件地鎮祭の目的はもっぱら世俗的なものであり，その効果も神道を援助・助長・促進したり，他の宗教に圧迫・干渉を加えたりするものではないため，宗教的活動には当たらないと判示した（津地鎮祭事件判決〔最大判昭和52年7月13日民集31巻4号533頁〕）。

　また，県が靖国神社への玉串料として公金を支出したことなどが憲法20条3項，89条等に違反するかが争われた事件では，最高裁判所は，目的・効果基準に依拠し，本件行為の目的は宗教的意義をもち，その効果も県による特定の宗教団体への援助・助長・促進となるため，県と靖国神社等とのかかわり合いは相当とされる限度を超えるものであり，20条3項により禁止される宗教的活動に該当すると判示した（愛媛玉串料訴訟判決〔最大判平成9年4月2日民集51巻4号1673頁〕）。

　その後，市が町内会に対して公有地を無償で神社施設の敷地として利用させていたことが憲法89条等に違反するかが争われた事件で，最高裁判所は，津地鎮祭事件・愛媛玉串料訴訟両判決を引用しつつ（ただし，当該行為の目的や効果の分析は行わずに），当該宗教的施設の性格，当該土地が無償で当該施設の敷地として供用された経緯，当該無償提供の態様，これらに対する一般人の評価など諸般の事情を考慮して，社会通念に照らして総合的に判断して，本件利用提供行為が，信教の自由の保障の確保という制度の根本目的との関係で相当とされる限度を超えるかかわり合いであり，憲法89条（ひいては20条1項後段）に違反すると判示した（総合的判断手法）（空知太神社訴訟判決〔最大判平成22年1月20日民集64巻1号1頁〕）。

　　最高裁判所が空知太神社訴訟判決で目的効果基準を明示的に採用しなかった理由について，さまざまな説明が試みられている（(1) 目的効果基準は宗教性と世俗性とが混在した行為についてそのどちらを重視するかを決定する際に適用する基準であり，

【政教分離の原則】

　▶ 国家と宗教との完全分離……×
　▶ 相当とされる限度を超えるかかわり合い←20条3項で禁止
　　　∴完全分離ではないからこそ，判断基準が必要となる
　▶ 政教分離の判断基準：「目的・効果基準」
　　　　　両方を　｛・目的＝宗教的である
　　　　　満たすと ｛・効果＝特定宗教を援助・助長・促進・圧迫・干渉する

　　　　　　　　諸般の事項を考慮し，社会通念に従って客観的に判断する

　　　「国家と宗教とのかかわり合いとして相当とされる限度を超えるもの」

本件のような明確に宗教性のみを有する行為には適用されない〔藤田宙靖裁判官の補足意見〕，(2) 従来の事件では単発的な作為的行為が問題とされたのに対して，本件では，きわめて長期間にわたる不作為的側面を有する継続的な土地利用提供行為が問題となっていたため，どの時点の誰の「目的」を評価すればよいか不分明であり，目的効果基準は適用できない〔調査官解説の趣旨〕，(3) 目的効果基準は公権力が20条3項の「宗教的活動」を行った場合には適用されるが，20条1項後段・89条後段が禁止する便宜供与の場合には適用されない〔学説の有力説〕）が，決定的な説明は定まっていない。政教分離原則違反をめぐる最高裁判例は，問題とされる国家と宗教とのかかわり合いが，わが国の社会的・文化的諸条件に照らして，相当と認められる限度を超えるか否かという判断枠組みで一貫している（目的効果基準は着眼点提示部分にすぎない）と，空知太神社訴訟判決の調査官解説は説明している。

　なお，学説は，政教分離の原則の判断基準としての目的効果基準について，あいまいな基準であるのでより明確にすべき（例えば，目的効果基準のモデルとなったアメリカ合衆国の判例法理であるレモン・テストのように，問題となる国家行為について，行為者の宗教的意識を考慮することなく，(1) 目的が宗教的でないこと，(2) 効果が特定宗教を援助・圧迫等しないこと，(3) 国家と宗教との過度なかかわり合いを促すものでないことの3つの要件として個別に検討し，1つの要件でも充足できなければ違憲とする，などだとか，（基準そのものは十分に厳格であるが）実際の裁判でも厳格に適用すべき（愛媛玉串料訴訟最高裁判決が目的効果基準を厳格に適用し国家行為の違憲性を認めたことを評価する）などと批判している。

4.2.5　政教分離の原則が争われた事例

（1）市立小学校に隣接する公有地にあった戦没者遺族会の忠魂碑を，新たに取得した別の公有地に移転するために公金を支出するとともに当該公有地を無償提供した市の行為と，遺族会によって神式と仏式とで交互で行われる慰霊祭に市長・教育長が出席した行為が政教分離原則に違反するかが争われた事件で，最高裁判所は，忠魂碑は戦没者の慰霊・顕彰のための記念碑であり宗教的施設ではなく，遺族会も憲法 20 条 1 項後段の「宗教団体」ないし 89 条の「宗教上の組織若しくは団体」（特定の宗教の信仰・礼拝・普及などの宗教的活動を行うことを本来の目的とする組織・団体を指すとする）に該当しないとしたうえで，前者は小学校の改築のために行った行為であり，後者は職務に係る社会的儀礼であり，いずれも，目的は世俗的であり，効果は特定宗教に対する援助・圧迫等になる行為とはいえず，政教分離原則に違反しないと判示した（箕面忠魂碑・慰霊祭訴訟判決〔最判平成 5 年 2 月 16 日民集 47 巻 3 号 1687 頁〕）。

（2）社団法人隊友会山口県支部連合会（自衛隊員及びその退職者等の団体）が自衛隊山口地方連絡部の事務的な協力の下で山口県護国神社に合祀を申請した複数の殉職自衛官の中に，公務中の交通事故で死亡した自衛官である夫が含まれていたことに関して，キリスト教徒である妻が，両団体が共同で行った合祀申請行為が政教分離原則に違反するとともに，亡夫を自己の意思に反して祭神として祀られることのない自由（宗教上の人格権）を侵害するものであると主張したのに対して，最高裁判所は，本件では合祀申請は県隊友会が単独で行ったものであり，自衛隊の職員の行為の宗教とのかかわり合いは間接的であり宗教的意識も希薄であり行為態様から見て特定の宗教への援助等となる効果はないし，また，妻の法的利益は何ら信頼されていないと判示した（自衛官合祀訴訟判決〔最大判昭和 63 年 6 月 1 日民集 42 巻 5 号 277 頁〕）。

（3）昭和天皇の崩御に伴う新天皇（現 上皇）への皇位継承に関する一連の儀式として，1990（平成 2）年 11 月に，国事行為である即位の礼と，皇室の伝統儀式である大嘗祭（神道の方式に則り行われたが，公的性格を有するものとして国費を支出された）が行われたところ，県知事が公費で大嘗祭に参列したことが政教分離原則に違反するかが争われた事件で，最高裁判所は，知事が参列した目的は，日本国・日本国民の統合の象徴である天皇に対する社会的儀礼として，天皇の即位に祝意を表するためであり，その効果は特定の宗教に対する援助等となるものでは

ないため，政教分離原則に違反しないと判示した（鹿児島大嘗祭訴訟判決〔最判平成14年7月11日民集56巻6号1204頁〕）。

　（4）靖国神社に関しては，県議会による玉串料の公金支出が20条3項の禁止する宗教的活動に該当し違法であると判断するとともに，天皇・内閣総理大臣による公式参拝（その実現を要望する議決を県議会が行っていた）も20条3項が禁止する宗教的活動に該当すると述べた裁判例（岩手靖国訴訟控訴審判決〔仙台高判平成3年1月10日判時1370号3頁〕）や，内閣総理大臣による公式参拝・献花料の公金支出につき，明らかな宗教団体である靖国神社に援助等の効果をもたらすことなく公式参拝を継続的に行いうることは疑問であるとする裁判例（福岡高判平成4年2月28日判時1426号85頁）など，公金支出が政教分離原則違反である，ないしは信教の自由が侵害されたなどと主張する原告の請求を棄却し，傍論で内閣総理大臣による参拝を違憲とする下級審裁判例があるが，最高裁判所は，内閣総理大臣による私的参拝が政教分離原則に違反するかが争われた事件で，人が神社に参拝する行為が他人の信仰生活等に圧迫・干渉を加えることはないから，他人が特定の神社に参拝することで不快の念を抱いたとしても，これを法的な被侵害利益として損害賠償を請求することはできないと判示している（最判平成18年6月23日判時1940号122頁）。

　（5）市の管理する都市公園内の国公有地上に孔子廟（孔子等を祀った施設）を所有する一般社団法人に対して，施設の敷地の使用料の全額を免除した市長の行為が，政教分離原則に違反するかが争われた事件で，最高裁判所は，本件免除行為について（当該行為の目的や効果の分析は行わずに），施設の観光資源等としての意義や歴史的価値を考慮しても，一般人の目から見て，市が特定の宗教に対して特別の便益を提供し，これを援助していると評価されてもやむを得ないものであるところ，当該施設の性格，当該免除をすることとした経緯，当該免除に伴う当該国公有地の無償提供の態様，これらに対する一般人の評価等，諸般の事情を考慮し，社会通念に照らして総合的に判断したうえで，市と宗教とのかかわり合いが相当とされる限度を超えるものであり，憲法20条3項に違反すると判示した（那覇市孔子廟訴訟判決〔最大判令和3年2月24日民集75巻2号29頁〕）。

4.3 学問の自由

4.3.1 学問の自由の内容

　日本国憲法 23 条の保障する学問の自由は，学問研究の自由，研究発表の自由，教授の自由の 3 つの内容からなる。すなわち，（1）私人が真理の発見・探求を目的として研究することは自由であり（学問研究の自由），（2）研究の成果を発表することも自由であり（研究発表の自由），そして，（3）研究成果等を教授（教育）することも自由である（教授の自由）。このような私人による学問的活動について，国家は強制したり，禁止したりしてはならない。学問的活動を行う（または，行わない）ことを理由として，国家が私人に対して不利益を課してはならない。

　ただし，遺伝子技術などの先端科学技術の研究がときに人間の生存を脅かし人間の尊厳を揺るがす重大な側面を有することもあるため，研究の自由と対立する人権等を保護するために不可欠な場合には，法律による必要最小限度の規制は例外的に認められると解される（例えば，ヒトに関するクローン技術等の規制に関する法律 3 条・16 条は，人クローン胚やヒト動物交雑胚などを人または動物の胎内に移植することを刑罰をもって禁止している）。

　ここでいう教授の自由とは，大学などの高等教育機関での教授の自由を指すことに争いはないが，小・中学校や高等学校のような初等・中等教育機関の教師の教授の自由が，これに含まれるかどうかについては，争いがある。通説は初等・中等教育機関の教師の教授の自由を肯定する一方で，判例は，これを限定的に認めるにとどまる。最高裁判所は，東大ポポロ事件判決（最大判昭和 38 年 5 月 22 日刑集 17 巻 4 号 370 頁）で，憲法 23 条によって保障される学問の自由は学問研究の自由と研究発表の自由を含むとする一方で，教授の自由は必ずしもそれに含まれる

【学問の自由の内容】

ものではないが，大学が学術の中心として深く真理を探究し専門の学芸を教授研究することを本質とすることにかんがみ，大学における教授の自由が教授その他の研究者に憲法上認められると判示した。その後，最高裁判所は，もっぱら自由な学問的探求と勉学を旨とする大学教育だけでなく，知識の伝達と能力の開発を主とする普通教育においても，教師の教授の自由を一定の範囲で認めつつも，完全な教授の自由を認めることは到底許されないと判示した（旭川学テ事件判決〔最大判昭和 51 年 5 月 21 日刑集 30 巻 5 号 615 頁〕）。その理由として，(1) 大学教育の場合には，学生が一応教授内容を批判する能力を備えていると考えられるのに対して，普通教育を受ける児童・生徒には，教育内容を批判する能力がなく，教師が児童・生徒に対して強い影響力・支配力を有することと，(2) 普通教育においては，児童・生徒の側に学校や教師を選択する余地が乏しく，教育の機会均等を図るため全国的に一定の水準を確保しなければならないことを挙げている。

4.3.2　大学の自治

　学問の自由の制度的保障として，大学の自治がある。大学の自治とは，学術研究教育の中心的存在である大学を尊重し，教員等の人事権と，施設や学生の管理権については，教授会を中心とする大学の自治に委ね，公権力が介入してはならないという意味である（東大ポポロ事件最高裁判決〔最大判昭和 38 年 5 月 22 日刑集 17 巻 4 号 370 頁〕）。学問は必ずしも大学のみで行われるわけではないが，大学こそが，学術の中心として深く真理を探究し，専門の学芸を教授・研究することを本質とすることから，大学の人事や施設・学生の管理における自治を制度的に保障することで，学問の発展に寄与することが期待される。

　　　大学の自治の対象としては，人事と施設・学生の管理以外にも，研究・教育の内容・方法・対象の決定権と予算管理を含めるべきであるとする見解が有力である。この点，国立大学は，従前は国の行政機関の一つであった（大学自体に法人格がなかった）が，2003（平成 15）年に制定された国立大学法人法により，各大学が法人格を有することになり，予算管理の自治が高まる一方で，各法人の中期目標を法人の意見に配慮して文部科学大臣が定め（30 条），法人が中期計画を作成し文部科学大臣の認可を受けるものとし（31 条 1 項），国立大学法人評価委員会による教育研究内容の評価を受けなければならない（9 条）など，国の関与も強化された（公立大学に関しては，同年に制定された地方独立行政法人法が国立大学法人に準じた制度を規定している）。また，2014（平成 26）年の学校教育法の改正により，大学の教授会は，意

思決定機関ではなく，「教育研究に関する重要な事項」について「学長が……決定を行うに当たり意見を述べる」機関と位置づけられ（93条），学長を中心とするトップダウン方式の管理運営体制が整備されたが，これは，国公立大学だけでなく私立大学にも適用される。なお，国立大学では，学長（通常は研究業績のある大学教員が務める）が，教学面（学校教育法に規定する学長の職務を行う）だけでなく経営面の権限も有するのに対して，私立大学では，学長が経営面の権限を有する学校法人の理事長を兼務していないことが多く，理事長等が研究・教育について適切な判断を行えない場合，大学内部での自治の侵害が生じる場合がある。

大学の自治の主体について，判例は，あくまで教授その他の研究者であり，学生はもっぱら施設の利用者であると位置づける（東大ポポロ事件最高裁判決）。一方，学説は，学生も，教授の指導の下に研究に従事する存在であることにかんがみ，大学の不可欠の存在として，一定の限度で大学の自治の主体と認めるべきであるという見解が有力である。

施設の管理権に関して，大学の構内に警察が立ち入ることにより，大学の自治が侵害されるか否かについては議論がある。大学といえども治外法権ではないから，具体的な刑事事件についての正式な令状に基づく捜査に対しては拒むことはできない。しかし，警備公安活動（公共の安寧秩序を保持するため，犯罪の予防・鎮圧に備えて各種の情報を収集・調査する警察活動）のために警察官が大学の構内に立ち入ることについては，治安維持の名目で自由な学問研究が阻害されるおそれがあることから，大学の了解がなければ認められないと解される（通説）。

第5章

表現の自由──精神的自由権（2）

5.1 表現の自由の意義・価値・射程

5.1.1 表現の自由の意義・価値

　日本国憲法 21 条 1 項は，「言論，出版その他一切の表現の自由」を保障している。表現の自由とは，個人の内心における精神活動を外部へ表出する自由である。自分が発表したいことを自分が好む方法で発表する自由であり（他の自由権と同様に，消極的表現の自由も保障されるから，発表したくないことを発表しない自由も保障される），国家は私人に表現を強制したり禁止したりしてはならない。表現されるものは，厳密な意味での思想に限定されない（表現者の思っていることや感じていることのすべてを含む）。表現の方法としては，口頭でも（言論の自由），文書でも（出版の自由），その他どのような方法によるものでも，21 条の保障の対象となる（絵画，写真，音楽，芝居，アニメーション，動画，表情・仕草などの表現も含まれる）。

　表現の自由は，（1）個人が言論などの表現活動を通じて自己の人格を発展させるという個人的な価値（自己実現の価値）と，（2）言論活動によって国民が政治的意思決定に関与することを通じて民主政治の維持・発展に役立つという社会的な価値（自己統治の価値）という 2 つの価値を有する。すなわち，人間は，他者とのコミュニケーションを通じて，自分自身を認識し自分の周りの環境を理解し，自分らしく生きていくことができるが，この自己実現のための過程は表現の自由なしでは成り立ちえない。また，民主主義的な国家において，政治的な意思決定に国民が参画するにあたっては，政治に関する情報が自由に流通していることが不可欠であるが，この意味で，表現の自由はまさに民主主義的な社会の基礎となるものである。表現の自由にはこれら 2 つの価値があるがゆえに，（他の人権との比較において）表現の自由に優越的な地位が認められる（通説）。さらに，多様な意見

が共存する中で，各人が自己の意見を自由に表明し，他者と意見を競争し合うことで，意見同士が切磋琢磨し，真理に到達するという思想の自由市場論の見地からも，表現の自由には真理の発見に寄与する意義があるといわれる。

　　ただし，思想の自由市場論に対しては，マス・メディア等が情報の流通を独占している状態で思想の自由競争が現実的に可能なのか，市場原理が機能せず悪情報が勝利し真理が淘汰（とうた）されるおそれはないかなどといった疑問が示されているため，後述する事前抑制の禁止を論ずるとき以外には，この議論を取り上げる必要はない。

5.1.2　表現の自由の射程

　表現とは，通常の日本語の意味として，自己の有する思想・情報を表出するという作用を指すが，憲法学上，表現の自由というときには，思想や情報を単に発表し伝達する自由（送り手の自由）だけではなく，他者から情報を集めるという側面や他者に情報を受け取ってもらうという側面における自由（受け手の自由）をも含めて理解される。すなわち，表現の自由とは，情報化が進んだ現代社会においては，広く一切の情報の流通過程（情報の収集・伝達・受領）を保障する包括的基本権，すなわち，コミュニケーションの自由を指すと解されている。

　特に，マス・メディアが発達した今日では，情報の受け手の側から表現の自由を再構成し，それを知る権利としてとらえられるようになっている。知る権利は，「国家からの自由」という伝統的な自由権的性格（個人が情報を収集することを国家によって妨げられないということ）にとどまらず，「国家への自由」という参政権的性格（国民がさまざまな情報に接することで初めて政治に有効に参加できるということ）も有する。さらに，国家に対して情報の公開を積極的に要求することができるという意味で，「国家による自由」という社会権的性格をも有する。ただし，国家に対して情報の公開を求める権利としての知る権利が憲法21条によって理論的に保障されているとしても，その憲法上の権利から直ちに具体的な情報公開請求権を導出することはできない。この点，国レベルでは，1999（平成11）年5月に国の情報公開法（行政機関の保有する情報の公開に関する法律）が制定されたことにより（2001〔平成13〕年4月施行），具体的な情報公開請求権が保障されることになった（地方レベルでも，情報公開条例が制定されており，それに基づき具体的な情報公開請求権が保障されている）。

　　表現の自由は，本来，個人による表現活動について国家からの妨害の排除を求め

る自由権であって，国家による積極的行為を請求する社会権ではない。とはいえ，国家が，法令等の根拠に基づき，国民が表現活動を行うために必要な施策（表現への国家による援助）を行う場合には，国民には特定の施策を請求する具体的権利が認められるといえる。ここでいう表現への国家による援助のための施策とは，例えば，道路・公園・公民館などといった，個人が表現活動を行うための施設の設置・管理（5.4.2 パブリック・フォーラム論を参照），情報を得るための図書館の設置・管理，学問や芸術などの表現活動への助成（補助金の支給）などのことである。国家がこれらの施策をどのように提供するかについては，国家には，原則として広汎な裁量が認められるが，ひとたび提供することを決定したものについては，表現内容中立的に運用しなければならない。例えば，一定の文化芸術活動に補助金を支給することを決定したにもかかわらず，特定の内容を表現する活動にのみ補助金の支給を行わないと決定すれば，それは（14 条 1 項の差別的取扱いの問題であるとともに）21 条 1 項の表現の自由の問題であると構成しうる。

　これに関して，公立図書館における図書の管理が問題となる。公立図書館は，国民がさまざまな情報に接するための重要な公的施設であり，内容中立的に図書が収集されるべきである（特定の思想に偏った選書は許されない）が，そこには予算と収蔵スペースの限界があるため，収蔵すべき図書の選択は，施設管理者の広い裁量に委ねざるをえない。しかし，ひとたび収蔵した図書については，その管理権について裁量の幅は狭くなる。具体的には，公立図書館が特定の図書を非公開にしたり廃棄したりする場合には，利用者の自由な利用の妨害という性格が強くなるため，明確な基準に従って行われなければならない。公立図書館の職員が，独断的な評価や個人的な好みによって，図書館の除籍基準に反して，特定の図書を廃棄したことが，公立図書館で閲覧に供されている図書の著作者の（所蔵された図書を通じて自己の思想・意見を公衆に伝達するという）「法的保護に値する人格的利益」を侵害すると判示した判例がある（船橋市西図書館蔵書廃棄事件最高裁判決〔最判平成 17 年 7 月 14 日民集 59 巻 6 号 1569 頁〕）。

　情報の受け手である国民が，情報の送り手であるマス・メディアに対して，意見広告や反論記事の掲載など，自己の意見の発表の場を提供することを要求する権利（アクセス権）を，憲法上の人権として認めるべきであるか否かについては争いがある。マス・メディアの多くは私企業の形態を採っている（したがって，アクセス権は，マス・メディアの表現の自由と対立しうる）から，具体的なアクセス権を憲法 21 条から直接導出することはできず，それが具体的権利となるためには特別の法律が制定されることが必要である（通説）。最高裁判所も，反論文の掲載請求権を認めれば，新聞の発行者等に対して，（反論文が誤りであると確信している場合でも掲載を強制されることになり，本来他に利用できたはずの紙面を割かざるをえなくなる

などの負担を強いられるため）公的事項に関する批判的記事の掲載を躊躇させ，表現の自由を間接的に侵害するおそれがあるので，具体的立法がない限り，これを認めることはできないと判示した（サンケイ新聞事件判決〔最判昭和 62 年 4 月 24 日民集41 巻 3 号 490 頁〕）。

　　　なお，「アクセス権」は，裁判所へのアクセス権（裁判の請求権のこと）や政府情報へのアクセス権（情報公開請求権のこと）などという意味で用いられることもあるが，憲法解釈論上，問題となるのは，マス・メディアに対するアクセス権である。
　　　「放送事業者が真実でない事項の放送をしたという理由によつて，その放送により権利の侵害を受けた本人又はその直接関係人から，放送のあつた日から 3 箇月以内に請求があつたときは，放送事業者は，遅滞なくその放送をした事項が真実でないかどうかを調査して，その真実でないことが判明したときは，判明した日から 2日以内に，その放送をした放送設備と同等の放送設備により，相当の方法で，訂正又は取消しの放送をしなければならない」と定める放送法旧 4 条 1 項（現 9 条 1 項）の規定について，最高裁判所は，訂正放送を放送事業者に求める私法上の権利を，放送による権利侵害者に対して認めたものではなく，放送事業者が自律的に訂正放送等を行う公法上の義務を規定したものであると判示した（生活ほっとモーニング事件判決〔最判平成 16 年 11 月 25 日民集 58 巻 8 号 2326 頁〕）。

5.1.3　通信の秘密

　21 条 2 項後段は，「通信の秘密は，これを侵してはならない」と規定する。ここでいう通信の秘密とは，通信（手紙や電話等を含むすべての方法〔電話その他の電気通信に限られない〕による，他者に対する意思の伝達）の内容のみならず，通信の存在（そもそも通信があったという事実そのもの）や外形（発信人・受信人の氏名・居所，通信の日時や個数）などについて，国家が探索してはならないことを意味する。通信は他者に対して意思を伝達するという表現行為であり，その秘密が確保されることによって，私人の自由な表現を保障するものであるが，同時に，特定人相互間のコミュニケーションの内容を第三者に知られないようにする私生活の自由を保護することをも目的とする（後者の意味では，プライバシーの権利〔13 条〕や住居の不可侵〔35 条〕と同趣旨である）。

　憲法 21 条 2 項後段の通信の秘密の保障を受けて，例えば，刑法が正当な理由のない信書の開封を犯罪として規定し（133 条），郵便法が郵便物の検閲を禁止している（7 条）。また，通信業務に従事する者は，通信の秘密を侵してはならず，職

務上知り得た他人の秘密を守る義務を負う（郵便法8条，電気通信事業法4条）。

　もっとも，通信の秘密も絶対ではないため，例えば，刑事被告人や犯則嫌疑者の発受に係る郵便物等の押収（刑事訴訟法100条，関税法122条），破産者宛ての郵便物等の破産管財人による開封（破産法82条1項），刑事施設被収容者の発受に係る信書の刑事施設職員による検査・差止め等（刑事収容施設及び被収容者等の処遇に関する法律127条，129条，135条，136条，140条，141条）が認められている。また，通信傍受法（犯罪捜査のための通信傍受に関する法律）は，組織的な殺人，薬物・銃器の不正取引に係る犯罪等の重大犯罪について，通信傍受以外の方法では捜査が著しく困難である場合に，裁判所の発する傍受令状に基づき，電話その他の電気通信を傍受することを捜査機関に認めている（最決平成11年12月16日刑集53巻9号1327頁参照）。

　　通信傍受法に対しては，傍受される通信の範囲が明確でなく，傍受された者の事後的救済への配慮が不十分であるなどとして，通信の秘密を侵害するとともにプライバシーの権利に対する侵害であるとの批判もある。

5.2　表現の自由の内容

5.2.1　報道の自由

　報道は，単に事実を伝達することであり，特定の意見や思想を表明することをその中核とする表現とは，厳密にいえば異なるものである。しかし，報道の自由（報道機関が公権力の介入なしに報道を行う自由）は，表現の自由を保障する憲法21条1項で保障されると解される（通説，判例〔博多駅テレビフィルム提出命令事件最高裁決定（最大決昭和44年11月26日刑集23巻11号1490頁）〕）。なぜなら，報道内容の編集の過程で表現の送り手であるマス・メディアによる意思が介在している（新聞社等は，社会で発生したさまざまな事件のすべてを報道するのではなく，どのような事実をどのように報道し，あるいは報道しないかを自らの意思で取捨選択している）し，また，報道が国民の知る権利に奉仕するものとして重要な意味をもつ（一般の国民は自分自身の資力や能力だけでは知ることのできない情報を，報道を通じて知ることができる）からである。博多駅テレビフィルム提出命令事件最高裁決定も，「報道機関の報道は，民主主義社会において，国民が国政に関与するにつき，重要な判断の資料を

提供し，国民の「知る権利」に奉仕するものである」から，「思想の表明の自由と
ならんで，事実の報道の自由は，表現の自由を規定した憲法21条の保障のもとに
ある」と判示している。

　　犯罪についての報道（特に，加害者の実名）は，一般に公共の利害に関することで
　あり，報道の自由が重視されるため，（犯罪の）加害者側が報道によって名誉を毀損
　されプライバシーの権利を侵害されたと主張しても，名誉毀損やプライバシー権侵
　害は免責されることになる（刑法230条の2参照）。しかし，罪を犯した少年（20歳
　未満の者）に関しては，可塑性のある少年の更生と社会復帰を阻害しないようにす
　るため，少年法61条が，「氏名，年齢，職業，住居，容ぼう等によりその者が当該
　事件の本人であることを推知することができるような記事又は写真を新聞紙その他
　の出版物に掲載してはならない」と規定している。この少年法61条による推知報道
　の禁止については，違反しても罰則は設けられておらず（ただし，不法行為の成立に
　は影響しうる），遵守するか否かは報道機関の自主性に委ねられているため，報道の
　自由を侵害するものではないと解される。強盗殺人等により起訴された18歳の被
　告人の経歴や犯行態様等を仮名を用いて雑誌が報道した記事が少年法61条に違反
　する推知報道か否かについて，最高裁判所は，その記事によって不特定多数の一般
　人がその者を当該事件の本人であると推知できるか否かを基準に判断すべきである
　として，被告人と面識のない不特定多数の一般人が本件記事によって被告人を当該
　事件の本人であると推知することはできないため，本件記事は少年法61条に違反
　しないと判示した（長良川リンチ殺人事件報道訴訟判決〔最判平成15年3月14日民集
　57巻3号229頁〕）。なお，本件に関しては，元少年の死刑判決確定後，事件の重大
　性を重視したうえで，元少年の更生・社会復帰の可能性がなくなったことを理由に
　実名で報道するようになった報道機関もあれば，少年法の理念を尊重し匿名報道を
　継続した報道機関もあった。また，2022（令和4）年4月に少年法が改正され，特定
　少年（18歳以上の少年）のときに犯した事件について起訴された場合には，同法61
　条の推知報道の禁止は適用されないことになった（同法68条）。

5.2.2　取材の自由

　報道をするためには取材を行う必要があるが，取材の自由（報道機関が公権力の
介入なしに取材を行う自由）が憲法21条の保障に含まれるか否かについては，争い
がある。この点，通説は，取材は報道にとって不可欠の前提であり（取材をしなけ
れば，正確な事実の伝達はできないため），報道が国民の知る権利を充足するためには
取材活動も公権力の介入から自由であることが必要であるとして，取材の自由も
報道の自由の一環として21条によって保障されるべきであるとする。一方，最高

裁判所は,「報道のための取材の自由も, 憲法 21 条の精神に照らし, 十分尊重に
値いする」と述べるにとどまり, 取材の自由に報道の自由と同じ程度の法的保障
を与えなかった (博多駅テレビフィルム提出命令事件決定〔最大決昭和 44 年 11 月 26 日
刑集 23 巻 11 号 1490 頁〕)。公正な裁判の実現を保障するため, 報道機関の取材活動
によって得られたものを証拠とする必要がある場合には, 取材の自由はある程度
制約を受けうる (博多駅テレビフィルム提出命令事件最高裁決定)。判例は, 取材ビデ
オテープについての検察事務官ないし警察官による差押・押収についても, 適
正・迅速な捜査の遂行という要請があり, 放送に支障がない場合には認められる
とする (日本テレビ事件最高裁決定〔最決平成元年 1 月 30 日刑集 43 巻 1 号 19 頁〕, TBS
事件最高裁決定〔最決平成 2 年 7 月 9 日刑集 44 巻 5 号 421 頁〕) が, 通説は, この点に
つき消極に解する。

　報道機関が取材源から事件に関する情報を獲得するためには, 取材源との間で
信頼関係を構築する必要がある。取材源が取材に応じたことで不利益を受けない
ようにするため, また取材源から継続的に情報を得るために, 報道機関は, 通常,
取材源を秘匿する。取材源の秘匿については, 取材の自由の中核部分として, こ
れを認めるべきというのが通説的見解である。判例は, 刑事事件で取材源に関す
る新聞記者の証言拒否権を否定した (石井記者事件最高裁判決〔最大判昭和 27 年 8 月
6 日刑集 6 巻 8 号 974 頁〕) 一方で, 民事事件において, 当該報道の内容・性質, 社
会的な意義・価値, 当該取材の態様, 将来における同種の取材活動が妨げられる
ことによって生ずる不利益の内容・程度等と, 当該民事事件の内容・性質, 社会
的な意義・価値, 当該民事事件において当該証言を必要とする程度, 代替証拠の
有無等の諸事情を比較衡量して決すべきとし, 民事訴訟法 197 条 1 項 3 号の「職
業の秘密」を根拠とした取材源に関する証言拒否を認めている (NHK 記者嘱託証
人尋問証言拒否事件最高裁決定〔最決平成 18 年 10 月 3 日民集 60 巻 8 号 2647 頁〕)。

　取材の自由に関連して, 国家秘密の保護との関係が問題となる。国家公務員法
は, 公務員が「職務上知ることのできた秘密」を漏らすこと (退職後も含む) を禁
止し (100 条 1 項), その違反に対して刑罰を設ける (109 条 12 号) とともに, 公務
員が秘密を漏らすことを私人がそそのかすことについても犯罪として刑罰の対象
としている (111 条)。最高裁判所は,「報道機関が取材の目的で公務員に対し秘密
を漏示するようにそそのかしたからといつて, そのことだけで, 直ちに当該行為
の違法性が推定されるものと解するのは相当ではなく, 報道機関が公務員に対し
根気強く執拗に説得ないし要請を続けることは, それが真に報道の目的からでた

ものであり，その手段・方法が法秩序全体の精神に照らし相当なものとして社会
観念上是認されるものである限りは，実質的に違法性を欠き正当な業務行為とい
うべきである」と判示した（外務省秘密電文漏洩事件〔西山記者事件〕判決〔最判昭和
53 年 5 月 31 日刑集 32 巻 3 号 457 頁〕）。

　　　なお，2013（平成 25）年に制定された特定秘密保護法（特定秘密の保護に関する法
　　　律）は，わが国及び国民の安全を確保するため，安全保障に関する情報のうち，防
　　　衛，外交，特定有害活動（スパイ行為等）の防止，テロリズムの防止に関する事項で，
　　　その漏洩がわが国の安全保障に著しい支障を与えるおそれがあるため，特に秘匿す
　　　ることが必要であるものを特定秘密として指定し，その漏洩と取得行為を公務員法
　　　に定める処罰規定よりも重く罰するものである。この特定秘密保護法に対しては，
　　　特定秘密に指定しうる範囲が明確ではなく，指定の有効期限（原則 5 年以下）の延長
　　　が可能であることなどを理由に，国民の知る権利に応えるための取材の自由を侵害
　　　するものであり，憲法 21 条 1 項等に違反するとの見解が，学界では支配的である。

　法廷における取材に関して，公判廷において写真の撮影・録音・放送をするた
めには裁判所の許可が必要である（刑事訴訟規則 215 条，民事訴訟規則 77 条参照）が，
最高裁判所は，「たとい公判廷の状況を一般に報道するための取材活動であつて
も，その活動が公判廷における審判の秩序を乱し被告人その他訴訟関係人の正当
な利益を不当に害するがごときものは，もとより許されないところである」とし
て，写真撮影を裁判所の許可制とする刑事訴訟規則 215 条は憲法 21 条に違反しな
いと判示した（北海タイムス事件決定〔最大決昭和 33 年 2 月 17 日刑集 12 巻 2 号 253 頁〕）。
なお，法廷において傍聴人がメモを取ることについては，法廷メモ訴訟（レペタ訴
訟）最高裁判決（最大判平成元年 3 月 8 日民集 43 巻 2 号 89 頁）が，「憲法 21 条 1 項の
規定の精神に照らして尊重され」るべきであり，「故なく妨げられてはならない」
と判示している（詳しくは，12.1.8 裁判の公開を参照）。

5.2.3　放送の自由・インターネット上での表現の自由

　放送とは，「公衆によつて直接受信されることを目的とする電気通信……の送
信」（放送法 2 条 1 号）を指す。放送については，放送番組の編集にあたり，①公
安及び善良な風俗を害しないこと，②政治的に公平であること，③報道は事実を
まげないですること，④意見が対立している問題についてはできるだけ多くの角
度から論点を明らかにすることが求められるなど（4 条 1 項），新聞や雑誌などの
プリント・メディアにはない特別な規制が課されている（ただし，通説は，放送法

の番組準則について，法的効力のない倫理的な規定と解しており，そのように解釈し運用される限りで合憲であるとする）。

　このような規制が特に放送の場合に認められる根拠として，放送用の電波が有限であり，放送に利用できるチャンネル数には限界があるため，貴重な電波資源を有効活用するために，適切な事業者に対して，国が電波の使用権を認める必要があること（電波有限稀少論），放送が家庭に直接侵入し即時かつ同時に映像を通じて視聴されるため，受け手に強烈な影響力を及ぼすこと（衝撃説），そして，広告収入に依存する民間放送の場合，自由競争に放任すれば，番組編成が視聴者の関心を引く通俗的なものに画一化する傾向が高いこと（番組画一化論）が挙げられる。しかし，近年，周波数帯の利用が高度化し，衛星放送やケーブルテレビなどの新しいメディアが出現したため，電波の稀少性は緩和されており，また，放送の社会的影響力も相対的なものとなってきている。

　　　日本放送協会（NHK）の放送を受信できる設備を設置した者に放送受信契約の締
　　結を義務づける放送法64条1項の規定について，最高裁判所は，放送法が，公共放
　　送事業者と民間放送事業者との二本立て体制の下において，公共放送事業を担うも
　　のとしてNHKを設立し，これを民主的かつ多元的な基盤に基づきつつ自律的に運
　　営される事業体として性格づけ，公共の福祉のための放送を行わせることにし，そ
　　の事業運営の財源を受信設備設置者からの受信料によって賄うことによって，その
　　財政的基盤を安定的に確保するものとした仕組みは，憲法21条の保障する表現の
　　自由の下で国民の知る権利を実質的に充足すべく採用され，その目的にかなう合理
　　的なものであるなどとして，憲法13条，21条，29条に違反しないと判示した
　　（NHK受信料訴訟判決〔最大判平成29年12月6日民集71巻10号1817頁〕）。

　表現の媒体として，今日，インターネットが，出版や放送に次いで登場した。新聞，雑誌，ラジオ，テレビなどの従来のマス・メディアは，情報の送り手と受け手の役割を固定化していた（マス・メディアが情報の発信主体の地位を独占し，一方向的に情報を流通させ，一般の個人は，もっぱら情報を受領する客体の地位にとどまった）が，インターネットの普及により，一般の個人も容易に情報の発信主体となることができ，また，双方向的な情報の流通が可能となった。

　放送とは1対多数で一方向的に公開で情報を伝達することを指すのに対して，通信は1対1で双方向的に非公開で情報を伝達することを意味し（なお，電気通信事業法2条1号参照），従来，これらの概念は峻別されてきた。しかし，電子通信事業法4条は通信の秘密の不可侵を定める一方で，ホームページ等を通じて情報を発信する者の多くは，情報を広く公開している（公然性を有する通信）。また，放送

についても，通信メディアを通じて非公開で特定の視聴者のみに対して行われる
ものが出現している（限定性を有する放送）。そして，放送・通信メディアのデジタ
ル化が進展すれば，従前の放送と通信の概念の再構成が必要となってくる。

　インターネット上で個人が自由に表現できるようになった結果，名誉毀損やプ
ライバシーの侵害などの問題が生じやすくなった（マス・メディアによる報道では，
多くの場合，ジャーナリストは職業人として節度をもって表現を行うが，インターネット上
で表現を行う個人の中には，表現の自由の限界を十分に理解せずに表現する者もいる）。イ
ンターネット上での表現については，表現した者が責任を負うことになるが，表
現者を特定できない場合には，プロバイダ（インターネット接続業者）は責任が問
われることがある。

　　　例えば，他人の権利を侵害する情報を放置したことにつき，プロバイダは，被害
　　　者から損害賠償を請求される可能性があるし，実際には他人の権利を侵害していな
　　　い情報を誤って削除した場合，発信者から損害賠償を請求される可能性がある。そ
　　　こで，いわゆるプロバイダ責任制限法（特定電気通信役務提供者の損害賠償責任の制
　　　限及び発信者情報の開示に関する法律）は，インターネット上に違法または有害な情
　　　報が掲載され（ソーシャル・メディアへの投稿等を含む），権利の侵害があった場合，
　　　特定電気通信役務提供者（プロバイダ，サーバの管理・運営者など）は，情報の流通
　　　を防止しなかったことによって生じた他人の権利侵害の損害について，権利侵害情
　　　報の送信を防止することが技術的に不可能であって，権利侵害情報が流通している
　　　ことを知らなかった場合などに，また，情報の送信を防止したことによって生じた
　　　発信者の損害について，情報の送信停止措置が必要な限度内であって，他人の権利
　　　が不当に侵害されていると信じるに相当の理由がある場合などに，それぞれ賠償責
　　　任を免除している（3条）。その一方，同法は，権利侵害の被害者が，情報の流通に
　　　よって権利が侵害されたことが明らかであり，開示を受けるべき正当な理由がある
　　　場合（損害賠償請求権の行使のために必要である場合など），特定電気通信役務提供者
　　　に対して，発信者情報の開示を請求することができる（5条）。

　　　インターネット上の情報の検索サービスを提供する事業者に対して，自己に不利
　　　益な情報を検索結果から削除することを請求する権利（忘れられる権利）を認めうる
　　　かに関して，判例は，過去に自分が逮捕されたという情報につき，個人のプライバ
　　　シーに属する事実をみだりに公表されない利益として法的保護の対象となり，当該
　　　事実を公表されない法的利益が優越することが明らかな場合には，検索結果からの
　　　情報の削除請求は認められると判示した（最決平成 29 年 1 月 31 日民集 71 巻 1 号 63
　　　頁）。

5.2.4　性表現（わいせつ文書）の規制

　刑法 175 条は，「わいせつな文書，図画，電磁的記録に係る記録媒体その他の物」を頒布し，販売し（または，販売目的で所持し），公然と陳列することを犯罪と規定している。ここでいう「わいせつな文書」とは，判例によれば，「徒らに性欲を興奮又は刺戟せしめ，且つ普通人の正常な性的羞恥心を害し，善良な性的道義観念に反するもの」をいう（「チャタレイ夫人の恋人」事件最高裁判決〔最大判昭和 32 年 3 月 13 日刑集 11 巻 3 号 997 頁〕）。刑法 175 条について，最高裁判所は，憲法 12 条・13 条の公共の福祉を根拠として（「性的秩序を守り，最少限度の性道徳を維持すること」ないし「性生活に関する秩序および健全な風俗を維持する」ため），憲法 21 条に違反しないと判示している（「チャタレイ夫人の恋人」事件判決，「悪徳の栄え」事件判決〔最大判昭和 44 年 10 月 15 日刑集 23 巻 10 号 1239 頁〕）。一方，学説は，それを見たくない者にとっては苦痛であること，大量に陳列されれば生活環境に衝撃を与えうること，もっぱら好色的興味に訴えて商業的利潤追求の対象としており社会的価値を認めがたいこと，未成年者を保護する必要があることなどを根拠として，刑法 175 条を合憲と解する。

　かつては，わいせつ文書の頒布等は，憲法で保障された表現の範囲に属さないと考えられてきた。しかし，もしそのように解するならば，わいせつ文書の概念をどのように定めるかによって，本来憲法上保障されるべき表現まで憲法の保障の外に置かれるおそれが生ずる。そこで，今日では，わいせつ文書も一旦は表現の自由の保障に含まれると解したうえで，表現の自由の価値に比重を置いて，わいせつ文書の概念をできる限り狭く定義し，表現内容に基づく規制を限定し，保障の及ぶ表現の範囲を画定していくという定義づけ衡量論が通説的見解となっている。

　わいせつ文書に当たるか否かの判断に関して，判例は，文書のもつ芸術性・思想性がわいせつ性を緩和させうることと，わいせつ部分のみを評価するのではなく全体的考察方法を採るべきとしている。すなわち，最高裁判所は，「芸術性と猥褻性とは別異の次元に属する概念であり，両立し得ないものではない」ため，芸術作品であってもわいせつ性は否定できないとしたうえで（「チャタレイ夫人の恋人」事件判決），「文書がもつ芸術性・思想性が，文書の内容である性的描写による性的刺激を減少・緩和させて，刑法が処罰の対象とする程度以下に猥褻性を解消させる場合があること」が考えられると判示した（「悪徳の栄え」事件判決）。また，「文書の個々の章句の部分は，全体としての文書の一部として意味をもつもので

あるから，その章句の部分の猥褻性の有無は，文書全体との関連において判断されなければならないものである」としたうえで（「悪徳の栄え」事件判決），「当該文書の性に関する露骨で詳細な描写叙述の程度とその手法，右描写叙述の文書全体に占める比重，文書に表現された思想等と右描写叙述との関連性，文書の構成や展開，さらには芸術性・思想性等による性的刺激の緩和の程度，これらの観点から該文書を全体としてみたときに，主として，読者の好色的興味にうつたえるものと認められるか否かなどの諸点を検討することが必要であり，これらの事情を総合し，その時代の健全な社会通念に照らして」判断すべきとしている（「四畳半襖の下張」事件判決〔最判昭和55年11月28日刑集34巻6号433頁〕）。

　全国の都道府県では青少年保護育成条例が制定されており，その多くは，知事によって指定された有害図書を青少年（18歳未満の者）に販売することを規制している。有害図書を自動販売機に収納すること（インターネットが普及する以前は，わいせつ文書の閲読を希望する青少年は，書店で購入しようとしても対面売買では販売を拒まれたため，年齢識別機能のない自動販売機で購入していたところ，それを規制する必要があった）を禁止する条例の規定について，最高裁判所は，思慮分別の未熟な青少年の性に関する価値観に悪い影響を及ぼし，性的な逸脱行為や残虐な行為を容認する風潮の助長につながる有害図書を指定し自動販売機への収納を規制する必要性・合理性が認められるため，青少年に対する関係において，憲法21条1項に違反しないことはもとより，成人に対する関係でも有害図書の流通を制約することになるものの，青少年の健全な育成を阻害する有害環境を浄化するための規制に伴う必要やむを得ない制約であるとして，憲法21条1項に違反しないと判示した（岐阜県青少年保護育成条例事件判決〔最判平成元年9月19日刑集43巻8号785頁〕）。

5.2.5　名誉毀損的表現の規制

　他者の名誉を毀損する表現に関して，名誉は，そもそも人格権として憲法上保障されている（3.1.4 名誉権を参照）ほか，民事法上の権利として保障され，刑事法上の法益として保護されている。具体的には，名誉を毀損する行為は，民法709条，710条によって不法行為として損害賠償請求の対象となり，刑法230条によって犯罪として禁止される（違反した場合には刑罰が科されうる）。

　最高裁判所は，かつて，謝罪広告事件判決（最大判昭和31年7月4日民集10巻7号785頁）において，「他人の行為に関して無根の事実を公表し，その名誉を毀損

```
【表現の自由と名誉権との調整】
                          プライバシーの権利も基本的に同様
  表現の自由（21 条 1 項） ⟷ 名誉権（13 条）
                    私人間効力                              夕刊和歌山時事
                                                           事件最高裁判決
             原則：等価値的な利益衡量
             ┌ 公共の利益関連性（公共の利害に関する事実に係り）
  刑法 230 条の 2 ┤ 公益目的性（その目的がもっぱら公益を図ることにあったと認める場合）
             └ 真実性（真実であることの証明があったとき）or 真実誤信の相当の理由
                 ・私人が表現行為によって私人の名誉を毀損することは，民法上は不法行為で刑法上
                   は名誉毀損罪
                 ・しかし，「公共の利害に関する事実」についての表現であれば，表現の自由＞名誉
                   権に傾き，「真実であることの証明」があれば，その表現は名誉毀損にならない
                 ・真実であることの証明がなくても，表現者がそれを真実だと誤信したことに相当
                   の理由があれば，その表現は名誉毀損にならない
             例外：現実の悪意の法理（真実性に関して，表現する者＞表現される者）
                 公務員等に対する名誉毀損は，表現者が虚偽の事実を故意に公表した場合でなければ，
                 その表現は名誉毀損にならない（公務員等であれば，言論で対抗できるから）
```

することは言論の自由の乱用であつて，たとえ，衆議院議員選挙の際，候補者が政見発表等の機会において，かつて公職にあつた者を批判するためになしたものであつたとしても，これを以て憲法の保障する言論の自由の範囲内に属すると認めることはできない」と判示したこともあったが，今日では，名誉毀損的表現を一切表現の自由の射程の外に置くのではなく，性表現と同様に，定義づけ衡量論で考えていくべきとされる。判例も，憲法 13 条を根拠とした「人格権としての個人の名誉の保護」が表現の自由の保障と衝突しうることを認めている（北方ジャーナル事件最高裁判決〔最大判昭和 61 年 6 月 11 日民集 40 巻 4 号 872 頁〕）。

　人の名誉を毀損する行為であっても，「公共の利害に関する事実に係り，かつ，その目的が専ら公益を図ることにあったと認める場合には，事実の真否を判断し，真実であることの証明があったときは」名誉毀損罪は成立しない（刑法 230 条の 2 第 1 項）。このうち，①公共の利害に関する事実とは，公務員等の不正行為などといった社会的な関心事項を指すが，私人の私生活上の行状であっても，その携わる社会的活動の性質や社会に及ぼす影響力の程度などによってはこれに該当する場合がある（月刊ペン事件最高裁判決〔最判昭和 56 年 4 月 16 日刑集 35 巻 3 号 84 頁〕）。②公益目的については，その表現行為の主たる動機がそれであれば足りる。また，③真実性の要件に関しては，真実であることの証明がない場合でも，行為者が真実であると誤信し，それが確実な資料，根拠に照らして相当の理由があるときも，

名誉毀損罪は成立しない（夕刊和歌山時事事件最高裁判決〔最大判昭和44年6月25日
刑集23巻7号975頁〕）。この公共の利害関連性・公益目的性・真実性ないし真実誤
信の相当の理由という法理は，民事責任についても妥当する（「署名狂やら殺人前
科」事件最高裁判決〔最判昭和41年6月23日民集20巻5号1118頁〕，長崎教師批判ビラ
事件最高裁判決〔最判平成元年12月21日民集43巻12号2252頁〕）。

　なお，学説上，公務員等に対する名誉毀損については，加害者が虚偽であるこ
とを知っていながら（または，真偽をまったく顧慮せずに）虚偽の事実を故意に公表
したことを被害者側が立証しなければ成立しないとする見解（現実の悪意の法理）
が有力である。

　証拠等をもってその存否を決することが可能な事実の摘示と，証拠等による証
明になじまない物事の価値・善悪・優劣についての意見・論評とは区別される。事
実を摘示して他人の名誉を毀損した場合には，夕刊和歌山時事事件最高裁判決の
法理が妥当するが，意見・論評において他人の名誉を毀損した場合には，その行
為がもっぱら公益を図ることにあった場合に，意見・論評の前提となる事実が真
実であることの証明があり，あるいは真実と信ずる相当の理由があるときは免責
される（「新・ゴーマニズム宣言」事件最高裁判決〔最判平成16年7月15日民集58巻5
号1615頁〕）。

　なお，プライバシーの権利を侵害する表現（例えば，他者の私生活上の事実を本人
の意に反して公表する表現）については，名誉毀損的表現と基本的には同様に考え
られる（3.1.5 プライバシーの権利も参照）。ただし，プライバシーの権利の侵害は，
名誉毀損の場合とは異なり，真実性の証明によって免責されることはない（むし
ろ，公表された内容が真実であれば，被害者の損害が大きくなる）ため，表現行為の公
共性が重要となる。

5.2.6　差別的表現・ヘイトスピーチの規制

　他者に対する差別的な表現（差別的表現）についても，表現行為にとどまる限り，
定義づけ衡量論で考えるべきであるという見解が有力であった。これも，概念定
義の広狭如何によって，憲法上の保障の範囲が揺れることを防ぐためである。人
種や民族等に係る議論には政治的な表現が含まれうるが，差別的表現を一律に規
制すれば，表現の萎縮効果が生じるおそれがある。本来，思想の自由市場におい
ては，差別的表現であっても理論上は自由になされるべきであり，言論による対

抗（対抗言論）に期待するのが妥当であるとされると考えられてきた。

ただし，人種や民族等の集団的属性に基づいて個人や集団を誹謗する表現であるヘイトスピーチ（憎悪表現）については，表現の自由の保障よりも現実的差別の問題性を重視して，広く規制すべきであるという見解が有力である。日本も批准している人種差別撤廃条約（あらゆる形態の人種差別の撤廃に関する国際条約）4条は，人種差別の煽動等を違法化し，行為者を処罰するよう締約国に求めているが，日本はアメリカ合衆国と同様に，この規定について，憲法の保障する集会・結社・表現の自由等に反しない限度で受け入れるという留保を付けている（条約上の義務は民法・刑法など既存の法律で対応可能であるとして，新たに規制する法律は制定していない）。京都朝鮮第一初等学校事件では，裁判所は，ヘイトスピーチを伴う示威運動等に対して，不法行為に基づく損害賠償責任や今後の活動の差止めを認めるとともに，行為者に対して侮辱罪や威力業務妨害罪等の成立を認めた（民事事件につき，京都地判平成25年10月7日判時2208号74頁，刑事事件につき，京都地判平成23年4月21日判例集未登載）。2016（平成28）年に制定・施行された，いわゆるヘイトスピーチ解消法（本邦外出身者に対する不当な差別的言動の解消に向けた取組の推進に関する法律）は，表現行為に対する直接的な規制を設けていないが，地方公共団体に対して，ヘイトスピーチを行うことを禁止し違反者に対して氏名の公表や刑罰等を設ける条例の制定を促進し，実質的にヘイトスピーチを抑止する機能を果たしている。なお，ヘイトスピーチをした人の氏名（または団体の名称）を公表しうるとする大阪市ヘイトスピーチへの対処に関する条例について，表現の自由の制限は合理的で必要やむを得ない限度にとどまる（憲法21条1項に違反しない）とした判例がある（大阪市ヘイトスピーチ対処条例事件最高裁判決〔最判令和4年2月15日民集76巻2号190頁〕）。

5.2.7 違法行為の煽動的表現の規制

他人に対して違法な行為を実行させる目的で，当該他人に対して，当該行為を実行する決意を生ぜしめるような（または，すでに生じている決意を助長させるような）勢いのある刺激を与える表現（犯罪の煽動〔＝そそのかす＋あおる〕）に関しては，現行法上，内乱罪（刑法77条）や外患誘致罪（刑法81条）等を実行させる目的でする煽動（破壊活動防止法38条），政治目的のための騒乱罪（刑法106条）等を実行させる目的でする煽動（破壊活動防止法40条），納税義務者への不納税等の煽動（国

税通則法126条1項，地方税法21条1項）などが，犯罪として規定されており，刑罰の対象となっている。これらは，煽動された者が行為を実行する危険性があるということのみで，表現行為そのものを処罰の対象とするものである（実行行為とは独立した犯罪である）ため，表現の自由を侵害するのではないかが問題となる。

　この点，判例は，煽動を犯罪とし刑罰を科すことを公共の福祉を理由に憲法21条1項に違反しないとする（食糧緊急措置令11条に関する最大判昭和24年5月18日刑集3巻6号839頁，破壊活動防止法39条・40条に関する渋谷暴動事件最高裁判決〔最判平成2年9月28日刑集44巻6号463頁〕）。一方，学説は，煽動罪の合憲性について明白かつ現在の危険の基準（5.3.4 表現内容規制と表現内容中立規制を参照）が妥当すべきであるとし，また，煽動罪として処罰するためには，表現内容自体が直接に違法行為を煽動していて，その結果として違法行為が実際に発生する具体的危険性があることを必要とすると解すべきという。

5.2.8　営利的表現

　もっぱら営利目的でなされる商業広告等の商業的な表現である営利的表現（営利的言論）も，消費者としての個人にとって情報として有益であるため，21条1項の保障する表現に含まれる。

　もっとも，表現の自由の重点は自己統治の価値にあるので，その保障の程度は非営利的な政治的表現よりも低いと解されている。判例は，広告の規制の合憲性が争われても，厳格な審査を行わず，憲法21条1項に違反しないとする（あん摩師等法違反事件最高裁判決〔最大判昭和36年2月15日刑集15巻2号347頁〕，京都府風俗案内所規制条例事件最高裁判決〔最判平成28年12月15日判時2328号24頁〕）。

5.3　表現の自由の限界

5.3.1　二重の基準論

　表現の自由をはじめとする精神的自由権は，経済的自由権に比べて優越的地位を占めるので，精神的自由権に対する規制の違憲審査には，経済的自由に対する規制の場合に一般に妥当する合理性の基準よりも厳格な基準が用いられるべきで

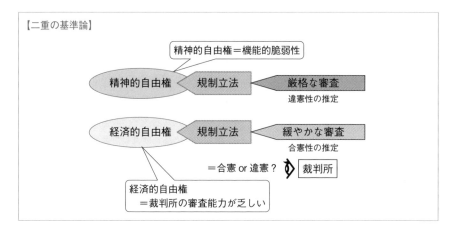

　ある。具体的には，表現の自由を制約する法律が合憲か違憲かを裁判所が審査する際には，職業選択の自由を制約する法律が合憲か違憲かを裁判所が審査する際よりも，より厳格な基準で行うということである。この二重の基準論という考え方は，通説・判例（小売商業調整特措法事件最高裁判決〔最大判昭和 47 年 11 月 22 日刑集 26 巻 9 号 586 頁〕，薬事法事件最高裁判決〔最大判昭和 50 年 4 月 30 日民集 29 巻 4 号 572頁〕）の立場である。

　では，なぜ，精神的自由権に対する規制が，経済的自由権に対する規制よりも，厳格な基準で審査されるべきなのか。通常，次の 2 つの理由から説明される。

　(1) 精神的自由権は，民主政治の過程に不可欠であり，これがひとたび侵害された場合には，民主政治の過程そのものが傷つけられ，自己回復が困難であるので，それに対する規制立法には違憲性の推定が働き，裁判所が積極的に介入することが求められる（精神的自由権の機能的脆弱性）。その一方，経済的自由権は，民主政治の過程が正常に機能している限り，それによって不当な規制を排除することが可能である。すなわち，もし職業選択の自由を包括的に規制する不当な法律が国会によって誤って制定されてしまったとしても，国民にはその法律を批判する自由があり，国会議員がその法律を改廃することができるから，そのような悪法は通常の立法過程で是正される余地があるのに対して，もし表現の自由を包括的に規制する不当な法律が国会によって誤って制定されてしまったら，国民にはその法律を批判する自由がなくなり（表現の自由を包括的に規制する法律によって，それを批判すること自体が規制される），その法律を改廃することも国会議員には期待

できないため，そのような悪法はもはや通常の立法過程で是正できなくなる（つまり，表現の自由を包括的に規制する法律がひとたび制定されてしまったら，それによって，民主的な政治過程が不可逆的に傷つけられることになる）。だからこそ，民主政治の過程を基礎づける表現の自由は，できる限り制約しないようにし，やむを得ず制約する場合には必要最小限度にとどめることにして，その制約について違憲審査をする際には違憲であると疑ってかかるべきであるとされる（規制する側が違憲性の推定を覆すことによって初めて，その規制が合憲となる）。また，民主政治の過程そのものに直接的に関係しない信教の自由などの他の精神的自由権についても，人格的価値に直結し，ひとたび傷つけられれば回復しにくい点で表現の自由と同様であり，裁判所による，より手厚い保護が必要である。

　（2）経済的自由権に対する規制は，社会・経済政策の問題が関係することが多く，そのような政策の当否については，裁判所の審査能力が乏しく，むしろ政治部門（国会・内閣）が判断することが適任である。したがって，経済的自由権に対する規制については，民主的基礎をもつ政治部門の判断に合理性があると考えられ，合憲性が推定される。その一方，精神的自由権に関しては，このような考え方は妥当しない。すなわち，裁判所（その構成員は国民から直接選任されることはない）よりも，国会（その構成員が国民から直接選挙で選任される）や内閣（原則として国会によって国会議員の中から構成員が選任され，さらに行政のアウトプットの面でも国民と直接の接点がある）のほうが社会・経済政策に詳しい。職業選択の自由を制約する法律は社会・経済政策が関係することが多いため，それを制約すると決めた政治部門の判断を，裁判所は尊重すべきであると考えられる（ただし，政治部門による制約が一見して不合理であることが明白な場合には，裁判所が政治部門の判断を乗り越えて違憲と判断すべきである）。一方で，表現の自由の制約に関しては，政治部門の判断を尊重しなければならないことはなく，むしろ裁判所には前述のとおり民主政治の過程を守るべきとの判断がなされる。

　　　　なお，しばしば誤解されやすいことであるが，二重の基準論は，（精神的自由権への制約の合憲性を裁判所が審査する際に厳しく，経済的自由権への制約の合憲性を裁判所が審査する際に緩やかに，それぞれ審査するという）違憲審査の基準であり，制約そのものの厳しさ・緩やかさの議論ではない。つまり，精神的自由権への制約を厳しくし，経済的自由権への制約を緩やかにするという議論ではない。各自由権に対する制約を厳しくするか緩やかにするかは，政治部門の政策的な判断であり，裁判所の違憲審査の問題とは直接関係するものではない。

　　　　また，精神的自由権が優越的地位を占めるということは，経済的自由権よりも精

【表現の自由に対する規制についての違憲審査の基本的な考え方】

（前提）二重の基準論 ────→ 規制の種類を考える

表現の自由の規制は，
職業選択の自由の規制に比べて
裁判所による違憲審査の際に
より厳格な基準で審査される

　（a）表現に対する事前の規制か？

・検閲（行政権が……）→絶対禁止（例外なし）
・事前抑制そのもの
・事前抑制的な側面をもつ規制 ┘→原則禁止（例外許容）

　（b）規制立法が明確か？

・規制立法が不明確／広汎→明確性の理論

　（c）表現の内容に着目した規制か？

・内容規制→規制される表現の種類を考える
　　・低価値な表現（性表現，名誉毀損的表現など）
　　　　　　　　　　→定義づけ衡量
　　・そうではない表現→明白かつ現在の危険
　　　　　　　　　　　　の基準
・内容中立規制→LRAの基準

神的自由権のほうがより価値が高いということを意味するものではないことにも注意が必要である。例えば，100万円のガラスの花瓶と100万円の黄金の花瓶とでは，通常は，前者のほうを後者よりもより慎重に取り扱うべきだと考えられるが，それは前者のほうが後者よりも価値が高いからというわけではなく（価値はともに100万円で同じである），前者のほうが後者よりも壊れやすく，壊れたときに取り返しがつかない（黄金の花瓶は凹んでも元に戻せる）からである。ここでいうガラスの花瓶を精神的自由権と，黄金の花瓶を経済的自由権と，それぞれ考えればよかろう。

5.3.2　表現に対する事前抑制・検閲

　日本国憲法21条1項は表現の自由を保障しているが，そこには，国民による表現活動を公権力が原則として事前に抑制してはならないという意味が含まれている。つまり，他に規定がなくとも，1項が保障するところの人権としての表現の自由の中に，すでに国民の表現活動に対する公権力による事前抑制の禁止ということが含まれている。すなわち，公権力は，原則として，私人の表現行為に先立って，それを規制してはならない。

　　事前抑制とは，広義では，後述する検閲を含むが，通常は，検閲とは概念として区別され，検閲を除く狭い意味で理解されている。

　　刑法175条がわいせつ物の頒布等を犯罪と規定しており，これは，表現行為の前に

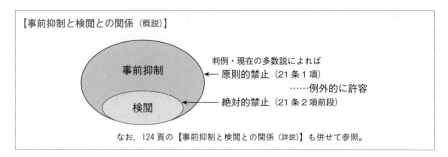

【事前抑制と検閲との関係（概説）】

事前抑制

検閲

判例・現在の多数説によれば
← 原則的禁止（21 条 1 項）
　　　　　　……例外的に許容
← 絶対的禁止（21 条 2 項前段）

なお，124 頁の【事前抑制と検閲との関係（詳説）】も併せて参照。

　　あらかじめ一般的に禁止するものであるが，ここでいう事前抑制ではない（あくまで，事後の規制である）。ここでいう事前規制とは，具体的な義務が表現行為の前に課されている場合であり，例えば，教科書検定や有害図書の販売規制などのことである。
　しかしながら，表現の自由は絶対的な人権ではなく公共の福祉による制約を受けうるため，事前抑制も，厳格かつ明確な要件の下で，例外的に許容されうる場合がある。
　事前抑制が原則的に禁止される理由は，①すべての思想はまずは公にされるべきである（思想の自由市場に出た後で，その内容について人々によって判断されればよい）にもかかわらず，思想の自由市場に登場する前に公権力が特定の思想を抑制することを認めれば，市場における思想に対する人々の判断の機会を与えないことになること（思想の自由市場論については，5.1.1 表現の自由の意義・価値を参照），②事前抑制の対象となる表現のすべてが公権力によって一般的に判断されることになるため，特定の表現についてのみ個別的に判断がなされる事後抑制と比べて，公権力による規制の範囲が広汎であること，③事前抑制は，行政の広汎な裁量権の下に簡易な手続によって行われることが多いため，適正手続の保障や実際の抑止的効果の点で問題があること（③は，特に，検閲の場合に妥当する）などが挙げられる。判例も，事前抑制は，出版物等が自由市場に出る前に抑止してその内容を読者等に到達させる途を閉ざし，またはその到達を遅らせてその意義を失わせ，公の批判の機会を減少させるものであり，また，事前抑制は，性質上，予測に基づくものとならざるをえないことなどから，事後制裁の場合よりも広汎にわたりやすく，濫用のおそれがあるうえに，実際上の抑止的効果が事後制裁の場合より大きいと考えられると判示し，同様の趣旨を明らかにしている（北方ジャーナル事件最高裁判決〔最大判昭和 61 年 6 月 11 日民集 40 巻 4 号 872 頁〕）。
　一方，21 条 2 項前段は，「検閲は，これをしてはならない」と規定している。検

閲は公権力による事前抑制の一種であるが，1 項の人権規定から当然に導き出されるところの事前抑制の禁止のほかに，憲法が，敢えて 2 項で検閲を禁止している理由は，禁止される行為の範囲と禁止の程度に差異があるからであると考えられる。

　判例によれば，21 条 2 項前段にいう「検閲」とは，「行政権が主体となって，思想内容等の表現物を対象とし，その全部又は一部の発表の禁止を目的として，対象とされる一定の表現物につき網羅的一般的に，発表前にその内容を審査した上，不適当と認めるものの発表を禁止することを，その特質として備えるもの」をいう（税関検査事件最高裁判決〔最大判昭和 59 年 12 月 12 日民集 38 巻 12 号 1308 頁〕）。そして，この場合，21 条 2 項前段で禁止される検閲は，表現の自由を保障する 21 条 1 項から導出される表現の事前抑制の禁止とは異なり，例外なく絶対的に禁止される（公共の福祉を理由とする例外をも認めない）と解される。

　　　表現を禁止すること（＝事前抑制・検閲）と表現禁止を禁止すること（＝憲法による表現の自由の保障・検閲の禁止）とを混同しないように注意してほしい。

　一方，従来の学説は（行政権に限らず）公権力が主体となって，（思想内容に限らず）表現内容全般について（誤字に対する審査なども含む），（発表前に限らず）人々が受領する前に審査し，不適当と認める場合にその表現行為（受領行為を含む）を禁止することとして，判例よりも広い概念を採る（この見解は，表現の送り手の自由だけではなく受け手にとっての知る権利の保障を重視するものである）。したがって，合理的な理由があれば，例外的に検閲が認められる余地もありうる。例えば，裁判所による出版物の事前差止めは検閲に含まれるとしたうえで，行政による場合とは異なり裁判所による手続は公正であるから，厳格かつ明確な要件の下で許容されることもあるなどとする。

　また，現在では，行政権が主体となって，表現内容を人々が受領する前に審査し，不適当と認める場合にその表現行為（受領行為を含む）を禁止することを検閲と定義し，21 条 2 項前段によって絶対的に禁止されるという見解が，学説上，有力である。この見解によれば，裁判所による事前差止めは，判例の立場と同様に，検閲には該当しないが，原則的に禁止される事前抑制の問題として検討される（やはり，裁判所による手続が公正であるから，厳格かつ明確な要件の下で許容されるとする）。

　以下では，判例による検閲の定義に基づき，表現の事前抑制と検閲について解説していく。

　検閲の禁止が具体的に問題となる場面として，裁判所による出版物の頒布等の差止命令，税関検査（例えば，関税法 69 条の 11 第 1 項 7 号によれば，「公安又は風俗を

【検閲の定義】

	判例	従来の学説	現在の多数説
1　主体	行政権　狭	公権力　広	行政権　狭
2　対象	思想内容等の表現物　狭	表現内容　広	表現内容　広
3　目的	発表の禁止		
4　態様	網羅的・一般的　狭		
5　時期	発表前　狭	受領前　広 （発表前＋発表後）	受領前　広
6　手段	不適当と認めるものの発表の禁止		
検閲禁止の程度	絶対的　強	原則的（例外的に許容）弱	絶対的　強

害すべき書籍，図画，彫刻物その他の物品」を輸入できない），教科書検定（学校教育法 34条1項等によれば，「文部科学大臣の検定を経た教科用図書」等でなければ小学校等で使用できない）などがある。

　裁判所による差止めは，行政権が主体ではないので，検閲に該当しない。公職の選挙の予定候補者を批判する記事を掲載した雑誌について，発表前に名誉毀損を理由に，裁判所が仮処分（旧 民事訴訟法760条〔現 民事保全法23条参照〕）による事前差止めを認めた北方ジャーナル事件最高裁判決では，裁判所による出版物の頒布等の事前差止めは，検閲には当たらないが，事前抑制そのものであるため，厳格かつ明確な要件の下で認められる。公職の候補者に対する批判等の表現行為に関する場合には，（i）（a）その表現内容が真実でなく，または，（b）それがもっぱら公益を図る目的のものでないことが明白であって，かつ，（ii）被害者が重大にして著しく回復困難な損害を被るおそれがあるときは，例外的に許容されるというのが判例の立場である。

　税関検査は，（1）対象とされる表現物は国外で発表済みであり，輸入が禁止されても発表の機会が全面的に奪われてはおらず，（2）検査は関税徴収手続の一環として行われ，思想内容等の網羅的審査・規制を目的とはしておらず，また，（3）輸入禁止処分には司法審査の機会が与えられているため，検閲に該当しない。また，税関検査は，事前規制そのものにも当たらないが，事前規制的な側面をもつ規制であるところ，健全な性的風俗を維持確保するため，国外のわいせつ表現物の流入を水際で阻止することは，表現の自由に対する必要やむを得ない制限として認められるとした（税関検査事件最高裁判決）。

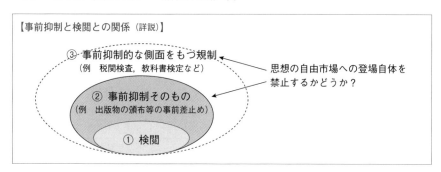

【事前抑制と検閲との関係（詳説）】

③ 事前抑制的な側面をもつ規制
（例　税関検査，教科書検定など）

思想の自由市場への登場自体を
禁止するかどうか？

② 事前抑制そのもの
（例　出版物の頒布等の事前差止め）

① 検閲

　教科書検定は，（1）教科書として採用されなくても一般図書としての発表の機会があり，（2）発表禁止の目的や発表前の審査などの特質がないため，検閲に該当しない。また，教科書検定は，事前抑制そのものには当たらないが，事前抑制的な側面をもつ規制であるところ，普通教育において，教育の中立・公正，一定水準の確保等の要請があり，これを実現するために不適切と認められる図書の教科書としての発行・使用等を禁止することは，表現の自由に対する合理的で必要やむを得ない制限として認められる（第一次家永教科書訴訟最高裁判決〔最判平成5年3月16日民集47巻5号3483頁〕）。

　判例は，（検閲や事前抑制を含めた）広い意味での表現の事前規制について，上の図に示すように，①絶対的に禁止される（例外なく許容されない）検閲，②原則的に禁止される（例外的に許容される）事前抑制そのもの，③事前抑制的な側面をもつ規制という3つの類型に分けてとらえている（税関検査事件最高裁判決）。

　表現の事前規制については，まず，税関検査事件最高裁判決で定式化された検閲の要件に該当するか否かが判断され，検閲に該当するものは，前述のとおり，憲法21条2項により，絶対的に禁止される（もっとも，最高裁判所がこれまでに検閲に該当すると認めた国家行為は存在しない）。

　次に，検閲に該当しなくとも，表現の事前の規制であれば，表現の自由の保障（憲法21条1項）の趣旨に照らして禁止されるべき事前抑制かどうかが判断され，事前抑制そのものに該当するものは，原則として禁止される。ただし，例外的に，厳格かつ明確な要件の下でのみ許容される（北方ジャーナル事件最高裁判決）。この類型に該当するものとしては，出版物の頒布等の（裁判所による）事前差止めが挙げられる。名誉権の侵害を理由とした，公共の利害に関する事項に関する事前差止めについては，前述のとおり，（i）（a）その表現内容が真実でなく，または，

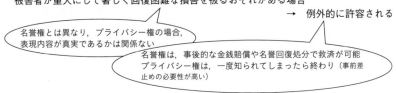

【裁判所による出版物の事前差止めが例外的に認められる要件】

・公共の利害に関する事項 × 名誉権侵害の場合（例 北方ジャーナル事件判決）
　　(i) (a) 表現内容が真実でない or (b) もっぱら公益を図る目的のものではない
and (ii) 被害者が重大にして著しく回復困難な損害を被るおそれがある場合
　　　　　　　　　　　　　　　　　　　　　　　　→ 例外的に許容される

・公共の利害に関する事項ではない事項 × プライバシー権侵害の場合（例 「石に泳ぐ魚」事件判決）
　　被害者が重大にして著しく回復困難な損害を被るおそれがある場合
　　　　　　　　　　　　　　　　　　　　　　　　→ 例外的に許容される

名誉権とは異なり，プライバシー権の場合，表現内容が真実であるかは関係ない

名誉権は，事後的な金銭賠償や名誉回復処分で救済が可能
プライバシー権は，一度知られてしまったら終わり（事前差止めの必要性が高い）

（b）それがもっぱら公益を図る目的のものではないことが明白であって，かつ，(ii) 被害者が重大にして著しく回復困難な損害を被るおそれがある場合に，例外的に許容される（北方ジャーナル事件最高裁判決）。なお，公共の利害に関する事項に関するものではないが，プライバシーの権利の侵害を理由とした事前差止めについては，被害者が重大にして著しく回復困難な損害を被るおそれがある場合に，例外的に認められると解される（「石に泳ぐ魚」事件最高裁判決〔最判平成14年9月24日判時1324号5頁〕参照）。

　そして，事前抑制そのものでなくとも，（その運用次第では，事前抑制そのものや検閲に転化する危険性のある）事前抑制的な側面をもつ規制であるかどうかが判断されることになる。思想の自由市場への登場自体を禁止する（受け手に到達する前に先んじてその方法を封殺する）場合には，事前抑制そのものであり，そうでない場合には，事前抑制的な側面をもつ規制と分類される。事前抑制そのものではないが，事前抑制的な側面をもつ規制の例としては，前述のとおり，税関検査（税関検査事件最高裁判決）や教科書検定制度（第一次家永教科書訴訟最高裁判決）が挙げられる。これらは，発表を規制するものではあるが，発表の機会を全面的に奪うものではない（だからこそ，事前抑制そのものではないと解される）。事前抑制的な側面をもつ規制も原則として許されないが，その合憲性は（表現の規制によって得られる利益と失われる利益との）比較衡量により審査される。

5.3.3　表現に対する不明確な規制

　表現の自由（をはじめとする精神的自由権）を規制する立法は明確でなければならない（明確性の理論）。もし表現の自由があいまいで不明確な法律によって規制されれば，表現行為を行う者に対して萎縮的効果（表現の自由に対する規制が明確でないために，表現行為を行う者にとって，自分の行う表現が規制されるものであるか否かが予測できず，規制を恐れて，本来できるはずだった表現をも自粛しようと考える問題）が生じるためである。この明確性の理論は，もともと刑罰法規について特に問題とされた。なぜなら，憲法31条によって保障される罪刑法定主義によれば，手続の適正さという観点から，(1) 公平な処罰のために必要となる事前の公正な告知を国民に与えるため，また，(2) 法規の執行者である行政の恣意的な裁量権を制限するため，刑罰法規が明確であることが必要であるためである。そして，刑罰法規が表現の自由を制約するものである場合は，これらの手続の適正さの問題にとどまらず，(3) 表現行為に対して萎縮的効果が発生するという実体的な問題も生じるため，表現の自由を制約する不明確な刑罰法規は文面上無効とされなければならないと解される。

　学説上，表現への規制が法文上漠然としていて，何が規制されているのか不明確な立法は，合理的な限定解釈によって法文の漠然不明確性が取り除かれない限り，それが不明確であるという理由だけで，原則として無効とされるべきと解される（漠然性ゆえに無効）。また，表現への規制が法文上明確であっても，必要な規制を越えて，過度に広汎に規制している場合も，原則として無効とされるべきと解される（過度の広汎性ゆえに無効）。なお，漠然性ゆえに無効と過度の広汎性ゆえに無効とは重なり合うことがある（表現の自由の問題ではないが，青少年との「淫行」行為を禁止する条例の明確性に関して，最高裁判所は，淫行の意味を限定解釈すれば「処罰の範囲が不当に広過ぎるとも不明確であるともいえない」と判示したが，ここでは規制の不明確さと広汎さの重複が問題となっていた〔福岡県青少年保護育成条例事件判決（最大判昭和60年10月23日刑集39巻6号413頁）〕）。

　最高裁判所は，徳島市公安条例事件判決において，「交通秩序を維持すること」を許可条件とする（条件への違反は犯罪として刑罰の対象となる）条例の規定の明確性に関して，通常の判断能力を有する一般人であれば，蛇行進・渦巻行進・座込み・フランスデモ（道路いっぱいを占領すること）などの行為が「殊更な交通秩序の阻害をもたらすような行為」に当たることは容易に想到できるから，この規定か

ら秩序維持についての基準を読み取ることは不可能ではない（憲法31条に違反しない）と判示した（最大判昭和50年9月10日刑集29巻8号489頁）。憲法21条の保障する表現の自由や集会の自由に対する規制の明確性に関しては，関税定率法21条1項3号（現 関税法69条の11第1項7号）の「風俗」の意味（税関検査事件判決〔最大判昭和59年12月12日民集38巻12号1308頁〕），成田新法（新東京国際空港の安全確保に関する緊急措置法〔現 成田国際空港の安全確保に関する緊急措置法〕）2条2項にいう「暴力主義的破壊活動等を行い，又は行うおそれがあると認められる者」の意味（成田新法事件判決〔最大判平成4年7月1日民集46巻5号437頁〕），集会等を行うことが規制される条例2条7号にいう「暴走族」の意味（広島市暴走族追放条例事件判決〔最判平成19年9月18日刑集61巻6号601頁〕）などが争われたが，最高裁判所は，いずれも法文の規定の合憲限定解釈を行い，不明確な規制とはいえないと判示している。

5.3.4　表現内容規制と表現内容中立規制

　表現の自由といえども，他の人権と同様に，絶対無制限ではないため，自由国家的公共の福祉のために，法律やそれに基づく行政処分によって制約されうる。

　表現の自由に対する規制が問題になる場合，その規制が当該表現の内容に基づいて行われるもの（表現内容規制）であるか，その規制が表現内容とは直接関係なく，当該表現のなされる時・所・方法に基づき行われるもの（表現内容中立規制）であるかによって区別し，表現内容規制の場合には表現内容中立規制の場合よりも厳格な基準を用いて審査すべきであると考えられている（通説）。言い換えれば，表現内容規制とは，ある表現をその伝達するメッセージを理由として制限すること（メッセージ内容に対する否定的な評価を理由とした規制）であり，表現内容中立規制とは，ある表現を（その表現の内容・伝達効果ではなく）その伝達手段に伴う弊害を理由に制限することである。表現内容規制の例としては，国家機密の公表の禁止や，犯罪の煽動に対する処罰，性表現や名誉毀損的表現などに対する規制が，表現内容中立規制の例としては，病院付近での騒音の制限，学校付近での刺激的な広告の掲示禁止，国会議事堂や政党本部・外国施設付近での拡声器の利用の禁止，選挙運動の自由の一律的な制限などが挙げられる。

　具体的には，学説は，表現内容規制については，5.2.4 性表現（わいせつ文書）の規制で述べた定義づけ衡量（性表現，名誉毀損的表現，差別的表現など，伝統的に表現

【表現内容規制・表現内容中立規制】

表現内容規制

＝その表現のメッセージ内容が
　悪いから規制する
例　芸術的な裸婦画　＝OK
　　ハードコアなポルノグラフィー
　　　　　　　　　　　＝ダメ

いつでも，どんなときでも，
ダメなものはダメ

表現内容中立規制

＝その表現のメッセージ内容は悪くはないが，
　その表現の手段（時・所・方法）が悪いから規制する
例　コンサートホールでの大音量のクラシック音楽
　　　　　　　　　　　　　　　　　　＝OK
　　深夜の住宅街で大音量のクラシック音楽　＝ダメ

その音楽に罪はない
流す時間と場所がダメ

の自由の保障範囲外であると理解されてきた低価値表現に対して用いられる），または明白かつ現在の危険の基準などのきわめて厳格な基準により審査される一方，表現内容中立規制については，LRAの基準（より制限的でない他の選びうる手段の基準）などの（相対的に緩やかな）厳格な基準で審査されるべきであるとする（さらに，内容規制に関して，さまざまな主題のうち特定のもの〔例えば，安全保障〕に関する表現に対する規制〔主題規制〕と，任意の主題〔安全保障〕に関する表現のうち，特定の立場からの表現〔例えば，反戦〕のみに対する規制〔観点規制〕とに区別し，恣意的な規制が行われやすい観点規制を主題規制よりも厳格に審査すべきとの見解もある）。

　なぜ表現内容規制が表現内容中立規制よりも厳格な基準で審査されるのかといえば，表現内容規制は，（1）規制主体による恣意的な規制である可能性が経験則上高く，裁判所が立ち入って審査を行う必要があり，また，（2）表現が方法を問わず広く規制されるため，表現の制約の程度が大きいためである（特に観点規制の場合，規制主体に対して批判的な観点の表現のみが不当に規制され，表現の自由の民主主義的な価値が大きく損なわれるおそれが高い）。その一方で，表現内容中立規制であれば，時・所・方法次第では表現が可能であるが，それでも安易に規制されてよいということではなく，表現内容規制と同様に表現の自由の保障を脅かすおそれがあるので，裁判所の実質的な審査を可能とする厳格な基準が求められている。

　ここでいう明白かつ現在の危険の基準とは，①ある表現行為が近い将来，実質的害悪を引き起こす蓋然性が明白であること，②その実質的害悪がきわめて重大であり，その重大な害悪の発生が時間的に切迫していること，③当該規制手段がこの害悪を避けるのに必要不可欠であることの3要件の存在が論証された場合に，当該表現行為を規制できる（3要件が論証されない場合，当該規制は憲法違反である）と

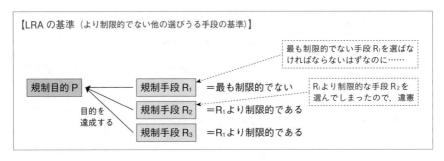

いうものである。この明白かつ現在の危険の基準は、最も厳格な基準であり、害悪の重大性と切迫性の判断が難しいため、すべての表現内容規制の違憲審査に適用するのは妥当ではなく、違法行為の煽動的表現の規制のような、表現内容を直接的に規制する場合に限定して提供すべきであると考えられる（5.2.7 違法行為の煽動的表現の規制を参照）。後述する泉佐野市民会館事件最高裁判決（最判平成7年3月7日民集49巻3号687頁）は、この基準の趣旨を取り入れたものであると解される。

　　　ここでいう蓋然性とは、可能性（possibility）を超えて、必然性（certainty）とまではいえないが、確実に起こりうるということ（probability）をいう。

　また、LRAの基準（より制限的でない他の選びうる手段の基準）とは、立法目的は（表現内容には直接かかわりのない）正当なものとして是認できるが、規制手段が広汎である点に問題のある法令について、立法目的を達成するために、より制限的でない他の選びうる手段（Less Restrictive Alternatives：LRA）が存在するかどうかを具体的かつ実質的に審査し、それがありうると解される場合には（規制をする公権力の側が規制手段の正当性を証明できなければ）、当該規制立法を違憲とするというものである。このLRAの基準は、立法目的の達成にとって必要最小限度の規制手段を要求する基準であり、とりわけ、表現内容中立規制のうち、時・所・方法の規制の違憲審査の際に有用であると解されている。

　　　LRAの基準は、表現の自由の規制は極力すべきではないということを前提として、もしやむを得ずに規制をするのであれば、複数の規制手段（R_1, R_2, R_3……）の中から最も制限的でない規制手段（R_1）を選択しなければならないのであって、にもかかわらず、法律が規制手段として最も制限的でないもの以外のもの（例えば、R_2）を採用していたら、より制限的でない他の選びうる手段（LRAであるR_1）が存在していることを理由に、憲法違反であると判断するものである。

　なお、判例は、表現内容中立規制への違憲審査の際に、（学説が主張する）LRA

【表現内容規制・表現内容中立規制の違憲審査基準：学説と判例】

1. より厳しい違憲審査基準とより緩やかな違憲審査基準

厳しい ←――――――――――――――――――――――――――→ 緩やか

| 明白かつ現在の
危険の基準 | ＞ | LRA の基準（より制限的で
ない他の選びうる手段の基準） | ＞ | 合理的関連性の
基準 |

①実質的害悪を引き起こす蓋然性
　が明白である
②害悪が重大で，害悪発生が切迫
　している
③当該規制手段が害悪回避のため
　に必要不可欠である
→3要件の存在がすべて証明され
　なければ違憲

同じ立法目的を達成するために，
より制限的でない他の選びうる
手段（LRA）が存在する
→違憲

①立法目的の正当性
②手段と立法目的との
　合理的関連性
③得られる利益と失わ
　れる利益との均衡
→いずれかがなければ
　違憲

2. 表現の自由に対する規制についての違憲審査基準：通説（理想）と判例（現実）

	規制の種類	通説 (日本の理想＝アメリカの判例)	判例 (日本の最高裁判所)
内容規制	違法行為の煽動的表現	明白かつ現在の危険の 基準	単に「公共の福祉」を 理由に合憲と判断
	低価値表現	定義づけ衡量	定義づけ衡量
内容中立規制	時・所・方法の規制	LRA の基準	合理的関連性の基準
	象徴的言論・行動を 伴う表現	合理的関連性の基準	(表現そのものではなく表現 の手段の問題として扱う)

の基準ではなく，目的と手段との間に抽象的・観念的な関連性があればよいとい
う合理的関連性の基準を用いている（後述する猿払事件最高裁判決）。

　この合理的関連性の基準は，①規制目的（立法目的）の正当性，②規制手段（立
法目的達成手段）と規制目的との間の合理的関連性，③規制（立法）によって得ら
れる利益と失われる利益との均衡の3つを検討するものである。本来，この合理
的関連性の基準は，言論の要素と非言論の要素とが同一行為の中で結合している
表現行為（言論以外の身体的動作である態度を示すことを通じて自己の意見や思想を表明
する象徴的表現，あるいは，言論の要素と非言論の要素とが同一の行動の中で結合している
表現行為である行動を伴う表現）（これも，表現内容中立規制であると解される）に対する
規制の合憲性を検討する際に用いるべきである（通説）。

　合理的関連性の基準は，わが国の判例としては，猿払事件最高裁判決（最大判昭
和49年11月6日刑集28巻9号393頁）において定式化された。これは，（1）行政の

中立的運営とこれに対する国民の信頼を確保するという立法目的は正当であり，(2) その目的のために公務員の政治的中立性を損なうおそれがある政治的行為を禁止することは，目的との間に合理的関連性があり，(3) 禁止によって得られる利益と失われる利益との均衡を失しない（失われる利益は，公務員の政治的行為という行動を伴う表現の中の，意見表明そのものの制約をねらいとしてではなく，行動のもたらす弊害の防止をねらいとする政治的行為の禁止に伴う限度での，意見表明の自由への間接的・付随的制約にすぎない一方で，得られる利益は，公務員の政治的中立性を維持し，行政の中立的運営とこれに対する国民の信頼を確保するという国民全体の共同利益である）との理由を挙げ，国家公務員法 102 条 1 項による国家公務員の政治的行為の禁止が政治的行為の自由を保障する憲法 21 条等に違反しないと判示したものである。

このように，判例は，意見表明そのものの制約を目的とする制約（直接的制約）と，意見表明の手段・方法のもたらす弊害を防止するための規制（間接的・付随的制約）とを区別する（戸別訪問事件最高裁判決〔最判昭和 56 年 6 月 15 日刑集 35 巻 4 号 205 頁〕，寺西判事補分限事件最高裁決定〔最大決平成 10 年 12 月 1 日民集 52 巻 9 号 1761 頁〕）。直接的制約の場合には，国家が特定の意見を選別してこれに対して否定的な価値判断を加えるものであるから，間接的・付随的制約と比べて，表現の自由に対して及ぼす抑圧の程度は大きく，より厳格な審査が求められる。

5.3.5　表現内容中立規制が争われた事例

表現内容規制が争われた事例に関しては，5.2 表現の自由の内容において，性表現，名誉毀損的表現，差別的表現，違法行為の煽動的表現について，すでに説明した。一方，表現内容中立規制について争われた事例としては，次のようなものがある。

(1) 道路において演説をしたりビラ配りをしたりするなどの表現行為は，道路交通法 77 条 1 項 4 号によって，所轄警察署長から道路使用の許可を得なければならないが，最高裁判所は，憲法 21 条が表現の自由を無条件に保障したものではなく，公共の福祉のために必要があるときは「その時，所，方法等につき合理的に制限できるものである」としたうえで，「道路において演説その他の方法により人寄せをすることは，場合によつては道路交通の妨害となり，延いて，道路交通上の危険の発生，その他公共の安全を害するおそれがないでもない」ため，道路交通法制定以前にあった旧 道路交通取締法における同様の規定による街頭演説の

許可制（及び無許可で演説などのために人を集めた者を処罰すること）について，憲法21条に違反しないと判示した（最判昭和35年3月3日刑集14巻3号253頁）。もっとも，本判決が単に公共の福祉を理由に街頭演説の許可制を直ちに合憲としたことについて，学説は批判している。

（2）屋外広告物法（及びそれに基づく地方公共団体の屋外広告物条例）は，「良好な景観を形成し，若しくは風致を維持し，及び公衆に対する危害を防止する」目的で，屋外広告物（常時または一定の期間継続して，屋外で公衆に表示されるものであって，看板，立看板，貼り紙，貼り札，広告塔，広告板，建物等に掲出・表示されたものなど）の表示の場所・方法等について規制している。これを受けて，電柱などへのビラ貼りを全面的に禁止する大阪市屋外広告物条例について，最高裁判所は，「国民の文化的生活の向上を目途とする憲法の下においては，都市の美観風致を維持することは，公共の福祉を保持する所以であるから，この程度の規制は，公共の福祉のため，表現の自由に対し許された必要且つ合理的な制限と解することができる」として，憲法21条に違反しないと判示した（大阪市屋外広告物条例事件判決〔最大判昭和43年12月18日刑集22巻13号1549頁〕）。同様に，大分県屋外広告物条例に基づく街路樹への立看板のくくり付け行為を処罰することは，憲法21条1項に違反しない（大分県屋外広告物条例事件最高裁判決〔最判昭和62年3月3日刑集41巻2号15頁〕）。

（3）軽犯罪法1条33号前段は，「みだりに他人の家屋その他の工作物にはり札」をするなどした者を処罰する旨を規定しているが，これは「主として他人の家屋その他の工作物に関する財産権，管理権を保護するため」のものであり，「たとい思想を外部に発表するための手段であつても，その手段が他人の財産権，管理権を不当に害するごときものは，もとより許されないところであ」り，「この程度の規制は，公共の福祉のため，表現の自由に対し許された必要かつ合理的な制限であ」るとして，憲法21条1項に違反しないとするのが判例の立場である（最大判昭和45年6月17日刑集24巻6号280頁）。

（4）刑法の住居侵入罪（130条前段）は，本来，表現の自由を規制するためのものではないが，表現活動のために他人の住居に無断で立ち入ればこの規定が適用される可能性があるところ，他人の住宅の郵便ポスト等に政治的ビラを投函する目的で他人の管理する敷地に許可なく立ち入った行為を有罪と判断することは憲法21条1項に違反しないとする判例がある（管理権者の承諾なく，「自衛隊のイラク派兵反対」などと記載したビラを集合郵便受け及び各室の玄関ドアの新聞受けに投函するために，防衛庁〔当時〕職員の公務員宿舎の敷地内に侵入した行為に関する立川反戦ビラ配

布事件最高裁判決〔最判平成 20 年 4 月 11 日刑集 62 巻 5 号 1217 頁〕，日本共産党の議会報告のビラを各室の玄関ドアの新聞受けに投函するために民間の分譲マンションの敷地内に侵入した行為に関する葛飾政党ビラ配布事件最高裁判決〔最判平成 21 年 11 月 30 日刑集 63 巻 9 号 1765 頁〕）。政治的意見等を記載したビラの配布は表現の自由の行使ということができるが，最高裁判所は，「憲法 21 条 1 項も，表現の自由を絶対無制限に保障したものではなく，公共の福祉のため必要かつ合理的な制限を是認するものであって，たとえ思想を外部に発表するための手段であっても，その手段が他人の権利を不当に害するようなものは許されないというべきである」ところ，管理権者の意思に反して，一般に人が自由に出入りできない住宅の共用部分等に立ち入ることは，管理権者の管理権を侵害し，そこで私的生活を営む者の私生活の平穏を侵害するものであり，そのような行為をもって刑法 130 条前段の罪に問うことは，憲法 21 条 1 項に違反するものではないと判示している。これらの事例では，表現そのものを処罰することの憲法適合性が問われているのではなく，表現の手段（ビラの配布のために「人の看守する邸宅」に管理権者の承諾なく立ち入ったこと）を処罰することの憲法適合性が問題とされている。駅の管理者からの退去要求を無視して駅構内でビラを配布しながら演説をした行為について，鉄道営業法 35 条及び刑法 130 条後段（不退去罪）で処罰することが憲法 21 条 1 項に違反しないとした吉祥寺駅構内ビラ配布事件最高裁判決（最判昭和 59 年 12 月 18 日刑集 38 巻 12 号 3026 頁）も，同趣旨である。

　（5）選挙に関し投票を得る目的等で戸別訪問をすることの禁止（公職選挙法 138 条 1 項，239 条 1 項 3 号）について，判例は，猿払事件最高裁判決で示された合理的関連性の基準を用いて，（憲法 21 条によって保障される）意見表明そのものの制約を目的とするものではなく，意見表明の手段・方法のもたらす弊害を防止し，もって選挙の自由と公正を確保することを目的としているところ，この目的は正当であり，戸別訪問の一律禁止という手段と目的との間に合理的な関連性があり，選挙の自由と公正の確保という禁止により得られる利益は失われる利益よりも大きい（戸別訪問以外の手段・方法による意見表明の自由を制約されておらず，単に手段・方法の禁止に伴う限度での間接的・付随的な制約にすぎない）ため，憲法 21 条に違反しないとする（戸別訪問事件最高裁判決〔最判昭和 56 年 6 月 15 日刑集 35 巻 4 号 205 頁〕）。同様に戸別訪問の禁止の合憲性を確認するものとして，最判昭和 56 年 7 月 21 日刑集 35 巻 5 号 568 頁（伊藤正己裁判官の補足意見は，選挙運動についての広汎な立法裁量〔憲法 47 条〕から，その合憲性を基礎づけるべきとする）。

選挙運動の自由については 9.1.5 選挙運動の自由を参照。

　(6)　選挙運動期間中の報道・評論の禁止（公職選挙法 148 条 3 項，235 条の 2 第 2 号）に関しては，禁止される報道・評論が，選挙に関する一切のものを指すのではなく，「特定の候補者の得票について有利又は不利に働くおそれがある報道・評論をいうもの」と限定解釈し，また，「もしその新聞紙・雑誌が真に公正な報道・評論を掲載したもの」であれば，違法性が阻却されるとしたうえで，この規制は憲法 21 条等に違反しないと判示した（最判昭和 54 年 12 月 20 日刑集 33 巻 7 号 1074 頁）。

5.4　集会・結社の自由

5.4.1　集会の自由

　日本国憲法 21 条 1 項が，「集会，結社及び言論，出版その他一切の表現の自由は，これを保障する」と規定していることから明らかなように，集会の自由と結社の自由は，表現の自由の一形態として憲法上保障されている。

　集会とは，多数人が特定の共通の目的をもって一定の場所に集まること（または，その集合体）をいう。判例は，「集会は，国民が様々な意見や情報等に接することにより自己の思想や人格を形成，発展させ，また，相互に意見や情報等を伝達，交流する場として必要であり，さらに，対外的に意見を表明するための有効な手段」として，「民主主義社会における重要な基本的人権の一つとして特に尊重されなければならない」と判示している（成田新法事件最高裁判決〔最大判平成 4 年 7 月 1 日民集 46 巻 5 号 437 頁〕）。

　集会の自由とは，私人が（目的，時間，場所，方法などにかかわらず）集会を開催したり，開催された集会に参加したりすることが自由であることを意味する。国家は，集会の開催・参加を私人に強制・禁止してはならず（集会への関与を理由に公権力が私人に不利益を課してはならないことを含む），集会に制限を課してはならない（自由権的性格）。また，集会の自由は，私人が集会を開催するに際して，会場として一定の場所（道路，公園，広場，公会堂など）の提供を国家は拒んではならないことを含むため，集会を開催しようとする私人は，公共施設の管理者としての国家に対して，当該施設の利用を請求できる権利を有すると解される（社会権的性格）。

　もっとも，集会は，多数人が一定の場所に物理的に参集するという行動を伴う表

現活動であるから，他者の権利・利益と衝突することがあるため，公共施設の管理の必要がある場合や公共の秩序を維持する場合など，さまざまな規制が行われる。

例えば，公共施設の使用に関して，使用目的を維持するために必要不可欠な限度での許可制が採られる。ただし，公共施設の利用の許否は，管理権者の自由裁量に属してはならない。最高裁判所は，皇居前広場使用不許可事件判決で，国の公共用財産の管理権の行使は，管理権者の単なる自由裁量に属するものではなく，国民の利用を妨げないよう適正に行使すべきと判示する（最大判昭和28年12月23日民集7巻13号1561頁）。また，地方自治法244条2項・3項は，地方公共団体が「正当な理由がない限り，住民が公の施設を利用することを拒んではなら」ず，「住民が公の施設を利用することについて，不当な差別的取扱いをしてはならない」旨を規定する。この点，集会を開催するための市立会館の使用許可の申請を，条例の定める「公の秩序をみだすおそれがある場合」に当たるとして不許可にした処分の合憲性が争われた泉佐野市民会館事件判決では，最高裁判所は，公共施設の管理者が「利用を不相当とする事由が認められないにもかかわらず利用を拒否し得るのは，利用の希望が競合する場合のほかは，施設をその集会のために利用させることによって，他の基本的人権が侵害され，公共の福祉が損なわれる場合に限られる」としたうえで，本件では，「本件会館で集会が開かれることによって，人の生命，身体又は財産が侵害され，公共の安全が損なわれる危険を回避し，防止することの必要性」が集会の自由よりも優越する場合に規制が認められるとし，その危険性の判断については，「明らかな差し迫った危険の発生が具体的に予見されること」が求められると判示した（最判平成7年3月7日民集49巻3号687頁）。

また，破壊活動防止法5条1項1号は，一定の期間・地域につき，暴力主義的破壊活動を行った団体が，集団示威運動・集団行進・集会をすることを公安審査委員会が禁止できる旨を定めている。この禁止処分は「当該団体が継続又は反覆して将来さらに団体の活動として暴力主義的破壊活動を行う明らかなおそれがあると認めるに足りる十分な理由があるとき」に限定され，かつ「そのおそれを除去するために必要且つ相当な限度をこえてはならない」と規定されているが，学説上は，集会の自由の侵害であるとの見解が有力である。

5.4.2 パブリック・フォーラム論

集会の自由は，集会を開催しようとする私人に対して，公権力が会場として一

定の場所の提供を拒んではならないことの保障をも含むと解される。そして，会場の提供を拒んではならないということは，多数人が参集する集会の自由だけでなく，表現の自由についても妥当する。

このことに関連して，アメリカ合衆国の判例法理として，道路，公園，公民館などといった一般の人々が自由に出入りできる一定の類型の公共施設を，集会や表現行為のために利用するにあたって，その所有権や管理権よりも，表現行為等のほうが優先される（表現者の表現の自由と，当該施設の施設管理権等や他の利用者の利益との衡量の際に，集会の自由や表現の自由への配慮が求められる）というパブリック・フォーラム論がある。

　　　　アメリカの判例法理としてのパブリック・フォーラム論では，①伝統的に表現行為の用に供されてきた伝統的パブリック・フォーラム（道路，公園など），②表現行為の用に供するために創設された非伝統的パブリック・フォーラム（公会堂など），③政府が自発的に表現行為の用に供してきた限定的パブリック・フォーラム（学校，図書館など），④公衆の出入りが自由であっても表現行為のために用いられていない非パブリック・フォーラム（病院，軍事施設など）などと類型化され，①における表現規制はより厳格な審査の対象となる一方，④においては表現行為のために使用させるか否かは施設管理者等の裁量が尊重される。

わが国においても，吉祥寺駅構内ビラ配布事件最高裁判決（最判昭和59年12月18日刑集38巻12号3026頁）における伊藤正己裁判官の補足意見で，このような考え方が示されており，また，泉佐野市民会館事件最高裁判決（最判平成7年3月7日民集49巻3号687頁）は，パブリック・フォーラム論の影響を受けたものと理解されているが，わが国では，いまだ確立した判例法理となるには至っていない。

泉佐野市民会館事件最高裁判決は，集会の主催者が平穏に集会を行おうとしているのに，その集会の目的や主催者の思想・信条等に反対する者らが，これを実力で阻止し，妨害しようとして紛争を引き起こすおそれがあることを理由に公の施設の利用を拒むことは，憲法21条の趣旨に反し許されないと判示している（このような考え方を敵意ある聴衆の法理という）。通説・判例によれば，公の施設の利用拒否は，警察の警備等によってもなお混乱を防止することができないなどの特別の事情がある場合に限られる（上尾市福祉会館事件最高裁判決〔最判平成8年3月15日民集50巻3号549頁〕）。

　　　　泉佐野市民会館事件判決は，地方自治法244条にいう「公の施設」であり，かつ集会の用に供するための施設である市民会館の，使用許可申請に対する不許可処分が問題となった事案である。

　一方，公立学校の施設は，同じく「公の施設」であるが，本来はその設置目的である学校教育のために使用されるべきであり（学校施設の確保に関する政令3条1項本文は，学校教育の目的以外の目的での学校施設の使用を原則として禁止している），集会を開催するための使用など，その設置目的以外の使用のためには，地方自治法238条の4第7項（行政財産の使用は，その用途・目的を妨げない限度で許可されうる）に基づく教育委員会（地方教育行政の組織及び運営に関する法律28条1項参照）による許可が必要である（学校教育法137条は，学校教育上支障のない限り，公共のために学校施設を使用させうると規定している）。最高裁判所は，呉市教研集会事件判決（最判平成18年2月7日民集60巻2号401頁）において，学校教育上支障がない場合であっても，学校施設の目的・用途と当該使用の目的・態様等との関係に配慮した合理的な裁量判断により，管理権者は使用を許可しないことができると判示した。

　なお，市庁舎の建物の敷地の一部にあり建物付近に位置し，これと一体的に管理・利用されている広場での，政治的な対立が見られる論点をめぐる集会を開催するための使用許可申請に対する，市長による不許可処分について，最高裁判所は，金沢市庁舎前広場事件判決（最判令和5年2月21日判例集未登載）において，もしそれを許可すれば，市長が申請者による示威行為のため庁舎等の一部を利用に供したという外形的な状況を通じて，あたかも市長が特定の立場の者を利しているかのような外観が生じ，これにより外見上の政治的中立性に疑義が生じて行政に対する住民の信頼が損なわれ，ひいては公務の円滑な遂行が確保されなくなるという支障が生じうることから，憲法21条1項に違反しないと判示した（本件広場は地方自治法244条にいう「公の施設」ないしそれに準ずる施設に当たり，パブリック・フォーラムとしての実質を有するため，本件使用不許可処分は憲法21条1項に違反するという宇賀克也裁判官の反対意見が付されている）。

5.4.3　集団行動の自由

　集団行進や集団示威運動（デモ行進）など，一定の場所にとどまらない集団行動の自由も，憲法21条1項によって保障される（集団行動は「動く集会」ととらえうる）。

　もっとも，集団行動は，純粋な言論とは異なり，一定の行動を伴い，他者の権利・自由との調整が必要であるため，公共の秩序の維持や道路交通の安全の確保などを理由に，特別の規制を受けうる。そこで，多くの地方公共団体では，道路その他公共の場所で，集会，集団行進や集団示威運動を行う場合には，公安委員会への届出または許可を要することを定める公安条例を制定している（許可条件に違反した場合などには，刑罰が科されうる）。

　地方公共団体の公安条例によって，集団行動の自由を制約することが憲法上認

められるかに関しては，集団行進等を届出制とすること（集団行動それ自体は自由
であり，公安委員会は，行為者からの届出を受理する義務を負い，交通整理等しか行えな
い）については，公安委員会がそれを禁止しているわけではないため，集団行動
の自由の侵害となるとはいえないが，許可制とした場合，公安委員会がそれを不
許可としたり，許可に条件を付したりすることがあるため，憲法21条1項との関
係で問題となる。

　判例は，公安条例による集団行動の規制に関して，一般的な許可制を定めるこ
とは憲法の趣旨に反し許されないとしても，特定の場所・方法につき合理的かつ
明確な基準の下で許可制を採ることは認められるし，さらに，公共の安全に対し
て明らかに差し迫った危険を及ぼすことが予見されるときは集団行動を禁止でき
る旨を公安条例に定めても違憲ではないとする（新潟県公安条例事件最高裁判決〔最
大判昭和29年11月24日刑集8巻11号1866頁〕）。また，東京都公安条例事件最高裁
判決（最大判昭和35年7月20日刑集14巻9号1243頁）では，集団行動による思想等
の表現が，（単なる言論・出版等によるものとは異なり）現在する多数人の集合体自体
の物理的力によって支持されており，群集心理から一瞬にして暴徒と化すおそれ
がある（集団暴徒化論）ので，地方公共団体が，集団行動の自由に関して公安条例
をもって不測の事態に備え，法と秩序を維持するに必要かつ最小限度の措置を事
前に講ずることはやむを得ないことであるところ，本件条例では，公安委員会は
集団行動の実施が「公共の安寧を保持する上に直接危険を及ぼすと明らかに認め
られる場合」以外は許可しなければならないとされている（許可が義務づけられて
おり，不許可の場合が厳格に制限されている）ため，規定の文面上では許可制を採用
しているが，その実質において届出制と異なるところがない（本件条例は，憲法21
条に違反しない）と判示されている。

　　　公安条例について，学説では，その規制の主たる目的が交通警察（公衆の道路・公
　　　園等の利用という社会生活に不可欠な要請と衝突する可能性や，集会の重複・競合によ
　　　る混乱を惹起する可能性を回避するための事前調整を行うこと）であることを要し，も
　　　っぱら治安維持にあってはならず（この点で，東京都公安条例事件最高裁判決を批判
　　　する），また，規制の手段は原則として届出制（集団行動自体はそもそも自由であると
　　　いうことを前提に，主催者が公安委員会に通知すれば自由に集団行動を行いうるもので
　　　あり，公安委員会はそれを原則として受理する義務を負い，これに対応する交通整理等
　　　を行うことのみが認められる）で足り，許可制（一般的に禁止するが，許可条件を満た
　　　した場合に，その禁止を解除すること）を採る場合は，実質的に届出制といえるほど
　　　(不)許可基準が明確かつ厳格に限定されたものであり（新潟県公安条例事件最高裁判

決を参照），司法的救済手段が整っていなければならない（そうでなければ，憲法 21
条 1 項に違反する）という見解が有力である。

　公安条例を有しない地域においても，集団行動は，道路交通法 77 条 1 項 4 号に
いう「一般交通に著しい影響を及ぼすような通行の形態若しくは方法により道路
を使用する行為又は道路に人が集まり一般交通に著しい影響を及ぼすような行
為」に該当し，道路を管轄する警察署長の許可が必要である（公安条例が制定され
ている地域では，道路交通法と公安条例との二重の規制を受ける）。判例は，道路交通法
等は「明確かつ合理的な基準を掲げて道路における集団行進が不許可とされる場
合を厳格に制限しており」，不許可となるのは「一般交通の用に供せられるべき道
路の機能を著しく害するもの」であり，警察署長が条件を付与するのも，そのよ
うな事態の発生を阻止することができないと予測される場合に限られている（そ
れ以外の集団行進について警察署は許可を拒めない）ため，道路交通法による集団行
動の許可制は，表現の自由に対する公共の福祉による必要かつ合理的な制限であ
るとして，憲法上，是認されると判示している（佐世保エンタープライズ寄港阻止闘
争事件最高裁判決〔最判昭和 57 年 11 月 16 日刑集 36 巻 11 号 908 頁〕）。

5.4.4　結社の自由

　結社とは，多数人が特定の共通の目的をもって継続的に結合すること（または，
その結合体）をいう。政治的結社のみならず（政党は，憲法 21 条で自由が保障される
結社である），経済的，宗教的，学術的，芸術的，社交的なものも含めてあらゆる
ものが，21 条 1 項にいう結社に含まれる。

　結社の自由は，（1）個人が団体を結成する（または，しない）こと，団体に加入
する（または，しない）こと，加入した団体の構成員であり続け，あるいは加入し
た団体から脱退することについての自由と，（2）団体が団体としての意思を形成
し，その意思の実現のために活動することについての自由を意味する。これらに
ついて，国家は，私人に強制・禁止してはならない。結社の自由は 21 条によって
保障されているが，宗教団体については 20 条が，労働組合については 28 条が重
ねて保障している。

　弁護士や税理士など専門的技術を要し公共的性格を有する職業については，弁
護士会や税理士会などの団体が設立され，それらへの加入が事実上強制されてお
り（弁護士法 9 条や税理士法 18 条により，これら団体に登録しなければ業務を行うことが

できない），この点で消極的な結社の自由（団体に加入しない自由）は否定されているが，専門的技術水準・公共性を維持・確保するための措置として必要であり，その団体の目的・活動範囲がその職業従事者の職業倫理の確保と事務の改善・進歩を図ることに厳格に限定されている限り，結社の自由の侵害とはならないと解される（通説）。

　結社の自由は，集会の自由と同様に，人権としての内在的制約に服するという限界がある。例えば，犯罪を行うことを目的とする結社は禁止される。

　破壊活動防止法は，「公共の安全の確保に寄与する」ため，「団体の活動として暴力主義的破壊活動を行つた団体に対する必要な規制措置」などを定めており（1条），具体的には，公安審査委員会（法務省の外局）が，公安調査庁（法務省の外局）長官の請求に基づき，「団体の活動として暴力主義的破壊活動を行つた団体に対して，当該団体が継続又は反覆して将来さらに団体の活動として暴力主義的破壊活動を行う明らかなおそれがあると認めるに足りる十分な理由があるとき」，6か月を超えない期間及び地域を定めて，集団示威運動・集団行進・公開の集会や機関誌の印刷・頒布などの禁止処分を行うことができ（5条1項），これらの処分では有効ではないと判断した場合には，当該団体の解散の指定を行うことができる（7条）。解散指定によって，当該処分の原因となった暴力主義的破壊活動が行われた日以降，当該団体の役職員・構成員であった者は，（その処分の効力に関する訴訟，または当該団体の財産・事務の整理に通常必要とされる行為を除き）当該団体のためにするいかなる行為を行うことも禁止され（8条），これに違反した場合には刑罰の対象となる（42条）。破壊活動防止法による結社の規制について，団体の活動制限が包括的であることや，解散指定を裁判所ではなく行政機関が行いうることなどについて，結社の自由の侵害に当たるとの学説による批判がある。

　　公安調査庁長官は，地下鉄サリン事件（1995〔平成7〕年3月）などを引き起こした宗教法人オウム真理教に対して，破壊活動防止法による団体解散指定処分を請求したが，1997（平成9）年1月31日，公安審査委員会は請求を棄却した。その後，「国民の生活の平穏を含む公共の安全の確保に寄与する」ため，「団体の活動として役職員……又は構成員が，例えばサリンを使用するなどして，無差別大量殺人行為を行った団体」が危険な要素を保持している場合に，公安審査委員会が公安調査庁長官の観察に付する処分を行うことができる団体規制法（無差別大量殺人行為を行った団体の規制に関する法律）が制定され，オウム真理教及びその後継団体は，同法による観察処分の対象となっている（2023〔令和5〕年7月時点）。

第6章

経済的自由権

経済的自由権とは，私人の経済活動の自由である。日本国憲法は，経済的自由権として，居住・移転の自由（22条1項前段，2項），職業選択の自由（22条1項後段），財産権（29条）の3つを保障している。

6.1 居住・移転の自由

6.1.1 居住・移転の自由

日本国憲法22条1項前段が保障する居住・移転の自由とは，自己の欲する場所に住所または居所を決定し，それを変更する自由である。国家は，私人の居住・移転を強制・禁止してはならない。

この居住・移転の自由は，歴史的沿革（封建制度の下では，人々は特定の土地に居住し領主へ納貢することを強制され，移動が制限されていたが，近代市民社会においては，資本主義経済の前提としての労働力をより効率的に確保するため，人々の自由な移動が保障されるようになった）ゆえに，伝統的に経済的自由権として分類されているが，広く個人の移動の自由を保障する（特定の場所に身体的に拘束されない）という意味で，人身の自由としての側面もあり，また，自由に移動し他者と意見や情報の交換を行うことが，自己の人格の形成にも役立つことから，精神的自由権の側面をも有する。

なお，旅行は一時的な人の移動の自由であると考えられるから，旅行の自由は，居住・移転の自由を保障する憲法22条1項によって保障される（通説）。

22条1項は，居住・移転の自由が「公共の福祉」により制限されうることを明記している。破産者は裁判所の許可を得なければ居住地を離れることができないとする破産法37条や，自衛官は防衛大臣の指定する場所に居住しなければなら

ないとする自衛隊法55条は，規制の目的とその達成手段としての規制との間に合理的関連性が認められるため，憲法22条1項に違反しないと解される。夫婦同居義務（民法752条）や親権者の子に対する居所指定権（同法822条）などの家族法上の義務は，事物の性質上当然に認められると解される。拘禁刑（懲役刑・禁錮刑）を受けた者が刑務所以外に居住できないことも同様である。法律で定められた感染症の患者等について，都道府県知事が，「感染症のまん延を防止するため必要があると認めるとき」に医療機関に入院することを勧告したり，入院させたりしうること（感染症の予防及び感染症の患者に対する医療に関する法律19条，20条）や，精神障害者について，都道府県知事が，「入院させなければその精神障害のために自身を傷つけ又は他人に害を及ぼすおそれがあると認めたとき」に精神科病院等に入院させうること（精神保健及び精神障害者福祉に関する法律29条）は，放置した場合に生ずる害悪発生の蓋然性が高く，規制の緊急性と必要性を認めるに足りる最小限度の措置として，憲法22条1項に違反しないと解されている。

　　　1996（平成8）年4月に廃止されたらい予防法は，ハンセン病を伝染させるおそれがある患者について，都道府県知事が，ハンセン病の予防上必要があると認めるときに国立ハンセン病療養所に入所するよう勧奨したり，入所させたりしうるとし（6条），特別な事情があり療養所長が許可した場合以外には療養所から外出することを入所患者に禁止していた（15条）（違反者には28条により刑罰が科された）ところ，ハンセン病予防上の必要を超えて過度な人権の制限を課するものであり，公共の福祉による合理的な制限を逸脱しており，居住・移転の自由の侵害にとどまらず，広く人格権（憲法13条）を侵害するものであると判示した下級審裁判例がある（熊本地判平成13年5月11日判時1748号30頁）。

　経済的自由権である居住・移転の自由への規制に対する違憲審査は，職業選択の自由に対するものと同様に，精神的自由権への規制に対する基準よりも緩やかな基準で審査される（合理性の基準）。ただし，居住・移転の自由は精神的自由権としての側面を有するので，この自由に対する規制が精神的自由権の側面に関わるときは，精神的自由権への規制の場合と同様の厳しい基準で審査すべきと解される。

6.1.2　外国移住の自由・国籍離脱の自由

　憲法22条2項は，「何人も，外国に移住し，又は国籍を離脱する自由を侵されない」と規定している。すなわち，前段は，個人が外国に住所を移す自由（外国

移住の自由）を，後段は，個人が自らの意思で日本国籍を離脱する自由（国籍離脱の自由）を，それぞれ保障するものである。公権力は，それらの自由を制限してはならない。

　22条2項後段を受けて，国籍法は，自己の意思により外国の国籍を取得した場合の国籍の喪失（11条1項）と，外国の国籍を有する日本国民の届出による国籍の離脱・喪失（13条1項，2項）の規定を置いている。無国籍になる自由は保障されていないので，日本国民は，たとえ本人が希望したとしても，外国の国籍を取得しなければ，日本国籍を離脱することはできない。また，国際法上，重国籍は望ましくないので（国籍唯一の原則），外国の国籍を有する日本国民について，一定の条件の下に国籍を喪失させる規定がある（同法11条2項，12条，15条3項，16条2項，4項）。なお，憲法22条2項は「何人も……国籍を離脱する自由を侵されない」と規定しているが，当然のことながら，日本国憲法が国籍離脱の自由を保障するのは，日本国民に対してだけであり，外国人に対しては保障していない（外国人の国籍離脱に関して規定できるのは，当該外国の憲法・国籍法のみであり，日本国の憲法・国籍法は，外国人の〔当該外国の〕国籍の得喪について定めることはできない）。

6.1.3　海外渡航の自由

　個人が外国へ一時的に旅行する自由（海外渡航の自由）が人権として保障されるとしても，それが日本国憲法のどの条項で保障されるかについては，争いがある。22条1項の居住・移転の自由に含まれるという見解（同項によって，移転の自由が国の内外を問わず保障されていると解する）や，13条の幸福追求権に含まれるという見解（旅行は，居住地の変更を意味する移転や，ある場所への定住を意味する移住とは異なる概念であるため，旅行の自由は国の内外を問わず幸福追求権の一部として保障されると解する）もあるが，判例は，22条2項の外国移住の自由に含まれるとする（帆足計事件最高裁判決〔最大判昭和33年9月10日民集12巻13号1969頁〕）。この22条2項説（憲法が外国へ移住するための出国を保障しながら，一時的な旅行のための出国を認めていないと解するのは合理的ではないとする）によれば，22条は，1項が国内に関連するものを，2項が国外に関連するものをまとめて保障するという構造であると理解される。

　日本国民が海外へ渡航（日本から出国・日本へ帰国）する際には，有効な旅券を所持しなければならない（出入国管理及び難民認定法60条，61条）が，旅券法13条1

項7号は,「著しく,かつ,直接に日本国の利益又は公安を害する行為を行うおそれがあると認めるに足りる相当の理由がある者」に対して,外務大臣が旅券の発給等を拒否できる旨を定める(また,同法19条1項1号は,外務大臣等が上記の者に対して交付後の旅券の返納を命ずることができる旨を規定する)。この点,旅券法に定める上記の規定は漠然かつ不明確であり,文面上違憲と解すべきという見解,海外渡航は事柄の性質上国際関係の見地から特別な制限を受けうるため,旅券の申請者が重大な犯罪行為を行う可能性が十分に予見される場合にのみ発給拒否が許されると解する限りで合憲とする見解(合憲限定解釈),国家の安全保障という発給拒否の立法目的と合理的に関連するならば,外務大臣は発給を拒否しうるという見解などが対立している。最高裁判所は,「外国旅行の自由といえども無制限のままに許されるものではなく,公共の福祉のために合理的な制限に服するもの」としたうえで,旅券法13条1項5号(現7号)の規定は「外国旅行の自由に対し,公共の福祉のために合理的な制限を定めたもの」であり,憲法22条2項に違反しないと判示した(帆足計事件判決)。

> 旅券(パスポート)は,国家が,その所持人について自国民であることなどを公的に証明し,外国当局に対して保護・扶助を要請するために,自国民に対して発行する国際的身分証明書であり,政策的観点からの渡航の制約を認める渡航許可証ではない(通説)。一方,査証(ビザ)は,渡航先の国家が,自国民以外の者について,その所持する旅券が真正であり有効であること確認するとともに,その者の入国・滞在が適当であることを推薦するものである(入国許可証ではないため,査証を所持していても,入国審査官によって上陸許可が与えられない場合がある)。なお,特定の国の国民の短期滞在については,査証の免除が認められていることがある。

6.2　職業選択の自由

6.2.1　職業選択の自由の意義

日本国憲法22条1項後段は,私人がどのような職業に従事するかを選択する自由(職業選択の自由)を保障している。国家は,私人に職業選択を強制ないし禁止してはならない。

ここでいう職業の意義について,最高裁判所は,「人が自己の生計を維持するためにする継続的活動であるとともに,分業社会においては,これを通じて社会の

【職業選択の自由の意義】

職業選択の自由
（22条1項後段）
{
（狭義の）職業選択の自由
職業遂行の自由（＝営業の自由）
}

存続と発展に寄与する社会的機能分担の活動たる性質を有し，各人が自己のもつ個性を全うすべき場として，個人の人格的価値とも不可分の関連を有するものである」と述べており，職業が経済的・社会的意義を有するだけでなく，個人の人格的発展と密接に関連するものである（したがって，人格的価値との関連性を有するという点で，職業選択の自由が表現の自由よりも価値的に劣後するというわけではない）ということを明示している（薬事法事件判決〔最大判昭和50年4月30日民集29巻4号572頁〕）。

22条1項にいう職業選択の自由には，選択する自由だけでなく，自分が選択した職業を遂行する自由（営業の自由〔職業遂行の自由〕）も含まれると解するのが通説・判例の立場である（小売商業調整特措法事件最高裁判決〔最大判昭和47年11月22日刑集26巻9号586頁〕）。なお，営業の自由そのものは，財産権を行使する自由を含むので，29条とも関係する。

6.2.2 職業選択の自由に対する規制

職業は本質的に社会的かつ経済的な活動であり，性質上，社会的相互関連性が大きいため，表現の自由をはじめとする精神的自由権と比べて，公権力による規制の要請が強い（だからこそ，22条1項がそれを保障する際に「公共の福祉に反しない限り」という留保を付けている〔公共の福祉の概念については，2.3.2 公共の福祉を参照〕）。経済活動を一切制限することなく完全に自由に認めるならば，社会生活に不可欠な公共の安全や秩序の維持が脅かされるおそれがあるし，現代社会の要請する福祉国家の理念を実現するためには，政策的な配慮に基づき積極的な規制を加える必要もあるからである。

　　一定の職業については，その反社会的な性格を理由に，その職業の選択自体が禁止されることがあるが，これは，その職業の選択がそもそも憲法22条1項の保障範囲に含まれないと解されるためである（管理売春業を禁止する売春防止法12条を憲法

【職業選択の自由に対する規制】

消極目的規制

一般的に，許可制は届出制より強力な規制である
（したがって，より厳格に違憲審査されるべき）

- 禁止・違法化……そもそも職業として認めない
- 資格制……………一定の有資格者にのみ，その事業を行うことが認められる
- 許可制……………本来は自由→一般的に禁止→要件を満たした者に対して個別に禁止を解除
- 届出制……………事業を行う者が届け出ればよい＝行政機関は拒否できない

積極目的規制

- 国家独占事業……国家以外はその事業を行えない
- 特許制……………本来は自由でない→事業遂行能力のある者に対して個別に事業を許す

特許法にいう「特許」とは異なる概念である。
電気事業法3条にいう「許可」や鉄道事業法3条にいう「許可」は，名称にかかわらず，特許制である。

22条に違反しないと判示した最判昭和36年7月14日刑集15巻7号1097頁参照）。

　職業選択の自由をはじめとする経済的自由権には，自由権一般の限界（公共の安全や秩序を維持するための内在的な制約）のほかに，福祉国家理念の実現という見地からの政策的な制約が予定されている。すなわち，職業選択の自由への規制は，公共の安全や秩序を維持し，国民の生命や健康に対する危険を防止・除去するためになされる規制（消極目的規制〔警察目的規制〕）と，福祉国家の理念に基づき，社会・経済全体の均衡のとれた調和的発展を確保し，社会的・経済的弱者を保護するためになされる規制（積極目的規制〔政策目的規制〕）とに分けられる。

　　職業選択の自由の規制目的は，6.2.3 規制目的二分論で後述するように，消極・積極の2つに峻別することは困難である。1つの規制が消極・積極両方の目的を有していたり，消極目的でも積極目的でもない規制目的が存在するからである。

　消極目的規制の例としては，理容所の開設や米穀販売事業などの届出制（事業者が事業を監督する行政機関に一定の事項の通知を行うことによって，当該業務を行うことができる），薬局の開設や飲食店営業・風俗営業・古物営業などの許可制（本来であれば個人が自由に行いうる事業を一般的に禁止したうえで，事業者による申請が行政機関によって審査され所定の要件を満たすと認められた場合に，禁止が個別的に解除され，当該事業を行うことができる），医師・薬剤師・弁護士などの資格制（免許を有する者など，一定の有資格者のみが当該職業に従事でき，それ以外の者は従事できない）が挙げられる（第二類医薬品等の登録販売者や毒物劇物営業者などの登録制は，行政機関の裁量の余地の小さい許可制の一種である）。

　積極目的規制の例として，国家独占事業（民営化以前の郵政省による郵便事業の独占や，かつてのたばこ・塩の専売など），電気・ガス・バス・鉄道などの公益事業の特許制（本来的に個人の自由に属さない事業について，経営能力を有する事業者に対して当該事業を営む特別な能力を付与する）などが挙げられる。また，中小小売業者の保護のための大規模店舗の出店制限も，積極目的規制である。

　　2000（平成12）年に廃止された大規模小売店舗における小売業の事業活動の調整に関する法律は，周辺の中小小売業者の事業活動の機会を適正に確保するため，大規模小売店舗を新設するには行政機関への届出を求めており（3条），その店舗で小売業を営む際にも届出を必要とし（5条），商工会議所等の意見を踏まえて行政機関が店舗面積の削減等の変更勧告を行うことができた（7条）。現行の大規模小売店舗立地法は，周辺地域の生活環境の保持を目的とするものであり（中小小売業者の保護を目的として規定していない），大規模小売店舗の新設に際しての届出制は維持されている（5条）が，店舗面積等の調整は行われなくなった。

6.2.3　規制目的二分論

　職業選択の自由に対する規制立法の合憲性を裁判所が審査する際には，規制の目的とそれを達成する手段の双方について，その合理性の有無を判定するという合理性の基準が用いられる。これは，国会が規制を法律で設けるという判断には一応の合理性があると解したうえで（立法者は平均的な人を代表して合理的な判断を行うと考えられるため），規制の目的・手段について合理性があるか否かを検討すればよいというものである（表現の自由に対する規制の違憲性を審査する際には，裁判所は，規制が違憲であるという推定の下で，規制主体が合憲性を立証したときに合憲と判断するという厳格な審査基準を用いるのに対して，職業選択の自由に対する規制については，原則として合憲性が推定されており，規制の合理性が否定されたときに初めて違憲と判断する）。

　　一般に，法律は，国民の代表機関である国会によって合憲と判断されたうえで制定されたものであるため，合憲性が推定されており（合憲性推定の原則），それが裁判所において違憲とされるのは，違憲を主張する側が立証によって合憲性の推定を覆した場合に限られる。もっとも，精神的自由権を規制する法律については，合憲性推定の原則は画一的に適用されるべきではないと考えられ，むしろ，違憲性の推定が働くものと考えられる。合憲性の推定とは法律を支える立法事実の存在の推定のことであるから，経済的自由権を規制する法律の違憲審査の場合も，立証により立法事実の存否を争うことは妨げられない。例えば，消極目的規制の違憲審査の場

合，合憲性推定の原則が排除され，立法事実の審査がなされるべきであるとされる。

この職業選択の自由への規制についての違憲審査基準である合理性の基準は，規制の目的に応じて2つの種類がある。(1) 消極目的規制に対しては，裁判所は，①その規制の必要性・合理性と，②同じ規制目的を達成できるより制限的でない他の選びうる規制手段（LRA）の有無を立法事実に基づいて審査したうえで，規制の必要性・合理性がない場合，またはLRAがある場合に違憲とする（厳格な合理性の基準）。一方，(2) 積極目的規制に対しては，裁判所は，その規制が著しく不合理であることが明白な場合にのみ違憲とする（明白性の原則〔明白の原則〕）。このように，経済的自由権への消極目的規制の違憲審査は，経済的自由権への積極目的の違憲審査よりも，厳格な基準が用いられるべきであるという考え方を規制目的二分論という。

　　二重の基準論と規制目的二分論とは，いずれも，自由権の規制の違憲審査に際して，厳しい基準と緩やかな基準を使い分けるという違憲審査基準論である。二重の基準論は，規制される人権の種類に応じて審査基準を使い分けるというものである一方，規制目的二分論は，規制の目的に応じて審査基準を使い分けるというものである。すなわち，二重の基準論は，精神的自由権への規制に対しては厳しい基準が，経済的自由権への規制に対しては緩やかな基準が用いられるという考え方である。一方，規制目的二分論は，二重の基準論においてより緩やかな基準が適用されるべきとされる経済的自由権への規制の中で，消極目的の規制に対してはより厳しい基準が，積極目的の規制に対してはより緩やかな基準が用いられるべきという考え方である（小売商業調整特措法事件最高裁判決〔最大判昭和47年11月22日刑集26巻9号586頁〕が示唆するとおり，積極目的規制の措置を講ずることは経済的自由権に対しては憲法上予定されているとしても，精神的自由権に対してはおよそ許されない）。

　　なお，表現の自由への規制に対する違憲審査基準としての，LRAの基準（より制限的でない他の選びうる手段の基準）については，5.3.4 表現内容規制と表現内容中立規制を参照。

なぜ消極目的規制が積極目的規制よりも厳格な基準で審査されるべきなのか。通常，次の2つの理由から説明される。

(1) 積極目的規制は，社会経済政策に関するものであり，その性質上，規制主体（国会や内閣などの政治部門）の政策的・専門技術的判断に委ねられるところが大きいため，当該規制に強度の合憲性推定を与え，規制主体の判断を最大限に尊重する必要がある（その一方，政治部門と比べて，裁判所は，社会経済政策の当否について立ち入った判断をする能力に乏しい）。これに対して，消極目的規制は，公共の安全・秩序の維持や国民の生命・健康に対する危険の防止・除去のためのものであり，

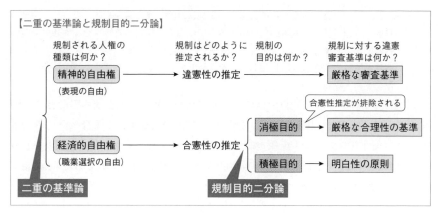

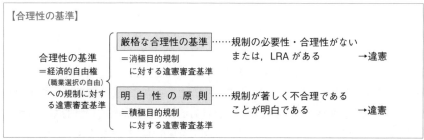

裁判所にとって判断が比較的容易であるから，裁判所は，より立ち入った判断を行うことが認められる。

（2）そもそも国家は社会的・経済的弱者を保護する責務を負っているため，そのような弱者を保護するための積極目的規制については，規制主体である政治部門に広汎な裁量権が認められるべきであるのに対して，消極目的規制については，警察比例の原則（規制などの警察権の発動は，その対象となる社会公共に対する障害の大きさに比例しなければならず，その障害を除去するために必要な最小限度にとどまらなければならないという原則）が作用し，規制手段は必要最小限でなければならないためである。

最高裁判所は，小売商業調整特措法事件判決や薬事法事件判決（最大判昭和50年4月30日民集29巻4号572頁）で，規制目的二分論を採用し，通説も，基本的にはこれを支持する。

　　ただし，近時，職業選択の自由への規制に対する違憲審査基準について，規制の目的のみで単純かつ機械的に判断すべきではなく，規制の態様等をも併せて考慮すべきであるとする見解（後述）が，学説上，有力になっている。また，そもそも最高裁判所は当初から規制目的二分論を採用していなかったのではないかと分析されるようにもなっている。

　しかし，すべての経済的自由権に対する規制を，積極目的と消極目的とに峻別することは，実際には困難である。例えば，都道府県知事による公衆浴場の営業の許可の条件としての適正配置規制（公衆浴場法2条）について，最高裁判所は，最大判昭和 30 年 1 月 26 日刑集 9 巻 1 号 89 頁で，消極目的の規制である（公衆浴場の設立を業者の自由に任せれば，(1) 浴場が偏在することになり利用の不便をきたし，(2) 浴場経営に無用の競争が生じ，経営が経済的に不合理となり，ひいては浴場の衛生設備の低下などの影響が生じうるところ，国民保健・環境衛生の保持のために，配置の適正を欠く公衆浴場の経営を許可制等とする）と判示したが，その後，自家風呂の普及に伴い公衆浴場経営が困難になると，最判平成元年 1 月 20 日刑集 43 巻 1 号 1 頁において積極目的規制である（公衆浴場業者が経営の困難から廃業・転業することを防止し，健全で安定した経営を行えるようするため）と態度を変える一方で，その直後の最判平成元年 3 月 7 日判時 1308 号 111 頁では，消極目的と積極目的の両方の目的を併有する（国民保健・環境衛生の確保とともに，既存公衆浴場業者の経営の安定を図り公衆浴場自体を確保するため）とも判示した（いずれも，公衆浴場法の適正配置規制は憲法 22 条 1 項に違反しないとしている）。このように，時代の変化に伴い，かつて消極目的規制であるとされていたものが後に積極目的規制と判断されるようになったり，1 つの規制が消極・積極両方の目的を有したりすることも考えられる。

　また，最高裁判所は，酒類販売免許制事件判決（最判平成 4 年 12 月 15 日民集 46巻 9 号 2829 頁）のように，規制目的を消極・積極のどちらかに分類せずに，規制の違憲審査を行ったこともある（同判決では，酒税法 9 条に定める酒類販売業の免許制は，租税の適正かつ確実な賦課徴収という財政目的のための規制であり〔つまり，消極目的でも積極目的でもない規制目的が存在することを意味する〕，規制の必要性と合理性とについての立法府の判断が政策的・技術的な裁量の範囲を逸脱し著しく不合理でない限り合憲であるとしたうえで，酒税がその負担が消費者に転嫁されるべき税目であることと，酒類が致酔性を有する嗜好品であり販売秩序の維持のために規制をされてもやむを得ないことを考慮し，免許制が著しく不合理であるとはいえないとして合憲と判示した）。

　そこで，職業選択の自由への規制に対する違憲審査に際しては，今日，規制の

目的だけでなく，規制の態様等をも併せて考える必要があると考えられるように
なった。例えば，市場への新規参入規制のような職業選択の自由そのものに対す
る制限は営業時間の規制などの職業遂行の自由に対する規制よりも厳しく審査さ
れるべきである。また，本人の能力・資力や経営基盤などの主観的要件を問うの
ではなく，本人の能力等とは無関係に制限が課される場合（既存の同業者の店舗か
ら一定以上の距離が保たれていなければ開業を認めないなどといった距離制限規制がその
典型である）などの客観的要件は，本人の努力ではどうにもならないこともあるた
め，規制目的の如何を問わず厳格な審査が要請されると考えられる。薬事法事件
判決も，（消極目的規制に対する違憲審査基準を定立したものであるが，その前提として）
職業の種類・性質・内容・社会的意義・影響は多種多様であり，その規制目的も
千差万別であり，その重要性も区々にわたり，制限も各種各様の形をとるから，
規制が憲法22条1項にいう公共の福祉のために要求されるものとして是認され
るか否かは「一律に論ずることができず，具体的な規制措置について，規制の目
的，必要性，内容，これによつて制限される職業の自由の性質，内容及び制限の
程度を検討し，これらを比較考量し」決定されるべきと判示しており（最大判昭和
50年4月30日民集29巻4号572頁），ここに，職業選択の自由への規制に対する裁
判所の基本的姿勢が表れているといえる。

　薬事法事件判決において，最高裁判所は，上記のような検討と考量をするのは，
第一次的には国会の権限と責務であり，裁判所としては，国会の判断がその合理的
裁量の範囲にとどまる限り，当該規制は立法政策上の問題としてその判断を尊重す
べきであるとする。しかし，国会の「合理的裁量の範囲については，事の性質上お
のずから広狭がありうるのであつて，裁判所は，具体的な規制の目的，対象，方法
等の性質と内容に照らして，これを決すべきもの」であると判示する。つまり，職
業選択の自由への規制の合憲性について，原則として立法裁量が広いことを前提と
しつつ，「事の性質」に応じて，その立法裁量を狭めたり広げたりして判断を行う
というのが判例の立場である。本判決では，薬局開設について許可制という強力な
規制が行われており（規制の態様が強ければ，より厳格な審査が求められる），規制目
的が消極目的である（消極目的であれば，裁判所は手段の必要最小限度性の判断が求め
られる）という事の性質を踏まえて，（原則として広く認められるはずの）立法裁量を
狭めて（審査密度を高めて）より厳格な違憲審査が行われた。

6.2.4　職業選択の自由が争われた事例

　職業選択の自由への消極目的規制の合憲性が争われた事件として，次のようなものがある。

　(1)　薬事法5条（現在は，医薬品医療機器等法〔医薬品，医療機器等の品質，有効性及び安全性の確保等に関する法律〕4条）は，その所在地の都道府県知事の許可を受けなければ薬局を開設してはならないと規定しており，(1963〔昭和38〕年改正後・1975〔昭和50〕年改正前の）同法6条2項は，配置の適正を欠く場合には知事は薬局開設を許可しないことができると定めていた（これを受けて，既存業者から一定程度の距離を保つことを許可条件とする条例が定められていた〔距離制限規制〕）ところ，これらの規定が憲法22条1項に違反するか否かが争われた事件において，最高裁判所は，(i)消極目的規制については，規制の必要性と合理性を審査し，より緩やかな規制手段によって目的を達成できるか否かの審査が必要であるとしたうえで，(ii)薬局開設等の許可制は，不良医薬品の供給から国民の健康と安全を守るという消極目的の規制であり，必要かつ合理的な措置として肯認できるが，(iii)開設等の許可条件である適正配置規制（距離制限規制）については，消極目的規制であるとされているにもかかわらず，薬局等の偏在－競争激化－一部薬局等の経営の不安定－不良医薬品の供給の危険・医薬品乱用の助長の弊害という論理構成が，薬局等の設置場所の地域的制限の必要性と合理性を肯定する理由としては十分ではないし，また，薬局等の設置場所の地域的制限によって無薬局地域等の解消を図ることは実効的でなく他の方策が考えられる（LRAがある）ので，目的と手段との均衡を失し合理性が認められないとして，薬事法6条2項等は，憲法22条1項に違反し無効であると判示した（薬事法事件判決〔最大判昭和50年4月30日民集29巻4号572頁〕）。

　(2)　司法書士法19条1項（現73条1項）は，司法書士会に入会している司法書士以外の者が司法書士の業務（他人の嘱託を受けて登記に関する手続について代理することなど）を行ってはならないと規定している（同法25条1項〔現78条1項〕が違反者に対する罰則を設けている）ところ，この規定が憲法22条1項に違反するか否かが争われた事件で，最高裁判所は，登記制度が国民の権利義務等社会生活上の利益に重大な影響を及ぼすものであることなどにかんがみ，登記に関する手続について代理する業務等を司法書士以外の者が行うことを禁止することは，公共の福祉に合致した合理的なものであり，憲法22条1項に違反しないと判示した（司法

書士法事件判決〔最判平成12年2月8日刑集54巻2号1頁〕）。

（3）医薬品医療機器等法36条の6第1項・3項の規定は，要指導医薬品を販売する際に，薬剤師が対面による情報提供・指導を行わなければならず，それができなければ販売できないと規定しているところ，この規定が憲法22条1項に違反するか否かが争われた事件で，最高裁判所は，要指導医薬品の不適正な使用による国民の生命・健康に対する侵害を防止し，保健衛生上の危害の発生・拡大の防止を図るという規制目的は，公共の福祉に合致し，その目的達成のためには薬剤師による指導等を求めることに相応の合理性があり，市場規模のわずかな要指導医薬品の対面販売の義務づけは，職業活動の内容・態様に対する規制にとどまるものであり（職業選択の自由そのものに制限を加えるものではない），その制限の程度が大きくもないため，憲法22条1項に違反しないと判示した（要指導医薬品ネット販売規制違憲訴訟判決〔最判令和3年3月18日民集75巻3号552頁〕）。

　職業選択の自由への積極目的規制の合憲性が争われた事件として，次のようなものがある。

（4）小売商業調整特別措置法3条1項は，その所在地の都道府県知事の許可を受けなければ，小売市場（1つの建物が10以上の小売商の店舗の用に供されるもの）を開設できないと規定しており，同法5条1号は，周辺の小売商との過当競争が行われ中小小売商の経営が著しく不安定となるおそれがある場合には不許可とすることができると定めているところ，これらの規定が憲法22条1項に違反するか否かが争われた事件で，最高裁判所は，（i）積極目的規制は，目的達成のために必要かつ合理的な範囲にとどまる限り認められ，それが違憲となるのは，立法府がその裁量権を逸脱し，当該法的規制措置が著しく不合理であることの明白である場合に限られるとしたうえで，（ii）小売市場の開設の許可制は，経済的基盤の弱い小売商を相互間の過当競争による共倒れから保護するという積極目的規制であって，規制目的は合理的であり，規制の手段・態様も著しく不合理であることが明白であるとは認められないため，憲法22条1項に違反しないと判示した（小売商業調整特措法事件判決〔最大判昭和47年11月22日刑集26巻9号586頁〕）。

（5）製造たばこの小売販売業の許可制とその許可条件としての適正配置規制（たばこ事業法22条，23条3号）については，旧 たばこ専売法（1985〔昭和60〕年のたばこ事業法の施行により廃止）の下で，たばこの小売人には零細経営者が多いことや，身体障害者等の開業に特別の配慮が加えられてきたことなどを踏まえ，専売制度の廃止に伴う激変を回避するために採られた措置であり，公共の福祉に適合

する目的のために必要かつ合理的な範囲にとどまるものであり，著しく不合理であることが明白であるとは認められないため，憲法22条1項に違反しないと判示した（最判平成5年6月25日判時1475号59頁）。

（6）日本蚕糸事業団（当時）等でなければ生糸を輸入することができないなどとする生糸の一元輸入措置及び価格安定制度（旧繭糸価格安定法12条の13の2及び12条の13の3）について，最高裁判所は，積極目的規制であるとする第1審判決（これらの措置等が，外国製絹製品などの輸入圧力に処するため，国内の養蚕農家のための保護政策であることを認めて，違憲無効とすべき著しく不合理であることが明白な場合に当たらないとした）を是認した（西陣ネクタイ事件判決〔最判平成2年2月6日訟月36巻12号2242頁〕）。

（7）あん摩マッサージ指圧師に係る養成施設等で視覚障害者以外の者を対象とするものの設置及びその生徒の定員の増加について，厚生労働大臣等が，視覚障害者であるあん摩マッサージ指圧師の生計の維持が著しく困難とならないようにするため必要があると認めるときは承認しないことができると定める，あはき法（あん摩マッサージ指圧師，はり師，きゅう師等に関する法律）19条1項について，最高裁判所は，障害のために従事しうる職業が限られるなどの理由から経済的弱者の立場にある視覚障害者を保護するという積極目的の規制であり，その目的は公共の福祉に明らかに合致し，その手段は相応の合理性を有するところ，重要な公共の利益のために必要かつ合理的な措置であることについての立法府の判断が，その政策的・技術的な裁量の範囲を著しく逸脱し，著しく不合理であることが明白であるとはいえないため，憲法22条1項に違反しないと判示した（平成医療学園訴訟判決〔最判令和4年2月7日民集76巻2号101頁〕）。

6.3　財　産　権

6.3.1　財産権の保障の意義

　日本国憲法29条1項は，「財産権は，これを侵してはならない」と規定している。この1項は，個人が現に有する具体的な財産上の権利（財産権）と，個人が財産権を享有できるという法制度（私有財産制）とを保障する規定であると解されている（通説，判例〔森林法事件最高裁判決（最大判昭和62年4月22日民集41巻3号408

頁）]）。

　ここでいう財産権とは，一切の財産的価値を有する権利を意味し，具体的には，例えば，民法上の物権や債権，知的財産権，特別法上の権利（鉱業権，漁業権など）などのことであり，公法的な権利（水利権，河川利用権など）も財産権的性格を有する限りでこれに含まれる。また，私有財産制とは，生産手段の私有化のことであり，個人の社会的・経済的活動の基礎となる個人の財産権にとっての制度的保障である。

6.3.2　財産権の内容形成・財産権に対する規制

　29条2項は，「財産権の内容は，公共の福祉に適合するやうに，法律でこれを定める」と規定しているが，これは，1項で保障された財産権の内容が，国会が制定する法律によって形成されることを明らかにしたものである（制度依存的権利の性質については，2.3.7 制度依存的権利と立法裁量の統制を参照）。そして，国会が財産権の内容形成を行う際には，広汎な裁量が認められるが，私有財産制度の核心を侵すような法律や，法律に基づき私人が取得した既得の財産上の権利を侵害するような法律は制定できない。個人が現に有する財産上の権利を法律によって不利益に変更することは，財産権の規制であり，その規制の限界が，29条2項にいう「公共の福祉」である。

　ここでいう公共の福祉とは，22条1項にいう「公共の福祉」と同様に，自由国家的公共の福祉のみならず，社会国家的公共の福祉をも意味する。すなわち，財産権は，自由国家的公共の福祉に基づく財産権に内在する制約のみならず，社会国家的公共の福祉に基づく，社会的公平と調和の見地からなされる政策的な制約にも服する（通説，判例〔森林法事件最高裁判決（最大判昭和62年4月22日民集41巻3号408頁）]）。

　財産権には2種類の制約が認められることから，その規制立法の違憲審査の基準（合理性の基準）に関しても，規制の性質に応じて，厳しい基準で判断されるべき場合と，緩やかな基準で判断されるべき場合の2つが考えられる。

　判例は，「財産権の種類，性質等が多種多様であり」，また，財産権に対する規制の目的にも，「社会公共の便宜の促進，経済的弱者の保護等の社会政策及び経済政策上の積極的なもの」（積極目的規制）から，「社会生活における安全の保障や秩序の維持等の消極的なもの」（消極目的規制）に至るまで「種々様々であ」ると述

べつつも，財産権の規制が29条2項にいう公共の福祉に適合するか否かは，「規制の目的，必要性，内容，その規制によつて制限される財産権の種類，性質及び制限の程度等を比較考量して決すべきものである」ところ，裁判所は，立法府による比較考量に基づく判断を尊重すべきであるから，規制目的が上記の目的のためとはいえないものとして公共の福祉に合致しないことが明らかであるか，または規制手段が目的を達成するための手段として必要性・合理性に欠けていることが明らかであって，そのため立法府の判断が合理的裁量の範囲を超えるものとなる場合に限り，当該規制は憲法29条2項に違反すると判断できるとした。そのうえで，共有森林につき共有分割請求権（民法256条1項）を一律に制限する森林法186条本文（現在は削除）の規定が，森林の細分化を防止し森林経営の安定を図ることなどといった同規定の目的との関係で合理的関連性があるとはいえないため，必要性・合理性ともに肯定できないことが明らかであり，立法府の判断が合理的裁量の範囲を超えているとして，憲法29条2項に違反すると判示した（森林法事件最高裁判決）。

　また，上場会社等の有価証券等の売買に際して，当該会社等の役員や主要株主が一般投資家の知り得ない内部情報を不当に利用するインサイダー取引を規制する旧 証券取引法（現 金融商品取引法）164条1項について，最高裁判所は，「証券取引市場の公平性，公正性を維持するとともにこれに対する一般投資家の信頼を確保する」という「規制目的は正当であり，規制手段が必要性又は合理性に欠けることが明らかであるとはいえない」ため，「公共の福祉に適合する制限を定めたものであって，憲法29条に違反するものではない」と判示した（証券取引法事件判決〔最大判平成14年2月13日民集56巻2号331頁〕）。

　　森林法事件最高裁判決は，一見して積極目的といえる規制に対して，薬事法事件判決（最大判昭和50年4月30日民集29巻4号572頁）を引用し，規制手段の必要性と合理性を厳格に審査しており，また，証券取引法事件最高裁判決は，規制目的について積極的ないし消極的という表現を用いていないことから，規制目的二分論では整合的に説明できない。そこで，規制目的二分論は（職業選択の自由への規制に対してのみ妥当し）財産権に妥当しないのか，最高裁判所が（職業選択の自由への規制に対する違憲審査基準としても）規制目的二分論を放棄したのか，あるいは，規制目的二分論をそのまま適用できない固有の事情がこれらの事例にあるのか，判例の評価について議論が分かれている。

　　いずれにせよ，判例は，財産権への規制に対する違憲審査の方法として，原則的に立法裁量が広いことを前提としつつも，「事の性質」に応じて，その立法裁量を狭

めたり広めたりして判断を行っている。最高裁判所は，証券取引法事件判決において，立法裁量を狭めたり広めたりする特段の事の性質を見出さなかったため，原則どおりの緩やかな違憲審査を行ったが，森林法事件判決では，共有森林の分割請求権の制限規定によって単独所有制（近代市民社会における財産権の原則的な所有形態）が侵害されるという事の性質を踏まえて，また，国有農地売払特措法事件判決（最大判昭和53年7月12日民集32巻5号946頁）では，事後法によって既得の財産権が侵害されるという事の性質を踏まえて，それぞれより厳格な違憲審査を行った。

6.3.3 損失補償の要否

　29条3項は，公共のために個人の私有財産を国家が強制的に制限したり収用したりできること，そして，その際には「正当な補償」が必要であることを規定する。ここでいう「公共のため」とは，公共事業のためだけでなく，財産権の制限の目的が広く社会公共の利益（特定の個人が受益者となる場合を含む）をいう。

　従来の通説によれば，財産権への制限に対して補償が必要な場合とは，国家が特定個人に特別の犠牲を加えた場合である（特別犠牲説）。すなわち，①侵害行為が，（広く一般人を対象とするものではなく）特定の個人・集団を対象とするものであり（形式的要件），かつ，②侵害の程度が，財産権に内在する社会的制約として受忍限度を超えるものである（財産権の本質的内容を侵すほどの強度なものである）場合（実質的要件），補償が必要である。近時は，特に，②の実質的要件を中心に補償の要否を判断すべきという見解が有力である。具体的には，(1) 財産権の剥奪ないし当該財産権の本来の効用の発揮を妨げることとなるような侵害については，（権利者にこれを受忍すべき理由がある場合を除き）当然に補償が必要であるが，(2) その程度に至らない制限については，(i) 建築基準法に基づく建築制限など，当該制約が社会的共同生活との調和を保つために必要とされるものである場合には，財産権に内在する社会的拘束として，補償は不要である一方で，(ii) 重要文化財の保全のための制限など，他の特定の公益目的のために，当該財産権の本来の社会的効用とは無関係に偶然に課せられる場合には，補償が必要であると解される。

　　社会・経済政策上の積極的な財産権の制限ではなく，社会における秩序維持などの消極的な警察作用による財産権の制限は，法律で特別の補償措置が講じられている場合を除き，憲法上は，特別の犠牲に該当せず，補償は不要である（通説・判例〔ため池の堤とうの土地利用制限は災害発生を防止するために社会生活上やむを得ない

ものであり，その土地の所有者はその制限を当然受忍しなければならない責務があるとした奈良県ため池条例事件最高裁判決（最大判昭和38年6月26日刑集17巻5号521頁），河川附近地の土地利用制限は河川管理上支障のある事態の発生を防止するための，公共の福祉のためにする一般的制限であり，特定の人に特別の犠牲を強いるものではないとした河川附近地制限令事件最高裁判決（最大判昭和43年11月27日刑集22巻2号1402頁）〕）。

29条3項にいう正当な補償とは，原則として，収用された財産の客観的な市場価格の全額を補償することをいう（完全補償説）。適法な公権力の行使によって個人に損失が生じた場合，平等原則の観点から，それを個人の負担とせずに，国民の一般的な負担に転化させることが必要であるから，損失の補償が行われる。

　　　土地収用法事件最高裁判決（最判昭和48年10月18日民集27巻9号1210頁）は，土地収用法における損失の補償は，「完全な補償，すなわち，収用の前後を通じて被収用者の財産価値を等しくならしめるような補償」を指し，「金銭をもつて補償する場合には，被収用者が近傍において被収用地と同等の代替地等を取得することをうるに足りる金額の補償を要する」と判示している。

　　　終戦直後の農地改革では，農地の買収価格が非常に低廉であったにもかかわらず正当な補償とされたが，それは，占領政策の一つとして連合国の指令に従い，自作農を創設するために，政府がわが国全土にわたって農地を強制的に買収し小作人に売り渡すために行われたという特殊な事情がある。既存の財産権秩序の抜本的な変革が求められ，地主の土地所有権に対する社会的評価が根本的に変化した。判例は，戦後の農地改革などのように社会の著しい変化が生じた場合には，例外的に，当該財産について合理的に算出された相当な額であれば補償は市場価格を下回っても足りるという相当補償説を採ったこともある（農地改革事件最高裁判決〔最大判昭和28年12月23日民集7巻13号1523頁〕）。

完全補償という場合には，収用される財産の市場価格のほかに，移転料や営業上の損失などの付帯的損失も含むのが原則である（土地収用法77条，88条参照）。それに加えて，生活形態の大幅な変更を伴うときに，生活を再建するための生活権補償までを憲法が要請しているのか，立法政策の問題にすぎないのかについては，学説上の争いがある（生活再建のための補償を法律で認める例〔都市計画法74条など〕がある）。

なお，損失の補償（憲法29条3項，40条）は，適法な公権力の行使により生じた個人の損害を補填するものである一方，損害の賠償（17条）は，違法な公権力の行使により生じた個人の損害を補填するものである。

補償請求は，法令の具体的な規定（例えば，土地収用法68条以下）に基づき行わ

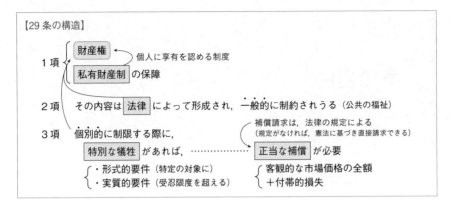

【29条の構造】

1項　財産権　→　個人に享有を認める制度
　　　私有財産制　の保障

2項　その内容は　法律　によって形成され，一般的に制約されうる（公共の福祉）

3項　個別的に制限する際に，
　　　　　　　　　　　　　　補償請求は，法律の規定による
　　　　　　　　　　　　　　（規定がなければ，憲法に基づき直接請求できる）
　　　特別な犠牲　があれば，………………→　正当な補償　が必要
　　　・形式的要件（特定の対象に）　　　　客観的な市場価格の全額
　　　・実質的要件（受忍限度を超える）　　＋付帯的損失

れる。もっとも，法令に補償規定を欠く場合であっても，憲法29条3項を直接の根拠として，補償請求ができる（河川附近地制限令事件最高裁判決）。

　予防接種は感染症の発生・まん延を予防するために行われるが，接種者が注意を尽くしても，まれに重篤な健康被害が不可避的に発生することがある。予診が不十分であったなど，国や地方公共団体による接種行為に違法性と過失があれば，当然に国家賠償が認められる（小樽種痘事件最高裁判決〔最判平成3年4月19日民集45巻4号367頁〕は，予防接種によって重篤な後遺障害が発生した場合，必要な予診が尽くされたのに禁忌事由を発見できなかったことなどの特段の事情が認められない限り被接種者は禁忌者に該当していたと推定されるとする）が，そうでない場合については，憲法29条3項を根拠として補償請求が可能であるか否か争いがある。健康被害の発生は，予防接種の実施に随伴する公共のための（生命・身体に対する）特別の犠牲であるとして，29条3項を類推適用し補償を認めるべきとする見解（東京地判昭和59年5月18日判時1118号28頁），財産権侵害に対する補償が認められるならば，より重要な生命や身体の侵害への補償がなされるのは当然であるとして，29条3項の勿論解釈で補償を認めうるとする見解（大阪地判昭和62年9月30日判時1255号45頁），29条3項の適用を否定し国家賠償（17条）の問題であるとする見解（東京高判平成4年12月18日判時1445号3頁）などがある。

第7章

人身の自由

7.1 人身の自由 総論

7.1.1 人身の自由の意義

　人身の自由とは，人身に関する自由権である。専制君主による独裁的な支配体制下では，不法な逮捕・監禁・拷問や恣意的な刑罰権の行使によって，個人は，しばしば人身の自由を侵害された。しかし，身体を自由に動かすことは，表現行為や経済活動を行うために必要であり，それが公権力によって制限されるのであれば，そもそも他の人権を保障する実益もなくなる。そこで，日本国憲法は，18条で奴隷的拘束・意に反する苦役からの自由を保障するとともに，31条で法定適正手続を保障したうえで（これらは，人身の自由の総則的規定として位置づけられる），33条以下で，刑事手続等における自由に関する詳細な規定を置いている。

　具体的には，刑事裁判における被疑者（捜査機関によって犯罪の嫌疑を受けて捜査の対象となっている者）の権利として，33条で不法な逮捕からの自由を，34条で不法な抑留・拘禁からの自由を，35条で住居等の不可侵を保障し，また，被告人（犯罪の嫌疑を受けて公訴の提起がなされた者）の権利として，36条で拷問・残虐刑の禁止を規定するとともに，37条1項で公平な裁判所による迅速な公開裁判を受ける権利を，同条2項で証人審問・喚問権を，同条3項で弁護人依頼権を，38条で自白の強要からの自由を保障し，39条で事後法・二重の危険の禁止を規定している。これらの諸権利は，諸外国では刑事訴訟法で規定されるべきこととされ，憲法にここまで詳細に保障規定を設ける例はめずらしい。これは，明治憲法（大日本帝国憲法）下において，捜査機関等によって人身の自由がしばしば侵害されたことの反省を踏まえたものである。

```
【憲法上の人身の自由の規定】

        総則的権利
          奴隷的拘束・意に反する苦役からの自由 (18 条)
          法定適正手続の保障 (31 条)
        被疑者の権利 (起訴前)
          不法な逮捕からの自由 (33 条)
          不法な抑留・拘禁からの自由 (34 条)
          住居等の不可侵 (35 条)
        被告人の権利 (起訴後)
          拷問・残虐刑の禁止 (36 条)
          公平な裁判所による迅速な公開裁判を受ける権利 (37 条 1 項)
          証人審問・喚問権 (37 条 2 項)
          弁護人依頼権 (37 条 3 項)
          自白の強要からの自由 (38 条)
          事後法・二重の危険の禁止 (39 条)
```

7.1.2　奴隷的拘束・意に反する苦役からの自由

　18 条前段で禁止される「奴隷的拘束」とは，自由な人格者であることと両立しない程度の身体の自由の拘束状態をいう。奴隷的拘束は，例外なく絶対的に禁止されており（18 条後段にいう意に反する苦役とは異なり，「犯罪に因る処罰の場合」にも奴隷的拘束は認められない），たとえ本人による同意があっても認められず，また，その保障には公共の福祉による制約もありえない。具体的には，戦前の日本で見られた鉱山採掘などで酷使された労働者のための「監獄部屋」などがそれに当たる。

　後段で禁止される「意に反する苦役」とは，本人の意思に反して強制される労役をいう。意に反する苦役は原則として禁止されるが，例外的に，「犯罪に因る処罰の場合」には認められる（例えば，懲役刑*の場合，受刑者に対して一定の労働を強制することは許容される）。兵役の強制（徴兵制）は日本国憲法 18 条後段に違反するとするのが通説であり，政府見解である。火災や洪水などの非常災害時に，現場に付近にいあわせた者などに危険防止や救助のための活動に従事することを要求しうる法律が存在する（例えば，消防法 29 条 5 項，水防法 24 条，災害対策基本法 65 条，

災害救助法7条，8条，道路法68条2項，河川法22条2項）が，公共の福祉による制限であること，（苦役の概念について，本人の意思に反する強制であることに加えて苦痛を伴うことを要するとして，狭くとらえたうえで）苦役に該当しないこと，あるいは，意に反するものではないことを理由に，合憲であると解される。

> ＊　2025（令和7）年6月までに改正刑法が施行され，刑事施設に拘置して刑務作業を行わせる懲役刑（改正前の刑法12条）は，刑事施設に拘置する禁錮刑（同13条）とともに廃止され，それらに代わり拘禁刑が導入される予定である。拘禁刑は，刑事施設に拘置し，改善更生を図るために必要な作業を行わせ，または必要な指導を行うものである（改正後の刑法12条）。

> 　国民保護法（武力攻撃事態等における国民の保護のための措置に関する法律）4条1項は，「国民の保護のための措置の実施に関し協力を要請されたときは，必要な協力をする」努力義務を国民に課すが，同条2項は，「前項の協力は国民の自発的な意思にゆだねられるものであって，その要請に当たって強制にわたることがあってはならない」と規定している。

> 　保安処分（犯罪者の将来の危険性に対する社会防衛のため，その犯罪原因を除去する矯正，教育，治療等を内容とする処分）に関しては，現に罪を犯した者に対して刑罰に代替して行われるものであれば，その内容が治療目的として適切なものである限り18条後段に違反しない（「犯罪に因る処罰の場合」に含まれると解される）が，刑期を超えて長期ないし不定期の保安処分を課したり，罪を犯す前にその危険性を理由に予防的に課したりする場合には，18条後段に違反すると解される（保安処分は，現行刑法上，認められていない）。

　なお，私人間効力についてのどの見解に立ったとしても（無適用説でも間接適用説でも），憲法18条は私人間に直接適用される（通説）。

7.1.3　法定適正手続の保障

　日本国憲法31条は，「何人も，法律の定める手続によらなければ，その生命若しくは自由を奪はれ，又はその他の刑罰を科せられない」と定めている。

　この規定は，文言上は，（1）刑事手続が法律（刑事訴訟法）で定められなければならないことのみを保障しているようにも読める。しかし，手続が法定されていてもその手続が不当であれば，国家による恣意的な刑罰権の行使を防止し，国民の権利・自由を保障することができない。そこで，31条は，（2）法律で定められた手続が適正でなければならないことをも保障していると解されている。具体的には，公権力が国民に刑罰その他の不利益を科す場合には，当事者にあらかじめ

その内容を告知し，当事者に弁解と防御の機会を与えなければならないということ（告知と聴聞）を意味する。ところで，31条は，文言上は手続についてのみ定めているが，実体（犯罪・刑罰の要件）については何ら保障していないと考えるべきだろうか。この点，同条は，(3) 手続だけではなく実体も法律（刑法）で定められなければならないことを意味すると解される。すなわち，刑法の大原則である罪刑法定主義（犯罪とその刑罰はあらかじめ法律で定められていなければならない）の根拠条文は，この31条である（なお，罪刑法定主義の具体的な帰結として，慣習刑法の禁止，遡及処罰の禁止，類推解釈の禁止，絶対的不定期刑の禁止，構成要件の明確性の要求などが考えられるが，このうち，遡及処罰の禁止については39条で規定されている）。さらに，実体の法定を要求しておきながら，その適正さを求めないというのは，手続について適正さを要求する立場からは一貫性を欠くことになるため，(4) 31条は，法律で定められた実体規定も適正でなければならないことをも意味すると解される。このように，文言上，手続の法定のみを定めている31条は，それだけでなく，手続の適正，実体の法定，実体の適正をも保障している（法定適正手続の保障）と解される（通説）。判例も，告知・弁解・防御の機会を与えずに，刑事裁判で被告人以外の第三者の所有物を没収することは，憲法31条に違反すると判示している（第三者所有物事件最高裁判決〔最大判昭和37年11月28日刑集16巻11号1593頁〕）。

　また，31条は「刑罰を科せられない」というように，直接的には刑事手続について規定するものであるが，その趣旨は，税務調査のための事業所等への立入りや，少年法による保護処分などの行政手続にも適用ないし準用されると解される（通説）。なぜならば，31条が刑事手続について規定しているのは，近代国家において刑罰権が国民の権利・自由に対する最大の脅威であったためであるが，今日のような福祉国家においては，国家が国民生活に対して多種多様な形で関わり合うようになっており，行政権の行使による国民の権利・自由の侵害の危険性も高くなっているからである。最高裁判所も，成田新法事件判決で，行政手続が刑事手続でないとの理由のみで，当然に31条の保障の枠外にあると判断すべきではないと判示している。もっとも，行政手続は刑事手続とは性質が異なり，多種多様なものがあるため，事前に告知・弁解・防御の機会を与えるかどうかは，行政処分により制限を受ける権利・利益の内容・性質，制限の程度，行政処分によって達成しようとする公益の内容，程度，緊急性等を総合較量して決定され，常に必ずそのような機会を与えることを必要とするものではないとするのが，判例の

立場である（最大判平成 4 年 7 月 1 日民集 46 巻 5 号 437 頁）。なお，35 条や 38 条 1 項についても，同様に，刑事手続だけでなく行政手続にも保障が及ぶ（川崎民商事件最高裁判決〔最大判昭和 47 年 11 月 22 日刑集 26 巻 9 号 554 頁〕）。また，行政手続法は，行政手続における不利益処分についての「聴聞」と「弁明の機会の付与」を明示的に保障している（13 条 1 項）。

7.2　刑事手続上の権利

7.2.1　被疑者の権利

　捜査機関による恣意的な人身の自由の侵害を防ぐため，日本国憲法は，捜査段階の被疑者の権利として，不法な逮捕・抑留・拘禁からの自由（33 条，34 条）と住居等の不可侵（35 条）とを定める。

　(1)　不法な逮捕からの自由　　何人も，現行犯として逮捕される場合を除いて，裁判官（33 条にいう「司法官憲」）によって発行され，理由となる犯罪が明示された令状（逮捕状など）によらなければ，逮捕されない（33 条）。33 条にいう「逮捕」と

は，犯罪の嫌疑を理由として身体を拘束する行為を指す（身体を拘束する行為その
ものを指しており，刑事訴訟法上の「逮捕」〔199条等〕に限らず，「勾引」〔58条〕，「勾留」
〔60条，204条1項以下〕，「鑑定留置」〔167条〕などを含む）。逮捕には，現行犯逮捕
（「現に罪を行い，または現に罪を行い終つた者」に対するもの）（刑事訴訟法212条1項）
や逮捕状に基づく通常逮捕（同法199条1項）以外に，死刑または無期・長期3年
以上の拘禁刑に当たる罪を犯したことを疑うに足りる十分な理由がある場合で，
急速を要し，裁判官の逮捕状を求めることができないときに行う緊急逮捕（同法
210条1項）がある。このうち，緊急逮捕は，逮捕後に直ちに裁判官の審査を受け
て逮捕状の発行を求めることを条件に，憲法33条の趣旨に反しないとするのが
判例の立場である（最大判昭和30年12月14日刑集9巻13号2760頁）。

　(2) 不法な抑留・拘禁からの自由　　何人も，理由を直ちに告げられ，弁護人に
依頼する権利を与えられなければ，抑留（一時的に身体を拘束する状態）または拘禁
（継続的に身体を拘束する状態）されない（34条）。34条は，前段が，抑留・拘禁の理
由の告知を受ける権利と被疑者段階の弁護人依頼権（刑事訴訟法61条，76条，77条，
203条，204条）を，後段が，拘禁理由の開示請求権（勾留理由の開示請求制度〔刑事
訴訟法82条以下〕）を保障している。憲法上の「抑留」・「拘禁」は，身体を拘束す
る状態のことを指し，具体的には，刑事訴訟法にいう逮捕・勾引に伴う「留置」
（203条1項，204条1項，205条1項）は憲法上の「抑留」に，刑事訴訟法上の「勾
留」（60条，204条1項以下）・「鑑定留置」（167条）は憲法上の「拘禁」に，それぞ
れ該当する（刑訴法上の「勾留」と「鑑定留置」は，身体の拘束の着手という意味では憲
法上の「逮捕」に当たり，身体の長期の拘束という意味では憲法上の「拘禁」に当たる）。

　　　弁護人依頼権は，形式的なものにとどまることなく，実質的な内容を含むもので
　　あり（最大判平成11年3月24日民集53巻3号514頁），学説の有力説によれば，具
　　体的には，①捜査官等から弁護人依頼権が保障されていることについての告知を受
　　ける権利（ただし，判例〔最大判昭和24年11月30日刑集3巻11号1857頁〕は，弁護
　　人を依頼する方法・費用について，裁判所には被告人に告知する義務はないとする），②
　　弁護人の選任を妨げられない権利，③弁護人選任についての照会・連絡・時間的保
　　障の配慮を受ける権利，④接見交通（拘束された被疑者・被告人と弁護人との会見）や
　　尋問中の弁護士の立会いの保障を受ける権利を含む。刑事訴訟法39条1項は，原則
　　として自由な接見交通の保障を定めているが，同条3項本文で，被疑者については，
　　捜査機関が接見の日時・場所・時間を指定することができると規定しているところ，
　　判例（前掲最大判平成11年3月24日）は，3項本文に基づく捜査機関による接見等
　　の指定は，憲法34条前段の弁護人依頼権を実質的に損なうものではない（37条3項，

38条1項に違反しない）と判示している。

　なお，憲法34条の趣旨を踏まえて，「現に，不当に奪われている人身の自由を，司法裁判により，迅速，且つ，容易に回復せしめること」を目的として，人身保護法（1条）が制定されている。

　(3)　住居等の不可侵　　住居・書類・所持品等について，侵入・捜索・押収をするには，「第33条の場合」を除き，裁判官によって発行された各別の正当な令状（捜索差押許可状など）がなければならない（35条）。なお，令状主義（捜査機関が行う強制処分は，裁判官が事前に審査し発行する令状に基づかなければ行うことができない）の精神を没却するような重大な違法が証拠収集手続にあれば，その証拠の証拠能力（刑事訴訟法上，公判廷において証拠として取り調べることのできる適格）は否定される（最判昭和53年9月7日刑集32巻6号1672頁）。ここでいう「第33条の場合」とは，33条による不逮捕の保障がない場合という意味である（最大判昭和30年4月27日刑集9巻5号924頁）ので，現行犯の場合には35条にいう令状が不要であるし，また，現行犯の場合以外にも，逮捕に伴う合理的な範囲内であれば，令状によらずに捜索・差押等を行うことは許される（刑事訴訟法220条）。

　なお，憲法35条1項は「住居，書類及び所持品」と規定するが，これらは例示であって，本条の保障対象は，これらに準ずる私的領域に侵入されることのない権利が含まれる（GPS捜査違憲訴訟最高裁判決〔最大判平成29年3月15日刑集71巻3号13頁〕）。したがって，プライバシーの権利や通信の秘密などのそれ以外の重要な権利侵害をもたらすような捜査方法（捜査対象者の自動車に使用者の承諾なく，かつ令状なく長期間GPS端末を取り付けて位置情報を取得するなどして行われた捜査など）に対しても，35条1項が適用される。

7.2.2　被告人の権利

　被告人の権利としては，公平な裁判所による迅速な公開裁判を受ける権利，証人審問・喚問権，弁護人依頼権（37条），自白の強要からの自由（38条），事後法・二重の危険の禁止（39条），拷問・残虐刑の禁止（36条）が規定されている。

　(1)　公平な裁判所による迅速な公開裁判を受ける権利，証人審問・喚問権，弁護人依頼権　　何人も，公平な裁判所による迅速な公開裁判を受ける権利が保障される（37条1項）。1項でいう「公平な裁判所」による裁判とは，「構成其他において偏頗の惧れなき裁判所」の裁判を意味する（最大判昭和23年5月5日刑集2巻5号

447頁）。また，「迅速な」裁判に関して，最高裁判所は，「審理の著しい遅延の結果，迅速な裁判をうける被告人の権利が害せられたと認められる異常な事態が生じた場合には，これに対処すべき具体的規定がなくても，もはや当該被告人に対する手続の続行を許さず，その審理を打ち切るという非常救済手段がとられるべきことをも認めている」として，第1審で15年あまりにわたる審理中断が生じた刑事裁判について，審理を打ち切り，免訴の判決を言い渡した判断を正当なものと判示したことがある（高田事件判決〔最大判昭和47年12月20日刑集26巻10号631頁〕）。また，「公開裁判」とは，82条1項にいう，その対審及び判決が公開の法廷で行われる裁判のことである（12.1.8 裁判の公開も参照）。

　　　なお，刑事訴訟法は，刑事裁判における証人等を保護するために，証人と被告人が直接対面しないようにするための遮へい措置（157条の5）や，証人が性犯罪被害者等の場合に法廷以外の別室に在室させて映像・音声の送受信によって行うビデオリンク方式での尋問（157条の6）を認めている。判例によれば，これらは，公開裁判の原則（憲法37条1項，82条1項）及び証人審問権の保障（37条2項）に違反しない（最判平成17年4月14日刑集59巻3号259頁）。

　2項では，刑事被告人は，（被告人にとって不利な）証人に対して審問（尋問すること）する権利と，公費で強制的に（被告人にとって有利な）証人を喚問（出頭させて尋問すること）する権利が保障されている。前段の証人審問権の保障は，被告人に審問の機会が十分に与えられない証人の証言には証拠能力が認めらないという直接審理の原則を意味する（伝聞証拠の禁止の原則を定める刑事訴訟法320条参照）。後段の証人喚問権の保障に関して，裁判所は被告人が申請するすべての証人を喚問しなければならないということではなく，その裁判をするのに必要かつ適切な証人のみを喚問すればよい（最大判昭和23年7月29日刑集2巻9号1045頁）。また，公費による喚問権が保障されているが，これは被告人が経済的理由から十分な証人喚問を請求できないということを防ぐ趣旨であり，裁判の結果，有罪判決を受けた場合は被告人に訴訟費用の負担を命じることができる（最大判昭和23年12月27日刑集2巻14号1934頁）。

　3項は，刑事被告人の弁護人依頼権を保障している（刑事訴訟法30条等参照）。特に，後段では，刑事被告人が貧困などの理由で私選弁護人を選任できない場合の，国の負担による国選弁護人の依頼権を規定している（同法36条等参照）。被疑者段階における国選弁護人の依頼権については，37条3項後段から直接導き出されるのではなく，34条前段の問題であるという見解が有力である（被疑者段階では憲法上，

国選弁護人の依頼権の保障は認められないとする見解が有力であるが，2004〔平成16〕年の刑事訴訟法の改正により，刑事訴訟法37条の2として，法律上認められるようになった）。

　（2）自白の強要からの自由　　何人も，自己に不利益な供述（自己負罪）を強要されない（38条1項）。ここでいう「自己に不利益な供述」とは，本人の刑事責任に関する不利益な供述を意味し（したがって，民事責任を問われたり，名誉が傷ついたりするような事実の供述は，本条の保障の対象ではない），有罪判決の基礎となる事実や量刑上不利益となる事実等の供述を指す。刑事訴訟法は，被疑者・被告人に対して黙秘権（自分の刑事責任の基礎となるような供述を自己の意思に反して強要されない権利）を保障している（198条2項，291条4項，311条1項）。判例によれば，行政機関が私人に対して記帳・報告・答弁の義務を課し，それに応じない場合に一定の刑罰を科すことは，38条1項にいう自己に不利益な供述の強要に当たらない（麻薬取扱者の記帳義務に関する最判昭和29年7月16日刑集8巻7号1151頁，自動車運転者の交通事故の報告義務に関する最大判昭和37年5月2日刑集16巻5号495頁，国税犯則嫌疑者の供述義務に関する最判昭和59年3月27日刑集38巻5号2037頁，医師の異状死体等の届出義務に関する最判平成16年4月13日刑集58巻4号247頁）。

　2項は，強制・拷問・脅迫による自白や不当に長く抑留・拘禁された後の自白は，証拠とすることができない旨を規定する。すなわち，被疑者・被告人の行った任意性のない自白は，証拠能力が否定される（自白排除法則）。

　3項は，自己に不利益な唯一の証拠が本人の自白である場合には，有罪とされないと定めている。すなわち，任意性のある自白であっても，憲法上証明力が制限されており，これを補強する証拠が別にない限り，有罪の証拠とすることができない（自白補強法則）。判例によれば，38条3項の趣旨は，自白が往々にして本人の真意と自由意思に反してなされる場合があることを考慮した結果，被告人に不利益な証拠が本人自白である場合には，他に補強証拠を必要とするものとし，無実の者が処罰される危険を排除し，自白偏重と自白強要の弊害を避けるためであるが，公判廷における被告人の自白は，自由な状態で供述されるものであるから，任意性を有するものであり，その真実性を裁判所が他の証拠を待つまでもなく自ら直接判断できるので，38条3項にいう「本人の自白」に含まれない（最大判昭和23年7月29日刑集2巻9号1012頁）。もっとも，刑事訴訟法319条2項は，「被告人は，公判廷における自白であると否とを問わず，その自白が自己に不利益な唯一の証拠である場合には，有罪とされない」と規定している。

　（3）事後法・二重の危険の禁止　　実行のときに適法であった行為や，すでに無

罪とされた行為については，刑罰を科されない（39条前段）。また，同一の犯罪について，重ねて刑事上の責任を問われない（後段）。前段の前半（「何人も，実行の時に適法であつた行為……については，刑事上の責任を問はれない」）は，事後法による遡及処罰の禁止を定め（刑罰法規は法的安定性・予測可能性がなければならないため），前段後半（「……又は既に無罪とされた行為については，刑事上の責任を問はれない」）と後段（「又，同一の犯罪について，重ねて刑事上の責任を問はれない」）は，一事不再理の原則（すでに一度審理し確定判決を得た後に，同一の事件を再度審理してはならない）ないし二重の危険の禁止の原則（被告人の権利保護の観点から，同一の事件について前の確定判決に加えて，新たな別の判決をして被告人に負担を負わせてはならない）を意味する。

　　39条前段は，刑事実体法（刑罰）に関するものであり，刑事手続法については規定していないが，手続の変更が被告人に重大な不利益をもたらす場合には，手続の変更の遡及適用を認めない趣旨であるとする見解が有力である。もっとも，2010（平成22）年の刑事訴訟法改正により，殺人罪等の公訴時効が廃止され（刑事訴訟法250条1項参照），改正法附則3条2項が改正法施行時に公訴時効が完成していない罪に対しては改正法を適用する旨を規定しているところ，犯行から15年以上経過した後に強盗殺人罪で起訴された刑事事件について，最高裁判所は，公訴時効廃止を遡及適用しても憲法39条に（31条にも）違反しないと判示した（最判平成27年12月3日刑集69巻8号815頁）。

　　39条前段後半と後段の意味に関して，学説上は，①前段後半と後段を合わせて，大陸法的な一事不再理の原則を定めたものとする見解，②前段後半と後段を合わせて，英米法でいう二重の危険の禁止の原則を定めたものとする見解，③前段後半は一事不再理の原則を，後段は二重の危険の禁止の原則をそれぞれ定めたものとする見解とで，争いがある（判例は，後掲最大判昭和25年9月27日において，一事不再理と二重の危険の禁止を区別していない）。もっとも，どの見解に立っても結論に大きな相違は生じない。

　　英米法では，下級裁判所による無罪（または有罪）の判決に対して検察官が上訴し有罪（またはより重い刑）の判決を求めることは二重の危険の原則に反すると考えられているので，39条を二重の危険の禁止の原則を定めたものととらえたうえで，刑事裁判における検察官による（被告人に対する不利な）上訴は39条に違反して認められない（一方で，被告人に対して有利な判断を求める上訴は認める）とする見解もある。しかし，判例は，一事不再理の原則が同一の犯行につき二度以上の裁判を受ける危険にさらされることがないことを意味し，そこでいう危険については，同一の事件において訴訟手続の開始から終末に至るまでの一つの継続的状態と見るべきであるから，検察官による上訴は，「被告人を二重の危険に曝すものでもなく，従つてまた憲法39条に違反して重ねて刑事上の責任を問うものでもない」と判示して

いる（最大判昭和25年9月27日刑集4巻9号1805頁）。

　（4）拷問・残虐刑の禁止　　被疑者・被告人から自白を獲得するための手段として，拷問（被疑者や被告人から自白を得るため精神的・肉体的な苦痛を与えること）を用いることは絶対的に禁止されている（36条）（なお，刑法195条参照）。また，残虐な刑罰も憲法36条により例外なく禁止されているが，ここでいう「残虐な刑罰」とは，「不必要な精神的，肉体的苦痛を内容とする人道上残酷と認められる刑罰」をいう（最大判昭和23年6月23日刑集2巻7号777頁）。

　なお，刑罰としての死刑について，判例（最大判昭和23年3月12日刑集2巻3号191頁）は，憲法にその存置を想定し是認する規定がある（憲法13条によれば，公共の福祉に反する場合は，生命に対する国民の権利といえども制限・剥奪されうるし，31条によれば，法律の定める手続によれば，生命を奪う刑罰をも科しうる）し，「死刑の威嚇力によつて一般予防をなし，死刑の執行によつて特殊な社会悪の根元を絶ち，これをもつて社会を防衛せんとしたものであり，また個体に対する人道観の上に全体に対する人道観を優位せしめ，結局社会公共の福祉のために死刑制度の存続の必要性を承認したもの」であるので，36条で禁止される「残虐な刑罰」ではない（ただし，火あぶり，はりつけ，さらし首，釜ゆでの刑など，「その執行の方法等がその時代と環境とにおいて人道上の見地から一般に残虐性を有するものと認められる場合」には，残虐な刑罰として，36条に違反するという）と判示している。

第 8 章

国務請求権・社会権——積極的権利

8.1 積極的権利の意義

8.1.1 積極的権利の一般的特質

　自由権（消極的権利）が，国家が個人の領域に介入しないこと（不作為）によって実現し，介入があった場合にこれを排除するという「国家からの自由」を意味する一方，国務請求権・社会権（積極的権利）は，国家に対して，制度・政策の創設（及びそれに基づく給付等）という積極的な介入（作為）を請求するという「国家による自由」としての性格を有する。国務請求権・社会権が人権として保障される以上，国家は，その権利を実現するための制度・政策を法律という形で創設する義務を負う（憲法 25 条 2 項参照）。

　国務請求権・社会権は，国家の存在を前提とする点で，自由権とは性質を異にする。自由権は国家が存在しなくても保障される一方，国務請求権・社会権は，それを国民に保障するためには，制度・政策を創設する国家の存在が必要不可欠である。また，国務請求権・社会権は，一般に，憲法の規定のみを直接的な根拠

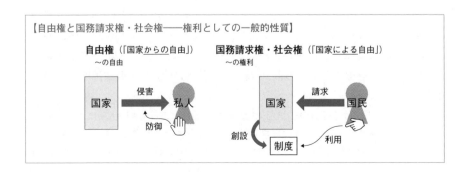

【自由権と国務請求権・社会権——権利としての一般的性質】

として権利の実現を裁判所に請求することのできる具体的権利ではなく，国会によってその内容が法律として制定されることによって初めて，具体的権利となる（例えば，教育を受ける権利は，教育基本法や学校教育法などの法律によって学校制度や教育政策が作られ，国民がその制度・政策を利用することによって実現されるし，国家賠償請求権や刑事補償請求権も，国家賠償法・刑事補償法という法律に基づき国家賠償制度・刑事補償制度が創設され，国民がそれらを利用することによって実現される）。

8.1.2　国務請求権の意義とその内容

　国務請求権とは，積極的権利のうち社会権を除くものをいう（人権を確保するための基本権などとも説明される）。日本国憲法は，国務請求権として，請願権（16条），国家賠償請求権（17条），裁判を受ける権利（32条），刑事補償請求権（40条）の4つを保障している。

　（1）請願権　　憲法は，損害の救済，公務員の罷免，法律・命令・規則の制定・廃止・改正その他の事項に関し，平穏に請願する権利を保障している。また，請願をしたことを理由に，国家によって差別待遇を受けないとも定めている（16条）。請願権は国務請求権であるが，国民の意思表明の重要な手段であるので，参政権的な役割がある。

　請願とは，国または地方公共団体の機関に対して，国務に関する希望を述べることである。請願の手続については，請願法という法律が規定している。請願を受けた機関は，「これを受理し誠実に処理」する義務がある（請願法 5 条）が，請願内容を審理し判定する義務までを負うものではない。また，請願の採択や事後処理などについては，請願を受けた各機関の裁量に委ねられている。

　（2）国家賠償請求権　　憲法は，公務員の不法行為によって損害を受けた国民が，国または地方公共団体に対して，賠償を請求する権利を保障している（17条）。国家賠償請求権の具体的内容については，国家賠償法という法律が定めている。具体的には，公務員の公権力の行使による損害についての賠償制度（国家賠償法 1 条）と，公の営造物の設置・管理の瑕疵による損害についての賠償制度（同法 2 条）が定められている。

　　　　明治憲法（大日本帝国憲法）下では，国家公務員による権力的活動によって私人に損害が発生しても，国家は賠償責任を負わない国家無答責の法理が採られており，国家賠償請求訴訟は認められていなかった（旧 行政裁判法 16 条は，「行政裁判所ハ損

害要償ノ訴訟ヲ受理セス」と規定していた）。

国家賠償法1条に基づく賠償責任は，行為をした公務員に故意または過失がなければ成立しない一方，公の営造物の設置・管理の瑕疵については，無過失責任主義を採る。前者について，行政法学における通説によれば，本来，公務員自身が負うべき故意・過失による責任を国・地方公共団体が当該公務員に代位するもの（代位責任説）であって，公務員自身は，（同法1条2項に基づき，国や地方公共団体から求償されることはあるとしても）被害者に対しては，行政機関としての地位においても，個人としても，直接の賠償責任を負わない（最判昭和30年4月19日民集9巻5号534頁）。

2002（平成14）年改正前の郵便法68条・73条の規定のうち，書留郵便物と特別送達郵便物について，郵便業務従事者の（軽過失による損害についての免責は認められるとしても）故意または重過失によって損害が生じた場合に国の損害賠償責任を免除・制限していた部分が，国家賠償請求権を保障する憲法17条に違反するとした判例がある（郵便法免責規定事件最高裁判決〔最大判平成14年9月11日民集56巻7号1439頁〕）。

なお，外国人による国家賠償請求は，相互保証がある場合のみ（日本国民による国家賠償を認めている国の国民のみ）認められる（国家賠償法6条）。

(3) 裁判を受ける権利　　憲法は，政治部門から独立した公平な裁判所で，権利・自由の救済を求めることができ，また，公平な裁判所以外の機関において裁判されないという権利を保障している（32条）。32条にいう「裁判」とは，（明治憲法24条のように）民事・刑事の裁判に限られず，行政事件の裁判も含まれる。本条が裁判を受ける権利を「奪はれない」と規定していることについて，民事事件では（行政事件でも），自己の権利・利益の侵害に関して裁判所に対して裁判を請求し損害の救済を求める権利が保障される（裁判所による裁判の拒絶が許されない）ことを意味する一方で，刑事事件では，被告人が裁判所による公正な裁判を受ける権利が保障されることを意味する（その意味では，刑事事件における裁判を受ける権利は，自由権としての性格も有しており，憲法37条1項によっても重ねて保障される）。

32条にいう「裁判」とは，実体的権利義務の存否を終局的に確定する純然たる訴訟事件についての裁判を意味し，82条1項によって公開・対審（裁判官の面前で当事者が各自の主張を述べ合うこと）の訴訟手続が保障される「裁判」と同義であるとするのが判例の立場である（最大決昭和35年7月6日民集14巻9号1657頁）。したがって，非訟事件の裁判（審判）は，32条や82条にいう裁判ではないので，必ず

しも公開・対審の手続によらなくてもよい（最大決昭和 40 年 6 月 30 日民集 19 巻 4 号 1089 頁）（12.1.8　裁判の公開を参照）。

　（4）刑事補償請求権　　憲法は，刑事手続において抑留または拘禁され，その後，無罪の裁判を受けた被告人が，国に対して，抑留・拘禁により被った損失の補填を請求する権利を保障している（40 条）。犯罪を行ったと疑うべき相当の理由のある者について，身体を拘束し，起訴することは，国家の正当な行為であり，裁判の結果，無罪となったとしても，その行為そのものが違法になるとはいえない。しかし，逮捕や起訴が適法な行為であるとしても，被告人は身体を拘束され起訴されることにより多大な被害を受けるので，正義・衡平の観点から，金銭による事後的救済を与えるというのが，刑事補償制度の趣旨である（補償と賠償の違いについては，6.3.3　損失補償の要否を参照）。

　刑事補償請求権の具体的内容及び請求の手続については，刑事補償法という法律が定めている。具体的には，「無罪の裁判を受けた者」が「未決の抑留又は拘禁を受けた場合」（1 条 1 項）と「刑の執行を受け，又は……拘置を受けた場合」（2 項）に国に補償を請求しうるほか，「免訴又は公訴棄却の裁判を受けた者」が「もし免訴又は公訴棄却の裁判をすべき事由がなかつたならば無罪の裁判を受けるべきものと認められる充分な事由があるとき」も，補償を請求しうる（25 条）。

　憲法 40 条にいう「無罪の裁判」とは，刑事訴訟法上の手続による無罪の確定裁判のことであるから，免訴判決（同法 337 条）や公訴棄却の判決・決定（同法 338 条，339 条）はこれに当たらず，また，少年法の少年審判手続における保護処分に付さない旨の決定（同法 23 条 2 項）も当たらない（最決平成 3 年 3 月 29 日刑集 45 巻 3 号 158 頁）。もっとも，これらについても，法律上，補償が及びうる（刑事補償法 25 条，少年の保護事件に係る補償に関する法律 2 条）。

8.1.3　社会権の意義

　社会権とは，社会的・経済的弱者が人間に値する生活を営むことができるように，国家に対して積極的な介入を求めうる権利である。この社会権は，資本主義の高度化に伴って生じたさまざまな弊害（貧富の差など）を是正するために，20 世紀になってから登場した人権である。国務請求権と同様に，国に対して一定の作為を請求する積極的権利であるが，社会国家の理念に基づくものであるという点で国務請求権とは異なる。

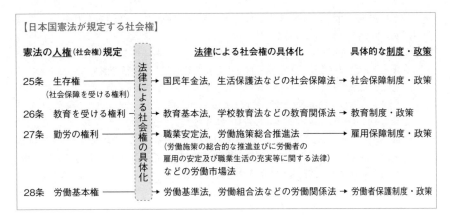

なお，社会権は，人間らしい生活を営みうるよう国家に対して積極的な介入を求めうる請求権的側面のほかに，国民各自が自ら人間らしい生活を営む自由を有し，それが公権力によって不当に侵害された場合に，その妨害の排除を求めうるという意味で，自由権的側面をも併せ有している。

日本国憲法が定める社会権としては，生存権（25条），教育を受ける権利（26条），勤労の権利（27条），労働基本権（28条）の4つがある。

8.2 生 存 権

8.2.1 生存権の内容

日本国憲法25条1項は「すべて国民は，健康で文化的な最低限度の生活を営む権利を有する」と規定し，続く2項では，生存権の具体化について国に努力義務を課している。

生存権は，国民が健康で文化的な最低限度の生活を営むために必要となる社会保障制度の創設・維持を国家に対して要求する権利である。すなわち，社会保障（国民の生活の安定が損なわれた場合に，国民に健やかで安心できる生活を保障することを目的として，公的責任で生活を支える給付を行うこと）を受ける権利のことである。

憲法上の権利としての生存権とは，単に生命をもつ生物として生存するための権利のことではなく，健康で文化的に生存するための制度の創設・維持を国家に対し

て要求する権利を意味する（「生存」という言葉に囚われて，生存権を生命に関する権利のように誤解してはならない）。

　また，生存権といえば，真っ先に生活保護がその具体例として説明されることが多い。最低限度の生活の保障と自立の助長を目的として生活の困窮の程度に応じて必要な保護を行う生活保護制度は，たしかに生存権の最もわかりやすい例である（一般に，社会保険が貧困に陥る原因となる事故に対してあらかじめ備え，現実に事故が発生してもそれによって困難に陥らないようにする防貧施策であるのに対して，生活保護は貧困に陥った人を事後的に救済する救貧施策である）が，生存権のすべてではない。社会保障給付費の約9割が社会保険に費やされており，ほとんどの国民が公的年金保険制度と公的医療保険制度の恩恵にあずかる一方で，多くの国民が生涯で一度も生活保護を受給することがないことを踏まえれば，生存権の問題としてまず考えるべきは，年金と医療，次いで介護ということになる。

　憲法25条の規定を受けて，国は，法律を制定し，さまざまな社会保障制度を設けている。具体的には，①国民が生活の困難をもたらす保険事故（疾病，老齢，障害，死亡，失業など）にあった場合に一定の給付を行い，生活の安定を図ることを目的とした強制加入の保険制度（社会保険），②生活上の支援や介助を必要とする国民（子ども，高齢者，障害者など）に対して，生活の質の向上を図るための支援制度（社会福祉），③生活に困窮する国民に対して，最低限度の生活を保障し，自立を支援する制度（公的扶助），④国民が健康に生活できるよう，疾病を予防し，衛生を管理する制度（公衆衛生）などが挙げられる。社会保険として，国民健康保険などの医療保険制度，国民年金や厚生年金などの公的年金制度，介護保険制度，雇用保険制度，労働者災害補償保険制度などが，社会福祉として，児童手当などの社会給付制度や，児童福祉法（保育所や児童相談所等の設置），老人福祉法，身体障害者福祉法，母子及び父子並びに寡婦福祉法に基づく社会福祉制度などが，公的扶助として，生活保護制度（生活扶助・教育扶助・住宅扶助・医療扶助・介護扶助・出産扶助・生業扶助・葬祭扶助）が，公衆衛生として，地域保健法（保健所等の設置），予防接種法，食品衛生法，環境基本法に基づく制度などが設けられている。

【社会保障制度（生存権の具体化）】

生存権
（社会保障を
受ける権利）

- 社会保険……保険事故があった場合に給付を行う
- 社会福祉……支援を必要とする国民の生活の質を向上させる
- 公的扶助……国民に最低限度の生活を保障し自立を支援する
- 公衆衛生……国民の疾病を予防し衛生を管理する

　なお，25 条の 1 項と 2 項との関係について，堀木訴訟の控訴審判決（大阪高判
昭和 50 年 11 月 10 日判タ 330 号 161 頁）は，2 項を国が事前に積極的な防貧施策をす
べき努力義務があることを定めたものであり，1 項を防貧施策の実施にもかかわ
らず貧困に陥った者に対して国が事後的に救貧施策をすべき責務があることを定
めたもの（生活保護などの公的扶助のみ）と位置づける 1 項・2 項分離論を採用した。
しかし，1 項・2 項分離論では，どのような防貧施策を実施するかの決定について
は広い立法裁量を認めることになるため，通説・判例（堀木訴訟最高裁判決〔最大判
昭和 57 年 7 月 7 日民集 36 巻 7 号 1235 頁〕）は，25 条の各項を一体的にとらえ，1 項
は生存権保障の目的・理念を，2 項はその達成のための国の責務を定めたものと
解する 1 項・2 項一体論を採用している。

8.2.2　生存権の法的性格

　生存権の法的性格については，25 条をプログラム規定であるととらえるか，そ
れとも法的権利を保障した規定であるととらえるか，後者であるとすれば，25 条
によって保障される権利は，抽象的なものと具体的なものとのいずれかをめぐっ
て，プログラム規定説，抽象的権利説，具体的権利説などの学説が対立している。
　(1) プログラム規定説とは，25 条 1 項は，個々の国民に対して具体的な権利を
保障したものではなく，国民の生存を確保すべき政治的・道義的義務を国家に課
しているにすぎないとする見解である。この見解は，生存権の権利としての具体
的な内容とその実現方法は一義的でなく明確でないことや，具体的な実施に必要
な予算が国の財政政策等の問題として，政治部門の裁量に委ねられていることな
どを根拠とする。
　これに対して，25 条 1 項は，国民が健康で文化的な最低限度の生活を営むのに
必要な立法を国会に対して要求できる法的権利を保障し，そのような立法を行う
法的義務を国家に課しているとする法的権利説が主張される。この見解は，認め
られる権利の性格をめぐって，さらに 2 つの見解に分かれる（なお，抽象的権利説
も具体的権利説も，直接 25 条 1 項に基づき具体的な金銭給付を請求する権利までは認めら
れないとする点や，具体的に制定された社会保障立法について憲法 25 条違反を主張しうる
とする点では，共通である）。
　(2) 抽象的権利説は，生存権の内容は抽象的で不明確であるから，25 条 1 項を
直接の根拠として立法や行政の不作為の違憲性を裁判で争うことはできないが，

もし生存権を具体化する法律があれば，その法律に基づく裁判の中で25条違反を主張できるとする見解である。抽象的権利説によれば，個々の国民に認められるのは，生存権を実現するための立法を国会に対して要求できる権利にとどまる（社会保障制度を創設する立法が存在しなければ，それが存在しないことを違憲であると裁判所において主張することはできない）。

　（3）具体的権利説とは，生存権の内容が抽象的であるとしても，25条1項の文言には立法府を拘束するほどの明確性がある（したがって，25条によって国会は生存権を具体化する法律を制定しなければならない）から，生存権を具体化する法律がない場合には，裁判所に対して立法不作為の違憲確認訴訟を提起することができるとする見解である。具体的権利説によれば，立法府は社会保障制度を創設する立法を行う義務があるため，国会が立法を怠っている場合には，国民は，その立法不作為が憲法25条1項に違反すると裁判所において主張しうる。なお，具体的権利説といえども，25条を直接の根拠に裁判所に具体的な金銭給付等を請求する訴訟を提起することまでを認める趣旨ではない。社会権を実現するためには，あくまで法律による具体化が必要である（この点は，財産権の侵害の場合に，補償の根拠となる法律が制定されていなくても，29条を直接の根拠として補償が認められることと大きく異なる）。

　プログラム規定説は，25条が明文で「権利」と規定するにもかかわらず，その法的権利性を否定する点で，文言から離れた見解であると批判される。（プログラム規定説がその根拠の一つとして挙げる）予算上の制約があるということについては，最低限度の生活は，国の財政状況によって定められるのではなく，むしろ財政状況を指導すべきものであると解される。また，具体的権利説に対しては，裁判所の資料収集能力には限界があり，専門的・技術的判断が要請される生存権の実現に，裁判所が第一次的な役割を果たすことは妥当ではなく，また，立法不作為の違憲確認訴訟を認めることは，権力分立の原理ないし国会の唯一の立法機関性（41条）に反する

などとの批判がある。そこで，抽象的権利説が通説的見解である。

かつて，最高裁判所は，25条について，「すべての国民が健康で文化的な最低限度の生活を営み得るよう国政を運営すべきことを国家の責務として宣言したものであ」り，「この規定により直接に個々の国民は，国家に対して具体的，現実的にかかる権利を有するものではない」と判示したことがあった（食糧管理法事件判決〔最大判昭和23年9月29日刑集2巻10号1235頁〕）ため，判例はプログラム規定説を採ったと理解されたこともあるが，今日では，判例の立場は，25条は（国民に主観的な権利があるかという視点ではなく）国家に対して客観法的な義務があることを認めるというものであると考えられている（「社会的立法及び社会的施設の創造拡充に従つて，始めて個々の国民の具体的，現実的の生活権は設定充実せられてゆく」と述べる食糧管理法事件判決では，生存権の具体的権利性は認められていないといえる）。

判例としては，朝日訴訟（最大判昭和42年5月24日民集21巻5号1043頁）と堀木訴訟（最大判昭和57年7月7日民集36巻7号1235頁）の両最高裁判決が重要である。

朝日訴訟は，生活保護法に基づき厚生大臣の設定した生活保護基準が健康で文化的な最低限度の生活水準を維持するのに足りるか否かが争われた事件であり，最高裁判所は，生活保護受給権は一身専属的な権利であるから原告の死亡により訴訟は終了したと判示する一方で，「なお，念のため」として，何が健康で文化的な最低限度の生活であるかの判断は厚生大臣の裁量に委ねられているとして，生存権についての広汎な行政裁量を認めた（もっとも，厚生大臣の裁量権は広汎であるが，その裁量権の行使が憲法・生活保護法の趣旨・目的を逸脱すれば違憲となりうると解されるため，その限りで憲法25条1項の裁判規範性を認めたものといえる）。

堀木訴訟は，児童扶養手当法に定める児童扶養手当と国民年金（当時の障害福祉年金）との併給調整規定（公的年金給付を受ける者には手当を支給しない）が憲法25条・14条に違反するか否かが争われた事件であり，最高裁判所は，生存権の具体化について広汎な立法裁量を認めたうえで，それを前提に判断すると障害福祉年金受給者とそれ以外の者との間での児童扶養手当の受給に関して生ずる差別は不合理なものとはいえないと判示した。最高裁判所は，「憲法25条の規定の趣旨にこたえて具体的にどのような立法措置を講ずるかの選択決定は，立法府の広い裁量にゆだねられており，それが著しく合理性を欠き明らかに裁量の逸脱・濫用と見ざるをえないような場合を除き，裁判所が審査判断するのに適しない事柄である」と判示し，裁量権の限界を超える場合の司法審査の可能性を認めた（その限りでは，憲法25条の裁判規範性を肯定したものであるといえる）。

8.2.3　生存権の具体化と立法裁量の審査

生存権に裁判規範性があるとして，では，法律による生存権の具体化が違憲か否かを審査する際に，どのような基準が用いられるべきかが問題となる（2.3.7 制度依存的権利と立法裁量の統制で述べたとおり，自由権の場合には公権力による規制が違憲か合憲かを判断するのに対して，生存権をはじめとする社会権に関しては，法律による具体化が違憲か合憲か〔憲法の要求を充足しているか否か〕が判断されている点に注意が必要である）。

堀木訴訟最高裁判決（最大判昭和57年7月7日民集36巻7号1235頁）は，（1）憲法25条1項にいう「健康で文化的な最低限度の生活」が抽象的・相対的な概念であり，その具体的内容はその時々における文化の発達の程度，経済的・社会的条件，一般的な国民生活の状況等との相関関係において判断・決定されるべきものであること，（2）生存権を具体化する際には，国の財政事情を考慮しなければならないこと，（3）複雑多様で高度の専門技術的な考察とそれに基づく政策的判断が必要であることから，25条の規定の趣旨に応えて具体的にどのような立法を行うか否かの判断は立法府の広い裁量に委ねられており，それが著しく合理性を欠き明らかに裁量の逸脱・濫用と見ざるをえないような場合を除き，裁判所が審査判断するのに適しない事柄であると判示している。

なお，朝日訴訟（最大判昭和42年5月24日民集21巻5号1043頁）や堀木訴訟は，不利益な保護変更処分や併給禁止規定が争われたものであり，それらが違憲無効とされることで原告の利益の救済が可能になるケースであったが，一定の給付を定める法律の規定が憲法上の生存権の要請を満たしていないような場合，裁判所がそれを違憲無効と判断すれば，そもそも給付の根拠がなくなり，不十分な給付をゼロにするという不合理な帰結となる。したがって，違憲訴訟を提起する際には，給付を認める法律の規定そのものの違憲性を争うのではなく，給付を認める法律の不存在（立法の不作為の違憲性）を争ったり，法律に基づく具体的な給付に関して違憲性を争うなど，具体的な工夫が必要となる。

8.2.4　生存権の自由権的側面・制度後退禁止原則

生存権には，他の社会権と同様に，国民は自ら健康で文化的な最低限度の生活を維持する権利を有し，国家はそれを妨害してはならないという自由権的側面が

ある。生存権の社会権的側面については，その具体化には立法府の広汎な裁量が認められ，その合憲性は緩やかな基準で審査されるが，自由権的側面については，審査基準を緩める必然性はない。

憲法 25 条 2 項が，生存権の「向上及び増進に努め」ることを国に求めていることを根拠に，近年，社会保障給付を行う制度を設けることは憲法上の要請ではないとしても，ひとたび国家がそれを制度化した以上は，その制度を廃止したり条件を下げたりすることは憲法上認められないという制度後退禁止原則が学説上，有力に主張されている。

　　　この見解によれば，「被保護者は，正当な理由がなければ，既に決定された保護を，不利益に変更されることがない」と定める生活保護法 56 条も，憲法 25 条 2 項と一体となって，制度の後退の禁止を要請しているという。

この点が争われたのが，老齢加算廃止違憲訴訟である。1960（昭和 35）年以降，70 歳以上の生活保護受給者に対しては，高齢者の特別な需要を考慮した一定額を加算した生活扶助費が支給されていたが，この老齢加算制度は 2004（平成 16）年度から順次減額され，2006（平成 18）年度に廃止された。老齢加算制度の廃止は制度の後退ととらえることができるが，最高裁判所は，高齢者に老齢であることの特別な需要があるか否かや，廃止後の生活扶助基準の内容が健康で文化的な生活水準を維持することができるか否かを判断するには，厚生労働大臣の専門技術的かつ政策的な見地からの裁量権があることを認めたうえで，同大臣の判断の過程・手続における過誤・欠落の有無等の観点から見て，裁量権の範囲の逸脱・濫用はなく，また，今般の廃止には激変緩和措置が用意されており，被保護者の期待的利益や生活への影響等の観点から見ても，裁量権の範囲の逸脱・濫用はないため，憲法 25 条 1 項等に違反しないと判示した（最判平成 24 年 2 月 28 日民集 66 巻 3 号 1240 頁）。

　　　老齢加算廃止訴訟最高裁判決は，厚生労働大臣が，生活保護制度の専門家からなる委員会による意見などを考慮したうえで判断を行ったことなどに言及しており，裁量的判断の過程を審査したものであるといえる。本判決のように，裁判所が，政治部門の裁量的判断の結果そのものを審査するのではなく，その判断過程に過誤や欠落があったか否かなどを審査する手法を，判断過程審査という（具体的には，国会や厚生労働大臣等が生存権を具体化する際に，本来当然に考慮すべき事項を考慮したか，考慮すべきでない事項を考慮しなかったか，さほど重視すべきでない事項に過大の比重を置いた判断をしなかったか，などを審査する）。この手法は，エホバの証人剣道実技拒否事件最高裁判決（最判平成 8 年 3 月 8 日民集 50 巻 3 号 469 頁），参議院議員選

挙区選挙の一票の較差の合憲性をめぐる最大判平成16年1月14日民集58巻1号56頁における亀山継夫裁判官ら補足意見2，呉市教研集会事件最高裁判決（最判平成18年2月7日民集60巻2号401頁）などでも用いられている。

8.3　教育を受ける権利

8.3.1　教育を受ける権利の内容

　日本国憲法26条1項は，「すべて国民は，法律の定めるところにより，その能力に応じて，ひとしく教育を受ける権利を有する」と規定し，続く2項では，子どもの教育を受ける権利に対応するよう，子女に普通教育を受けさせる義務を親権者（または，未成年後見人）に課している（教育基本法5条1項，学校教育法16条）。教育は，一定の知識や教養を身に付けさせ能力を開発させることであり，個人の人格形成にとって必要不可欠なものであるとともに，民主的な国家の存立と発展を担う健全な国民を育成することにも役立つ。

　教育を受ける権利は，国民が国家に対して合理的な教育制度を整備し，適切な教育の場を提供することを要求する権利である。これに対応して，国は，教育制度を維持し，教育条件を整備する義務を負う。具体的には，国家は，教育基本法や学校教育法などの各種教育法令を制定し，学校制度などを整備して，国民に教育を受ける権利を提供することで，個人の教育を受ける権利を実現する（国民が権利の実現のための手段としての制度・政策・法律を国家に対して要求し，国家がそれに応えて制度・政策・法律を国民に提供し，国民がそれらを利用することによって実質的に権利を実現するという意味で，教育を受ける権利は社会権である）。

　教育を受ける権利は，今日では，子どもが教育を受けて学習し，人間的に発達・成長していく権利（学習権）として理解されている。判例も，26条の背景に，「みずから学習することのできない子どもは，その学習要求を充足するための教育を自己に施すことを大人一般に対して要求する権利を有するとの観念が存在している」と述べている（旭川学テ事件最高裁判決〔最大判昭和51年5月21日刑集30巻5号615頁〕）。

　教育を受ける権利は，基本的には社会権であるが，（他の社会権と同様に）自由権的な側面もある。すなわち，国民が自由かつ独立の人格として成長することの妨

げとなるような介入（例えば，誤った知識や一方的な観念を子どもに植えつけるような
内容の教育）は，国家によってなされてはならない。判例も，教育内容に対する党
派的な政治的観念や利害による国家的介入については，できるだけ抑制的である
ことが要請されると判示している（旭川学テ事件最高裁判決）。

　26条1項が，教育を受ける権利について，「その能力に応じて，ひとしく」と
定めていることから，教育の機会均等は，（憲法14条1項の平等原則だけでなく）本
条によっても要請される。これを受けて，教育基本法4条1項は「すべて国民は，
ひとしく，その能力に応じた教育を受ける機会を与えられなければならず，人種，
信条，性別，社会的身分，経済的地位又は門地によって，教育上差別されない」
と定める。学校における入学者選抜は，教育を受ける能力と無関係な家庭的・経
済的事情等によって行うことは許されないが，公正な入学試験によって行うこと
は認められる。さらに，教育分野における実質的平等の観点から，障害者がその
障害の状態に応じて十分な教育を受けられるように教育上の必要な支援を講じる
ことと，能力があるにもかかわらず経済的な理由によって修学が困難な者に対し
て奨学の措置を講じることを国及び地方公共団体に義務づけている（同法4条2項，
3項）。

　教育を受ける権利を実質的に保障するために，憲法は，義務教育を無償として
いる（26条2項）。無償とされる範囲については，授業料のみであるという見解と，
授業料に限らず学用品費その他就学に必要な費用一切であるという見解とが対立
している。通説・判例（教科書無償訴訟最高裁判決〔最大判昭和39年2月26日民集18
巻2号343頁〕）によれば，26条2項にいう義務教育の無償とは授業料を徴収しない
ことを意味するものとされているが，実際には，1963（昭和38）年度以降，法律
（義務教育諸学校の教科用図書の無償に関する法律，義務教育諸学校の教科用図書の無償措
置に関する法律）によって教科書も無償で配布されている。

8.3.2　教育権の所在

　教育を受ける権利に関連して，教育権（教育内容を決定する権能）の所在が議論さ
れている。教育権は，教育を受ける権利ではなく教育内容を決定する権能を指す
ということに注意が必要である（教育を受ける権利は，教育権ではなく学習権である）。
教育権は，むしろ，13条（幸福追求権），23条（学問の自由）または26条1項（教
育を受ける権利）によって保障される教育の自由（国家による不当な介入を受けずに自

由に教育を行う自由）と関連する（教育の自由は，親権者とその子ども，教師と生徒，私立学校とその生徒など，その主体と客体との関係次第で，その内容は異なる）。

　教育権の所在とは，教育内容を決定する権能がどこにあるのかという問題であり，具体的には，国家にあると解するべきか（国家教育権説），それとも学校の教師にあると解するべきか（国民教育権説）との対立である。

　国家教育権説は，国は，国民の信託を受けて適切な教育政策を樹立・実施する権能を有しているから，教育の内容・方法について法律で包括的に定めることができる（国家は，教師の教育の自由に合理的な制約を加えることが許される）という見解である。公教育制度を支配し，そこで実現されるべきものは，国民全体の教育意思であり（子どもの親の意思も含まれるが，それだけではなく国民全体の意思が重要となる），その教育意思は，議会制民主主義の下では，国民の代表機関である国会による法律の制定によって具体化される（さらに，国会を通じて民主的正統性が与えられた内閣や，その指揮を受けた行政各部である文部科学省の官僚組織等が，より具体的な教育政策を決定し，地方の教育委員会や各学校の校長等を通じて伝えられる）。

　一方，国民教育権説は，子どもの教育に責任を負うのは，親権者とその付託を受けた教師を中心とする国民全体であるから，学校の教師は，公権力による支配・介入を受けないで自由に子どもの教育内容を決定することができる（その一方で，国は，外的条件の整備のみでしか教育に関与できず，教育の内容・方法については，原則として学校現場に介入できない）という見解である。この見解は，教育権の主体はまずは親であるということを出発点とし，今日の教育が，親から子への私教育から，教育のための施設（学校）や教育の専門家（教師）を具備した公教育へと中心が移ってきている（子の教育について，〔教育の専門家ではない〕親が自らできることには限界がある）ことから，親が有する子どもの教育権は学校の教師に委ねられ，教師は教育専門家としての立場から，（親になり代わって）教育内容を決定する。

　最高裁判所は，旭川学テ事件判決（最大判昭和 51 年 5 月 21 日刑集 30 巻 5 号 615 頁）において，国家教育権説も国民教育権説もいずれも極端かつ一方的であると述べ，折衷説に立つことを明らかにしている。すなわち，親の教育の自由は，主として家庭教育などの学校外での教育や学校選択の自由に現れるものであり，私学教育における自由や教師の教育の自由も，限られた一定の範囲で肯定しうるが，それ以外の領域においては，国が，国政の一部として広く適切な教育政策を樹立・実施すべく，また，子ども自身の利益の擁護と子どもの成長に対する社会公共の利益に応えるため，必要かつ相当と認められる範囲において，教育内容を決定する

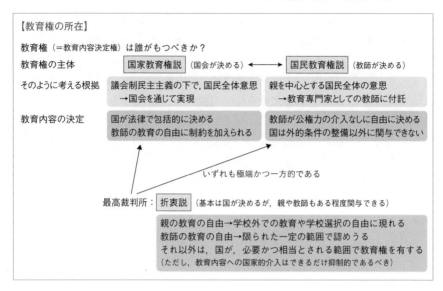

【教育権の所在】

教育権（＝教育内容決定権）は誰がもつべきか？

教育権の主体　　　　　国家教育権説（国会が決める）◀──▶　国民教育権説（教師が決める）

そのように考える根拠　議会制民主主義の下で, 国民全体意思　　親を中心とする国民全体の意思
　　　　　　　　　　　→国会を通じて実現　　　　　　　　→教育専門家としての教師に付託

教育内容の決定　　　　国が法律で包括的に決める　　　　　　教師が公権力の介入なしに自由に決める
　　　　　　　　　　　教師の教育の自由に制約を加えられる　国は外的条件の整備以外に関与できない

　　　　　　　　　　　　　　　　　　　いずれも極端かつ一方的である

　　　　　　　　最高裁判所：折衷説（基本は国が決めるが, 親や教師もある程度関与できる）

　　　　　　　　　　　親の教育の自由→学校外での教育や学校選択の自由に現れる
　　　　　　　　　　　教師の教育の自由→限られた一定の範囲で認めうる
　　　　　　　　　　　それ以外は, 国が, 必要かつ相当とされる範囲で教育権を有する
　　　　　　　　　　　（ただし, 教育内容への国家的介入はできるだけ抑制的であるべき）

権能を有するとするのが, 判例の立場である。ただし, 最高裁判所は, 「政党政治の下で多数決原理によつてされる国政上の意思決定は, さまざまな政治的要因によつて左右されるものであるから, 本来人間の内面的価値に関する文化的な営みとして, 党派的な政治的観念や利害によつて支配されるべきでない教育にそのような政治的影響が深く入り込む危険があること」を踏まえれば, 教育内容に対する国家的介入はできるだけ抑制的であることが要請されるなどとも述べている。

8.4　勤労の権利・労働基本権

8.4.1　勤労の権利・勤労の義務

　日本国憲法27条1項は, 「すべて国民は, 勤労の権利を有し, 義務を負ふ」と規定しており, 勤労の権利を国民に保障するとともに, 勤労の義務を規定する。
　勤労の権利とは, 国民が国家に対して（労働の自由を前提として）労働の機会を提供することを要求する権利である。国民が公権力によって勤労の権利を侵害されないという意味で自由権的側面もあるが, それは営業の自由（職業遂行の自由）と

して22条1項で保障されると解されるため，より重要な点は，社会権としての側面である。従来の通説は，国家が国民に労働の機会を保障する政治的義務を課したものであり，国民に具体的権利を認めたものではない（プログラム規定説）と解していたが，現在では，勤労関係の法律の改廃による勤労の権利の侵害を裁判所で争いうる抽象的権利であるとする見解（抽象的権利説）が有力である（国が必要な施策を講じない場合には，立法不作為の違憲確認訴訟を提起しうるという具体的権利説もある）。また，27条は（私人間効力に関するどの立場をとっても）私人間に直接的に適用されるため，使用者との関係で，使用者の解雇の自由を制限する（正当な理由なく被用者は解雇されない権利を有する）法的効力が認められるとも解される。ただし，27条1項前段を直接の根拠に，個人が就労の機会を与えるように国家に対して請求できる具体的権利を認めたものではない。

　この勤労の権利を受けて，職業安定法，労働施策の総合的な推進並びに労働者の雇用の安定及び職業生活の充実等に関する法律（旧 雇用対策法），雇用保険法，職業能力開発促進法，男女雇用機会均等法（雇用の分野における男女の均等な機会及び待遇の確保等に関する法律），高年齢者雇用安定法（高年齢者等の雇用の安定等に関する法律），障害者雇用促進法（障害者の雇用の促進等に関する法律）などが制定され，一般的な雇用促進，個々の職業紹介，職業訓練の場の提供，就労機会の実質的保障，失業者の生活保障などが整備されている（なお，憲法28条に基づき制定される労働基準法なども，27条による勤労の権利の保障に資するものである）。

　27条1項後段の勤労の義務とは，勤労の能力があり機会があるにもかかわらず，勤労をしない者には，生存権（25条）や勤労の権利（27条1項前段）の保障が及ばないという意味であり（生活保護法4条1項参照），国家が個人に勤労を強制することを認める趣旨ではない（個人に労働を強制すれば，意に反する苦役からの自由〔憲法18条後段〕の侵害になる）。

　27条2項は，「賃金，就業時間，休息その他の勤労条件に関する基準は，法律でこれを定める」と規定している。労働に関する契約は，もともと労働者と使用者との間での自由な契約に委ねられていたが，労使関係を放任すると，優位な立場にある使用者が労働者を酷使して，労働者は劣悪な労働条件下での労働を強いられることになる。そこで，憲法は，労働条件の設定に国が関与し労働者を保護するため，最低賃金や最長労働時間等の労働条件の限界を法律で定めるものとしている（勤労条件法定主義）。これを受けて，労働基準法（同法1条1項は，「労働条件は，労働者が人たるに値する生活を営むための必要を充たすべきものでなければならない」

と定める），最低賃金法，労働契約法，労働安全衛生法，労働審判法などが制定されている。

27条3項は児童酷使の禁止を定めるが，これは，子どもを労働者として酷使することでその健康や福祉に害悪を及ぼすことを防ぐための規定である。これを受けて，労働基準法は，同法上の児童（満15歳に達した日以後の最初の3月31日が終了するまでの者）を労働者として使用することを原則として禁止し（56条1項），18歳未満の年少者を労働者として使用する場合に，年齢証明書の備付け（57条），変形労働時間制の不適用（60条），深夜業の禁止（61条），危険有害業務や坑内労働の禁止（62条，63条）などの制限を設けている。

　　　制定当初の労働基準法は，年少者とともに女子（女性）の労働者の時間外・休日
　　　労働，深夜業，危険有害業務への就業，坑内労働などを禁止していたが，1999（平
　　　成11）年の男女雇用機会均等法の改正に伴い，これら労働基準法の女性の保護の規
　　　定は削除された。

8.4.2　労働基本権の意義とその内容

日本国憲法28条は，「勤労者の団結する権利及び団体交渉その他の団体行動をする権利は，これを保障する」と定めている。ここでいう「勤労者」とは，労働力を提供して対価を得て生活する者のことであり，労働組合法3条にいう「労働者」（「職業の種類を問わず，賃金，給料その他これに準ずる収入によつて生活する者」）と同じ意味である。

前述のとおり，労働に関して労働者と使用者との間の自由な契約に委ねると，使用者との関係で不利な立場にある労働者は，個人としては使用者と対等な立場で労働条件を設定することが困難である（使用者から見れば，働きたいという潜在的労働者は多数存在する〔労働者の代わりはいくらでもいる〕ので，特定の労働者が個人として労働条件の向上を要求してきても，それに応じることなく，当該労働者を解雇して新たな労働者を雇えばよいということになる）。そこで，労働者が（労働組合を結成するなどして）団結し，（個人ではなく，労働組合などの一員として）団体交渉することを憲法上認めることで，使用者が労働者と実質的に対等な立場に立つことができるようにしている（一人の労働者を解雇してもすぐに代わりは見つかるが，労働条件の向上を求める労働者が多数の場合にその全員を一斉に解雇すれば，事業の継続が困難となることから，労働者一人ひとりは使用者との関係で弱い存在であるとしても，集団としてまとまれば，使

用者から見て強力な存在となり，対等な交渉ができるようになる）。さらに，使用者が労働条件の向上に応じない場合，団結した労働者は，ストライキなどの争議行為をすることで使用者を困らせて，交渉を優位に展開することが憲法上認められている。

　労働基本権とは，28条に規定されているとおり，団結権・団体交渉権・団体行動権の3つをいう。国民は，国家に対して，これら労働基本権を実現するための制度を創設することを要求する権利が保障されている（国家は，それに応じて労働基本権を実現するための法律を制定しなければならない義務を負う）という意味で，労働基本権は社会権である。また，国家は，労働基本権を制限するような立法その他の国家行為をしてはならず，労働者が労働基本権を行使しても（例えば，争議行為を行っても）刑罰を科しえないという点で，自由権的側面を有する。さらに，使用者は，労働者が労働基本権を行使したことを理由に解雇したり，損害賠償を請求したりすることができないという意味で，憲法28条の労働基本権は，直接，私人間に適用される。

　（1）団結権とは，労働条件の維持・改善などのために使用者と対等な交渉をするための労働者の団体を結成する権利であり，これには労働組合に参加する権利が含まれる。ここでいう労働者の団体とは，主として労働組合（永続的なもの）のことであるが，そのほかに，争議団のような一時的な団体をも含む（なお，労働組合法2条1項は，労働組合を「労働者が主体となつて自主的に労働条件の維持改善その他経済的地位の向上を図ることを主たる目的として組織する団体又はその連合団体」と定義する）。使用者は，労働者が労働組合の組合員であること，労働組合に加入し，または結成しようとしたこと，労働組合の正当な行為をしたことを理由に，その労働者を解雇その他の不利益な取扱いをしてはならない（同法7条1号本文前段）。また，使用者は，労働者が労働組合に加入しないことや，労働組合から脱退することを雇用条件とする黄犬契約をしてはならない（同法7条1号本文後段）。一方で，団結権は，使用者に対抗して交渉団体としての労働組合の立場を強化するために保障されるものであるから，その目的を達成するために，労働組合への加入強制や労働組合の内部統制権などが認められる（労働者個人の結社の自由を侵害しうることになるが，そこに結社の自由とは別に団結権が認められた意義があるため，強制加入などは憲法21条1項違反とは解されない）。従業員に労働組合への加入・脱退の完全な自由を認めるオープン・ショップ制のほかに，組合加入を雇用条件とするクローズド・ショップ制や，採用後一定期間内に組合に加入しなかったり，組合から脱退した

労働者を解雇したりするユニオン・ショップ制という方式がある（憲法28条の団結権は〔21条の結社の自由とは異なり〕消極的な権利を保障するものではないので，クローズド・ショップやユニオン・ショップといった加入強制は憲法28条違反ではないと解される）。労働組合は，その団結権を確保するためにかつ合理的な範囲で，その組合員に対する統制権を有する（三井美唄炭鉱労組事件最高裁判決〔最大判昭和43年12月4日刑集22巻13号1425頁〕）。ただし，判例は，選挙に際して労働組合が特定の候補者を組織的に支持している場合，組合の方針に反して立候補しようとした組合員に対して立候補を取りやめるよう要求し，これに従わないことを理由に処分することは，組合の統制権の限界を超えるものとして許されないと判示している（三井美唄炭鉱労組事件最高裁判決）。

　(2)　団体交渉権とは，労働者の団体が（その代表者を通じて）使用者と労働条件について交渉する権利である。労働組合と使用者との交渉の結果として，労働条件その他に関する労働協約（労働組合法14条）が締結される。使用者は，団体交渉を正当な理由なく拒むことができない（同法7条2号）。

　(3)　団体行動権は，労働者の団体が労働条件の実現を図るために，団体行動を行う権利である。団体行動には，平常の労働組合の活動（集会やビラの配布など）も含まれるが，その中心は，団体交渉を行うためにストライキ（同盟罷業）やサボタージュ（怠業）などの争議行為である（争議行為を行う権利を争議権という）。正当な争議行為は，刑事責任も民事責任も追及されない（犯罪の構成要件に該当するとしても正当業務行為〔刑法35条〕として違法性が阻却され〔労働組合法1条2項〕，使用者に損害が生じたとしても労働組合またはその組合員に対して損害賠償を請求できない〔同法8条〕）。正当な争議行為か否かについては，その目的及び手段・態様等で判断される。目的に関しては，学説は，純粋な政治スト（特定の法律案に反対したり，反戦を訴えたりするなど，政治的な目的で行われるストライキ）と，労働者の経済的地位の向上に密接に関わる経済的政治ストとを区別して，前者はその相手方が使用者ではなく，団体交渉で解決できないものであるから違法であるとしても，後者は合法であると解する。一方，判例は，政治ストは一律に憲法28条の問題ではないとする（全農林警職法事件最高裁判決〔最大判昭和48年4月25日刑集27巻4号547頁〕）。争議行為の手段・態様等に関して，労働者が使用者の経営支配を排除し，事業所等を接収して自ら経営する生産管理は，使用者側の私有財産の基幹を揺るがすものであるため違法であるとする判例（山田鋼業事件最高裁判決〔最大判昭和25年11月15日刑集4巻11号2257頁〕）がある。なお，暴力の行使は，いかなる場合でも労働

組合の正当な行為と解釈されない（労働組合法1条2項但書）。

　労働基本権の行使は社会的影響力が大きい（したがって，制限に服すべき要請が高い）が，労働者の生活する権利として尊重されなければならないため，それを規制する立法については立法府の裁量を過度に重視すべきではないと解される。したがって，労働基本権は精神的自由権と経済的自由権との中間に位置するものとして，LRA の基準（より制限的でない他の選びうる手段の基準）で合憲性を考えるべきである（通説）。

第9章

参 政 権

9.1 選挙権・被選挙権

9.1.1 参政権の意義

　参政権とは，国民が主権者として国（地方公共団体を含む）の政治に参加する権利である。具体的には，公職の選挙における選挙権・被選挙権，公務就任権（公務員となる資格），国民投票・住民投票における投票権のことを指す。

　　公務就任権の憲法上の根拠条文については，参政権の一般的な保障規定である15条1項を挙げる見解のほかに，「政治的……関係において，差別されない」とする14条1項，職業選択の自由を保障する22条1項，幸福追求権を保障する13条などを挙げる見解もある。なお，「日本国憲法又はその下に成立した政府を暴力で破壊することを主張する政党その他の団体を結成し，又はこれに加入した者」には，法律上，公務就任権が制限される（国家公務員法38条4号，地方公務員法16条4号）。

　　投票権に関して，憲法上，制度化されている国民投票・住民投票として，最高裁判所裁判官の国民審査（79条2項），地方自治特別法の住民投票（95条），憲法改正の国民投票（96条1項）の3つがある。このうち，国民審査権については，「国民主権の原理に基づき憲法に明記された主権者の権能の一内容である点において選挙権と同様の性質を有する」ものであり，「国民の審査又はその行使を制限することは原則として許され」ないとするのが判例の立場である（在外国民国民審査権訴訟最高裁判決〔最大判令和4年5月25日民集76巻4号711頁〕）。

　参政権は，自由権（消極的権利）や国務請求権・社会権（積極的権利）とは異なり，国家と国民とが対峙するのではなく，国民がまさに国家権力を行使する場面であるという意味で，能動的権利であるといえる。すなわち，国民は，公職の選挙における投票を通じて，国の政治に（地方政治に関しても）影響を与え，公務員として公権力の行使をし，あるいは直接投票で政治的決定に参画する。

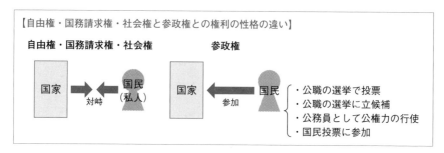

【自由権・国務請求権・社会権と参政権との権利の性格の違い】

自由権・国務請求権・社会権　　　　　参政権

国家　←対峙→　国民（私人）　　　　国家　←参加　国民
・公職の選挙で投票
・公職の選挙に立候補
・公務員として公権力の行使
・国民投票に参加

　日本国憲法 15 条 1 項は，「公務員を選定し，及びこれを罷免することは，国民固有の権利である」と規定しているが，これは公務員の選定（任命や選挙など，ある者を一定の地位に就かせる行為）と罷免（その意思にかかわらず，一方的にその者の地位を奪う行為）について国民が権利を有しており，国政を担当する公務員の権威が国民に由来することを明らかにするものであって，必ずしもすべての公務員を国民が直接的に選定し，罷免しうることを保障するものではない（最大判昭和 24 年 4 月 20 日民集 3 巻 5 号 135 頁）。

　国会議員（43 条 1 項）や地方公共団体の長・議会の議員等（93 条 2 項）は，国民（住民）による直接の選挙で選任できるが，内閣総理大臣，国務大臣，裁判官等の任免については（国民審査を通じた最高裁判所裁判官の罷免〔79 条 3 項〕のほかは），国民の信託を受けた憲法所定の諸機関を通じて間接的に行われている（6 条，7 条 5 号，67 条，68 条，79 条 1 項，80 条）。憲法に任免に関する規定が設けられていない公務員について，15 条 1 項に定める選定罷免権をどのように具体化するかは，主権者たる国民を直接代表する国会が決定すべきことになる。

　なお，国民投票などに基づき国会議員の罷免権は認められないというのが通説的見解である。なぜならば，（1）憲法が国会議員について国民の選挙による選定のみを規定しており，罷免に関する規定を置いておらず（43 条 1 項），（2）15 条 1 項は，個々の公務員すべてについて国民がその任免権をもつべきだという意味ではない（すべての公務員の選定・罷免が，主権者である国民の意思に基づいてなされるべきだという趣旨である）し，（3）国会議員は，ひとたび選挙で選ばれたら，全国民の代表となる（43 条 1 項，51 条）ので，選挙区の代表者ではない以上，個別の利益から切断されるべきであり（43 条 1 項にいう「代表」を政治的代表ないしそれに加えて社会学的代表と解するならば，有権者による議員への命令委任は禁止される〔詳しくは，10.1.4 国会の地位——国民の代表機関を参照〕），（4）国会議員がその地位を失う場合

は憲法に列挙されており（45条，46条，55条，58条2項，69条），そこに国民投票などに基づく罷免が挙げられていないためである。

憲法15条2項は，「すべて公務員は，全体の奉仕者であつて，一部の奉仕者ではない」と規定する。15条1項が公務員の地位の根拠を規定しているのに対して，2項は，公務員の基本的性格（全体の奉仕者であること）を示している。なお，15条にいう公務員とは，立法・行政・司法に関する国及び地方公共団体の事務を担当する職員すべてを指し，選挙によって選出される・されないにかかわらず，常勤・非常勤を問わず，また，国家公務員法・地方公務員法にいう一般職だけでなく特別職も含む（このことは，15条1項のみならず，2項についても妥当するため，選挙によって選出される国会議員等は，自分に投票した一部の有権者に奉仕するのではなく，あくまで全体の奉仕者として，すべての国民に奉仕しなければならない）。

9.1.2　選挙権の法的性格

参政権の中でも最も重要な権利は，選挙権である。選挙権とは，選挙人として選挙に参加する権利を意味し，15条1項によって保障される。判例は，「国民の代表者である議員を選挙によって選定する国民の権利は，国民の国政への参加の機会を保障する基本的権利として，議会制民主主義の根幹を成すものであ」ると判示している（在外国民選挙権訴訟最高裁判決〔最大判平成17年9月14日民集59巻7号2087頁〕）。また，選挙権の制約に関して，最高裁判所は，「国民の選挙権又はその行使を制限することは原則として許されず，国民の選挙権又はその行使を制限するためには，そのような制限をすることがやむを得ないと認められる事由がなければならない」と判示している（在外国民選挙権訴訟判決）。

　　　公職選挙法9条は，国会議員の選挙について，日本国民であることと，満18歳以上であることを，地方公共団体の議会の議員・長の選挙については，それらに加えて，一定の住所要件を満たしていることを，選挙権の要件としている。ただし，拘禁刑により刑事施設に収容されている者，公職にある間に犯した収賄罪等により刑に処せられその刑期経過後5年間を経過しない者，選挙犯罪により選挙権・被選挙権が停止されている者などは，選挙権を有しない（同法11条，252条）。

選挙権の法的性格については，選挙人としての地位に基づいて公務員の選挙に関与する公務と見るか（公務説），国政への参加を国民に保障する権利と見るか（権利一元説），議論が分かれている。通説は，権利としての側面と公務としての側

面とを併せもつとしている（二元説）。権利一元説によれば，選挙権は政治的意思決定能力を有する人民が国家権力の行使に参加する当然の権利であり，その権利には内在的制約のみが許され，選挙人の資格（受刑者の選挙権の剥奪は違憲であるとする），投票価値の絶対的平等（投票価値は1対1のみが許され，1対2以上の較差は一切認められない），選挙運動に対する規制などに関する立法裁量を認めない。一方，二元説は，選挙権が国民の基本的権利であることは認めるものの，公務員という国家機関を選定する権利であり，純粋な個人的権利とは異なる，公務としての性格があることを否定できないとする。

　拘禁刑以上の刑に処せられている者（執行猶予中の者を除く）や，選挙犯罪により刑に処せられている者などは，公職選挙法上，選挙権・被選挙権を有しない（11条）が，二元説によれば，これらは，選挙権の公務としての特殊な性格に基づく必要最小限度の制限と考えられる。同法252条所定の選挙犯罪者について，最高裁判所は，「現に選挙の公正を害し……選挙に関与せしめるに不適当なもの」であるから，「一定の期間，公職の選挙に関与することから排除するのは相当」であり，それは差別的待遇ではないし不当に参政権を剥奪するものでもないと判示している（最大判昭和30年2月9日刑集9巻2号1217頁）。

　　なお，成年被後見人について，かつて公職選挙法は選挙権を認めていなかった（11条1項1号）が，東京地判平成25年3月14日判時217号3頁は，これを憲法15条1項，3項，43条1項，44条但書に違反すると判示した。そして，成年被後見人の選挙権は，2013（平成25）年5月の法改正により認められるようになった。

　選挙における投票の棄権については，権利一元説によれば，単に権利を行使しないことを意味するだけであり，無条件で認められる一方で，公務説によれば，公務員の選挙への関与という重要な公務に従事しないものとして否定的に評価される。権利と公務の両側面を有するという二元説によれば，選挙権は積極的に行使されるべきであるが，その行使は選挙人の自覚に待つべきであり，もし選挙人に投票を強制すれば（投票率は上昇しうるが）選挙が不明朗なものになるおそれがあることや，そもそも選挙人が棄権する原因はさまざまであり，必ずしも一概に棄権を責めることはできないことなどから，棄権の自由を認めうるという。

　これに関連して，選挙の際に有権者に投票を義務づける制度を設けることについては，権利一元説は（消極的な選挙権の行使である棄権の自由を認めないという点で）選挙権を侵害するものであり違憲であるとし，公務説はむしろ義務投票制は要請されるとするが，二元説によれば，憲法上，禁止されるという見解もあれば許容

されるという見解（義務投票制としても選挙人には白票を投ずる自由がある点を重視する）もありうる。そもそも選挙における投票は各有権者の自由意思に基づき行われるべきであり，義務投票制は選挙の自由と公正を害することになるとして，義務投票制は憲法上禁止されているという見解が通説である。

9.1.3　在外選挙制度

　外国に長期滞在する日本国民は，かつて選挙人名簿に登録されておらず，選挙権を行使できなかった。1998（平成10）年に公職選挙法が改正され，2000（平成12）年5月以降，外国に長期滞在する日本国民であっても，在外選挙人名簿に登録されれば，衆議院・参議院の選挙において，選挙権の行使が認められるようになった（在外選挙制度）が，対象となる選挙は，当分の間，衆議院と参議院の比例代表選挙に限定されていた。そこで，外国に在住する日本国民が，①1998（平成10）年改正前の公職選挙法が原告に国政選挙の選挙権の行使をまったく認めていなかった点で違憲であることの確認，②改正後の公職選挙法が原告に小選挙区・選挙区の選挙の選挙権の行使を認めていない点で違憲であることの確認，③原告が小選挙区・選挙区の選挙の選挙権を行使する権利を有することの確認，④国会が在外国民が選挙権を行使できるよう公職選挙法を改正しなかったため原告が1996（平成8）年の総選挙で投票できなかったことについての損害賠償の4点を請求する訴訟を提起した。

　これに対して，最高裁判所は，①・②の請求に関して，本件では選挙権行使の制限が許される「やむを得ないと認められる事由」はなく，改正前の法律が国政選挙の選挙権の行使をまったく認めていなかったことと，改正後の法律が対象となる選挙を限定している部分は憲法15条1項，3項，43条1項，44条但書に違反すると判示したが，①・②請求自体は（他により適切な訴えによりその目的を達成できる場合は）確認の利益が認められず，不適法であるとして却下した。一方，③の請求は公法上の当事者訴訟（行政事件訴訟法4条）のうち公法上の法律関係に関する確認の訴えとして適法であるので，原告が次回の選挙で「在外選挙人名簿に登録されていることに基づいて投票することができる地位」にあることを確認するとともに，④の請求につき，「国民に憲法上保障されている権利行使の機会を確保するために所要の立法措置を執ることが必要不可欠であり，それが明白であるにもかかわらず，国会が正当な理由なく長期にわたってこれを怠」ったことにつ

き，国家賠償法の適用上，違法の評価を受けると判示した（在外国民選挙権訴訟判決〔最大判平成 17 年 9 月 14 日民集 59 巻 7 号 2087 頁〕）。

その後，2006（平成 18）年に公職選挙法が改正され，2007（平成 19）年 6 月以降，比例代表選挙以外の選挙についても，在外投票が認められるようになった。

> 国民審査権についても，在外国民に対して保障されていなかったが，最高裁判所は，これを憲法 15 条 1 項，79 条 2 項，3 項に違反すると判示した（在外国民国民審査権訴訟判決〔最大判令和 4 年 5 月 25 日民集 76 巻 4 号 711 頁〕）。そこで，2022（令和 4）年の法改正により，2023（令和 5）年 2 月以降，在外国民であっても，在外選挙人名簿に登録されれば，最高裁判所裁判官の国民審査権の行使が認められるようになった。

9.1.4 被選挙権

憲法上の被選挙権とは，選挙人団によって選定されたとき，これを承諾して公務員となる資格である（選挙されうる資格・地位のことであって，選挙されることを主張しうる権利ではない）。被選挙権を保障する明文の規定は存在しないが，これは選挙権と表裏の関係にあるから，選挙権を保障する 15 条 1 項によって保障されると解される。

> 公職選挙法 10 条は，日本国民であることと，一定の年齢（衆議院議員は満 25 歳，参議院議員は満 30 歳，都道府県議会議員は満 25 歳，都道府県知事は満 30 歳，市町村議会議員・市町村長は満 25 歳）以上であることを，地方公共団体の議会の議員の選挙については，それらに加えて，その選挙権を有すること（住所要件）を，被選挙権の要件としている。ただし，拘禁刑により刑事施設に収容されている者，公職にある間に犯した収賄罪等により刑に処せられその刑期経過後 10 年間を経過しない者，選挙犯罪により選挙権・被選挙権が停止されている者などは，被選挙権を有しない（同法 11 条，11 条の 2，252 条）。

憲法上の被選挙権を有する者は，選挙の際に立候補することが認められるため，国民が選挙に立候補する権利（立候補の自由）は憲法で保障された国民の基本的な権利である（これも〔法律上の〕被選挙権と呼ばれることがある）。この立候補の自由も，憲法上の根拠となる明文の規定がないが，その根拠については，13 条に求める見解（幸福追求権に基づく新しい人権ととらえる）と，15 条 1 項に求める見解（選挙権と一体のものとして立候補の自由をとらえる）がある。

判例は，「被選挙権，特に立候補の自由」は，「選挙権の自由な行使と表裏の関係」にあるとして，憲法 15 条 1 項によって保障される権利であると判示している

（三井美唄炭鉱労組事件最高裁判決〔最大判昭和 43 年 12 月 4 日刑集 22 巻 13 号 1425 頁〕）。

　選挙運動の総括主宰者等ないし組織的選挙運動管理者等の選挙犯罪による候補者であった者の当選無効・立候補禁止を定める連座制（公職選挙法 251 条の 2，251 条の 3）について，判例は，選挙の公明・適正というきわめて重要な法益の達成のために必要かつ合理的な規制であり憲法 15 条等に違反しないと判示している（最判平成 8 年 7 月 18 日判時 1580 号 92 頁，最判平成 9 年 3 月 13 日民集 51 巻 3 号 1453 頁）。

9.1.5　選挙運動の自由

　選挙運動の自由は，本来，憲法 21 条 1 項の表現の自由として保障される。したがって，その制約は必要最小限度にとどめられなければならない。その一方で，選挙を公正に行うためには，一定の制約を設けざるをえない。

　公職選挙法は，選挙の公正という見地から，事前運動の禁止（129 条，239 条 1 項 1 号），戸別訪問の禁止（138 条，239 条 1 項 3 号），文書図画の規制（142 条〜147 条，243 条 1 項 3 号〜5 の 2 号），選挙における報道・論評等の規制（148 条 3 項，235 条の 2 第 2 号）等の規定を設け，選挙運動の自由を制限している。最高裁判所は，選挙の公正という見地から，いずれも合憲であると判示している（後述）。一方，学説は，公職選挙法による制限が過度に規制的であるとして，それを合憲とする判例の立場におおむね批判的である（厳格な合理性の基準で審査し，立法事実の検証を通じて，より制限的ではない他の選びうる手段〔LRA〕の有無を検討すべきなどとする）。

　各選挙につき候補者・名簿の届出の日から当該選挙の期日前日までの法定選挙運動期間以外の事前運動の禁止に関して，判例は，選挙運動を常時許容すれば，（1）不当・無用な競争を招き，（2）不正行為の発生等により選挙の公正を害するおそれがあるほか，（3）いたずらに経費や労力がかさみ，経済力の差による不公平が生ずる結果となり，（4）ひいては選挙の腐敗を招来するおそれがあるため，選挙運動の期間を限定する必要があることを挙げ，憲法 21 条に違反しないと判示する（最大判昭和 44 年 4 月 23 日刑集 23 巻 4 号 235 頁）。

　選挙に関し投票を得る目的等で戸別訪問をすることの禁止について，（憲法 21 条によって保障される）意見表明そのものの制約を目的とするものではなく，意見表明の手段・方法のもたらす弊害（戸別訪問が，（1）買収・利害誘導等の温床になりやすく，（2）選挙人の生活の平穏を害し，（3）候補者側は訪問回数等を競わざるをえなくなり，多額の費用が掛かり，（4）投票も情実に支配されやすくなる）を防止し，もって選

挙の自由と公正を確保することを目的としているところ，この目的は正当であり，戸別訪問の一律禁止という手段と目的との間に合理的な関連性があり，選挙の自由と公正の確保という禁止により得られる利益は失われる利益よりも大きい（戸別訪問以外の手段・方法による意見表明の自由を制約されておらず，単に手段・方法の禁止に伴う限度での間接的・付随的な制約にすぎない）ため，憲法21条に違反しないとする（戸別訪問事件最高裁判決〔最判昭和56年6月15日刑集35巻4号205頁〕）（なお，表現内容中立規制については，5.3.4 表現内容規制と表現内容中立規制を参照）。

　選挙運動期間中の法定外文書の頒布・掲示の禁止について，これを認めれば，選挙運動に不当の競争を招き，かえって選挙の自由・公正を害するなどの結果をきたすおそれがあるところ，そのような弊害を防止することは，公共の福祉のため必要かつ合理的な制限（時・所・方法の規制）であり，憲法21条に違反しないとする（最大判昭和30年3月30日刑集9巻3号635頁，最大判昭和30年4月6日刑集9巻4号819頁）。

　なお，衆議院の小選挙区比例代表並立制における，候補者届出政党に所属する者とそうでない者との間の選挙運動の機会の不均等については，10.4.2 現行の選挙制度の合憲性を参照。

9.1.6　近代選挙法の基本原則

　近代選挙法の基本原則として，一般に，次の5つが挙げられる。

　（1）普通選挙の原則　　普通選挙とは，主として，個人の財力を選挙権の要件としない制度をいう。これに対して，一定の財力（納税額が指標とされる）を有する者のみを対象とする選挙を制限選挙という。広義では，財力のほかに，教育や性別などを選挙権の要件としない制度をいう。日本国憲法は，成年者による普通選挙を保障している（15条3項）。わが国の選挙は，1889（明治22）年，一定額の納税をしている日本国民の男性にのみ選挙権を認める制限選挙の制度として始まり，1925（大正14）年に初めて，狭義の普通選挙（納税の有無・多寡を問わず，満25歳以上の日本国民の男性）が実現した。広義の普通選挙は，1945（昭和20）年，満20歳以上の（女性を含む）日本国民すべてに選挙権を認める形で認められた。そして，2015（平成27）年に選挙権年齢が満18歳に引き下げられた（2016〔平成28〕年6月施行）。

　（2）平等選挙の原則　　平等選挙とは，選挙権の数と価値を均等に扱う制度を

【近代選挙法の基本原則】

　普通選挙……財力を（教育や性別なども）選挙権の要件としない（15条3項）◀─▶制限選挙

　平等選挙……選挙権の数と価値と均等に扱う（14条1項，国会議員の選挙につき44条但書）
　　　　　　　◀─▶複数選挙・等級選挙

　自由選挙……棄権をしても制裁を受けない（選挙運動の自由も）◀─▶義務投票

　秘密選挙……投票の内容は秘密である（15条4項）◀─▶公開投票

　直接選挙……選出されるべき者に直接投票する（地方の首長・議会の議員の選挙につき93条2項）
　　　　　　　◀─▶間接選挙

いう。特定の選挙人に2票以上の投票を認める複数選挙制度や，選挙人を特定の等級に分けて等級ごとに代表者を選出する等級選挙制度は，この原則の下では認められない。日本国憲法は，14条1項で人種，信条，性別，社会的身分または門地による政治的関係における差別を禁止するとともに，44条但書で，国政選挙についてはそれらに加えて教育，財産または収入による差別を禁止している（9.2 一票の較差（議員定数不均衡）を参照）。

　（3）自由選挙の原則　　自由選挙とは，棄権をしても罰金等の制裁を受けない制度（棄権の自由）をいう（棄権の自由と義務投票制については，9.1.2 選挙権の法的性格を参照）。広義では，選挙運動の自由をも含むと解される（9.1.5 選挙運動の自由を参照）。狭義の自由選挙の原則については，それを明記した憲法条文はない。広義の自由選挙の原則については，憲法21条1項が根拠となる。

　（4）秘密選挙の原則　　秘密選挙とは，選挙人の投票の内容（どの候補者・政党に投票したのか）を秘密にする制度をいう。社会的に弱い立場にある選挙人の自由な投票を確保することが目的である。憲法は，すべての選挙における投票の秘密を保障している（15条4項）。選挙における投票用紙の検索が許されるか否かに関して，議員の当選の効力を定める手続において，選挙権のない者の投票についても，その投票が誰に対してなされたのかを取り調べてはならない（最判昭和25年11月9日民集4巻11号523頁）し，選挙犯罪についての刑事手続において，賄賂の授受と投票の事実を明らかにすれば足り，誰が誰に投票したかを明らかにする必要はないので，憲法15条4項の下で誰が誰に投票したかを審理することは許されない（最大判昭和24年4月6日刑集3巻4号456頁）とするのが判例の立場である。警察が捜査のために特定の候補者に対する投票用紙のすべてを押収したとしても，特定の選挙人の投票内容の探索が目的でなければ，投票の秘密に係る法的利益は

侵害されたとはいえない（最判平成9年3月28日判時1602号71頁）。

　（5）直接選挙の原則　　直接選挙とは，選挙人が（選挙で選出されるべき）公務員を直接に選出する制度をいう。一方，選挙人が中間選挙人を選出し，その中間選挙人が選挙で選出されるべき公務員を選出する制度を間接選挙という（例えば，アメリカ合衆国の大統領選挙は，有権者が一般投票の際に〔選挙人選挙で特定の大統領候補者に投票することを誓約した〕選挙人からなる選挙人団に投票し，その選挙人が選挙人選挙の際に大統領候補者に投票するという，間接選挙を採っている）。日本国憲法は，93条2項において，地方公共団体の長・議員の選挙について直接選挙の原則を規定している。一方，国会議員については，選挙で選出されるべきことが憲法上規定されている（43条1項）が，それが直接選挙でなければならないとは規定されていない（もっとも，憲法には間接選挙を示唆する規定が存在せず，また，間接選挙は有権者の判断能力への不信を前提としていることなどを踏まえれば，国会議員の選出について間接選挙を採用することは憲法上認められないとするのが通説的見解である）。

　なお，選挙制度の問題については，10.4.1 選挙制度を参照。

9.2　一票の較差（議員定数不均衡）

　以下では，選挙権の保障（権利の問題）という観点から，選挙における一票の較差（議員定数不均衡）の問題について検討する。現行の選挙制度の憲法適合性（制度の問題）については，10.4.2 現行の選挙制度の合憲性を参照。

9.2.1　一票の較差（議員定数不均衡）

　日本国憲法14条1項に（国政選挙に関しては，44条但書にも）いう法の下の平等・差別の禁止とは，選挙法の場面においては，すべての選挙人が等しく1票を行使しうる一人一票の原則（公職選挙法36条）という投票の数的平等だけではなく，各選挙人による投票の価値的平等をも意味する。このことが問題となるのは，各選挙区間の議員定数の配分に不均衡があるために，人口数（または，有権者数）との比率において，選挙人の投票価値に不平等が生ずる場合である。小選挙区選挙（衆議院の小選挙区選挙）では，各選挙区に配分される議員定数は等しく1であるが，選挙区をどのように区割りするかで，一票の較差の問題が生ずる。一方，大選挙

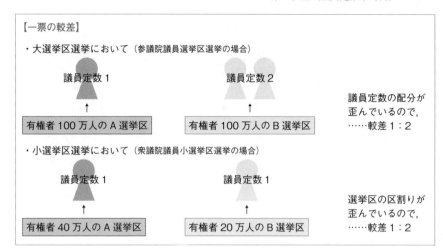

区選挙（参議院の選挙区選挙における 1 回の選挙あたりの改選数が複数の選挙区の選挙や，かつての衆議院の中選挙区選挙）では，選挙区割りだけでなく，各選挙区に何人の議員定数を配分するかも問題となる（議員定数不均衡）（選挙制度について詳しくは，10.4.1 選挙制度）。

　　　公職選挙法の規定による各選挙区の議員 1 人あたりの選挙人数を比較したときの，その最大のものと最小のものとの比率は，「較差」と表記する（ただし，新聞報道等では，「格差」と書かれることが多い）。

　最高裁判所も，1976（昭和 51）年の議員定数不均衡訴訟判決で，選挙権の平等が，「単に選挙人資格に対する制限の撤廃による選挙権の拡大を要求するにとどまらず，……選挙権の内容の平等，換言すれば，各選挙人の投票の価値，すなわち各投票が選挙の結果に及ぼす影響力においても平等であること」を意味すると判示している（最大判昭和 51 年 4 月 14 日民集 30 巻 3 号 223 頁）。

　近時は，国政選挙のたびに，一票の較差が問題視され，選挙無効訴訟（公職選挙法 204 条）が提起されている。

　判例の基本的な姿勢は，(1) 選挙における投票価値の不平等が合理性を有するとは考えられない程度に至る場合に違憲状態とし，さらに (2) それが憲法上要求される合理的期間内に是正が行われないときに違憲と判示するという 2 段階の審査方法を採っている。すなわち，投票価値の不平等の状態の合理性を欠くだけでは違憲状態にしかならず，それが合理的期間内に是正されないことが認められ

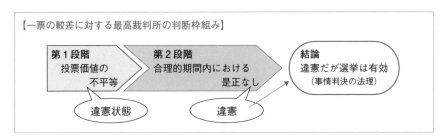

【一票の較差に対する最高裁判所の判断枠組み】

てはじめて違憲と判断される（合理的期間論）。最高裁判所によれば，投票価値の平等は，国会が選挙制度を決定する際に考慮しなければならない「唯一絶対の基準」ではなく，憲法43条2項・47条に基づき裁量権を行使する際に考慮しなければならない一つの要素にとどまる（したがって，学説が主張するような投票価値の平等の完全な実現は憲法上要求されない）というが，それでも，さまざまな考慮要素のうち「最も重要かつ基本的な基準」であり，選挙区割り・議員定数の配分を行う国会の裁量権の行使に合理性があるか否かが厳格に審査されている（前掲最大判昭和51年4月14日）。

　もっとも，最高裁判所が選挙を違憲とする場合でも，選挙の効力については，選挙を全体として無効にすることによって生じる不当な結果を回避するために，事情判決制度（行政処分の取消請求訴訟で，当該行政処分が違法であっても，それを取り消すことが公共の福祉に適合しないと認められるときは，行政事件訴訟法31条により，裁判所は処分が違法であると宣言して請求を棄却することができる）を応用した事情判決の法理（投票価値の不平等な制度の下で行われた選挙を違法と宣言するが，選挙自体は，それを無効とした場合に生じる不当な結果を避けるため，無効としない）という考え方の下で（ただし，公職選挙法219条1項は選挙関係訴訟に行政事件訴訟法31条を準用することを明文で排除している），選挙を無効とせず違法の宣言にとどめる（違憲な公職選挙法の定数配分規定に基づく選挙を無効とした場合，これによって憲法適合的な状態が直ちにもたらされるわけではない一方で，かえって違憲な選挙によって選出された議員が議員としての資格を失うことにもなるため，〔特定の選挙区の選挙を無効とするのではなく，全部を一体として無効とすれば，各議院の議員の全部または多数が存在しなくなることから〕今後の議院の活動が不可能になり，違憲な法律を憲法適合的に改正することもできなくなるという憲法の所期しない結果となるため，そのような解釈を採るべきではないと解される）。

　一方，学説は，選挙権の平等が（1人1票という）投票の数的平等だけでなく価値的平等をも意味するものであり，選挙権が（表現の自由と並び）民主政治を支え

る重要な権利であることから，投票価値の平等には厳格な司法審査が求められる
べきである（国民の意思を公正かつ効果的に代表するための人口以外の要素〔例えば，選
挙区の区割りに際して行政区画を前提とすること〕は，議員定数の配分が人口数に比例して
いなければならないという大原則の範囲内で認められるにすぎない）ため，特に衆議院
議員選挙について，特段の事情がない限り，最大較差が 2 対 1 未満でなければな
らないとする（通説）。較差が 2 対 1 以上に広がることは，平等選挙の本質を破壊
することになり（1 人 1 票が原則であるにもかかわらず，実質的に 2 票の価値をもつ 1 票
を行使できる国民が発生することになる），憲法 14 条 1 項に違反するためである。参
議院議員選挙については，二院制の趣旨に適合する公正かつ効果的な代表を実現
するために真にやむを得ない合理的理由があれば，人口比例の幅が衆議院の場合
よりも若干広くなる可能性もあるとの見解もある一方で，衆議院と同様に 2 対 1
の基準（それを超えたら直ちに違憲）を墨守すべきとの見解も有力である。

9.2.2　衆議院議員中選挙区選挙における一票の較差

　衆議院議員選挙が中選挙区選挙制度（1 つの選挙区から複数人〔3 人〜5 人〕の議員
を選出する制度）で行われていた時期に，選挙区間における議員 1 人あたりの選挙
人数の較差が最大 4.99 対 1 であったことを理由に選挙無効の訴えが提起された
事件において，最高裁判所は，(1) 投票価値の不平等が，国会において通常考慮
しうる諸般の要素を斟酌してもなお，一般的に合理性を有するとは到底考えられ
ない程度に達しており（国会の合理的裁量の限界を超えているものと推定され，これを
正当化すべき特段の理由が示されない限り，憲法違反と判断される），かつ，(2) 人口の
変動の状態を考慮しても合理的期間内における是正が憲法上要求されていると考
えられるのに，それが行われない場合には違憲となるという基準を示したうえで，
約 5 対 1 という較差は（約 8 年にわたってその是正がなされなかったことを考慮すると）
選挙の平等の要求に違反し，選挙区割り・議員定数配分の規定は（議員総数と関連
させながら決定されるので，1 つの部分の変動は他の部分に波動的に影響するため）全体
として違憲の瑕疵を帯びると判示した。ただし，選挙の効力については，選挙を
全体として無効にすることによって生じる不当な結果を回避するために，事情判
決の法理により，選挙を無効とせず違法の宣言にとどめる判決を行った（最大判昭
和 51 年 4 月 14 日民集 30 巻 3 号 223 頁）。

　その後，投票価値の不平等について，最判昭和 63 年 10 月 21 日民集 42 巻 8 号

644頁が最大較差2.92を合憲とする一方で，最大判平成5年1月20日民集47巻1号67頁は最大較差3.18を違憲状態（ただし，合理的期間内における是正がなされなかったとはいえない）と判示していた。また，合理的期間については，最大判昭和58年11月7日民集37巻9号1243頁が，1980（昭和55）年6月の総選挙における最大較差3.94を違憲状態にあるとしつつも，最大較差を2.92に縮小した1975（昭和50）年の法改正により不平等は一応解消されたと評価できるとしたうえで，本件選挙は改正法の公布から約5年後，施行から約3年半後に行われたものであり，合理的期間内における是正がされなかったとはいえないとして，定数配分規定を合憲であると判示した一方で，その約3年半後の，法改正がなされずそのまま実施された1983（昭和58）年12月の総選挙（最大較差は4.40に拡大していた）については，合理的期間内に是正が行われたとはいえず，定数配分規定を違憲（ただし，選挙自体は有効である）と判示した（最大判昭和60年7月17日民集39巻5号1100頁）。

9.2.3　衆議院議員小選挙区選挙における一票の較差

衆議院議員の選挙制度は，1994（平成6）年の公職選挙法改正により，小選挙区選挙（1つの選挙区から1人の議員を選出する）と比例代表選挙との並立制が導入された。なお，2012（平成24）年法改正前の区画審設置法（衆議院議員選挙区画定審議会設置法）3条1項は，「各選挙区の人口の均衡を図り，各選挙区の人口……のうち，その最も多いものを最も少ないもので除して得た数が2以上とならないようにすることを基本とし，行政区画，地勢，交通等の事情を総合的に考慮して合理的に行わなければならない」と規定し，また，同条2項は，「各都道府県の区域内の衆議院小選挙区選出議員の選挙区の数は，1に，公職選挙法……第4条第1項に規定する衆議院小選挙区選出議員の定数に相当する数から都道府県の数を控除した数を人口に比例して各都道府県に配当した数を加えた数とする」と規定していた（各都道府県に1議席を別枠として割り当てたうえで，残りの議席を人口に比例して配分する〔その後，都道府県内部で議席数分の小選挙区を作成する〕という方法を，一人別枠方式という）。

　　　一人別枠方式は，どんなに人口が少ない県でも必ず1議席は配分されることになるため，人口の少ない地方に有利な制度であるといわれる。

小選挙区選挙による初めての総選挙（1996〔平成8〕年10月）の最大較差2.309

について，最高裁判所は（一人別枠方式のために較差が生じるが，過疎地域への配慮のためにこの方式を採ることは立法裁量の範囲内であるとしたうえで）合憲と判示した（最大判平成 11 年 11 月 10 日民集 53 巻 8 号 1441 頁）。

しかし，5 回目の小選挙区選挙（2009〔平成 21〕年 8 月）に関して，最大判平成 23 年 3 月 23 日民集 65 巻 2 号 755 頁は，一人別枠方式について，「新しい選挙制度が定着し，安定した運用がされるようになった段階においては，その合理性が失われる」としたうえで，最大 2.304 の較差を違憲状態（合理的期間内に是正がされなかったとはいえない）と判示した。この平成 23 年判決を受けて，国会は，2012（平成 24）年 11 月に，区画審設置法 3 条 2 項を削除し一人別枠方式を廃止したが，選挙区割りと定数配分の是正（公職選挙法の改正）をしないまま，区画審設置法の成立と同日に解散が行われたため，同年 12 月の総選挙は 2009（平成 21）年の総選挙と同じ区割規定で行われ，その最大較差は 2.425 であった。

これに対して，最大判平成 25 年 11 月 20 日民集 67 巻 8 号 1503 頁は，憲法上要求される合理的期間内における是正がされたか否かに関して，「単に期間の長短のみならず，是正のために採るべき措置の内容，そのために検討を要する事項，実際に必要となる手続や作業等の諸般の事情を総合考慮して，国会における是正の実現に向けた取組が司法の判断の趣旨を踏まえた立法裁量権の行使として相当なものであったといえるか否かという観点から評価すべき」としたうえで，国会が一人別枠方式を廃止する区画審設置法の改正を行い，（総選挙後〔2013（平成 25）年 6 月〕ではあるが）区画審の勧告に基づき全国の選挙区間の人口較差を 2 倍未満に収めることを可能とする公職選挙法の改正を行ったことを考慮して，国会における是正の実現に向けた取組みがなかったとはいえず，合理的期間内における是正がされなかったとはいえないと判示した。その後，最大判平成 27 年 11 月 25 日民集 69 巻 7 号 2035 頁は，最大較差 2.129 を違憲状態（ただし，合理的期間における是正がされなかったとはいえない）と判示した。なお，2016（平成 28）年 5 月に区画審設置法が改正され，アダムズ方式（各都道府県の人口を一定の数値〔小選挙区基準除数〕で除した数の小数点以下を切り上げて，各都道府県の配分定数とし，その配分定数の合計が小選挙区の定数と合致するようにするものである）が採用された（3 条 2 項）。

アダムズ方式は，一人別枠方式と比べて，人口比を議員定数により反映させやすい制度であるが，各都道府県の人口を小選挙区基準除数で除した商の値の小数点以下を切り上げるので，どんなに人口が少ない県でも必ず 1 議席は配分されることになるため，一人別枠方式と同様に，人口の少ない地方に有利な制度であるといわれる。

9.2.4　参議院議員選挙区選挙における一票の較差

　参議院議員の選挙制度は，当初は，全都道府県の区域を通じて選出する全国区選挙と，都道府県の区域ごとに2人〜8人の議員（1回の選挙における改選議員数は1〜4）を選出する地方区選挙とで始まり，1982（昭和57）年の公職選挙法の改正によって，比例代表制が導入され，地方区は「選挙区」と改められた。現在は，基本的には都道府県の区域ごとに2人〜12人の議員（1回の選挙あたりの改選数は1〜6）を選出する選挙区選挙と，比例代表選挙とで行われる。このうち，地方区選挙・選挙区選挙において，一票の較差の問題が生じうる。

　最高裁判所は，選挙区間における議員1人あたりの選挙人数の較差が最大5.26であったことについて（選挙人数の多い選挙区の議員定数が，選挙人数の少ない選挙区の議員定数よりも少ないという逆転現象についても），参議院の地方区選挙に事実上の都道府県代表的な意義・機能をもたせることは許容されている（厳格な人口比例主義は要求されていない）としつつ（また，参議院は半数改選制〔憲法46条〕であり，定数の配分は偶数となるため，一票の較差の是正には限界があるとする），(1) 投票価値の不平等が到底看過することができないと認められる程度の著しい状態となり，(2) それが相当期間継続し，不平等状態を是正する措置を講じないことが国会の裁量的権限の限界を超えると判断される場合に，違憲になるという基準を示したうえで，上記の較差を許容限度を超えて違憲の問題が生ずる程度の著しい不平等状態が生じていたとはいえないと判示した（最大判昭和58年4月27日民集37巻3号345頁）。

　その後，最高裁判所は，最大較差5.85の参議院議員選挙を合憲とした（最判昭和63年10月21日判時1321号123頁）一方，最大較差6.59の選挙を違憲状態と判示した（最大判平成8年9月11日民集50巻8号2283頁）。

　しかし，最大判平成24年10月17日民集66巻10号3357頁は，参議院が衆議院とともに国権の最高機関として適切に民意を国政に反映する責務を負っている以上，参議院議員の選挙であること自体から直ちに投票価値の平等の要請が後退してよいと解すべきとはいえず，また，都道府県を参議院議員の選挙区の単位としなければならない憲法上の要請はなく，都道府県を選挙区の単位として固定する結果，投票価値の大きな不平等状態が継続するならば，仕組み自体を見直す必要があると述べたうえで，(昭和63年判決よりも較差の小さい) 最大較差5.00を違憲状態と判示した。さらに，最大判平成26年11月26日民集68巻9号1363頁は，

人口の都市部への集中による都道府県間の人口較差の拡大が続き，総定数を増や
す方法を採ることにも制約がある中で，半数改選という憲法上の要請を踏まえて
定められた定数の偶数配分を前提に，都道府県を各選挙区の単位とする仕組みを
維持しながら投票価値の平等の実現を図るという要求に応えていくことは著しく
困難であることを指摘したうえで，最大較差 4.77（2013〔平成 25〕年 7 月の通常選
挙）を違憲状態と判示した（平成 24 年判決から本件選挙までの 9 か月に法改正が行われ，
同判決の趣旨に沿った検討が行われていることを考慮して，較差是正に向けた国会の裁量
権の行使が相当ではないとはいえないとした）。

　この平成 26 年判決を受けて，国会は，2015（平成 27）年 8 月の公職選挙法の改
正により，都道府県を選挙区の単位とする仕組みを部分的に改め，鳥取・島根と
徳島・高知の各県を 1 つの選挙区（合同選挙区）に合区した（これによって，2016
〔平成 28〕年の通常選挙時には較差は最大で 3.08 にまで縮小し，最大判平成 29 年 9 月 27
日民集 71 巻 7 号 1139 頁は，これを合憲と判示した〔合区制度そのものの合憲性については，
10.4.2 現行の選挙制度の合憲性を参照〕）。

9.2.5　地方議会議員選挙における一票の較差

　都道府県議会議員の選挙区は，市の区域，市の区域と隣接する町村の区域を合
わせた区域，または隣接する町村の区域を合わせた区域のいずれかによることを
基本として，条例で定められる（公職選挙法 15 条 1 項）。また，市町村は，特に必
要があるときは，条例で選挙区を設けることができる（同条 6 項）。そして，同条
8 項によれば，「各選挙区において選挙すべき地方公共団体の議会の議員の数は，
人口に比例して，条例で定めなければならない」が，「特別の事情があるときは，
おおむね人口を基準とし，地域間の均衡を考慮して定めることができる」ので，
議会に選挙区別の定数決定についての裁量権が認められている。

　地方議会議員選挙における一票の較差に関しては，最大較差 7.45 であった
1981（昭和 56）年 7 月の東京都議会議員選挙（人口の多い選挙区の議員定数が人口の
少ない選挙区の議員定数より少ないという逆転現象もあった）について，最高裁判所は，
衆議院議員中選挙区選挙に係る最大判昭和 51 年 4 月 14 日民集 30 巻 3 号 223 頁を
引用したうえで，(1) 選挙区間における投票価値の不平等が地域間の均衡を図る
ため通常考慮しうる諸般の要素を斟酌してもなお，一般的に合理性を有するもの
とは考えられない程度に達しており（地方公共団体の議会の合理的裁量の限界を超え

るものと推定される），かつ，（2）人口の変動を考慮して合理的期間内における是正
が同項の規定上要求されているにもかかわらずなされなかったとき，公職選挙法
15条8項に違反する（ただし，事情判決の法理に基づき，選挙は違法であるが有効であ
る）とする控訴審判決を維持した（最判昭和59年5月17日民集38巻7号721頁）。

第 3 部
統治機構論

第10章

国会と立法権

10.1 立法権の概念と国会の地位

10.1.1 立法権の概念

立法権とは，形式的意味においては，（その規範の中身が何であるかを問わず）国法の一形式である法律（国会が制定する法規範）を定立する作用を指す一方で，実質的意味では，法規という特定の内容の法規範を定立する作用（法規範の形式を問わないため，法律でなくても命令〔行政機関が制定する法規範であり，政令・府令・省令を指す〕等であってもよい）をいう。日本国憲法41条にいう「立法」とは，実質的意味の立法をいう。

通説によれば，法規とは，およそ一般的・抽象的な法規範のすべてを指す。ここでいう法律が一般的であるということ（一般性）とは，法律が不特定多数の人に対して適用されることをいい，法律が抽象的であるということ（抽象性）とは，法律が不特定多数の場合ないし事件に適用されることをいう（したがって，特定の人や特定の場合にのみ適用されるような狙い撃ち的な法律〔処分的法律〕を，国会は制定すべきではないということになる）。

一方，立法の実務では，法規とは，一般的・抽象的な法規範のうち，国民の権利を直接に制限し，義務を課する法規範であると解される（内閣法11条参照）。この立場によれば，国民の権利義務に関わる事項は，法律で定めなければならない法律事項であるが，それ以外は一般的・抽象的な事柄であっても必ずしも法律で定めなければならないわけではないことになる。国民の権利義務にかかわり合いがなければ，法律で定めてもよいし，法律で定めなくても（命令で定めても）よいと考えられる（例えば，行政組織を法律で定めなければならないか否かに関して，行政組織は国民の権利を直接に制限したり，国民に義務を課したりするものではないから，〔省庁

【実質的意味の立法】

立法権 ┤・形式的意味＝法律という法形式の法規範の定立（中身は何でもよい）
　　　　└・実質的意味＝<u>法規</u>という内容の法規範の定立（法形式は何でもよい）
　　　　　　　↘とは？ ┤・通説＝一般的・抽象的な法規範
　　　　　　　　　　　　└・実務＝権利を制限し義務を課す法規範

の設置などの大綱的部分は法律による規律は必要であるとしても〕内部部局については法律で定めなくても〔政令で定めても〕よいと考えられる）。

　　社会に貢献した者を顕彰するための褒章という栄典（紫綬褒章や紺綬褒章など）は，戦前から褒章条例に基づき行われてきたが，これは，1881（明治 14）年に制定された太政官布告という法形式の法規範であった（太政官制の廃止以降は，褒章条例は，戦前は勅令によって改正されていた）。1955（昭和 30）年にこの褒章条例を改正する際に，国会によって制定される法律で改正すべきか，必ずしも法律という形式を採らなくてもよいかが問題となった。法規の概念について，一般的・抽象的な法規範すべてであると解するならば，褒章条例も法律による改正が必要となる（通説）が，政府は，法規とは権利を制限し義務を課する法規範であると解したうえで，栄典の授与が（相手方に利益を与えることはあっても）権利を制限したり義務を課したりすることにはならないため，法律という法形式は不要であるとして，政令で改正した。

　　処分的法律の制定の可否に関して，学校法人紛争の調停等に関する法律（昭和 37年法律 70 号）について，この法律がもっぱら学校法人名城大学の内紛を解決するために時限的な法律として制定されたものであり（そのことは国会における法案審議過程でも明らかにされている），1 つの事件の解決のみのためのものは法として一般性を欠き，憲法上の「法律」に該当しないため，それを国会が制定することは違憲だとの主張に対して，裁判所は，同法が法文上は名城大学以外の紛争にも適用することができるような形で制定されていることを理由に退けた（東京地判昭和 38 年 11 月12 日判タ 155 号 143 頁）。実際には，法の一般性の要件の趣旨に反しない限り（法律が誰に対しても平等に適用され，事件の処理について予測可能性が満たされており，かつ，権力分立原理の核心を侵害せず，議会と政府という憲法上の関係を破壊しない限り），受範者や適用事件が特定された処分的法律の制定も認められている。

　　なお，最高裁判所は，憲法上，「国民に対して義務を課し又は権利を制限するには法律の根拠を要するという法原則」があると判示している（旭川市国民健康保険条例違憲訴訟判決〔最大判平成 18 年 3 月 1 日民集 60 巻 2 号 587 頁〕）。

10.1.2　国会の地位──国権の最高機関

　41 条は，「国会は，国権の最高機関であつて，国の唯一の立法機関である」と

規定している。

　ここでいう「国権の最高機関」という文言については，国会が，国政についての最高の決定権ないし国政全般の統括権をもった機関であるというように法的意味でとらえる見解（統括機関説）も有力であるが，通説は，国会が，主権者である国民によって直接選任され，立法権をはじめ重要な権能を憲法上与えられ，国政の中心的地位を占める機関であるということを強調するための政治的意味をもつにすぎないとしている（政治的美称説）。統括機関説によれば，内閣や裁判所などの国家機関は最高機関たる国会の下位に置かれ，国権の発動のあり方について国会の意思に従わなければならないことになるが，それでは，権力分立原理が機能しなくなる（国会に対する抑制と均衡ができない）。したがって，政治的美称説が支持されることになるが，これによれば，国会は立法権を独占的に行使することによって，法律を執行・適用する行政機関や司法機関に対して論理的に先行し，実質的に優位に立つことになるとともに，法律の議決や憲法改正の発議などの国政上の重要な権能を保持することによって，国会が国政全般について強力な統制力を発揮しうる地位にあることになる（その一方で，国会は，内閣の衆議院解散権や裁判所の違憲審査権などによって抑制されうるため，主権者や総攬者のような立場ではない）。

　　「国権の最高機関」という文言について，国会が国政全般について最高の責任を（国民に対して）負う地位にある（国会は内閣や裁判所からの抑制を受けうるため，国会が上位から他の国家機関を統制する権能を有するわけではない）とする最高責任地位説も，学説上，有力である。

10.1.3　国会の地位──国の唯一の立法機関

　41 条にいう「国の唯一の立法機関」という文言については，（1）憲法に特別の定めがある場合（議院規則〔58 条 2 項〕，最高裁判所規則〔77 条〕）を除いて，国会以外の機関による立法が許されないということ（国会中心立法の原則）と，（2）憲法に特別の定めがある場合（地方自治特別法の住民投票〔95 条〕）を除いて，国会による立法は，国会以外の機関の参与を必要としないで成立すること（国会単独立法の原則）を意味する。

　　なお，条例は，国会と同様に住民によって選挙された議員で組織される地方議会が制定するものであることから，国会中心立法の原則の例外と見る必要はないと解される（通説）。

　明治憲法（大日本帝国憲法）下では，議会の関与を経ずに立法（独立命令，緊急勅令〔明治憲法下の天皇による命令〕）を行うことが認められており（8条，9条），それは法律と同一の効力を有していた。また，議会が法律を制定しても，天皇が裁可（6条）しなければ，国民に対する効力が認められなかった。しかし，日本国憲法下では，内閣は執行命令（法律を執行するために必要な細則）または委任命令（法律が具体的に委任した事項を定めるもの）としてのみ政令（内閣が制定する法規範）を制定することができず（法律と同一の効力を有する政令は制定できない），また，法律案が国会の両議院で可決したときに法律として成立し（59条1項），天皇は法律の効力に関与することができない。

　国会中心立法の原則に関して，国会が他の国家機関に立法を委任すること（委任立法）の可否が問題となる（具体的には，法律がその所管事項を命令等に委任することをいう）。福祉国家では国家の任務が増大しているが，専門的・技術的事項や事情の変化に即応して機敏に適応することが求められる事項に関する立法や，地方の特殊な事情に関する立法などについては，国会が他の国家機関に委任するほうが合理的である。そこで，個別・具体的になされるならば，立法の委任は国会中心立法の原則に反しないと考えられる（なお，「政令には，特にその法律の委任がある場合を除いては，罰則を設けることができない」と定める73条6号但書は，委任立法の存在を前提とした規定である）。内閣法11条が「政令には，法律の委任がなければ，義務を課し，又は権利を制限する規定を設けることができない」と定めている（省令について，国家行政組織法12条3項も同旨）が，これは，法律の委任があれば政令で実質的意味の立法を行いうることを意味する。政令による他の命令（内閣府令，省令，規則など）への再委任については，法律による委任が特に政令という法形式で定めることを義務づける趣旨ではない限り，可能である。

　委任が個別・具体的といえるか否かに関して，国家公務員法102条1項が，例を示したうえで「人事院規則で定める政治的行為をしてはならない」として禁止される公務員の政治的行為を人事院規則14-7に一任していることについて，最高裁判所は，猿払事件判決で，「公務員の政治的中立性を損うおそれのある行動類型に属する政治的行為を具体的に定めることを委任するもの」であり，合憲であると判示した（最大判昭和49年11月6日刑集28巻9号393頁）。これに対して，通説は，国家公務員法による人事院規則への委任は白紙的であり違憲であると批判している。また，医薬品ネット販売規制違憲訴訟判決において，2006（平成18）年改正後の薬事法の施行規則（厚生労働省令）がインターネットを通じた医薬品の

（改正前は違法とされていなかった）郵便等販売を禁止したことについて，薬事法の規定に郵便等販売を規制する内容の省令の制定を委任する授権の趣旨が，規制の範囲や程度等に応じて明確に読み取ることができないため，薬事法の委任の範囲を逸脱した違法なものであると判示した（最判平成 25 年 1 月 11 日民集 67 巻 1 号 1 頁）。

　また，国会単独立法の原則に関して，内閣の法律案の発案権・国会への提出権を認めるべきか否かが問題となる（実際には，国会が制定する法律のほとんどが内閣提出法律案である）。まず，法律案は憲法 72 条前段にいう「議案」に含まれるので，内閣には法律案の提出権が認められる（内閣法 5 条は，内閣に法律案の提出権があることを前提としている）。次に，議院内閣制下では，内閣を構成する内閣総理大臣及び過半数の国務大臣は国会議員であり，国会と内閣との協働が要請されており，また，国会は内閣の提出した法律案を自由に修正・否決できるため，法律案の発案権・国会への提出権を内閣に認めても，国会単独立法の原則には実質的には違反しないと解される（さらにいえば，もし内閣の法律案提出権を否定しても，国会議員である国務大臣が議員としての資格で法律案を発議できるため，内閣の法律案提出権を否定する実益は乏しい）。また，天皇は公布（7 条 1 号）という形式で立法過程に関与するが，公布という国事行為は法律の効力に影響を与えるものではない（公布によって，法律に国民を拘束する効力が発生するわけではない）ため，この点も，国会単独立法の原則に違反するものではない。

　国政上の重要な問題に関して，国民が直接的に法律案を発案（イニシアティブ）したり，国民による投票（レファレンダム）で決定したりすることが認められるか。日本国憲法はそもそも代表民主制を採用しており（前文第 1 段，43 条 1 項），特に国会を唯一の立法機関と定めていること（41 条後段）から，憲法に明文の規定のあるもの（79 条 2 項，95 条，96 条 1 項）を除き，国民自らが国家意思の決定に直接的に関与することは，憲法上認められない（少数者の権利・自由の保障を侵害する危険性があり，また，多様な民意を背景に統一的な国家意思を形成するためには，代表民主制が不可欠である）。すなわち，ここでいう国民発案が立法についての請願（16 条）にとどまるものであれば憲法上認められるが，議案の提出（72 条前段）に類するものであれば，認められないと解される。また，国民投票が国会での決定の参考とするために行う諮問的なものにとどまるものであれば，立法に民主的統制を及ぼすことによって国民の権利・自由を保障することを目指す憲法 41 条後段の趣旨に適合的であり，憲法上容認されるが，国民投票の結果が国会の議決を法的に拘束するものであれば，国会単独立法の原則に反するとともに，日本国憲法が基本

とする代表民主制の原則に反するため，認められないと解される（通説）。

10.1.4 国会の地位——国民の代表機関

43条1項は，「両議院は，全国民を代表する選挙された議員でこれを組織する」と規定している。ここでいう全国民の「代表」の意義について，代表機関（国会）の行為が法的に代表される者（国民）の行為とみなされるという趣旨の法的代表ととらえる見解（代理人が制限行為能力者本人に代わって法律行為を行えば，相手方は代理人による法律行為を本人の行為とみなすという民法上の法定代理との類推で，代表の概念を理解する）もあるが，通説は，国民が代表機関である国会を通じて行動し，国会は国民の意思を反映するものとみなされる（国民は国会や内閣を通じて統治に影響力を行使する）という政治的代表であると解している。したがって，議員は，自分の選挙区などの特定の選出母体等の代表や所属する政党・団体等の代表ではなく，全国民の代表であると考えられるので，選出母体や後援団体の意思に法的に拘束される（これに違反した場合には罷免される）という命令委任は禁止され，国会において自己の信念に基づいて自由に発言・表決できることになる（自由委任の原則）。

> 主権者である国民について，抽象的・観念的な存在としてとらえる見解をナシオン主権論と，現に存在する具体的な人民（特に，政治的意思決定をする能力があり資格のある有権者を指す）に限る見解をプープル主権論という。ナシオン主権論では，国民は観念的な存在であるため，政治的な意思決定を行う代表機関が当然に必要となる。一方，プープル主権論では，国民は政治的意思決定を自ら行うことができるので，直接民主制が理想的で基本となるべき政治体制ということになる（もっとも，現実には，あらゆる政治課題に直接参加することは困難であるので，次善の策として代表民主制を便宜的に採る）。

> 国民投票などに基づき国会議員の解職を請求する罷免を求める制度を設けることができるか否かについては，9.1.1 参政権の意義を参照。

ただし，43条1項の「代表」を純然たる政治的代表（純粋代表）として理解するならば，被代表者（国民）の意思と代表機関（国会）の意思との間に一致の関係が実際に存在するかどうかは問題とならず，代表機関が国民のために活動する意思を有していれば十分であると考えられるので，国民意思と代表者意思との事実上の乖離を防ぐことができなくなる（議員が国民の実際の意思から離れた活動を行うようになる）。そこで，通説によれば，（議員が国民のために活動するという意思さえあればよいというのではなく）議員の意思と国民の意思との乖離（純然たる政治的代表と

【国会の地位】

41条　国権の最高機関　であり，　国の唯一の立法機関　である

- 政治的美称説（通説）
- 統括機関説（有力説）

- 国会中心立法の原則（国会だけが立法できる）
- 国会単独立法の原則（国会だけで立法できる）

43条　全国民を代表する機関　である

- 法的代表　　　　　　　　→　命令委任（少数説）
- 政治的代表＋社会学的代表　→　自由委任（通説）

理解した場合の弊害）は避けられるべきであり，議員の意思が国民の意思に事実上類似することが求められるので，その意味で，ここでいう代表とは，政治的代表という意味に加えて，社会学的代表という意味を含むものと解される。

　　議会において統一的な国家意思を形成するためには，国民の代表が選挙母体の意思に法的に拘束されないことが必要であるが，このような代表が選出母体から独立して自由に活動できる点を指して純粋代表という。政治的代表説は，ナシオン主権論を前提とし，純粋代表を想定している。一方，国民の代表が選出母体の意向に事実上拘束されている点を強調して半代表というが，これは，代表者が国民の意思をできる限り反映すべきだと考える点で社会学的代表と類似する。

　なお，政党が所属議員に対して党の指示に従って行動すること（特定の法律案に対して賛成ないし反対の投票をすることなど）を事実上強制する党議拘束が自由委任の原則に違反するかに関して，現代の政党国家では，議員は所属政党の決定に従って行動することによって国民の代表者としての実質を発揮できるのであるから，政党による党議拘束は自由委任の原則に違反しないと解される（議員は党議に違反しても，党の役職を解任されたり除名されたりするだけで，議員としての資格を失うことはないため，党議拘束は自由委任の枠外の問題である）。

10.2　国会の組織と活動

10.2.1　国会の組織——二院制

　国会は，衆議院と参議院という2つの議院によって構成される（42条）（二院制〔両院制〕）。両議院は，同時に召集され，同時に開会・閉会する（54条2項本文）（同時活

動の原則）が，それぞれ独立して議事を行い，独立して議決する（独立活動の原則）。

　　　憲法上，同時活動の原則の例外として，衆議院が解散され総選挙までの期間に参議院のみで国会の活動を代行する参議院の緊急集会制度（54条2項但書）が，独立活動の原則の例外として，両院協議会制度（59条3項，60条2項，61条，67条2項）が，それぞれ挙げられる。また，国会法上，独立活動の原則の例外として，両議院の常任委員会が合同して開く合同審査会制度（44条）や，議案について委員長または発議者が所属する議院以外の議院で提案理由の説明を行うこと（60条）が挙げられる。

　世界各国の議会は，一院制（1つの議院によって構成される議会）を採るものと二院制を採るものとがある。二院制は，通常，国民によって選挙で選出される議員で構成される下院（日本国憲法下では，衆議院）と，上院（参議院）とからなる。上院の構成は，①民選議員による下院に対抗して，貴族など特別な階級の利益を代表する貴族院型（英国や明治憲法下の日本など），②連邦国家において，連邦の国民全体を代表する下院に対して，連邦を構成する州の利益を代表する連邦型（アメリカ合衆国やドイツなど），③下院と同様に上院も公選の議員によって構成される民主的第二次院型などがある。日本国憲法下の参議院は，このうち，③に当たる。

　議会を一院制とはせずに二院制とする意義（二院制の存在理由）としては，①議会の専制の防止（もし議会に議院が1つしか存在しなければ，他の国家機関との関係で議会は全能な存在となるため，立法権を2つの議院に分け与えることで，議会が全能となることを抑止する），②下院と政府との衝突の緩和（議院内閣制において，政府を創出した下院と政府とが何らかの事情で衝突した場合〔そして，下院が政府を不信任せず，かつ政府

【議会の構成】

　　・一院制（中国，韓国，イスラエル，ポルトガル，ニュージーランド，デンマークなど）
　　・二院制（日本，英国，アメリカ合衆国，ドイツ，フランスなど）
　　　　下院は通常は民選議員による議院，上院の構成としては……
　　　　　・貴族院型（英国の貴族院，明治憲法下の日本の貴族院など）　身分制度のある国の場合
　　　　　・連邦型（アメリカ合衆国の上院，ドイツの連邦参議院など）　連邦国家の場合
　　　　　・民主的第二次院型（日本国憲法下の日本の参議院など）　　　上記以外の国家の場合

【上院の存在理由】

　　　・議会の専制の防止
　　　・下院と政府との衝突の緩和
　　　・下院の軽率な行為・過誤の回避　　日本の参議院のような
　　　・民意の忠実な反映　　　　　　　　民主的第二次院の中心的な存在理由

【一院制と二院制との比較】

	長　所	短　所
一院制	・迅速な審議ができる ・両院間の意思統一を図る必要がない ・第二院を維持する費用がかからない　など	・審議が拙速になる ・衝動的な意思決定を抑制できない ・多様な民意を代表できない　など
二院制	・慎重な審議ができる ・第一院の衝動を抑制できる ・多様な民意を代表できる　など	・審議に時間がかかる ・両院間の意思統一を図る必要がある ・第二院を維持する費用がかかる　など

【日本の二院制】

衆議院		参議院
465 人	議員定数	248 人
4 年（解散あり）	任期	6 年（3 年ごとに半数改選）
満 18 歳以上	選挙権	満 18 歳以上
満 25 歳以上	被選挙権	満 30 歳以上
小選挙区（289 区）→ 289 人 比例代表選出（11 ブロック） → 176 人	選出方法	選挙区（45 区※1）→ 148 人※2 比例代表選出（全国）→ 100 人※2 ※1　各都道府県を 1 区とするが，鳥取県と島根県，徳島県と高知県が，それぞれ合同選挙区とされている。 ※2　各選挙の際には，半数ずつ改選される。

（注）2023（令和 5）年 7 月時点の内容である。任期（憲法 45 条，46 条）以外は法律事項である（憲法 44 条）ため，公職選挙法の改正により，これらは変更されうる（選挙権につき 9 条 1 項，被選挙権につき 10 条 1 項，議員定数及び選出方法につき 4 条等）。

が下院を解散しない場合に〕，両者の緩衝材として上院が存在していれば国政の行き詰まりを回避しうる），③下院の軽率な行為・過誤の回避（もし下院によって誤って衝動的な政治的意思決定がなされたとしても，上院が存在しており，上院が慎重な審議を行うことで下院の活動を抑制しうる），④民意の忠実な反映（複数の議院を置くことによって，多様な国民の意思を議会によりきめ細かく代表させやすくなる）などが考えられる。このうち，現代において，身分制もなく連邦国家でもないわが国では，③と④が，国会において（下院である衆議院のほかに）上院として参議院を設ける本質的な存在理由であると考えられる。

　両議院ともに，全国民を代表する選挙された議員で組織され（43 条 1 項），成年

者による普通選挙によって議員が選出される（15条3項，44条）。両議院の議員の兼職は禁止され（48条），任期については，憲法上，衆議院議員は4年（ただし，衆議院が解散されれば，4年を待たずにその任期が終了する），参議院議員は6年（3年ごとに半数ずつ改選する）とされている（45条，46条）。参議院議員は，任期が衆議院議員よりも2年長く，解散による任期の短縮がないため，身分が安定しており，また，3年ごとの半数改選制を採るため，議院としての活動の継続性を図ることができる（急激な世論の変化に翻弄されない）。したがって，参議院には，衆議院に対する抑制的機能が期待されることとなる。

10.2.2 会 期 制

　国会は，常時活動するのではなく，原則として，会期という一定の限られた期間のみ，その権能を行使する（会期制）。国会が活動期間を自由意思で決定できる常設制の下では，国会での討論が長期化し政治的動揺が永続すること，政党間の抗争が激化しうること，立法が過剰に多く行われうること，（行政機関が国会に常に対応しなければならなくなるため）行政能率が低下することなどといった弊害が生ずるため，国会の効率的運営のために会期制が採用されている（その一方で，常設制には，内閣に対する国会の活動の独立性が確保できるなどといった利点がある）。

　国会の活動期間には，①年1回定期に召集される常会（通常国会）（52条），②臨時の必要に応じて召集される臨時会（臨時国会）（53条），③衆議院が解散され総選挙が行われた後に召集される特別会（特別国会）（54条1項）の3つがある。常会は，予算の議決等のために，通常1月中に召集され（国会法2条），会期は150日である（同法10条）。臨時会は，（a）内閣が必要とするとき（憲法53条前段），（b）いずれかの議院の総議員の4分の1以上の要求があるとき（53条後段），（c）衆議院の任期満了による総選挙（衆議院議員の選挙）または参議院の通常選挙（参議院議員の選挙）が行われたとき（国会法2条の3）に召集される。特別会は，衆議院の解散による総選挙の日から30日以内に召集される（憲法54条1項）。特別会では，（選挙の結果にかかわらず）冒頭で必ず内閣総辞職が行われ（70条），内閣総理大臣の指名選挙が他のすべての案件に先立って行われる（67条1項）。（a）会期が満了した場合，（b）会期中に衆議院が解散された場合（54条2項），（c）常会の会期中に議員の任期が満限に達した場合（国会法10条但書），国会は閉会となる。臨時会と特別会の会期は，その都度，両議院一致の議決で決められる（同法11条）。会期の延

長は，常会については1回，臨時会と特別会については2回まで，両議院一致の議決で認められる（同法12条）。

　　常会は，1月に召集されると，まず次年度の予算が国会に提出され，各議院の本会議において，内閣総理大臣の施政方針演説と関係大臣による外交演説・財政演説・経済演説が行われるとともに，それに対する質疑（いわゆる代表質問）が行われる。2月に衆議院で，3月に参議院で，それぞれ次の年度の予算が審議され，議決される（2月末までに衆議院で予算が可決されれば，60条2項に基づき，参議院が否決しようとも，あるいは議決をしなくても，新年度までに予算が成立することになる）。会期が延長されなければ，常会は，6月中に会期が終了する。

　　臨時会は，近時は，例年，9月ないし10月に召集される。臨時会の冒頭で，各議院の本会議において，内閣総理大臣による所信表明演説が行われるとともに，それに対する質疑（代表質問）が行われる。

　　常会と臨時会では，これらのほかに，法律案の審議や国政調査などが，随時，行われる（これらは，特別会でも行うことができる）。また，補正予算が編成される際には，秋の臨時会や常会（次年度予算の審議に先駆けて，1月中）に，その審議が行われる。

　　臨時会に関して，国会内の多数派（与党とは政権を担う政党，すなわち，国政では内閣を構成する政党という意味であって，必ずしも議院の多数党とは限らないが，議院内閣制下では，衆議院の多数派が与党であることが通例である）は内閣に召集の決定を促すことができる一方で，国会内の少数派も，憲法53条後段により，内閣に対して臨時会の召集を義務づけることができる。法定の要件を満たす召集の要求があった場合，内閣は，召集のために必要な合理的期間を超えない期間内に臨時会を召集する義務を負う（政府見解）。もっとも，内閣が召集の決定をしないときには，内閣に義務の履行を強制する手段はない。なお，憲法には召集の時期が規定されていないため，議員が期日を指定して召集を求めても，内閣はそれに拘束されない。また，合理的期間内に常会の召集が見込まれる場合，国会の権能は常会と臨時会とで同じであるから，臨時会を召集しなくても違憲とはならない（政府見解）。

　　特別会が召集される前に行われた総選挙によって，衆議院の多数派がそれまでのものと異なる場合には，新たな多数派の議員の中から内閣総理大臣が指名されるのが通例である（政権交代）が，選挙の結果，衆議院の多数派が変わらない場合であっても，憲法70条・67条1項により，特別会の冒頭で必ず内閣は総辞職し，内閣総理大臣の指名が行われる（この場合，通常，前の内閣総理大臣が再び指名されることになる）。

　　国会は，会期の種類にかかわらずすべて，天皇が，内閣の助言と承認により召集する（7条2号）。

　各会期は独立して活動し，会期中に議決されなかった案件は後会に継続しないのが原則である（国会法68条本文）（会期不継続の原則）が，実際には，各議院の議

決により委員会が閉会中審査することとした議案等は後会に継続するという例外
（同条但書）が用いられることが多い。また，一旦なされた議決が不安定な状態に
置かれることを回避し，会議の効率的な運営を図るため，ひとたび議院が議決し
た案件については，議院は，同一会期中には再びこれを審議しない（ただし，この
一事不再議の原則については，憲法，国会法，議院規則のいずれにも規定はない）。

衆議院が解散されると，国会の開会中であれば参議院は同時に閉会となり，衆
議院議員の総選挙後に新たに特別会が召集されるまでの期間，国会の機能は停止
する。衆議院が解散されてから特別会が召集されるまでの間に，国会の開会を必
要とする緊急の事態が生じたときに，内閣の求めにより，参議院のみで緊急集会
を行い，国会を代行することができる（54条2項但書）。緊急集会は，同時活動の
原則の例外である。緊急集会には会期はなく，案件がすべて議決されたときに，
議長が宣告し終了する。ただし，緊急集会で採られた措置は，あくまで臨時のも
のであり，次の国会開会後10日以内に衆議院の同意がなければ，その効力は将来
に向かって失われる（54条3項）。

　　緊急集会は，内閣のみが求めることができ（参議院議員にはその権能はない），召集
　は行われず（国会そのものではないため），内閣総理大臣から示された案件について
　審議し議決する（議員は，当該案件に関連するものに限り議案を発議することができる
　〔国会法101条〕）。会期は定められず，案件がすべて議決されたときに終了する（同
　法102条の2）。緊急集会は，国会の権能を代行するものであるから，法律や予算な
　どの国会の権能に属するすべてを審議することが可能であるが，憲法改正の発議は
　国会の両議院の議決を要する（憲法96条1項）し，国に緊急の必要がある場合に当
　たらないため，集会の議決事項になじまないと解される。また，内閣総理大臣が欠
　けた場合の内閣総理大臣の指名についても，内閣総理大臣の臨時代理の下で職務が
　続行されるべきであり（71条），緊急性がなく，緊急集会を行う必要がないと解され
　る。なお，国会法100条は，緊急集会の期間中にも，会期中と同様に，不逮捕特権
　を参議院議員に認めている（条文上の根拠はないが，免責特権も認められると解される）。
　　緊急集会が開かれたのは，これまでに，1952（昭和27）年8月と1953（昭和28）
　年3月の2回のみである（2023〔令和5〕年7月時点）。近時は，衆議院の解散前に国
　会で議決すべき案件の議決を済ませ，緊急集会の開催を回避するように国会運営が
　なされている。

10.2.3　会議の原則

各議院の本会議における議事・議決の定足数（会議体が活動するために必要な最小

限の出席者の数）は，総議員の 3 分の 1（3 分の 1 プラス 1 人という意味ではなく，3 分の 1 で足りる）である（憲法 56 条 1 項）。この数には議長も含まれる。ここでいう総議員について，法定の議員数とする見解と，死亡・辞職・除名等により欠員となった者を差し引いた，その時点で在職する議員数とする見解とが考えられる。前者は，定足数を定める趣旨が少数の議員で決定することを防ぐことにあると解したうえで，諸外国と比べて緩やかな 3 分の 1 を定足数とする日本国憲法下では，総議員について厳格に法定議員数であると解すべき（また，定足数が常に変動することは，定足数の本来の性質からして望ましくない）とするのに対して，後者は，欠員者を定足数に含めると，欠員者が議事・議決に一定の態度を取ったのと同じ効果が生じ不合理である（議員として現に活動できない者を総議員に参入することになるため，妥当ではない）とする。この点，両議院の先例は，総議員の意味について法定議員数であるとする。実際に定足数を欠くかどうかの認定は，権力分立や議院の自律権の尊重の観点から，議院の自主的な判断に委ねられており，裁判所による審査はできないと解される（警察法改正無効訴訟最高裁判決〔最大判昭和 37 年 3 月 7 日民集 16 巻 3 号 445 頁〕参照）。なお，委員会の定足数は，委員の半数である（国会法 49 条）。また，両院協議会の定足数は，各議院の協議委員の各々 3 分の 2 である（同法 91 条）。

　表決数（会議体が意思決定を行うのに必要な賛成表決の数）は，原則として，出席議員の過半数（2 分の 1 では足りず，2 分の 1 プラス 1 人を要する）である（憲法 56 条 2 項）。ここでいう出席議員数に関して，棄権者や白票・無効票を投じた者を算入すべきか否かについては，積極・消極の両説が考えられる。これらを算入すれば，賛否いずれの意思も表示していない棄権者や白票・無効票投票者を，議案に反対する者と同じに取り扱うことになり不合理であるのに対して，算入しなければ，出席して議事に参加したうえで敢えて棄権する者や白票を投じた者を欠席者や退場者と同じに扱うことになり不合理である（また，棄権者・白票投票者は〔議案に賛成していないので〕少なくとも現状変更に積極的でない意思を有すると見るのが妥当であるとも考えられる）。この点，両議院の先例は，議長等の選挙や内閣総理大臣の指名の議決等について，白票・無効票を投票総数に算入している。なお，委員会の表決数は，出席議員の過半数である（国会法 50 条）。

　表決数に関して，憲法上，議員資格争訟の裁判により議員の議席を失わせる場合（憲法 55 条），秘密会を開く場合（57 条 1 項但書），議員を除名する場合（58 条 2 項），（衆議院で）法律案を再議決する場合（59 条 2 項）には，出席議員の 3 分の 2

以上の多数を要し，憲法改正の発議をする場合（96条1項）には，総議員の3分の2以上の賛成を必要とする。

本会議における表決方法には，起立採決，記名投票，異議の有無を諮る方法がある（このうち，起立採決では起立に応じない棄権者は議場に在席する限り反対者として扱われる）ほか，参議院では，押しボタン式投票も認められている（賛成・反対のいずれのボタンも押さない議員は棄権者として取り扱われる）。

議事の表決に際して，「可否同数のときは，議長の決するところによる」とされる（憲法56条2項）（委員会・両院協議会の議事についても，国会法〔50条，92条2項〕に同様の規定がある）。この議長の決裁権について，その本質はもともと議員としての表決権であることから（議長は議員としての表決権を放棄しているが，可否同数の場合にのみ議員としての表決権の行使が認められる），自由に決裁権を行使することができるとする見解と，可否同数の場合には現状維持的に判断すべきであるから，議長は決裁権を消極に行使すべきとする見解とが対立している（帝国議会時代の衆議院で消極に行使された例が4回，日本国憲法下の参議院で積極に行使された例が2回ある）。

両議院の会議は，原則として公開である（傍聴と報道の自由が認められる）。ただし，出席議員の3分の2以上の多数で議決したときは，秘密会を開くことができる（憲法57条1項）。会議の公開原則の趣旨に基づき，「両議院は，各々その会議の記録を保存し，秘密会の記録の中で特に秘密を要すると認められるもの以外は，これを公表し，且つ一般に頒布しなければならない」とされる（57条2項）。なお，ここで公開される会議とは，本会議のことを指す。委員会は原則として非公開であり，議員のほか，委員長の許可を得た者のみが傍聴できる（国会法52条1項）（もっとも，委員会における審査は，本会議における審議と同様に，インターネットで中継されているほか，会議録もインターネット上で閲覧できるため，事実上，公開状態である）。両院協議会は，その性質上秘密会であるため，傍聴は許されない（同法97条）。

そもそも国会は国民にその存立の基礎を置いているため，その審議は国民一般に対して開かれているべきであると考えられる。また，国会の会議が公開を原則とするのは，主権者国民の知る権利に奉仕するという意義もある。

なお，憲法上，秘密会を設けることができるが，日本国憲法下の国会では秘密会を開催した例はない。

10.2.4 本会議と委員会

各議院における議案の審議は，能率性と専門性の見地から，原則として，常任

委員会または特別委員会で行われる。戦前の帝国議会では本会議で実質的な審議を行う本会議中心主義が採られていたが，戦後の国会では，実質的な審議を委員会で行う委員会中心主義が採用されている。各議院の委員会は，総務委員会，厚生労働委員会，農林水産委員会などといった，その政策分野ごとに（省庁に対応する形で）設けられており（常設される常任委員会につき，国会法 41 条，会期ごとに必要と認められたときにその院の議決で設けられる特別委員会につき，同法 45 条），委員は各会派の所属議員数に比例して，議員が割り当て選任され（同法 46 条），付託された法律案等の予備的な審査や所管する事項に関する国政調査などを行う。予算については予算委員会で，決算については決算行政監視委員会（衆議院）・決算委員会（参議院）で審査される。議院の運営に関する事項等については，議院運営委員会で協議され（同法 55 条の 2 参照），懲罰事犯については，懲罰委員会で審査される（同法 121 条）。両議院の国家基本政策委員会は，合同審査会を行い，いわゆる党首討論（与党の党首である内閣総理大臣と野党〔与党以外の政党のこと〕の党首等との論争）として機能している。日本国憲法等についての調査，憲法改正原案・国民投票法（日本国憲法の改正手続に関する法律）等の審査のために，憲法調査会が設けられている（同法 102 条の 6）。参議院には，国政の基本的事項について長期的かつ総合的な調査を行うため調査会が設けられている（同法 54 条の 2）。

　　　委員会での法律案の審査は，法律案の提案者（内閣提出法律案の場合は，担当する国務大臣）による趣旨説明，質疑（委員が，割り当てられた時間内で，法律案の提案者や大臣，政府参考人，参考人，公述人〔利害関係者や学識経験者〕などへ質問し，答弁や意見等を得る），討論（実際に討論を行うのではなく，委員が賛否の立場を明らかにしたうえで一方的に意見を述べる），採決の順で行われる。

　各議院における議案の議決は，各議院の本会議で行われる。

　　　本会議での法律案の審議は，法律案の審査を担当した委員会の委員長から委員長報告を聴取し，採決を行う（重要な法律案について，議院運営委員会が特に必要があると認めた場合には，本会議でも趣旨説明・質疑や討論が行われることがある）。

10.2.5　衆議院の優越

　国会の権能は，原則として，両議院の議決の一致により行使される。

　しかし，例外的に，法律案の議決（憲法 59 条 2 項），予算の議決（60 条 2 項），条約締結の承認（61 条），内閣総理大臣の指名（67 条 2 項）に関して，憲法上，衆議

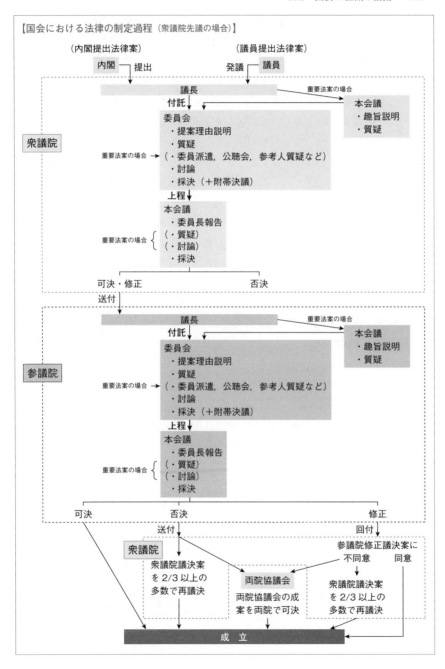

【国会における法律の制定過程（衆議院先議の場合）】

院の優越が認められている（これ以外に，国会の臨時会・特別会の会期の決定や国会の会期の延長〔国会法 13 条〕など，法律上，衆議院に優越を認める規定もある）。すなわち，法律案の議決については，衆議院で可決し参議院でこれと異なった議決をした場合，衆議院において出席議員の 3 分の 2 以上の多数で再び可決したときは，それが法律となる（両院協議会は，衆議院が要求したとき，または参議院が要求し衆議院が同意したときのみ開かれる）。また，参議院が衆議院の可決した法律案を受け取った後，国会休会中の期間を除いて 60 日以内に議決しないときは，衆議院は参議院がその法律案を否決したものとみなすことができる（憲法 59 条 4 項）。予算の議決，条約締結の承認，内閣総理大臣の指名については，参議院の議決が衆議院と異なった場合に，両院協議会を開き，そこで意見が一致しないとき，または参議院が衆議院の可決した案を受け取った後，国会休会中の期間を除いて一定期間（内閣総理大臣の指名は 10 日，それ以外は 30 日）以内に議決しないときは，衆議院の議決が国会の議決となる（60 条 2 項，61 条，67 条 2 項）。

　ここでいう両院協議会とは，両議院の議決が異なった場合に，その間の妥協を図るために設けられる協議機関である。両院協議会は，独立活動の原則の例外である。各議院で選挙された各々 10 人の委員（実際には，各議院の議長によって院議構成会派の議員の中から指名される）によって組織される（国会法 89 条）。協議案が出席協議委員の 3 分の 2 以上で議決されたとき成案となり（同法 92 条 1 項），その後，各議院で審議・議決される。なお，成案についてさらに修正することはできない（同法 93 条 2 項）。

　　　実際には，成案が得られることはほとんどない（先例によれば，両議院とも院議を構成する会派から各議院の協議委員全員が選ばれるためである）ため，予算の議決，条約締結の承認，内閣総理大臣の指名に関しては，事実上，衆議院の議決が国会の議決となる。

　　　衆議院に議決上の優越が認められる理由としては，優越を認めるほうが国会としての意思形成が容易となることや，議員の任期が短くかつ解散制度がある（したがって，より頻繁に選挙が行われる）衆議院のほうがより民意に近い会議体であることなどが挙げられる。

　　　なお，憲法改正の発議（憲法 96 条）については，両議院の議決に優劣は設けられていない。憲法が衆議院の優越を定めた事項以外の事項については，両議院は対等であり，憲法上国会の権能とされた事項について法律で衆議院の優越を設けることはできない。一方，法律で新たに国会の権能とされた事項については，衆議院の優越を定めることは可能である（それ自体が国会の意思であると解されるため）。

【衆議院と参議院の関係】

衆議院 ＝ 参議院 ……同時活動の原則＋独立活動の原則→両議院の議決の一致
権限の範囲はほぼ対等 　　　　　　　　　　　　　　　　　　→国会の活動
　　　ただし，

議決上の優越※
・法律案の議決（衆議院の可決＋参議院の否決 or 修正議決
　　→衆議院が必要と認めるとき両院協議会＝意見不一致
　　　→衆議院が出席議員の 2/3 で再可決→成立）
・予算の議決（衆議院の可決＋参議院の否決 or 修正議決
　　→必ず両院協議会＝意見不一致→可決）
・条約締結の承認（衆議院の承認＋参議院の不承認
　　→必ず両院協議会＝意見不一致→承認）
・内閣総理大臣の指名（衆議院の指名≠参議院の指名
　　→必ず両院協議会＝意見不一致→衆議院の指名）

権限上の優越
・予算は衆議院が先議
・内閣不信任決議権は衆議院のみ

参議院が否決したと
みなす決議ができる
→59 条 2 項の再議決へ

※参議院が　　　　　　　○○日間議決をしないと，　……となる　　　　　　　（憲法上の根拠）
・法律案の議決　　　60 日　　　　　否決とみなすことができる　59 条 4 項
・予算の議決　　　　30 日　　　　　衆議院の議決＝国会の議決　60 条 2 項
・条約締結の承認　　30 日　　　　　衆議院の議決＝国会の議決　61 条，60 条 2 項
・内閣総理大臣の任命　10 日　　　　衆議院の議決＝国会の議決　67 条 2 項

　衆議院と参議院の各権能の範囲は，ほぼ対等であるが，次の 2 点についてのみ，衆議院が参議院に優位する。すなわち，予算の審議に関して，衆議院に先議権が認められており（60 条 1 項），参議院は衆議院の後で予算の審議を行う（予算は国民の負担に帰するものであり，国民の意思をより直接に代表する衆議院が先に審議すべきと考えられるため）。また，内閣不信任決議権（69 条）は，（内閣によって解散されうる）衆議院にしか認められない。

10.3　国会・議院の権能

10.3.1　国会の権能

　国会は，国の唯一の立法機関（憲法 41 条）として，法律の議決権（59 条）を有するが，そのほかにも，予算の議決権（60 条），条約締結の承認権（61 条，73 条 3 号），弾劾裁判所の設置権（64 条），内閣総理大臣の指名権（67 条），財政の監督権

【国会・議院の憲法上の権能】

国会（衆議院 and 参議院）の権能

- ・法律の議決権（59 条）
- ・予算の議決権（60 条）
- ・条約締結の承認権（61 条，73 条 3 号）
- ・弾劾裁判所の設置権（64 条）
- ・内閣総理大臣の指名権（67 条）
- ・財政の監督権（8 条，83 条〜 91 条）
- ・憲法改正の発議権（96 条 1 項）

議院（衆議院 or 参議院）の権能

- ・会期前に逮捕された議員の釈放要求権（50 条）
- ・議員資格争訟の裁判権（55 条）} 内部組織に関する自律権
- ・役員選任権（58 条 1 項）
- ・議院規則制定権（58 条 2 項）} 運営に関する自律権
- ・議員懲罰権（58 条 2 項）
- ・国政調査権（62 条）

※これらのほかに，法令によって国会・議院にその他の権能が与えられる。

（8 条，83 条〜 91 条），憲法改正の発議権（96 条 1 項）が，憲法上，国会の権能とされている（さらに，法令によって，その他の権能が付与されている）。

　　　皇室に不明朗な財産が流入したり，逆に皇室から自由に財産が流出したりすることを防ぐため，皇室の財産の授受は，国会の議決に基づくものとされる（8 条）。また，皇室の費用は，予算に計上され国会の議決を経る（88 条後段）。

　このうち，弾劾裁判所の設置権に関して，罷免の訴追を受けた裁判官を裁判するため，両議院の議員で組織された弾劾裁判所が設置される（国会法 125 条〜 129 条，裁判官弾劾法）。裁判官の弾劾制度については，12.1.7 司法権の独立で詳述する。

10.3.2　条約締結の承認権

　条約とは，一般に，文書による国家間の合意（憲章，規約，協定，議定書，規程，取極，交換公文，宣言，声明などという名称のものを含む）をいう（憲法 98 条 2 項にいう「条約」も，そのような広義の意味である）が，政府見解によれば，73 条 3 号にいう（国会の承認に付されるべき）「条約」とは，①法律事項を含む国際約束，②財政事項を含む国際約束，③わが国と相手国との間あるいは国家間一般の基本的な関係を法的に規定する政治的に重要な国際約束のことを指し，発効のために批准が要件

とされているものをいう（ただし，すでに国会の承認を経た条約または議決を経た予算
の範囲内で実施しうる国際約束や，国内法の範囲内で実施しうる国際約束は，国会の承認を
要しない）（いわゆる大平三原則）。国会承認条約を執行するために必要な技術的・細
目的な協定や，条約の具体的な委任に基づいて定められる政府間の取極めを，行
政協定（行政取極）というが，これは国会の承認を必要としない。条約は，条約文
が確定（二国間条約の場合は署名〔内閣の任命する全権委員による調印〕，多国間条約の場
合は採択）され，国会に提出され，条約の締結について国会の承認を得られれば，
内閣によって締結（条約に拘束されることについての国の同意の表明）され，効力が発
生する。締結の方法として，天皇による認証（7条8号）を得る批准，天皇による
認証を必要としない受諾または承認，（多数国間条約の場合の）他の外国間ですでに
署名・発効済みのものについての加入，（二国間条約の場合の）公文の交換のいずれ
かによる。

　　　1952（昭和27）年2月に，日米行政協定（日本国とアメリカ合衆国との間の安全保
　　障条約第3条に基く行政協定）を国会の承認を経ることなく内閣が締結したことにつ
　　いて，最高裁判所は，この行政協定がすでに国会の承認を経た旧 日米安全保障条約
　　（日本国とアメリカ合衆国との間の安全保障条約）3条に基づくものであり，同条の委
　　任の範囲内のものであるから，国会承認を経なかったとしても違憲無効ではないと
　　判示した（砂川事件判決〔最大判昭和34年12月16日刑集13巻13号3225頁〕）。なお，
　　新日米安全保障条約（日本国とアメリカ合衆国との間の相互協力及び安全保障条約）の
　　下で1960（昭和35）年1月に締結された，日米地位協定（日本国とアメリカ合衆国と
　　の間の相互協力及び安全保障条約第6条に基づく施設及び区域並びに日本国における合
　　衆国軍隊の地位に関する協定）は，条約として国会による承認を経た。

　国会による承認は，条約が国内法的かつ国際法的に有効に成立するための要件
である。国会による承認は内閣による締結前に（緊急を要するといった事情がある場
合には，締結後に）行われなければならない（憲法73条3号）。事前承認の場合に，
国会の承認が得られなかった条約は，有効に成立しない。一方，事後承認の場合
に，締結後に国会の承認が得られなかった条約の効力については，①法的には有
効に成立する（ただし，国会の承認が得られなかったことについての内閣の政治的責任が
生じ，内閣は当該条約の改定・廃棄に努めなければならない）との見解（政府見解），②
国内法的には無効であるが国際法的には有効であるとの見解，③国内法的にも国
際法的にも無効であるとの見解が対立している。通説は，国会の条約締結承認権
を重視し，原則として国内法的にも国際法的にも無効であると解する。特に，国
際法的側面に関しては，条約法に関するウィーン条約46条1項本文は，締結権に

関する国内法の規定に違反したということを当該条約に拘束されることについての同意を無効とする根拠として援用できない（手続的に違法な条約でも国際法上は原則として有効とされる）旨を規定するが，国会の承認を欠く条約については，同条ただし書による例外として，無効となると解される（条約の相手国にとっても，日本国憲法の下で条約締結に国会の承認を要することは客観的に明白であるから，国会の承認がなければ無効となるとしても国際法上不当な結論とはならない）からである。

　国会による議決の対象は，条約それ自体ではなく条約の締結の承認についてである（政府見解）。したがって，国会は，すでに締結された条約を前提に，一括してこれを承認するか，一括して否認するかのいずれかになるはずである。この点，国会が承認権を行使する際に，条約の内容を修正しうるか否かについては，学説上，可能とする見解（日本国憲法が条約締結行為に関する国会の関与の程度を強化した点を重視する）も有力であるが，政府見解によれば，条約の内容を確定するのは内閣の職務に属することであり，それを国会が修正することはできないと解される。なお，国会の修正権を認める見解に立つとしても，条約は相手国との合意がなければ成立しないため，事前承認の場合の国会の修正は，国会の修正議決に従った内容で条約を締結するよう相手国との交渉を内閣に促すことを意味する（相手国がそれに応じなければ，国会の承認が得られなかったことになるので，条約は不成立となる）一方，事後承認の場合の国会の修正は，成立した条約の改定を内閣が相手国に求めることを意味する（相手国がそれに応じなければ，条約は国会の意思に反してそのまま成立し，修正が重要事項ないし広汎なときには，国会の承認が得られなかったことを意味することになる）。

　条約は，法律や政令と同様に天皇によって公布される（憲法 7 条 1 号）。条約は，その内容がそのまま国内法として実施され，国内法的効力を有する。ただし，抽象的な政治宣言を内容とする条約は，別途，法律の制定を待って国内法として実施される。また，裁判所が条約を法律による具体化を経ずに直接的に適用するには，当該条約の規定が不明確・不完全でなく，当事国がその規定の自動執行力を否定する意思を明示しておらず，その規定の適用に憲法その他の法令上の支障がないことが必要である。

10.3.3　議院の権能

　二院制は，相互に独立した 2 つの議院が国会の権能を協働して行使することに

よって，国会の内部での権力分立を機能させるものである。国会を構成する2つ
の議院は，権力分立原理に基づき，他の国家機関（他の議院も含む）からの干渉を
受けずに，自らの内部組織を整え，その権能を行使することが認められなければ
ならない。したがって，各議院には，その組織と運営に関して，自律権（各議院が
他の国家機関に干渉されずに自主的に決定できる権能）が保障されている。

　各議院（衆議院または参議院）の憲法上の権能として，会期前に逮捕された議員
の釈放要求権（50条），議員資格争訟の裁判権（55条），役員選任権（58条1項）な
どの内部組織に関する自律権，議院規則制定権（58条2項）や議員懲罰権（同条）
などの運営に関する自律権と，国政調査権（62条）がある（さらに，法令によって，
その他の権能が付与されている）。

　議員の資格（議員としての地位を保持しうる要件）の有無についての判断は，議院
の自律性を尊重し，当該議員の所属する議院が自ら行い，通常の裁判所は関与で
きない（議員資格争訟の裁判権）（ただし，議員の選挙に関する争訟の裁判は，通常の裁判
所の権能に属する）。議員の議席を失わせるためには，出席議員の3分の2以上の
多数の議決を必要とする（55条但書）。

　　　議員の資格は，被選挙権を有すること（公職選挙法10条，11条）と，議員との兼
　　職が禁止されている職務に就いていないこと（国会法39条）である。被選挙権を失
　　ったり，公職の候補者になったり，他の議院の議員となったりしたときには，議員
　　は退職者となる（国会法109条，公職選挙法90条，国会法108条）。議員としての資
　　格が問題となることは通常は想定できないため，日本国憲法下では，実際に議員資
　　格争訟の裁判が行われたことはない（2023〔令和5〕年7月時点）。

　各議院には，議長その他の役員が設けられ，各々選挙により選任される（憲法
58条1項）（役員選任権）。

　　　国会法16条は，議院の役員として，①議長，②副議長，③仮議長，④常任委員長，
　　⑤事務総長を定める。この国会法にいう役員のうち，議員の中から選ばれる①から
　　④までを憲法上の「役員」とすることについては学説上争いがないが，国会議員以
　　外の者（国会法27条1項）から選ばれる⑤を憲法上の「役員」と解すべきか否かに
　　ついては，見解が分かれている。憲法上の「役員」とは，議員がその運営にあたる
　　地位にある者のうち特に重要なものについて自主的に選任することを意味するもの
　　であるから，事務総長を重要な機関と位置づけるか否かは立法政策の問題である
　　（国会法で明らかにされるべきである）という見解（重要機関説）が有力である。これ
　　に対して，憲法上の「役員」とは議員であることが要件であるとして，議員ではな
　　い事務総長は（国会法上の「役員」であっても）憲法上の「役員」には含まれないと
　　する見解（議員要件説）や，憲法上の「役員」は国会法上の「役員」に限られず，各

議院の職員一般を指す（したがって，事務総長だけでなく事務次長以下のすべての各議院の事務職員が，議院の意思に基づき選任されるべきである〔戦前のように，内閣によって任命されることはない〕）とする見解（職員一般説）もある。

　議長は，その議院の秩序を保持し，議事を整理し，議院の事務を監督し，議院を代表する（国会法19条）。副議長は，議長に事故があるとき，または議長が欠けたときに，議長の職務を行う（同法21条）。仮議長は，議長・副議長ともに事故があるとき，議長の職務を臨時に代行する（同法22条1項）。常任委員長は，各常任委員会の議事を整理し，秩序を保持する（同法48条）とともに委員会を代表する。事務総長は，議長の監督の下，議院の事務を統理し，公文に署名する（同法28条1項）ほか，広く議院の運営や会議の議事運営について，議長を補佐する。

　各議院は，その内部組織と運営等に関する規則を自主的に制定する権能を有する（議院規則制定権）。これは各議院が独自で議事を審議し議決を行うために必要なものである。議院規則は，議院の内部事項を規律するものであり（ただし，その議院の議員以外に，国務大臣〔他の議院の議員や非議員であることもある〕，政府参考人，公述人，傍聴人をも規律する），法律等のように公布は行われない。国会法という法律は，両議院の外部に対する関係や相互関係に関する事項だけでなく，本来は規則で定めるべき議院内部の事項についても規定している。この点，国会法と議院規則が矛盾・抵触した場合の効力関係について，(1) 規律される事項によって優劣が異なる（国会の召集・会期・両議院関係など，両議院にまたがる問題については国会法による規律が妥当であるが，各議院の役員や委員会など，各議院の固有の内部事項については議院規則による規律が妥当である）とする見解（事項的判断説），(2) 議院の自律性を重視し，議院の内部事項は規則の専属的所管事項であるべき（国会法で規定されていても，それはあくまで両議院の紳士協定にすぎないと解する）として，規則が優位する（ただし，一般の国民の権利・義務に関する事項については，国会法が優位する）との見解（規則優位説），(3) 一つの議院の議決で成立する議院規則とは異なり，両議院の議決を必要とする法律である国会法が優位するとの見解（法律優位説）があるが，法律優位説が通説である（ただし，法律の議決には衆議院の優越があるが，法律優位説に立つと，参議院の自主性が損なわれるおそれがあるため，通説は，国会法の改正については衆議院がその議決の優越を主張しない慣行が求められるとする）。

　議員の懲罰とは，各議院がその組織体としての秩序を維持し，会議の円滑な運営を図るため，院内秩序を乱す議員に対して自律的に科す制裁である。各議院は，その議院の議員に対する懲罰権を有する（議員懲罰権）。懲罰事由に該当する行為は，正当な理由がないのに会議に出席しなかったり，会議中に議場の秩序を乱し

たり，秘密会における秘密事項を漏らしたりする行為など，国会法や議院規則に例示的に列挙されている（国会法116条，119条，120条，124条，衆議院規則238条，244条，245条，参議院規則235条，236条，244条，245条）。憲法58条2項にいう「院内」とは，機能的な意味であって各議院の施設内という意味ではないので，議院としての活動中であれば施設外での行為であっても懲罰が科されうる（議院の秩序と無関係な個人的な行為は，懲罰の対象とはならない）。議院による議員の懲罰は，議院の自律性を尊重する見地から，司法裁判所が審査することはできないと解される（懲罰を受けた議員が，裁判所に出訴して，議決の取消しを求めることはできない）。

　　懲罰の種類としては，公開議場における戒告，公開議場における陳謝，一定期間の登院停止，除名の4種類がある（国会法122条）。懲罰のうち，除名は，議院の秩序を乱し，または議院の品位を傷つけ，その情状が特に重い者について行われるものであり（衆議院規則245条，参議院規則245条），議員の身分を剥奪する重要なものであるため，各議院の出席議員の3分の2以上の多数による議決を必要とする（憲法58条2項但書，衆議院規則246条，参議院規則246条）。除名された議員は，これまでに3人である（本会議で予算に対して反対討論を行いながら採決時に賛成票を投じた参議院議員，代表質問で不規則発言を行い，懲罰動議に基づく公開議場での陳謝に応じなかった衆議院議員，当選以来正当な理由なく海外に滞在し続けて一度も登院せず，議長の招状にも応じることなく，懲罰動議に基づく公開議場での陳謝に応じなかった参議院議員）（2023〔令和5〕年7月時点）。

10.3.4　国政調査権

　日本国憲法62条は，「両議院は，各々国政に関する調査を行ひ，これに関して，証人の出頭及び証言並びに記録の提出を要求することができる」として，各議院が国政調査権を有することを定めている。国政調査権とは，法律の制定や予算の議決などの憲法上の権能をはじめ，広く国政に対する監督・統制の権限を国会または議院が実効的に行使するために，議院が必要な調査を行う権能である（これは，国会の権能ではなく，議員の権能でもなく，議院の権能である）。国会は議案審議について委員会中心主義を採っているので，国政調査は，実際には，主として，その事項を所管する常任委員会・特別委員会（参議院においては，それらに加えて調査会）によって行われる（国会法104条参照）。

　国政調査権の行使は，議院が，政府から説明を聴取し，必要に応じて証人・参考人から証言・意見を聴き，質疑を行い，内閣などの行政機関等に対して報告や

記録の提出を求め，あるいは，委員を派遣するなどの方法で行われる。汚職事件等に関連した証人喚問や参考人招致などが想起されやすいが，国政調査はそれらに限られず，国会の会期中は各議院の委員会において不断に行われている。

　内閣などの行政機関は，議院または委員会から，国政調査等のために必要な報告や記録の提出の要求を受けた場合にはそれに応じなければならない（国会法104条1項）。行政機関が要求に応じないときは，その理由を疎明しなければならず，その拒否理由を議院等が受諾すれば，行政機関は報告等を免れる（2項）。議院等が，その拒否理由を受諾できない場合には，（その報告等が国家の重大な利益に悪影響を及ぼす旨の）声明を内閣に要求することができ，内閣が声明を発出すれば行政機関は報告等を免れる（3項）。内閣が声明を発出しなければ，行政機関は求められた報告等をしなければならない（4項）。

　　　国政調査権の行使の結果，特定秘密保護法（特定秘密の保護に関する法律）3条1項に規定する特定秘密である情報が含まれる報告等が提出された場合，議員等に限り調査に必要な範囲でそれを利用することができる（国会法104条の3）。また，議院等が，特定秘密である情報が含まれる報告等を求めた場合，行政機関の長が理由を疎明してその求めに応じなかったときは，内閣声明の要求に代えて，当該議院の情報監視審査会に対して，行政機関による拒否の審査を求めることができる（同法104条の2）。

　各議院は，証人の出頭・証言や記録の提出を強制的に要求することができる。衆議院規則85条の2・参議院規則186条に基づく参考人招致の場合には，強制力を伴わないが，議院証言法（議院における証人の宣誓及び証言等に関する法律）に基づく証人喚問では，証人は，正当な理由なく，出頭を拒んだり，宣誓や証言を拒否したり，虚偽の陳述をしたりすれば刑事罰を科されうる（6条，7条）。なお，憲法38条1項の黙秘権の保障は，国政調査権の行使の際にも妥当する。また，捜索，押収，逮捕などの刑事手続上の強制力は，国政調査権の行使の際には認められない（札幌高判昭和30年8月23日高刑集8巻6号845頁）。

　国政調査権の性質については，憲法41条の「国権の最高機関」の文言の意味との関係で，それ自体が独立の権能であるのか（独立権能説），憲法上，国会または議院に与えられた権能を行使するために認められた補助的な権能であるのか（補助的権能説），議論が分かれている。この点，国会を統括機関ととらえる立場によれば，国政調査権は，国会の最高機関たる地位に基づき，国権を統括するための独立の権能と理解されるが，政治的美称説によれば，国会または議院の本来の権能を行使するための補助的権能と解される。国会の地位について政治的美称説を

採る通説は，国政調査権の性質について，補助的権能説に立つ。

　　　国政調査権の性質は，浦和充子事件において争われた。すなわち，夫が生業を顧
　　みないので前途を悲観して無理心中を図り，子どもを殺害したものの自分のみ生き
　　残った母親に対する，浦和地方裁判所（現 さいたま地方裁判所）による懲役3年執
　　行猶予3年の有罪判決に関して，検察及び裁判の運営等に関する調査を行っていた
　　参議院法務委員会は，1949（昭和24）年5月，元被告人や担当検察官を証人として
　　喚問するなどしたうえで，事実認定が不適切であり量刑も軽きに失し不当である旨
　　の調査報告書をまとめた。これに対して，最高裁判所は，補助的権能説の立場から，
　　参議院法務委員会の措置が司法権の独立を侵害し，憲法上国会に許された国政調査
　　権の範囲を逸脱すると批判した一方，独立権能説に立つ参議院法務委員会は，国権
　　の最高機関性に基づき行使される国政調査権は司法権に対しても監督権を有すると
　　解すべきと反論した。通説は，最高裁判所の立場を支持している。

　通説である補助的権能説によれば，国政調査権については，議院の権能の及ぶ
範囲に限られるなど，一定の限界がある。すなわち，国政調査の目的は，法律・
予算の議決や行政監督など，国会の一院としての議院の憲法上の権能を実効的に
行使するためのものでなければならない（したがって，議院の憲法上の権能と直接関
係のない情報提供目的の調査は認められないと解される）。ただし，実際には，議院の
権能は，きわめて広汎であり国政の全般に及びうることから，補助的権能説に立
っても，独立権能説と同様に，国政調査権の範囲は（純粋に私的な事項を除き）国
政のすべての範囲に及ぶことになる。

　　　なお，「国政調査権は議院等に与えられた補助的権能と解するのが一般であって
　　……国政調査の範囲は……本来の所管事項……に限定さるべき」であるが，「如何な
　　る事項が当該議案の審議上必要，有益であるかについては，議案の審議を付託され
　　ている議院等の自主的判断にまつのが相当であり，議案の審議に責を負わない司法
　　機関としては，議院等の判断に重大かつ明白な過誤を発見しない限り，独自の価値
　　判断に基づく異論をさしはさむことは慎しむのが相当である」とする下級審裁判例
　　がある（日商岩井事件東京地裁判決〔東京地判昭和55年7月24日判時982号3頁〕）。

　国政調査権の行使にあたっては，個人の基本的人権を侵害するような調査が許
されないのは当然のことであるが，そのほかにも，司法権や準司法作用である検
察権との関係で，一定の限界がある。

　　　証人自身の人権を保障するため，議院証言法は，証人が疾病その他の理由で議院
　　に出頭することが困難な場合に議院外で調査を行うこと（1条の2），証人が議長・
　　委員長の許可を得て弁護士から補佐人を選任すること（1条の4），証言内容と無関
　　係な尋問や威嚇的・侮辱的な尋問その他不適切な尋問を議長・委員長が制限しうる

こと（5条の6），委員会における証言中の撮影・録音の許否につき証人の意見を聴取すること（5条の7）などを規定している。

司法権との関係については，現に係属中の裁判について裁判官の訴訟指揮を調査したり，裁判内容についてもっぱらその当否を判断するための調査をしたりすることは，調査が裁判官の裁判活動に事実上影響し司法権の独立を侵すことになるので，許されない。一方で，立法や行政監督の目的で行われるのであれば，裁判と並行して判決や裁判手続などを調査することも認められうる。

検察権は，（行政権ではあるものの）裁判と密接に関連する準司法的な作用であるため，国政調査権との関係で，司法権に類似した独立性が認められる。具体的には，起訴・不起訴に関する検察権の行使に政治的圧力を加えることを目的とする調査，起訴事件に直接関連する事項や公訴追行の内容を対象とする調査，捜査の続行に重大な支障を及ぼすような方法による調査などは，許されない（日商岩井事件東京地裁判決参照）。

一般の行政権との関係で，法律により守秘義務が課されている公務員の「職務上の秘密」に関わる事項の調査については，議院証言法5条の規定による。具体的には，証言内容・提出書類が公務員の職務上の秘密に関するものであることを証人（公務員本人）または公務所が申し立てたときは，議院または委員会は，当該公務所またはその監督庁の承認がなければ，証言・書類の提出を求めることができない（1項）。当該公務所・監督庁が承認を拒むときは，その理由を疎明しなければならず，その拒否理由を議院等が受諾すれば，証人は証言等を免れる（2項）。議院等が，その拒否理由を受諾できない場合には，（その証言等が国家の重大な利益に悪影響を及ぼす旨の）声明を内閣に要求することができ，内閣が声明を発出すれば行政機関は証言等を免れる（3項）。内閣が声明を発出しなければ，証人は求められた証言等をしなければならない（4項）。

　　特定秘密である情報が含まれる証言等について，特定秘密の指定をした行政機関の長が理由を疎明して承認を拒否した場合，議院等は，内閣声明の要求に代えて，当該議院の情報監視審査会に対して，承認拒否の審査を求めることができる（議院証言法5条の2）。

10.3.5　国会議員の権限

国会議員は，その所属する議院に，法律案をはじめとする議案（案を備えて提出

することが必要な議院の議決の対象となるもの）を発議することができる（国会法56条1項）。内閣も議案を国会に提出することができる（憲法72条）。ただし，予算（修正を除く）と条約については，議員には発議権は認められていない（内閣のみが提出できる〔73条5号，3号〕）。

　議案を発議するには，衆議院では議員20人以上，参議院では議員10人以上（予算を伴う法律案については，衆議院では議員50人以上，参議院では議員20人以上）の賛成が必要である（国会法56条1項）。

　　　国会法の制定当初は発議要件が設けられていなかったが，財源的裏付けを欠くいわゆる「お土産立法」が盛んに行われるようになったため，1955（昭和30）年の法改正により，発議要件が設けられた。

　　　議員による法律案の発議に関しては，憲法・国会法等に規定はないが，会派の機関としての承認がなければ受理されないことが先例となっている。これに関して，衆議院議員がほか2人の提出者と92人の賛成者とともに法律案を提出しようとしたところ，所属する会派の機関承認が得られていないことを理由に衆議院事務局（衆議院議長の補助機関）が不受理としたことに対する国家賠償請求訴訟について，本件は議院の自律権に属する事柄であり，裁判所の審査権は及ばないとして請求を棄却した裁判例がある（東京高判平成9年6月18日判時1618号69頁）。

　また，国会議員は，その所属する議院に，議案・予算の修正や質疑・討論終局，懲罰などの動議（案を備えることを要しない，議事運営上必要な事項に関し討論・採決に付されるもの）を提出することができる（国会法57条，57条の2，68条の4，121条3項，衆議院規則140条，141条，143条，235条，参議院規則48条，111条，120条，125条，237条等）。

　さらに，国会議員は，その所属する議院の議長の承認を経て，内閣に対して，質問（議題とかかわりなく，内閣に対して説明を求め，所見をただすこと）をすることができる（国会法74条1項）。議員が質問主意書を作成し議長に提出し，議長がそれを内閣に転送すると，内閣はそれに対する答弁書を作成しなければならない（同法74条2項，75条）。また，緊急を要する質問は，議院の議決により口頭で行うこともできる（同法76条）。

　そのほかに，国会議員は，その所属する議院で，議題となっている案件について，質疑，討論，表決を行うことができる。議員はこれらの活動を自由に行うことができる（憲法51条）。

10.3.6　国会議員の地位と特権

　国会議員は，選挙によって選出され，その身分を得て，任期の満了によって，その身分を失う（憲法 45 条，46 条）。衆議院議員については，解散によっても，その身分を失う（45 条但書）。そのほかに，国会議員は，（同時に両議院の議員を兼職することができないため）他の議院の議員となったとき（48 条，国会法 108 条），懲罰として除名されたとき（58 条 2 項後段，国会法 122 条 4 号），議員資格争訟の裁判により議員の資格がないとされたとき（55 条，国会法 111 条〜113 条）には，憲法上，その身分を失う。

> 　そのほかに，法律上，国会議員が身分を失う場合として，辞職したとき（国会法 107 条），被選挙資格を失ったとき（同法 109 条），選挙無効訴訟・当選無効訴訟で裁判所により選挙・当選が無効とされたとき（公職選挙法 204 条，205 条，208 条，209 条），選挙犯罪により当選を無効とされたとき（公職選挙法 251 条，251 条の 2），法律上兼職できない公務員になったとき（国会法 39 条本文），比例代表選出議員が当選後に，選挙の際に相争った他の名簿届出政党等に所属することになったとき（同法 109 条の 2）（詳しくは，10.4.4 比例代表選出議員の党籍離脱を参照）がある。

　国会議員は，全国民の代表であり，きわめて重要な権能を行使する国会の構成員であるので，その反射として，不逮捕特権と免責特権という 2 つの特権が認められている（これらは，地方議会の議員等には認められない）。

　不逮捕特権とは，国会議員は，院外における現行犯の場合（不当逮捕の可能性が低いため）と所属する議院の許諾がある場合（国会法 33 条，34 条）以外は，会期中は逮捕されないことをいう（国会の閉会中は，議院の許諾なしに逮捕されうる）。また，会期前に逮捕された議員は，所属する議院の要求があれば，会期中は釈放される（憲法 50 条）。ここでいう逮捕とは広く公権力による身体の拘束を意味し，刑事訴訟法上の逮捕に限られない（勾留等も含む）。また，不逮捕特権は，訴追をされない特権ではない。不逮捕特権の目的については，（1）議員の身体の自由を保障し，議員の活動を確保する（政府の権力によって議員の職務の執行が妨げられることを防ぐ）ためと，（2）審議体としての議院の正常な活動を確保するための 2 つが考えられるが，（1）のほうが有力である。一定の期間に限定して逮捕を認めるという期限付き許諾が認められるか否かについては，肯定する見解もあるが，逮捕が正当か否かの判断はそれを判断するのに適正な調査・判断能力を有する捜査機関が行うべき（議院は議員の逮捕がその院の活動にとって妨げにならないか否かの判断のみをすべ

きである）ため，消極に解するのが有力である（東京地決昭和29年3月6日判時22号3頁参照）。

　免責特権とは，国会議員が議院内で行った演説・討論・表決は，院外で法的責任を問われないことをいう（51条）。ただし，政治的責任や道義的責任の追及は，別の問題である。ここでいう演説・討論・表決は厳密な意味でのこれらに限られず，議員が議院の活動として職務上した行為及びそれに付随する行為にも及ぶ（ただし，暴力行為は含まれない）。国会議員たる国務大臣が，議員としてした行為は免責の対象となるが，国務大臣としてした行為は免責の対象とならない。また，法的責任とは，民事・刑事の責任のほか行政責任（議員が公務員を兼ねる場合の，通常の公務員であれば負うべき懲戒責任や，弁護士法上の懲戒責任など）を含むが，政党が党員たる議員について政党から除名したりするなど，政治的責任は含まれない（有権者に対する道義的責任も，この免責特権とは無関係である）。免責特権の目的は，議員の職務執行の自由を保障し，審議体としての議院の正常な活動を確保するためである。国会議員が個別の国民の名誉・信用を低下させる発言をしても，職務と無関係に違法または不当な目的をもって事実を摘示したり，虚偽であることを知りながら敢えてその事実を摘示したりするなど，国会議員に付与された権限の趣旨に明らかに背いてこれを行使したものと認めうるような特別な事情がある場合には，国家賠償法1条1項により違法と判断されうる余地がある（病院長自殺国家賠償請求訴訟最高裁判決〔最判平成9年9月9日民集51巻8号3850頁〕）。

　なお，国会議員の勤務に対する報酬としての歳費を請求する権利（49条）も，特権（歳費特権）として位置づけうる。

10.4　民主政治を支える制度

　この10.4 民主政治を支える制度では，現代国家において民主政治を支える重要な制度としての選挙と政党について，憲法学の見地から考察する。

10.4.1　選挙制度

　国会議員は選挙（有権者からなる選挙人団によって代表者を選定する行為）によって選出される（43条1項）が，日本国憲法は，選挙に関する事項を法律で定めるも

のとし（47条）（選挙事項法定主義），これを受けて，公職選挙法等が制定されている。選挙は，投票（有権者が選挙人団として選挙に参加し，票を投ずることによって，誰を当選人としたいかなどの政治的な意思表示をする行為）によって行われる（公職選挙法35条）。

　代表制は，選出方法によって，多数の票を得た者にのみ議席を与える多数代表制と，得票数に応じて少数派にも議席を与える少数代表制とに分類される。そのほかに，政党の得票数に比例して議席を配分する比例代表制がある（比例代表制は，少数代表制の一種であるといえる）。多数代表制は，政治的意思決定のために，多様な民意を集約する制度であるから，死票（落選者へ投じられた票）が多い（小選挙区制の選挙の場合，得票1位の候補者以外に投票した有権者の意思はまったくムダになりうる）という問題点がある一方で，二党制などが生じやすく政治の安定がもたらされる。他方，少数代表制は，多様な民意を議会の場へ忠実に反映する制度であるため，現に存在する政治的選好の多様性が議会に（基本的には）そのまま表れるものの，小政党が乱立し，政治が不安定となる（小政党による連立政権が常態化し，選挙の結果によらない政権交代が頻繁に起こりうる）。

　　代表制は，そのほかにも，選出基盤によって，地域代表制（地理的に分けられた選挙区から代表を選出する制度）や職能代表制（職業別団体から代表を選出する制度）などに分けられる。

　選挙区（選挙人団を区別するための基準となる区域）の制度は，1つの選挙区から2人以上の議員を選出する大選挙区制と，1つの選挙区から1人の議員のみを選出する小選挙区制とに分けられる。特定の候補者に有利になるように人為的に選挙区の区割りを行うゲリマンダーを避けるため，通常は行政区画のような客観的な区域と選挙区を一致させる方法が採られる。

　比例代表の方法としては，政党が事前に候補者名簿を作成し選挙人に示す名簿式が，一般的である（ある候補者が当選に必要な数を超える得票をした場合，その票を選挙人の指定した順序に従って，他の候補者に移譲するという単記移譲式もありうる）。名簿式は，各政党の名簿における候補者の順位があらかじめ定められている拘束名簿式と，順位が定められておらず各候補者の個人名での得票数によって当落が決まる非拘束名簿式とに分けられる。議席の配分については，わが国では，ドント方式（各政党の得票数を1，2，3……の整数で除し，商の大きい順に各政党の議席を配分する方式）が採用されている。

　投票方法は，1人の候補者にのみ投票する単記制のほかに，2人以上の候補者に

投票する連記制がある（連記制は，有権者が選挙区の定数と同じ数の投票を認める完全連記制と，定数より少ない数の投票を認める制限連記制とに分けられる）。

選挙区制度と投票方法の組み合わせによって，代表制の仕組みは異なるものになる。小選挙区制（投票は必ず単記制となる）は多数代表制であり，単記制の大選挙区制の選挙は少数代表制である。大選挙区制の選挙であっても，完全連記制とすれば，多数代表制となる。

わが国の選挙制度に関して，衆議院議員選挙は，小選挙区選挙と 11 のブロックごとの拘束名簿式の比例代表選挙を組み合わせた小選挙区比例代表並立制が採用されている一方で，参議院議員選挙は，都道府県を単位とする（ただし，2015〔平成 27〕年の法改正により 2016〔平成 28〕年の通常選挙から，鳥取県と島根県，徳島県と高知県は，それぞれ 1 つの選挙区〔合同選挙区〕に合区された）選挙区による単記投票の大選挙区制の選挙（最多の選挙区の定数は 12 であり最少の選挙区の定数は 2 であるが，参議院は半数改選なので，定数 2 の選挙区の 1 回の選挙における改選議員数は 1 となり，この場合，事実上，小選挙区制の選挙として機能する）と，全国を 1 区とする非拘束名簿式の比例代表選挙を組み合わせた並立制の選挙制度が採用されている。衆議院議員選挙では，政党に所属する小選挙区選挙の候補者は比例代表選挙に重複立候補することが認められており，同一順位の重複立候補者同士での当落は，惜敗率（候補者の小選挙区選挙における得票数の，当該選挙区における最多得票者の得票数に対する割合）によって決定される。参議院の比例代表選挙では，各政党の名簿には候補者に順位が付されておらず，選挙人は投票に際して政党名か候補者名かのいずれかを記入し，政党名と候補者名を合算した得票数に基づき各政党の議席数が決定され，各政党の当選者は候補者の得票の多い順に決定するという非拘束名簿式が採られている。

なお，2000（平成 12）年の法改正によって，衆参両議院ともに，比例代表選出議員が当選後に選挙の際に相争った他の名簿届出政党に所属すると失職することとなった（国会法 109 条の 2，公職選挙法 99 条の 2）（詳しくは，10.4.4 比例代表選出議員の党籍離脱を参照）。

　　　衆議院議員の選挙制度は，1993（平成 5）年の総選挙までは，1 つの選挙区から 3人〜5 人の議員を選出する中選挙区制が採用されていた（中選挙区制は，大選挙区制の一種である）。この制度では，政党が衆議院で多数党となって政権を獲得するためには，1 つの中選挙区において複数の候補者を擁立し当選させる必要がある。そこで，55 年体制下において，自由民主党の複数の候補者が 1 つの中選挙区で競い合う

こと（同士討ち）になり，それが党内での派閥の形成につながった（政党同士の政策論争ではなく，候補者個人同士の競争となるため，候補者は，同一政党の他の候補者との差別化を図るため，有力議員によって選挙運動の支援が見込まれ当選後の政治活動の基礎となる派閥に所属するようになった）。1994（平成 6）年の政治改革の一環として小選挙区制が導入され，1996（平成 8）年の総選挙から実施されることとなったが，これに伴い不利になる小政党のために，比例代表制が併せて導入された。

　参議院議員の選挙制度は，当初は，全国を 1 つの選挙区とする単記制の大選挙区制（全国区）と各都道府県を 1 つの選挙区とする単記制の大選挙区制ないし小選挙区制の選挙制度（地方区）とを組み合わせた並立制の選挙制度であり，1982（昭和 57）年に，全国区制が比例代表制に改められ（地方区は選挙区と呼ばれるようになった），1983（昭和 58）年の通常選挙から実施された。全国区制は，全国的に有名で優れた学識経験者等を議員として選出するとともに，地域の枠を超えて同じ職業の者が国会へ自らの代表者を送り出すことによって職能代表制として機能することをも企図して導入されたが，選挙区が広いため選挙運動に多額の費用と労力がかかる制度であり，労働組合や業界団体等の組織力の強い候補者や知名度の高い候補者が多く当選する傾向があった。発足当初の参議院は政党に所属しない議員が多かったが，その後，政党に所属する参議院議員が増えていった。参議院議員選挙への比例代表制の導入に際しては，参議院の政党化が加速するとともに，政党の名簿への登載や順位の決定をめぐって，政党幹部への権力の過度な集中が起こることなどが，問題点として指摘されていた。なお，参議院の比例代表制の選挙は，導入当初は拘束名簿式であったが，候補者の顔が見えない，過度の政党化を招く，政党による順位づけが有権者にとってわかりにくいなどの批判を受けて，2000（平成 12）年の法改正で，2001（平成 13）年の通常選挙から非拘束名簿式となった。

　小選挙区制選挙のような多数代表制の選挙制度は，（1）有権者が十分に候補者の主張等を知ったうえで投票することができ，当選後も日常的に政治活動を監視しやすい（選挙区が狭く候補者が少ないため，有権者と候補者の関係が近い），（2）候補者にとって選挙運動がしやすく選挙費用が少額で済む（選挙区が狭いため），（3）極端な政治勢力が登場しにくい（各選挙区で得票 1 位とならなければ当選しないため，候補者はより多くの有権者の支持を得るよう穏当な主張をすることになる），などという長所があり，（4）多数党に有利である（小政党の乱立を防ぎ，二大政党化を促し，政治が安定しやすい一方で，有権者の意見が大きく変化した場合，選挙によってその変化を議会に直ちに反映できる）という特徴がある。

　一方，大選挙区制（完全連記投票の場合）の選挙のような少数代表制の選挙制度は，（1）死票が少ない（各選挙区で得票 1 位でなくとも定数の範囲内で相対的に多数の票を得た候補者が当選するため，2 位以下で当選した候補者に投票した多数の有権者の意思

【選挙制度】

> 大きい／小さいと多い／少ないとを混同しない

多数代表制 ＝ **小選挙区選挙**（1 選挙区→1 議員）
　　多数派<u>のみ</u>が代表となる→多様な民意を<u>集約</u>する（二党制を促す→政治が安定する）
　　○議員が身近である，○選挙費用が少ない，○穏当な主張になる，○多数党に有利
　　×死票が多い，×候補者の選択範囲が狭い，×不正が起きやすい，×少数党に不利

少数代表制 ＝ **大選挙区選挙**（1 選挙区→複数議員）
　　少数派から<u>も</u>代表が出る→多様な民意を忠実に<u>反映</u>する（小政党が乱立する→政治が不安定となる）
　　○死票が少ない，○候補者の選択範囲が広い，○不正が起きにくい，○少数党に有利
　　×議員が疎遠となる，×選挙費用が高額になる，×極端な議員が発生する，×多数党に不利

がムダにならない），（2）候補者の選択範囲が広い（小選挙区制の選挙の場合よりも多くの候補者が立候補することが見込まれるため），（3）選挙干渉・買収が行われにくい（選挙区が広く候補者も多いため，不正を企てようとしても困難であるため），などという長所があり，（4）（各選挙区で得票1位の者でなくても当選する可能性があるため）少数党の候補者や新人も当選しやすいという特徴がある。

　これらの長所や特徴は，逆に見れば他の選挙制度の短所であるといえる。少数代表制の選挙制度には，（1）選挙人と候補者との関係が疎遠になりやすく，候補者の人物を知らないまま投票せざるをえなくなる，（2）選挙区が広いため，候補者にとって選挙運動の負担が重く，知名度の高い候補者や資金力の多い候補者が有利となる（その弊害が顕著に現れたのが1980〔昭和55〕年まで行われていた参議院の全国区制の選挙であった），（3）極端な意見を主張する候補者が当選するおそれがある，（4）有権者の多様な意見が集約されないまま議会の議席分布に反映されることになるため，小政党の乱立が生じ，政治が不安定になりやすい，などといった短所がある。また，多数代表制は，（1）死票が多い（小選挙区選挙では49％の得票を得た候補者が51％の候補者に敗れて議員になれないため，49％の有権者の意思が事実上ムダになる），（2）候補者の選択範囲が狭いため，有権者は自分の政治的選好に合わない候補者に投票せざるをえなくなる（または，棄権する），（3）情実投票や買収などの不正を誘発しやすく，（4）少数党の候補者や新人が選出されにくく，議員が地域的な狭い利益の代弁者になりやすい，などといったという短所がある。

10.4.2 現行の選挙制度の合憲性

（1）衆議院議員の選挙制度　衆議院議員の選挙制度である小選挙区比例代表並立制について，①重複立候補制は，重複立候補者が小選挙区で落選しても比例代表選挙で当選できる点（俗にいう「復活当選」）で違憲であり，重複立候補できる者・政党（候補者届出政党）とそうでないものとを差別的に取り扱うものである点でも違憲であること，②拘束名簿式比例代表制において，選挙の時点で候補者名簿の順位が確定しないため（名簿上，複数の候補者を同一順位とすることができ，当落は小選挙区における惜敗率で決まる）直接選挙といえず，違憲であること，③小選挙区制は，死票が多く，多数代表制の下で少数党が政治から排除され，国民代表の原理に抵触し，憲法の趣旨に反し，憲法の認める立候補の自由等が侵害されること，④小選挙区比例代表並立制において，候補者届出政党に所属する者とそうでない者との間の選挙運動の機会の不均等（候補者届出政党は，候補者本人のする選挙運動とほかに一定の選挙運動を行うことができるほか，候補者本人のすることのできない政見放送ができる）は，憲法14条1項の禁止する差別に当たることなどを理由に，その合憲性が争われた。

　これに対して，最高裁判所は，「代表民主制の下における選挙制度は，選挙された代表者を通じて，国民の利害や意見が公正かつ効果的に国政の運営に反映されることを目標とし，他方，政治における安定の要請をも考慮しながら，それぞれの国において，その国の実情に即して具体的に決定されるべきものであり」，日本国憲法も，「およそ議員は全国民を代表するものでなければならないという制約の下で，議員の定数，選挙区，投票方法その他選挙に関する事項は法律で定めるものとし（43条，47条），両議院の議員の各選挙制度の仕組みの具体的決定を原則として国会の広い裁量にゆだねている」と判示したうえで，次のように述べて，小選挙区比例代表並立制の合憲性を認めた（最大判平成11年11月10日民集53巻8号1577頁，1704頁）。

　すなわち，①同時に行われる2つの選挙に同一の候補者が立候補することを認めるか否かは，国会の裁量により決定できる事項である。重複立候補を認める制度で，1つの選挙で当選人とされなかった者が他の選挙で当選人とされることは当然の帰結であり，憲法前文，43条1項，14条1項，15条3項，44条に違反しない。候補者届出政党に所属しない者が重複立候補できないことに関して，候補者届出政党の要件は，継続的に相当な活動を行い国民の支持を受けていると認め

られる政党が小選挙区選挙で政策を掲げて争うのがふさわしいものであるという
認識の下に，選挙制度を政策本位・政党本位のものとするために設けられたもの
であり，国政における政党の重要な役割にかんがみて，候補者届出政党に所属す
る者にのみ重複立候補を認めることは相応の合理性があり，不当に立候補の自由
や選挙権の行使を制限するとはいえず，国会の裁量権の限界を超えるものではな
い（差異を設けたことが憲法15条1項，3項，44条，14条1項，47条，43条1項に違反
しない）。

　②拘束名簿式は，選挙人の総意により当選人が決定される点で，選挙人が候補
者個人を直接選択して投票する方式と異なるところはない。名簿において同一順
位者の当選が小選挙区選挙の結果を待たないと確定しないことについては，結局，
当選人となるべき順位は投票の結果によって決定されるので，このことをもって
比例代表選挙が直接選挙に当たらないとはいえず，憲法43条1項，15条1項，3
項に違反しない。

　③小選挙区制は，（全国的に見て国民の高い支持を集めた政党等に所属する者が得票率
以上の割合で議席を獲得する可能性があって，民意を集約し政権の安定につながる特質を
有する反面）野党や少数派政党であっても国民の高い支持を集めれば，多数の議席
を獲得できる可能性があり（政権の交代を促す特質をも有する），また，個々の選挙
区においては，少数派政党等に所属する者でも，当該選挙区において高い支持を
集めることができれば当選することができるので，特定の政党等にとってのみ有
利な制度であるとはいえない。（たしかに小選挙区制の下においては死票を多く生む可
能性があるが）死票はいかなる制度でも生ずるものであり（従前の中選挙区制と異な
るところはない），各選挙区における最高得票者をもって当選人とすることは選挙
人の総意を示したものではないとはいえない。小選挙区制は，選挙を通じて国民
の総意を議席に反映させる一つの合理的方法であり，これによって選出された議
員は，全国民の代表であるという性格と矛盾・抵触するものではない。したがっ
て，小選挙区制を採用したことは，国会の裁量の限界を超えるということはでき
ず，憲法の要請や各規定に違反するとは認められない。

　④政党は，議会制民主主義を支える不可欠の要素であり，国民の政治的意思決
定を形成する最も有力な媒体であるから，このような政党の重要な国政上の役割
にかんがみ，選挙制度を政策本位・政党本位のものとすることは国会の裁量の範
囲内である。憲法は各候補者が選挙運動のうえで平等に取り扱われるべきことを
要求しているが，合理的理由に基づく差異を設けることは禁止されておらず，選

挙運動のうえで候補者間に一定の取扱いの差異が生じたとしても，一般的に合理性を有するとは到底考えられない程度に達しているとはいえない。政見放送を候補者届出政党にのみ認めている点については，それ以外の選挙運動は候補者届出政党に所属しない候補者も十分に行えるため，その差異は合理性を有するとは到底考えられない程度に達しているとはいえない。

　なお，本判決では，政策本位・政党本位の選挙制度という国会による基本決定を準拠点として，より具体的な制度としての重複立候補制や政党優遇措置の合理性が審査されている（このような違憲審査の方法を制度準拠審査というが，これについては，2.3.7 制度依存的権利と立法裁量の統制を参照）。

　(2) 参議院議員の選挙制度　　参議院議員の選挙制度のうち非拘束名簿式の比例代表制について，①選挙人が，名簿上の特定の候補者には投票したいが，その所属政党には投票したくない場合であっても，候補者個人に対する投票を政党の得票として評価するものであり（当該比例代表選出議員が辞職した場合，政党に対する投票意思のみが残ることになる），選挙人の投票意思に反する結果となるため，国民の選挙権（15条1項）を侵害しうることや，②候補者が当選に必要な数以上の得票をした場合，その超過得票は，選挙人が投票した候補者以外の候補者のために流用されることになるから，直接選挙とはいえず，43条1項に違反することなどを理由に，その合憲性が争われた。

　これに対して，最高裁判所は，次のように述べて，非拘束名簿式比例代表制の合憲性を認めた（最大判平成16年1月14日民集58巻1号1頁）。

　①政党の国政上の重要な役割にかんがみて，政党を媒体として国民の政治意思を国政に反映させる比例代表制を採用することは，国会の裁量の範囲に属する。名簿式比例代表制は，政党の選択という意味を持たない投票を認めない制度であるから，候補者個人には投票したいがその者の所属する政党には投票したくないという投票意思が認められないことをもって，国民の選挙権を侵害し，憲法15条に違反するとはいえない。名簿式比例代表制では，名簿に登載された者は，各政党に所属する者という立場で候補者となっているのであるから，候補者個人への投票を政党に対する投票として得票数を計算することには，合理性が認められる。

　②非拘束名簿式比例代表制は，選挙人の総意により当選人が決定される点において，選挙人が候補者個人を直接選択して投票する方式と異なるところはない。当選人の決定に選挙人以外の者の意思が介在するものではないから，直接選挙の要請は満たしており，43条1項に違反しない。

　また，参議院の選挙区選挙に関しては，最高裁判所は，「具体的な選挙制度の仕組みを決定するに当たり，一定の地域の住民の意思を集約的に反映させるという意義ないし機能を加味する観点から，政治的に一つのまとまりを有する単位である都道府県の意義や実体等を一つの要素として考慮すること自体が否定されるべきものであるとはいえず，投票価値の平等の要請との調和が保たれる限りにおいて，このような要素を踏まえた選挙制度を構築することが直ちに国会の合理的な裁量を超えるものとは解されない」と判示する一方で，「合区は，総定数を大幅に増やす方法を採ることにも制約があった中，半数改選という憲法上の要請を踏まえて各選挙区の定数を偶数で設定しつつも選挙区間の較差を縮小することを可能にするものであった」とも評価している（最大判令和2年11月18日民集74巻8号2111頁）。

　なお，一票の較差の問題については，9.2 一票の較差（議員定数不均衡）を参照。

10.4.3　政　党

　国民は，議会を通じてその意思を国政に反映し実現させるため，政治上の意見や主義・主張を同じくする者同士で集まり，代表者を議会に送り出す。代議制民主主義の国家では，政党は，民意を集約し議会に反映させるための国民と議会との媒体として，また，国民の政治意思を形成するものとして，非常に重要な機能を有している。最高裁判所も，政党について，「議会制民主主義を支える不可欠の要素」であるととともに「国民の政治意思を形成する最も有力な媒体である」と位置づけている（八幡製鉄事件判決〔最大判昭和45年6月24日民集24巻6号625頁〕）。

　憲法には，政党について明示した規定はない。しかしながら，憲法は，結社の自由（21条）を保障し，議院内閣制を採用していることから示されるように，政党の存在を当然のこととして想定している。最高裁判所も，「憲法の定める議会制民主主義は政党を無視しては到底その円滑な運用を期待することはできないのであるから，憲法は，政党の存在を当然に予定している」と判示している（八幡製鉄事件判決）。

　現行法上，公職選挙法は政党の存在を認めており（86条など），政治資金規正法は，「政治上の主義若しくは施策を推進し，支持し，又はこれに反対することを本来の目的とする団体」や「特定の公職の候補者を推薦し，支持し，又はこれに反対することを本来の目的とする団体」などの政治団体（3条1項）のうち，所属す

る国会議員が5人以上のもの，または直近の国政選挙で得票率が2%以上のものを政党と定義している（同条2項）。一方，政党助成法は，政治資金規正法にいう政治団体のうち，所属する国会議員が5人以上のもの，または所属する国会議員が1人以上でかつ直近の国政選挙で得票率が2%以上のものを政党と定義している（2条1項）。政治団体は，政治資金規正法に基づき，政治資金の収支の公開が求められる（収支報告書を提出し，その要旨を公開しなければならない）とともに，政治資金の授受にあたってさまざまな制限を受ける（候補者個人への寄附は禁じられるとともに，会社や労働組合等が政党等以外に寄附をすること，個人や会社・労働組合等が一定の限度額を超えて寄附をすること，国等から補助金等を受けている会社や赤字会社，外国人が寄附をすること，他人名義や匿名で寄附をすることなどが禁止されている）。また，政党助成法上の政党は，所属する国会議員数と国政選挙における投票数に応じて，国庫から政党交付金を受けることができる。

　　　政党助成制度は，1994年の政治改革の一環として，選挙制度改革（衆議院議員選挙への小選挙区比例代表並立制の導入）や政治資金規正の強化とともに（会社や労働組合等から政党・政治団体への政治資金の寄附の制限への代償的な措置として）導入されたものであり，「議会制民主政治における政党の機能の重要性にかんがみ，国が政党に対し政党交付金による助成を行うこと」で，「政党の政治活動の健全な発達の促進及

【政党の定義】

政党とは？

政治資金規正法上は，
政治団体のうち，
（aまたはbを本来の目的とする団体，
またはその主たる活動として組織的・
継続的に行う団体）
Aに該当するもの
またはBに該当するもの

→政治資金の授受の制限を受ける

＞

政党助成法上は，
政治団体のうち，
（aまたはbを本来の目的とする団体，
またはその主たる活動として組織的・
継続的に行う団体）
Aに該当するもの
またはBに該当する＋所属する国
会議員が1人以上のもの

→政党交付金を受けることができる

a：政治上の主義・施策
b：特定の公職の候補者　を推進・支持・反対することを本来の目的とする団体
A：所属する国会議員5人以上のもの
B：直近の国政選挙で得票率が2%以上のもの

政治資金規正法の要件
よりも，加重されている

国会法上は，

政党　≒　（国会の各議院において）会派

同じ政党に所属する議員が，それぞれの議院において1つの会派を構成する（衆議院と参議院で，それぞれ政党名を冠した会派が結成される）ため，政党＞会派である。一方，政党に所属していない議員が，ある政党と政治的行動をともにする目的で，その政党の会派に所属することがあるため，また，複数の政党に所属する議員が，各議院において1つの会派を構成することがあるため，政党＜会派ということもありうる。

【与党と野党】

　　　与党＝政府を構成する政党（各議院における議員数の多い少ないとは関係ない）
　　　　　　国政の場合，内閣を構成する政党のこと
　　　　　　（議院内閣制下だから，衆議院の多数派が与党であることが通例）
　　　　　　地方政治の場合は，首長を支持する政党のこと
　　　　　　（二元的民主制だから，議会内少数派が与党となることはありうる）
　　　野党＝与党以外の政党

びその公明と公正の確保を図り，もって民主政治の健全な発展に寄与すること」を
目的としている（政党助成法1条）。しかし，政党への公費助成によって，政党への
寄附を自主的に決める国民の思想・良心の自由（憲法19条）が侵害される（意に反
して，自分の支持しない政党に対して，税を通じて自動的に寄附がなされることになる）
し，政党の自律的な存在や運営が阻害され，結社の自由（21条1項）が侵害される
などとして批判する見解もある。

　政党と関連する概念として，会派がある。会派とは，議院内で共同で活動する
議員の集団であり，常任委員会等の委員の選任や会議・委員会の質問・質疑の時
間の割当てなど，議院運営上の基本単位となっている。同じ政党に所属している
議員は，各議院で一つの会派として活動するのが一般的であるが，議院内での活
動の便宜のために，政党に所属していない議員が会派に所属したり，複数の政党
で1つの会派を構成したりすることもある。また，会派は議院内の概念であるの
に対して，政党は国会以外にも及ぶ概念であり，地方議会の議員や非議員の職
員・党員もその構成員となる。

　　　政党は，建国期のアメリカでは「徒党」として敵視されたが，19世紀には英米に
　　　おいて政党政治が確立し，議会政治において不可欠なものと考えられるようになっ
　　　た。ドイツでは，政党に対する国法の態度は，(1) 敵視，(2) 無視，(3) 承認・合
　　　法化，(4) 憲法的編入という順に変遷するという政党4段階説が説かれた。わが国
　　　では，政党について，憲法に直接明記する規定はないが，公職選挙法や政党助成法
　　　等によって規定されており（ただし，一般的な政党法制は存在しない），承認・合法化
　　　の段階にあるといえる。

10.4.4 比例代表選出議員の党籍離脱

　政党を基礎にその得票数に比例して議席を配分する比例代表選挙によって，政
党の名簿に基づき選出された議員が，後に所属する政党から離脱し，別の政党へ

と自発的に異動したり，政党から除名されたりするなどして，当該政党に所属しなくなった場合に，その議員を失職させるべきか否かについては，憲法 43 条 1 項との関係で問題となる。

　従来の通説（議席保有説）は，政党の名簿に基づき当選したとしても，ひとたび議員となれば，その選出方法の如何にかかわらず，国会議員はすべて全国民の代表であるので（自由委任の原則を重視する），選挙の際に所属していた政党の党籍を後に失ったとしても議員としての身分に変動を生じさせるべきではない（議員資格を剥奪する制度を設けるべきではない）とする。これに対して，比例代表選挙（特に，拘束名簿式のもの）においては，選挙人は候補者個人に投票したのではなく，政党に対して国政を負託しているため，議員は選挙の際に所属していた政党を離れれば，その議員としての正統性を欠くことになるため，当然に議員の資格を喪失させるべきであるという見解（議席喪失説）もある。

　議席保有説が議員個人の自由意思を重視するものであるのに対して，議席喪失説は，政党に託した有権者の意思を尊重するものである。比例代表選出議員が選挙時に所属していた政党から離党した場合に，その理由の如何を問わずに直ちに議員の資格を喪失させるべきと解するならば，政党が議員を除名すればその議員の議員としての資格を失わせることができることになり，議員の（政党からの）自由な政治活動は不可能になる。そこで，議席喪失説に立ったうえで，議員の自発的な党籍離脱の場合に限り議員としての資格を喪失させる制度を設けても，自由委任の原則に違反しないとの見解（修正議席保有説）も有力である。

　なお，2000（平成 12）年の法改正によって，衆議院・参議院いずれも比例代表選出議員について，当選後に，選挙の際に相争った他の名簿届出政党等に所属することになった場合には，議員としての資格を失うこととなった（国会法 109 条の 2，公職選挙法 99 条の 2）。つまり，（党籍離脱ではなく）選挙時に競争した他党への党籍変更のみを禁止している（無所属となったり，選挙後に結成された政党に異動したりすることは可能である）。これについては，党籍離脱の理由如何にかかわらず所属政党の変更を一切禁止している点で，従来の通説のみならず有力説の立場からも，自由委任の原則に違反するのではないかとの疑義が示されている（自由委任の原則については 10.1.4 国会の地位——国民の代表機関を参照）。

　参議院の比例代表選出議員選挙で，候補者名簿（当時は拘束名簿式であった）に登載され次点で落選した者が，約 1 年後に党から除名されたため，その直後に当該政党の議員に欠員が生じたものの，下位の名簿登載順位の者が繰上当選とされた

ことにつき，その中央選挙管理会の決定が争われた日本新党事件判決で，最高裁判所は，政党による組織内での除名等の処分の当否は政党の自律的解決に委ねられるべきであるとして，政党によって除名届が適法にされている以上，除名の無効等を理由とする当選無効は認められないと判示した（最判平成7年5月25日民集49巻5号1279頁）。

第11章

内閣と行政権

11.1　行政権の概念と内閣の組織

11.1.1　行政権の概念

　行政権の概念については，すべての国家作用から立法作用と司法作用を除いた残りの作用というように消極的に定義する行政控除説が，通説的見解である（ここでの国家作用は，国民との関係における権力的作用のことであり，国家機関相互間の作用を含まない）。このような行政控除説は，行政権の発生の沿革（君主の包括的な支配権から，まずは立法権と執行権とが分化し，その執行権の内部で司法権が行政権から分かれた）に適合的であり，また，さまざまな行政活動を包括的にとらえることができるという点で妥当であるとされる。

　　行政権の概念について，かつて，行政法学から，「法のもとに法の規制を受けながら，現実具体的に国家目的の積極的実現をめざして行なわれる全体として統一性をもった継続的な形成的国家活動」というように積極的に定義する有力な見解が示されたが，通説とはならなかった。また，日本国憲法の行政権の概念を，国家の進路を定め国家を主導し国政全体の総合的な政策のあり方の調整を図ることを含む執政ととらえるべきとする見解もある。

　65条は，「行政権は，内閣に属する」と規定する。実際には，行政権は行政各部（各省庁等の行政機関）が行使し，内閣総理大臣は内閣を通じて，行政各部を指揮監督し，その全体を総合調整し，統括する地位にある（72条）。内閣（国会議員＝政治家である内閣総理大臣・国務大臣らによる少人数の合議体）の下で行政事務を分掌する国家機関として，内閣府及び各省（並びにそれらの外局としての委員会・庁）がある（各省庁は，政治家である大臣等のほかは，多人数の職員＝非政治家によって構成される官僚組織である）。

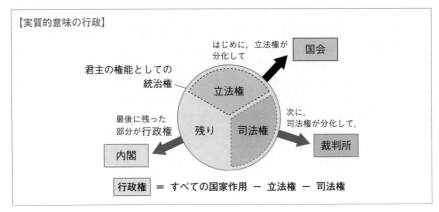

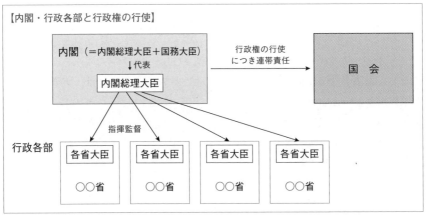

　内閣の下に置かれる行政機関については，憲法上，法律によるべきとは明記されていないが，法律事項であると解するのが通説である。

　内閣の直接的な補助機関として，内閣の庶務，重要政策の企画立案・総合調整，情報の収集調査などを担う内閣官房（内閣法12条），内閣の重要政策（行政各部の施策の統一を図るために必要となる事項）に関する企画立案・総合調整や，政府全体の見地から内閣総理大臣が管理するのがふさわしい行政事務の処理などを行う内閣府（内閣府設置法3条），デジタル社会の形成に関する内閣の事務を行うデジタル庁（デジタル庁設置法3条）（担当の大臣としてデジタル大臣が置かれる〔同法8条〕が，デジタル庁の主任の大臣は内閣総理大臣である〔同法6条2項〕），内閣提出法律案・政令案・条約案を審査し，法律問題に関し内閣に意見を述べる内閣法制局（内閣法制局設置法3条）などがある。内閣府設置法48条に基づき内閣府に置かれる機関（内閣総理大臣の管理に属する）として，宮内庁（宮内庁法1条）が，内閣府設置法49条に

基づき内閣府の外局（内閣総理大臣の所轄に属する）として，公正取引委員会（独占禁止法〔私的独占の禁止及び公正取引の確保に関する法律〕27条），国家公安委員会（警察法4条），個人情報保護委員会（個人情報保護法〔個人情報の保護に関する法律〕130条），カジノ管理委員会（特定複合観光施設区域整備法203条），金融庁（金融庁設置法2条），消費者庁（消費者庁及び消費者委員会設置法2条）が設置される（なお，国家公安委員会は，その委員長は警察法6条1項により国務大臣をもって充てられるが，内閣府の外局であるので，その主任の大臣は内閣総理大臣である）。また，内閣の直轄下の行政機関（かっこ内はその省の外局）として，総務省（公害等調整委員会，消防庁），法務省（公安審査委員会，出入国在留管理庁，公安調査庁），外務省，財務省（国税庁），文部科学省（スポーツ庁，文化庁），厚生労働省（中央労働委員会），農林水産省（林野庁，水産庁），経済産業省（資源エネルギー庁，特許庁，中小企業庁），国土交通省（運輸安全委員会，観光庁，気象庁，海上保安庁），環境省（原子力規制委員会），防衛省（防衛装備庁）がある（国家行政組織法3条，別表第1）。なお，復興庁設置法2条に基づき，2012（平成24）年2月から2031年（令和13）3月までの時限的な行政機関として，内閣の下に，復興庁が置かれる（担当の大臣として復興大臣が置かれる〔同法8条〕が，復興庁の主任の大臣は内閣総理大臣である〔同法6条2項〕）。

　なお，憲法が内閣に付与した権能（形式的意味の行政）の中には，実質的意味の行政作用とはいえないものがある（例えば，内閣は，政令の制定などといった立法作用を行い，恩赦の決定などといった司法作用を行う）。この点は，国会が実質的意味の立法権以外の作用を行使したり，裁判所が実質的意味の司法権以外の作用を行使したりすることと同様である。

11.1.2　内閣の組織

　内閣とは，内閣総理大臣とその他の国務大臣によって構成される合議体である（憲法66条1項，内閣法2条1項）。内閣法2条2項は，内閣総理大臣以外の国務大臣の数を14人以内（例外的に17人以内）と定めている（ただし，附則において，復興庁など，特別な機関等が置かれている場合には，この人数の上限はさらに増える）。

　国務大臣（大臣の内閣の構成員としての地位）は，各省庁の主任の大臣（各省庁の長としての立場）（各省大臣）として行政事務を分担管理する（同法3条1項）が，行政事務を分担管理しない大臣（無任所大臣）を設けることもできる（2項）。なお，内閣府の主任の大臣は内閣総理大臣である（内閣府設置法6条）が，その他の国務大臣をもって経済財政政策や防災などの内閣府の事務を掌理する特命担当大臣とすることもできる（同法9条〜12条）。

　1997（平成9）年12月に取りまとめられた「行政改革会議最終報告」は，簡素で効率的・透明な政府を実現するため，（1）内閣・官邸機能の抜本的な拡充・強化を図り，中央省庁の行政目的別大括り再編成により，行政の総合性，戦略性，機動性を確保すること，（2）行政情報の公開と国民への説明責任の徹底，政策評価機能の向上を図り，透明な行政を実現すること，（3）官民分担の徹底による事業の抜本的な見直しや独立行政法人制度の創設等により，行政を簡素化・効率化すること，の3つを提言した（行政改革）。これに基づき，中央省庁等改革基本法が制定され，2001（平成13）年1月，内閣機能が強化され（内閣総理大臣の国政に関する基本方針の閣議への発議権の明記，内閣官房の機能強化，内閣府の設置〔内閣府そのものが行政事務を分担管理するとともに，各省横断的な企画立案と総合調整をも行うこととし，また，経済財政諮問会議等などが設けられた〕），それまでの1府22省庁が1府12省庁に統合・再編成されるなど，行政機関に関して大幅な改革が行われた。

　従前の日本の行政は，形式的には，国務大臣が権限を有していたが，官僚が実質的に支配する「官僚政治」であったと批判されていた。そこで，行政改革では，憲法の定める本来の国民主権の理念に則り（その旨が内閣法1条に明記された），内閣を官僚機構から政治の領域に取り戻し，国民から選挙によって選ばれた国会議員により構成される国会が指名するところの内閣総理大臣と，内閣総理大臣に任命され（その過半数が）国会議員である国務大臣によって構成される内閣（政治家による合議体）が政治主導で行政を行う民主的な体制の確立が企図された。

　内閣府設置法9条に基づく特命担当大臣（「内閣府特命担当大臣（○○）」と表記される）は，内閣府の事務のうち，内閣総理大臣が必要とするものにつき任意に置かれるが，内閣府設置法により，防災，沖縄・北方対策，金融，食品安全・消費者，少子化対策の5事項を担当する大臣については，必置とされている（9条の2，10条，11条，11条の2，11条の3）。また，内閣総理大臣は，特命担当大臣とは別に，内閣官房の事務のうち，時々に重要とされる政策を担当する大臣（いわゆる担当大臣であり，「○○担当」と表記される）を定めることができる。

　なお，内閣官房の主任の大臣は，内閣総理大臣である（内閣法25条1項）。

　内閣総理大臣は，国会議員の中から国会が指名し（憲法67条1項），天皇が任命する（6条1項）。内閣総理大臣の要件は，国会議員であること（67条1項）と，文民であること（66条2項）の2つである。通説によれば，これらは指名の際の要件だけでなく在職の要件でもある。すなわち，内閣総理大臣が議員を辞職したり，選挙争訟で当選や選挙が無効となったり，議院から除名されたりした場合には，内閣総理大臣の資格を失う（ただし，衆議院議員たる内閣総理大臣は，衆議院の解散の場合には議員としての地位を失うが，それによって内閣総理大臣の資格を失うことはないと解される）。

　　内閣総理大臣を指名する必要が生じた場合には，国会は，「他のすべての案件に先だつて，これを行ふ」とされている（67 条 1 項）が，総選挙後に召集される特別会の際には（選挙の結果如何にかかわらず，70 条後段により，冒頭で必ず内閣は総辞職する），衆議院の「院の構成」に関する案件（議長等の選挙，議席の指定，会期の議決など）の後に行われる。内閣総理大臣の指名は，国会の各議院がそれぞれ議決を行い，（相対多数ではなく）過半数を得た者を指名された者とする（過半数を得た者がいない場合には，上位二者で決選投票を行う）（衆議院規則 18 条，8 条 2 項，参議院規則 20 条）。両議院が指名の議決を行い，その内容が一致すると，国会の指名が成立する（不一致の場合の両院協議会・衆議院の優越については，10.2.5 衆議院の優越を参照）。

　66 条 2 項にいう文民について，現に職業軍人（国の武力組織に職業上の地位を有する者）でない者を指すと解するとすれば，日本国憲法下では 9 条によって日本に軍隊が存在しえないため，66 条 2 項がほぼ意味のない規定となる。そこで，当初の通説は，職業軍人の経歴を有しない者（戦前に職業軍人であった者を排除するため）と解していたが，現在の通説・政府見解によれば，旧陸軍・海軍の職業軍人の経歴がなく，軍国主義的思想に深く染まっておらず，かつ，現役の自衛官でない者をいう（自衛官としての経歴があっても，それだけで軍国主義的思想に染まるということはないから，現職の自衛官でなければ，国務大臣となることができる）。この 66 条 2 項は，軍事に関する権能を国会に責任を負う文民たる大臣がコントロールすることによって，軍が独走したり政治に不当に介入したりするのを防ぐ文民統制（シビリアン・コントロール）を定めた規定である。

　　明治憲法（大日本帝国憲法）下では，内閣は憲法上の機関ではなく，内閣職権（1885〔明治 18〕年，太政官達）ないし内閣官制（1889〔明治 22〕年，勅令）に基づくものであった（法律上の機関ですらなかった）。天皇は，内閣総理大臣について，帝国議会の議員であるか否かにかかわらず，任意の者（当初は元老による推薦等を参考にすることもあり，大正デモクラシー下では，「憲政の常道」として，衆議院の第一党の党首が推薦されていた）を候補者として決め，組閣（国務大臣候補者からの就任の内諾を得ること）を命じた（大命降下）。国務大臣は，内閣総理大臣の推薦に基づき，天皇が任命した。

　　内閣法 9 条は，「内閣総理大臣に事故のあるとき，又は内閣総理大臣が欠けたときは，その予め指定する国務大臣が，臨時に，内閣総理大臣の職務を行う」と定めており，この規定に基づき，内閣総理大臣が死亡・病気・海外出張等で不在となったときは，あらかじめ指定された国務大臣が，内閣総理大臣臨時代理としてその職務を代行する。内閣総理大臣臨時代理は，基本的には内閣総理大臣と同一の権限を有するが，内閣総理大臣の一身専属的な権限（国務大臣の任免，内閣の総辞職，衆議院の解散）を行うことができない（政府見解）。2000（平成 12）年 4 月に，小渕恵三内

閣総理大臣が病気で昏睡状態になった際には，青木幹雄内閣官房長官を内閣総理大臣臨時代理に指名し，同氏が，「内閣総理大臣が欠けたとき」（憲法70条）に当たるとして，内閣総辞職をした。2000年4月以降は，組閣時に内閣総理大臣臨時代理の就任予定者を5人まであらかじめ指定することになっている。

　戦前は，現職の軍人が陸軍大臣・海軍大臣を務め（現職の軍人でなければ，これら軍部大臣にはなれなかった〔軍部大臣現役武官制〕），内閣の意思決定に関与し，場合によっては大きく影響を与えた（例えば，軍縮などの軍部にとって都合の悪い政策の提案に対しては，陸軍・海軍が大臣を辞職させ，かつ新たな大臣を出さないことによって，大臣に欠員を生じさせ，内閣総辞職へと事実上追い込むことによって，内閣の翻意を迫った）ことの反省を踏まえて，66条2項が設けられた。

　国務大臣は，内閣総理大臣が任命し（68条1項），天皇が認証する（7条5号）。国務大臣の要件は，文民であることである（66条2項）。国務大臣については，過半数が国会議員であることを要し，その全員が国会議員である必要はない（68条1項但書）。議員以外に余人をもって代えがたい者がいれば，いわゆる「民間閣僚」として国務大臣に任命しうる。内閣総理大臣の場合とは異なり，国会議員であることは，在職の要件ではなく指名の際の要件である。国務大臣に対する各省の主任の大臣としての補職は，内閣総理大臣の権限である（国家行政組織法5条3項）。すなわち，形式的には，国務大臣として，憲法上，内閣総理大臣に指名され天皇によって認証された者が，各省大臣として，法律上，内閣総理大臣によって補職される。

　なお，国会議員である国務大臣が選挙に落選し，国務大臣の過半数が国会議員でなくなったとしても，内閣の構成が直ちに違憲となるわけではない（野田佳彦第三次改造内閣では，総選挙の結果，閣僚18人中10人が非議員となった）。

　内閣が総辞職した場合に新たに内閣総理大臣が任命されるまでの期間は，旧内閣が引き続きその職務を行う（憲法71条）が，新たな総理大臣が任命された時点で，前の内閣は消滅するため，総理大臣の任命から国務大臣の任命までの期間は，総理大臣が1人で内閣を構成することになる（現在では，内閣総理大臣1人で内閣を構成する状態を避けるため，国会による内閣総理大臣の指名後，天皇による任命の前に，総理大臣は，国務大臣候補者を選定し，総理大臣の任命と国務大臣の任命・認証の3つの手続を同時に行うのが慣行である）。

　各府省には，大臣のほかに，従前は政務次官が置かれ国会議員から任用されていたが，その権限が非常に弱かったため（国会において答弁を行うことすらまれであった），国会審議活性化法（国会審議の活性化及び政治主導の政策決定システムの確立に関する法律）により，2001（平成13）年1月から，政務次官に代えて，副大臣・大臣政務官が置かれることとなった。内閣府及び各省には（復興庁とデジタル庁にも），

内閣府設置法 13 条・国家行政組織法 16 条（復興庁設置法 9 条, デジタル庁設置法 9条）に基づき, 法律の定める人数（1～3 人）の副大臣が置かれ, 各府省の大臣の命を受け, 政策・企画をつかさどり, 政務を処理し, 大臣不在時に職務を代行する。副大臣の任免は, その府省の長である大臣の申出により内閣が行い, 天皇がこれを認証する。副大臣は, あくまで各府省の副大臣であり, 内閣を構成する国務大臣ではないため, 閣議への代理出席はできない。また, 大臣政務官は, 内閣府設置法 14条・国家行政組織法 17 条（復興庁設置法 10 条, デジタル庁設置法 10 条）に基づき, 法律の定める人数（1～3 人）が置かれ, 特定の政策・企画に参画し, 政務を処理する。大臣政務官の任免は, その府省の長である大臣の申出により, 内閣が行う（天皇による認証はない）。副大臣・大臣政務官は, 国会議員から任用するのが慣例であり, 内閣総辞職の場合に大臣と同様に同時にその地位を失う。

　なお, 各府省には（復興庁にも）, 内閣府設置法 15 条・国家行政組織法 18 条（復興庁設置法 11 条）に基づき, 1 人の事務次官が置かれ, 省の長である大臣（内閣府の場合は, 内閣官房長官・内閣府特命担当大臣）を助け, 府務・省務を整理し, 各部局・機関を監督する。各府省の職員から任用される事務次官（任免は, 内閣の事前承認の下, 各大臣が行う）は, その事務方のトップである。

11.1.3　内閣の権能

　内閣の権能には, 一般の行政事務のほか, 法律の誠実な執行と国務の総理, 外交関係の処理, 条約の締結, 官吏に関する事務の掌理, 予算の作成と国会への提出（13.2.1 予算の意義・法的性格を参照）, 政令（内閣が制定する法規範）の制定（10.1.3 国会の地位――国の唯一の立法機関を参照）, 恩赦（大赦・特赦・減刑・刑の執行の免除・復権）の決定がある（憲法 73 条）。さらに, 天皇の国事行為に対する助言と承認（3条, 7条）, 最高裁判所長官の指名（6条2項）, 最高裁判所のその他の裁判官と下級裁判所の裁判官の任命（79条1項, 80条1項）, 国会の召集の決定（53条, 7条2号）, 衆議院の解散（7条3号, 11.2.4 衆議院の解散で後述）, 参議院の緊急集会の要求（54条2項但書）, 予備費の支出（87条）, 決算の国会への提出（90条1項）, 財政状況の報告（91条）がある（さらに, 法令によって, その他の権能が付与されている）。

　このうち, 法律の誠実な執行（73条1号）とは, 内閣が政治的に賛同できない法律であっても, 法律の目的にかなった執行を義務づける趣旨である。ある法律について内閣が憲法違反だと判断した場合でも, 国権の最高機関である国会が合憲だと判断して制定した以上, 内閣は法律の執行を拒否できない（通説）。ただし, 最高裁判所が違憲と判断した場合には, 内閣はその法律の執行義務を解除される。

　　国務の総理の意味について，（1）国務を行政事務ととらえ，それを総理するとは，内閣が最高の行政機関として行政事務を統括し，行政各部を指揮監督することであると解する見解と，（2）国務を行政事務のみならず立法・司法をも含むものととらえ，それを総理するとは，国会による立法権の行使や裁判所による司法権の行使が適切に行われるように配慮することを含むと解する見解とがあるが，（1）の見解も，立法や司法に対する配慮を行政事務に属すると解すれば，（2）の見解と大差がない。

　外交関係の処理（73条2号）とは，全権委任状や大使・公使の信任状の発行，批准書その他の外交文書の発行（7条5号・8号により，これらの認証は天皇が行う）など，外交関係に関する事務すべてを含む。

　官吏に関する事務の掌理（73条4号）に関して，官吏とは，国家公務員のことであり，地方公務員（93条2項にいう「吏員」）は含まれない。掌理するとは，処理するという意味である。

　恩赦（73条7号）とは，恩赦法に基づき，有罪の言渡しを受けた者についてその効力を失効させ，まだ有罪の言渡しを受けていない者について公訴権を消滅させ，刑を減軽したり刑の執行を免除したり，または，有罪の言渡しを受けたために喪失した資格を回復させることをいう。天皇・皇族の慶弔時などに，政令に基づき，該当者に対して一律に行うものと，事情変更や事後の行状等に基づき，刑事政策的見地から（中央更正保護審査会の申出により）個別に行うものとがある。恩赦の決定は伝統的には君主の権限とされていたが，日本国憲法下では内閣の権能となっている。

　内閣は合議体であり，内閣の職権は非公開の閣議（国務大臣全体の会議）により行われる（内閣法4条1項）。定足数や表決数などの議事に関する原則は，憲法や法律に規定はなく，慣例による。閣議は，内閣総理大臣と国務大臣で構成され，内閣総理大臣が議長となり（2項），国務大臣である内閣官房長官（内閣法13条，内閣府設置法8条）が進行する（内閣官房副長官及び内閣法制局長官が陪席するが，これら陪席者は国務大臣ではないので意思決定には関与できない）。閣議は多くの高度に政治的な判断を行う場であるため，議事は原則として非公開とされる。また，閣議決定は，慣例により全会一致で行われる。内閣は連帯して責任を負う（憲法66条3項，内閣法1条2項）ため，多数の意見に反対の大臣も責任を負う（責任を免れるためには，国務大臣を辞任するほかない）。閣議の方式は，内閣の自主的判断に委ねられるべきとされるため，司法審査の対象とならない。

　　閣議は，内閣総理大臣官邸または国会議事堂の中の閣議室で内閣構成員が集合し

て行われるほか，早急な処理を要する案件については，内閣総務官が閣議書を持ち回って各大臣の署名（花押）を求め，それによって閣議決定とする方法（持ち回り閣議）でも行われる。

　閣議の議事録は，公文書管理法（公文書等の管理に関する法律）4条の趣旨に基づき，2014（平成26）年4月以降，公表されている。

　閣議における全会一致の決定に関して，2005（平成17）年8月に，参議院が，すでに衆議院で可決されていたいわゆる郵政民営化関連法案を否決したため，小泉純一郎内閣総理大臣が衆議院の解散を決めた際に，島村宜伸農林水産大臣が反対したため，小泉内閣総理大臣は，島村大臣を罷免し，自ら農林水産大臣を兼務して，全会一致で解散詔書を閣議決定した。

11.1.4　内閣総理大臣・国務大臣の権限

　内閣総理大臣の権限として，憲法上，国務大臣の任命権・罷免権（憲法68条）や国務大臣に対する訴追の同意権（75条）がある（さらに，法令によって，その他の権限が付与されている）。また，内閣総理大臣は，内閣の「首長」として（66条1項），内閣を対外的に代表して，議案を国会に提出し，一般国務や外交関係について国会に報告し，行政各部を指揮監督する（72条）ほか，法律や政令に主任の国務大臣として署名し，または主任の国務大臣とともに連署する（74条）。

　　　　内閣法によれば，内閣総理大臣は，閣議を主宰する（4条2項前段）。内閣総理大臣は，「閣議にかけて決定した方針に基いて，行政各部を指揮監督する」（6条）。閣議での方針決定を待つ間に行政事務が遂行され，内閣の一体性と調和が損なわれることを避けるため，内閣総理大臣は，「行政各部の処分又は命令を中止せしめ，内閣の処置を待つことができる」（8条）。また，内閣総理大臣は，主任の大臣の間における権限についての疑義を，閣議にかけて裁定する（7条）。

　　　　そのほかにも，内閣総理大臣は，緊急事態の布告（警察法71条），自衛隊の最高指揮監督権（自衛隊法7条），自衛隊の出動命令権（同法76条，78条），裁判所による行政処分の執行停止に対する異議権（行政事件訴訟法27条）など，法律上，さまざまな権限を有する。

　国務大臣の任免権は，一身専属的な権限であり代理に親しまないため，内閣総理大臣臨時代理（内閣法9条）は代行できないとするのが政府見解である（同様に，衆議院の解散も，内閣総理大臣臨時代理にはできない）。明治憲法下では，内閣総理大臣は国務大臣の罷免権を有していなかったが，日本国憲法下では罷免権が認められており，これによって，内閣の統一性を保ち，内閣総理大臣の地位が強化された。

【内閣の組織・権能，内閣総理大臣・国務大臣の権限】

内閣　＝　内閣総理大臣　＋　国務大臣

内閣
- 一般の行政事務（73条柱書）
- 法律の誠実な執行（73条1号）
- 国務の総理（73条1号）
- 外交関係の処理（73条2号）
- 条約の締結（73条3号）
- 官吏に関する事務の掌理（73条4号）
- 予算の作成と国会への提出（73条5号）
- 政令の制定（73条6号）
- 恩赦の決定（73条7号）
- 天皇の国事行為に対する助言と承認（3条，7条柱書）
- 国会の召集の決定（53条，7条2号）
- 衆議院の解散（7条3号）
- 参議院の緊急集会の要求（54条2項但書）
- 最高裁判所長官の指名（6条2項）
- 最高裁判所の裁判官・下級裁判所の裁判官の任命（79条1項，80条1項）
- 予備費の支出（87条）
- 決算の国会への提出（90条1項）
- 財政状況の報告（91条）

内閣総理大臣
- 国務大臣の任命権・罷免権（68条）
- 国務大臣に対する訴追の同意権（75条）
- 内閣を代表して，議案を国会に提出する権限（72条）
- 内閣を代表して，一般国務や外交関係について国会に報告する権限（72条）
- 内閣を代表して，行政各部への指揮監督権（72条）

国務大臣
- 法律・政令に連署する権限（74条）
- 議案について発言するための各議院に出席する権限（63条）
- 各省大臣として，法律・政令に署名する権限（74条）
- 内閣の構成員として，内閣の運営への参加する権限（66条）

※これらのほかに，法令によって内閣等にその他の権能が与えられる。

　国務大臣に対する訴追の同意権を内閣総理大臣に認める趣旨は，訴追されることでその職務遂行に困難が生じ内閣の一体性が損なわれることと，検察機関による不当な圧力を防ぐためであり（国会議員の不逮捕特権とは趣旨が異なり，国会議員でない国務大臣についても対象となる），憲法75条にいう「訴追」には，公訴の提起以外にも逮捕や勾留なども含まれるとするのが通説的見解である（ただし，政府見解や昭和電工事件東京高裁判決〔東京高判昭和34年12月26日判時213号46頁〕は，「訴追」には逮捕や勾留は含まれないとする）。また，75条にいう「国務大臣」に内閣総理大臣が含まれるか否かに関しては，議論の実益がない（含まれると解しても，内閣総理大臣が自らの訴追に同意することは考えられないし，含まれないとしても，総理大臣が国務大臣よりも保護されないというのは不合理であるため，当然に訴追できないと解することになる）。国務大臣の在任中に同意がなくて訴追できなかったとしても，「訴追の権利は，害されない」（75条但書）が，これは，同意が得られず訴追できなくなった時点から公訴時効が停止することを意味する（大臣の退任後は訴追できる）。

　行政各部の指揮監督は，閣議にかけて決定した方針に基づいて行われる（内閣法6条）が，その範囲について，判例は，「内閣総理大臣は，少なくとも内閣の明示の意思に反しない限り，行政各部に対し，随時，その所掌事務について一定の方向で処理するよう指導，助言等の指示を与える権限を有する」と判示している

（ロッキード事件丸紅ルート最高裁判決〔最大判平成 7 年 2 月 22 日刑集 49 巻 2 号 1 頁〕）。

　内閣総理大臣は，明治憲法下では，他の国務大臣と対等な地位に立つ同輩中の首席であり，他の大臣を罷免する権限が法的にも実際上も認められていなかった（したがって，閣内で意見が不一致の場合には，総辞職せざるをえなかった）が，日本国憲法下では，他の国務大臣の任免権などの強力な権限を有する，内閣という合議体の別格の首長とされている（憲法 66 条 1 項）。

　国務大臣は，内閣の構成員として，閣議に出席し，内閣の運営に参加する（内閣法 4 条 3 項によれば，「各大臣は，案件の如何を問わず，内閣総理大臣に提出して，閣議を求めることができる」とされている）。また，各省大臣として，担当の行政事務を管理する権限を有し（内閣法 3 条 1 項，国家行政組織法 5 条 1 項），法律や政令に署名する権限を有する（憲法 74 条）。

　内閣総理大臣・国務大臣は，各議院での議席の有無にかかわらず，議案について発言するために議院に出席をすることができ，答弁または説明のために出席を求められた際は出席しなければならない（63 条）。

11.1.5　独立行政委員会

　65 条は「行政権は，内閣に属する」と規定するが，すべての行政権が内閣に帰属しているわけではない。例えば，人事院，公正取引委員会，個人情報保護委員会，国家公安委員会，公害等調整委員会，原子力規制委員会，中央労働委員会など，内閣から独立して行政権を行使する合議制の機関がある（国家公務員法 3 条，内閣府設置法 49 条，64 条，国家行政組織法 3 条，別表第 1）。このような独立行政委員会は，戦後，アメリカ合衆国の独立規制委員会の制度にならって，わが国に導入された。

　　　このうち，人事院は「内閣の所轄の下に」置かれており（国家公務員法 3 条 1 項），また，内閣府の外局である公正取引委員会は「内閣総理大臣の所轄に属する」と規定されている（独占禁止法 27 条 2 項）。ここでいう「所轄」とは，通常の意味での指揮命令権のない監督を意味する（内閣の関与は，人事や予算等に関する権限を有する程度にとどまる）。

　独立行政委員会は，政治的中立性や専門的・技術的能力が特に強く重視される機関が多く，また，その職務に関連して準立法的作用（規則制定権）や準司法的作用（行政審判権）を有しているのが通例である。また，各省庁が主任の大臣の独任制の行政機関である（その長たる大臣に権限があり，各省の職員は，局長であろうが課

```
┌─────────────────────────────────────────────────────────────────┐
│【独立行政委員会の意義・合憲性】                                  │
│                                                                 │
│ 独立行政委員会＝合議制の行政機関              ⎫                  │
│        内閣から独立して職務を執行            ⎬ 3つの特徴        │
│        通常は準立法権・準司法権を保有        ⎭                  │
│                                                                 │
│ 行政権は内閣に属すると規定する 65 条に違反するか？               │
│ （i）65 条は，必ずしも行政権がすべて内閣に属さなければならないとは規定していない │
│ ↓            →内閣に属さない行政権も許容される                 │
│ （ii）65 条の趣旨は，行政権を民主的にコントロールすることにある  │
│ ↓                  →その趣旨にかなうなら，内閣に属さない行政権も許容される │
│ （iii）独立行政委員会は，職務の特質上，内閣・国会のコントロール下に置くのは不適切 │
│               →行政委員会が内閣から独立していても 65 条に違反しない │
└─────────────────────────────────────────────────────────────────┘
```

長であろうがすべて，大臣による行政権の行使を補佐する補助機関である）のに対して，行政委員会は合議制の行政機関である。

　憲法65条が行政権は内閣に属すると規定していることから，独立行政委員会が内閣から独立して活動することが65条に違反するか否かが問題となる。人事や予算の面で独立行政委員会は内閣から完全には独立していないため，そもそも65条抵触の問題は存在しないとする見解もあるが，これを認めるならば裁判所も内閣に帰属するということになり，妥当ではない。そこで，通説は，独立行政委員会の内閣からの独立性を肯定したうえで，次のように解している。

　まず，立法権（41条）や司法権（76条1項）の授権規定と比較して，行政権の規定である65条には，「唯一の」や「すべて」などといった限定句は存在しない（したがって，内閣に属さない行政権がありうる）。よって，独立行政委員会は，65条の例外として認められる余地がある。また，65条の趣旨は，行政の民主的コントロールを確保する観点から，行政権を内閣の統制下に置くことを宣言することにあり，民主的行政の確保に貢献するのであれば，内閣以外の行政機関である独立行政委員会が行政権を行使しても，権力分立を害さないと解される。当該行政委員会を国会が直接統制できる体制となっているか，あるいは，当該行政委員会の職務の性質上（例えば，政治的な中立性を要求する行政事務など），国会・内閣の統制下に置くのが適切ではない場合には，行政委員会が内閣から独立していても65条の趣旨に違反しないと解される。

　　なお，会計検査院は，内閣から完全に独立した憲法上の行政機関であり（憲法90条，会計検査院法1条），憲法上，内閣から独立した行政委員会ではあるが，組織法

上は，独立行政委員会ではない（そもそも，憲法 90 条に直接の根拠を有する会計検査院の存在が憲法 65 条違反か否かを論ずる余地はない）。

11.2　国会と内閣との関係

11.2.1　内閣の責任

内閣は，行政権の行使について，国会に対して連帯して政治的責任を負う（66条 3 項）。明治憲法下では，各国務大臣が天皇に対して（議会に対してではなく）個別に（内閣として連帯せずに）輔弼（天皇の大権行使について助言すること）についての責任を負うこととされていたこと（55 条 1 項）と対照的である。66 条 3 項にいう責任を負うべき「行政権」とは，65 条にいう「行政権」（実質的意味の行政権）とは異なり，形式的意味の行政権を指す，より広い概念であり，天皇の国事行為に対する助言と承認（3 条）や 73 条その他の権能をも含むと解される（通説）。内閣は連帯責任を負うから，内閣を組織する国務大臣は一体となって行動しなければならず，大臣が閣議と異なる意見を有したとしてもそれを外部に発表することは許されない（自分の意見を変えて，閣議で決定した内閣としての意見に合わせることができなければ，大臣を辞職すべきである）。もっとも，各国務大臣が単独で責任を負うことは，憲法上，禁止されていないため，大臣がその所管事項に関して個別に責任をとって，辞職することも認められる。

内閣への責任を問う手段の典型は，衆議院による内閣不信任決議である。衆議院が内閣を不信任とする決議をした（不信任とする決議案を可決し，または信任する決議案を否決した）場合には，内閣は，衆議院を解散するか，総辞職をしなければならない（69 条）。参議院が内閣に対して責任を追及するために，（内閣ではなく）内閣総理大臣・国務大臣等に対して問責決議を行うことがあるが，これは政治的な意味を持つにすぎず，法的には何ら意味を有しない。

　　内閣総理大臣・国務大臣は「何時でも議案について発言するため議院に出席することができる」（63 条）ため，参議院による問責決議を可決した後に，それを主導した野党議員が，対象の大臣の出席する審議を拒否することは憲法上許されない。

内閣が責任追及に応じる手段の典型は，総辞職である（連帯責任であるため，個別の大臣の辞職ではない）。

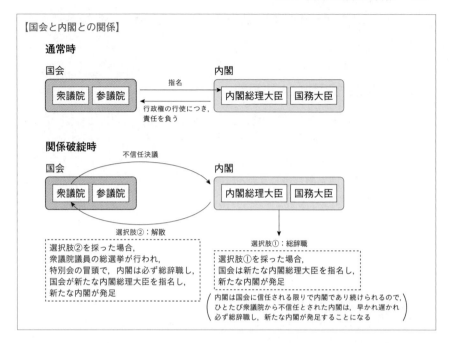

【国会と内閣との関係】

通常時

国会　［衆議院　参議院］　―指名→　内閣　［内閣総理大臣　国務大臣］

←行政権の行使につき，責任を負う

関係破綻時

国会　［衆議院　参議院］　不信任決議　内閣　［内閣総理大臣　国務大臣］

選択肢②：解散

選択肢②を採った場合，
衆議院議員の総選挙が行われ，
特別会の冒頭で，内閣は必ず総辞職し，
国会が新たな内閣総理大臣を指名し，
新たな内閣が発足

選択肢①：総辞職

選択肢①を採った場合，
国会は新たな内閣総理大臣を指名し，
新たな内閣が発足

内閣は国会に信任される限りで内閣であり続けられるので，
ひとたび衆議院から不信任とされた内閣は，早かれ遅かれ
必ず総辞職し，新たな内閣が発足することになる

　内閣は，その存続が適当でないと考えるときは，いつでも総辞職（内閣の構成員全員が一斉に辞職すること）することができる。また，①衆議院が内閣に対して不信任を決議したときで，10 日以内に衆議院を解散しない場合（69 条），②内閣総理大臣が欠けた（死亡したり，辞職したりした）場合（70 条前段），③衆議院議員総選挙（解散によるものと任期満了によるものとを問わずいずれも）の後の初めての国会の召集（70 条後段〔解散による総選挙の場合には選挙の日から 30 日以内（54 条 1 項），任期満了による場合は新議員の任期が始まる日から 30 日以内（国会法 2 条の 3 第 1 項本文）〕）があった場合は，必ず総辞職をしなければならない。総辞職をした内閣は，新たに内閣総理大臣が任命されるまで引き続きその職務を行う（憲法 71 条）。

　　内閣が総辞職を決定すると，その旨が両議院に通知され（国会法 64 条），新たな内閣総理大臣の指名が行われ（憲法 67 条），新内閣総理大臣の下で組閣がなされる。組閣がなされると，その旨が旧内閣総理大臣に伝えられ，旧内閣の閣議で，新内閣総理大臣の任命についての天皇への助言・承認を決定する。天皇によって，新たな内閣総理大臣が任命され，新たな国務大臣が認証されると，旧内閣総理大臣と旧内閣の国務大臣は当然にその地位を喪失する。

　なお，内閣は，天皇との関係では，天皇の国事行為に対する助言と承認に関する責任を負う（3条）。

11.2.2 　議院内閣制と大統領制

　議会（立法機関）と政府（行政機関）との関係については，国によって，さまざまな制度がある。例えば，アメリカ合衆国などのように，国民が議会の議員と政府（大統領）とをそれぞれ選出し，議会と政府とを完全に分離させている大統領制（首長制）を採る国もあるが，議会と政府との関係について，日本国憲法は，英国などのように，議院内閣制を採っている。これは，国民が議員を選挙で選出し，その議員から構成される議会（国会）によって政府（内閣）を選出させ，議会と政府とを一応分離させたうえで，政府に対して議会による民主的コントロールを及ぼさせるという制度である。

　大統領制が議会と政府とを厳格に分離しているのに対して，議院内閣制は，それらの相互の協力関係を重視する緩やかな分離といえる。

　　　スイスの議会統治制のように，大臣（大統領を輪番で務める）が議会の信任によって選任され，議会の指揮に従うものもある（政府に会の解散権はなく，議会が政府に対する不信任決議を行わないため，均衡本質説〔後述〕によれば，これは議院内閣制に分類されない）。また，フランスのように，大統領と内閣総理大臣を設け，両者がどちらも実質的な行政権者である場合，半大統領制と分類される。一方，ドイツのように，大統領と内閣総理大臣を設けるものの，実質的な行政権を内閣総理大臣が有する場合は，議院内閣制に分類される。

　民主的選任という観点からいえば，大統領制では，大統領は議会に依拠せずに国民から直接選挙で選ばれている（議会と政府とがそれぞれ独自に国民から正統性を調達しており，民意が統治機関に二元的に代表されている）のに対して，議院内閣制では，内閣の首長である内閣総理大臣は議会によって選出されている。議院内閣制では，政府は議会を媒介して国民から正統性を調達している（民意は，国民→議会→政府というように一元的である）ため，政府は，議会の信任に依拠して存立し，議会に対して責任を負う。

　議会と政府との構成員の兼任に関して，議院内閣制では，内閣を構成する国務大臣は，通常は議会の議員の中から選ばれ（ただし，日本では，憲法68条1項但書により，国会議員以外からも国務大臣を選ぶことができる），いつでも議会に出席し発言

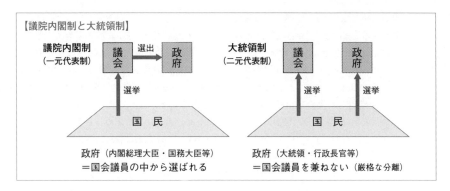

する権利と義務を有するのに対して，大統領制では，大統領や行政長官等は，議員との兼職が禁止されており，議会の要請がなければ議会に出席し発言する権利はない。議院内閣制では，議会の多数派が政府を創出することになるため，通常は，議会の多数派と政府とは同じ政治的選好を有する（同じ政党の議員で構成される）ことになり，相互の協力関係が期待される。

　議院内閣制において議会と政府との協力関係が破綻した場合には，議会による政府に対する不信任，政府による議会の解散または政府構成員の総辞職などで対応できるようになっているのに対して，大統領制では，原則として，議会が政府に不信任を決議したり，それに応じて政府が総辞職をしたり議会を解散したりすることはない。なぜならば，大統領制においては，政府の正統性は議会に依拠しておらず（国民から直接その正統性を調達している），議会と政府との間で牽制の制度を設ける理論的必要性がないためである（ただし，日本の地方自治の制度では，議会と首長との間に牽制の手段〔議会による首長の不信任決議と，首長による議会の解散〕を法律上設けている〔地方自治法178条1項，2項〕〔詳しくは，14.2.2 地方公共団体の組織を参照〕）。

　　　わが国の議院内閣制では，内閣総理大臣が国会によって指名されるため，国民は内閣総理大臣の選任に直接関与することはできない。そこで，内閣総理大臣を国会による指名に代えて国民が選挙等で直接選出するという首相公選制に期待する向きもあるが，憲法学や政治学の世界では，まったく支持されていない（なお，首相とは内閣総理大臣の通称である）。

　　　首相公選制が支持されない理由は，(1) 首相を国民が直接選挙で選出できるようにした場合，知名度の高さのみで，十分な政策遂行能力を有さない者が選ばれうる可能性があること，(2) 公選された首相の意思が国会の多数派の意思と衝突した場

合（有権者は，首相の選挙と国会議員の選挙とで，異なる政治的選好をもった候補者に
投票することがあるため，議院内閣制とは異なり，首相の意思と国会の多数派の意思と
の対立が発生しやすい），政策の遂行が非常に困難になる分割政府（ディヴァイディッ
ド・ガヴァメント）という問題があること，(3) 圧倒的多数の有権者から支持された
という事実を背景に，公選された首相が強力なリーダーシップを発揮できる反面，
首相が暴走した場合にはそれに歯止めをかけることが難しいこと（首相公選制は二
元的代表制であるため，国会による公選首相への不信任決議を認める必要が理論的には
存在せず，新たに罷免の制度を設ける必要があるが，一旦選ばれた公選首相を罷免する
のは実際には非常に困難である），などが挙げられる。

　そこで，学説では，首相公選制の代わりに，政権交代可能な二党制（ないし，二
極化した多党制）を前提とし，国会議員（特に，衆議院議員）の選挙を小選挙区制で
行う際に，各政党が国政の基本となるべき政策プログラム（マニフェスト）とその遂
行責任者たる首相候補者（通常は，その政党を率いる党首が就く）を掲げることを求
め，国民が議員の選挙を通じて事実上直接的に政権（①政権を担う政党・②その政党
が掲げる政策・③その政党を率いる党首＝内閣総理大臣）を選択できるようにする国民
内閣制が提唱されている。このように議院内閣制を国民内閣制的に運用すれば，憲
法改正を伴う首相公選制を導入しなくても，国民が衆議院議員の選挙を通じて実質
的に内閣総理大臣を直接選出できるようになり，かつ，首相公選論の弊害も回避す
ることができる（内閣総理大臣候補者は政党の党首であるので，党首となる過程で政党
内のスクリーニングがなされる結果，十分な政策遂行能力を有する政治家が選ばれるこ
とになり，制度としてはあくまで基本的には議院内閣制であるので分割政府の発生は避
けられ，かつ，内閣総理大臣が暴走した場合にも衆議院による不信任で対応できる）。

11.2.3　議院内閣制の本質

　日本国憲法が議院内閣制を採用していることは，(1) 内閣が，行政権の行使に
ついて，国会に対し連帯して責任を負うこと（66 条 3 項），(2) 内閣総理大臣が，
国会議員の中から国会の議決で指名されること（67 条 1 項），(3) 国務大臣の過半
数が，国会議員の中から選ばれなければならないこと（68 条 1 項），(4) 衆議院が
内閣に対して信任または不信任の決議をすることができ，不信任が決議されたと
きは，内閣は，衆議院を解散させるか，総辞職しなければならないこと（69 条）
を定めていることから明らかである。

　議院内閣制の本質については，責任本質説と均衡本質説という 2 つの学説が対
立している。すなわち，議院内閣制の本質を挙げるとき，①議会と政府とが一応
分立していること，②政府が議会（二院制の場合，特に下院）に対して連帯責任を

【議院内閣制の本質】

責任本質説		均衡本質説
①と②だけでも 議院内閣制といえる	①議会と政府とが一応分立していること ②政府が議会に対して連帯責任を負うこと ③政府が議会の解散権をもつこと	①・②・③そろって はじめて議院内閣制 である

負うこと，③政府が議会の解散権を有すること，という3つが考えられるが，そのうち①と②を本質であると考えるのが責任本質説であり，それに加えて③も本質であると考えるのが均衡本質説である。つまり，議会の不信任に対する対抗手段として，議会の解散権を政府が有していなくても議院内閣制と認められると解するのが責任本質説であり，解散権を政府がもたなければ議院内閣制とはいえないとするのが均衡本質説である。均衡本質説も有力であるが，責任本質説が通説である。議院内閣制を採用する国で議会の解散権を制限したり廃止したりした場合でも，責任本質説を前提とすれば，その国を議院内閣制と分類することが可能である。

　　例えば，議院内閣制の発祥の国である英国では，内閣総理大臣の助言に基づき国王が庶民院（下院）を解散することができたが，2011年に，政府の解散権が制限された（内閣に対する不信任の議決または解散への庶民院の総議員の3分の2以上の賛成がなければ解散できなくなった）。この場合，均衡本質説によれば，英国は議院内閣制とはいえなくなる。なお，この制限は，2022年に廃止された。

11.2.4　衆議院の解散

　解散とは，任期満了前に全議員の議員としての資格を一斉に失わせることである。日本国憲法には，衆議院が解散されることについての規定がある（7条3号，45条但書，54条，69条）。解散は，内閣による衆議院に対する抑制の手段という自由主義的な意義があるとともに，民意が国政に正しく反映しているか否かを確認するための総選挙をもたらすという民主主義的な意義がある。

　　なお，衆議院の任期が満了したことは，戦後，1回のみであり（1976〔昭和51〕年12月），それ以外はすべて解散されている。衆議院の総選挙が議員の任期満了に基づき行われるのは，実態としては異例なことであり，ほぼ4年の任期の途中で解散が行われると考えてよい。

　衆議院の解散に関しては，(1) どのような場合に衆議院の解散を行いうるかと，(2) 誰が衆議院の解散を決定できるかが問題となる（7条3号が天皇の国事行為の一つとして衆議院の解散を挙げており，これは形式的な解散権が天皇にあるということを意味するが，ここで問題となるのは，実質的な解散権の所在である）。

　まず，(1) に関して，かつては，衆議院の解散は，衆議院が内閣を不信任と決議した場合にのみ認められるという見解（69条限定説）があったが，今日では，衆議院の解散は，衆議院による不信任の場合に限られないと解されており（69条非限定説），実際にも，69条によらない解散が行われている（69条は，不信任とされた内閣が，総辞職または解散を選択しうる旨を定めているだけで，不信任の場合しか衆議院を解散できないと定めているわけではない）。

　　　1948（昭和23）年12月23日の初めての解散の際には，野党が提案した不信任決議を与野党一致で可決したうえで，69条に基づき行われたが，2回目の解散（1952〔昭和27〕年8月28日）以降は，不信任決議を経ない場合にも解散が行われている。

　解散は，それに続いて行われる総選挙を通じて，民意が国政に正しく反映しているか否かを確認するための制度であるから，このような解散制度の目的からすれば，解散は，衆議院が内閣を信任しない場合に限らず，重要な問題について衆議院と内閣との間の意見の対立が激しい場合や，国家のきわめて重要な政策について民意を確かめる必要がある場合にも，行われうるものである。もっとも，内閣に自由な解散権が認められるとしても，解散は国民に対して内閣が信を問う制度であるから，それにふさわしい理由が必要であると解される。すなわち，衆議院による内閣に対する不信任決議の場合（69条），内閣の重要案件が衆議院で否決された場合，政界再編などにより内閣の基本的性格が変わった場合，総選挙の際に争点化されてなかった重大な政策課題についての判断が新たに求められた場合，内閣が基本政策を根本的に変更する場合，衆議院議員の任期満了時期が近づいた場合などに限られるべきであり，通説は，内閣の都合のみで衆議院を解散すべきではない（解散権の限界）と主張する（しかし，実際に，内閣が衆議院の解散を一度決定すれば，それを止める方法は存在しない）。

　次に，(2) に関して，実質的な解散権（衆議院の解散を決定する権能）は内閣にあるということにほぼ争いはないが，内閣が実質的な解散権をもつことの条文上の根拠をどこに求めるかで，議論が分かれている。

　　　解散権は「首相の専権である」などといわれることがあるが，解散権は内閣総理大臣の権限ではなく合議体としての内閣の権能である。もっとも，解散に反対する

【衆議院の解散】

解散＝<u>任期満了前</u>に全議員の議員としての資格を<u>一斉</u>に失わせること

解散権の所在は？　　　　　　**解散が許される場合は？**

┌─・（形式的には）天皇　　　　・69条限定説……×
│　・（実質的には）内閣　　　　・69条非限定説
│　・衆議院（自律的解散）……×　　（ただし，内閣の一方的な都合のみで
│　　　　　　　　　　　　　　　　　衆議院を解散すべきではない〔通説〕）
│
│**内閣が解散権を有するということの根拠条文は？**
└─・7条説（通説・実務）
　　・65条説
　　・69条説 ◀
　　・制度説

　　国務大臣を内閣総理大臣は罷免できるので，国務大臣の反対があろうと内閣総理大臣の一存で解散は可能である（その意味では，解散権は，実質的に首相の専権である）。

　（i）「内閣は，衆議院で不信任の決議案を可決し，又は信任の決議案を否決したときは，10日以内に衆議院が解散されない限り，総辞職をしなければならない」と規定する69条が，内閣が解散権をもつことの条文上の根拠であるとする見解（69条説）がある。この見解は，解散を行いうる場合につき69条限定説を採るならば成り立ちうるが，非限定説に立つ場合，衆議院による不信任決議に対する対抗手段以外の解散を説明できない。また，そもそも，69条によれば，解散が行われる最初の契機として衆議院による内閣不信任の議決が必要となるため，論理的に考えれば本条は内閣が衆議院の解散を決定することにはならない（69条説によれば，実質的な解散権は衆議院自身にあるということになる）。

　（ii）解散権の行使は，立法作用でも司法作用でもないため，行政控除説によれば，行政作用であるといえるとして，解散権は65条の「行政権」に含まれ，内閣にあるとする見解（65条説）がある。しかし，解散権は国家機関相互の関係であり，国民との関係における国家作用ではないから，控除しても行政作用とはいえないので，65条説には説得力がない。

　（iii）日本国憲法が議院内閣制を採用している以上，この制度の下では内閣に自由な解散権を認めるのが通例であるから，具体的な条文を明示するまでもなく，内閣に解散権があるという見解（制度説）がある。しかし，そのような議院内閣制を日本国憲法が採用しているかどうかは，内閣に自由な解散権があるといえて初

めて明らかになるものであり，議論がトートロジーに陥っている。また，世界では内閣の解散権を制限するようになっている国は少なくなく，議院内閣制において一般に政府に自由な解散権を認めるのが比較憲法学的に通例といえるかどうかも異論があるところである（議院内閣制の本質として責任本質説に立つならば，内閣に必ず解散権があるとはいえない）。

　（iv）7条3号により形式的な解散権は天皇にあるが，3条により，内閣は天皇の国事行為に助言と承認を与えるので，実質的な解散権は内閣にあるとする見解（7条説）が通説的見解である。実務の運用も，第1回目の解散のとき（根拠条文として7条のほかに69条を挙げた）を除き，7条を解散の根拠条文としている。衆議院による不信任の場合であっても，69条に触れずに，もっぱら7条に基づき解散が行われている。

　なお，衆議院が自ら解散決議を行い解散することが認められるか否かについて，このような自律的解散は，多数派の意思によって少数派の議員としての地位を剥奪することになるため，明文の規定がない以上，認められないと解される。

第 12 章

裁判所と司法権・違憲審査権

12.1 裁判所の組織・権能

12.1.1 政治部門と法原理部門

　裁判所は，国会や内閣といった政治的な機関から独立して司法権と違憲審査権を行使する機関であって，法の支配の実現者としての役割を期待された法原理の機関であるといわれている。すなわち，政治部門（国会・内閣）が，国民の政治的統合を図りつつ，国民の意思を実現するため，積極的かつ能動的に活動することが求められる機関であるのに対して，法原理部門である裁判所は，紛争を契機に，法の客観的意味を探り，それを適用することによって，紛争を解決し，もって法秩序と法原理の維持・貫徹を図ることが期待されている受動的な機関である。

　より理念的にいえば，政治部門には，基本的には国民主権の原理（民主主義の原理）に基づきその権能の行使が期待される一方で，法原理部門は，それとは異なり，法の支配の原理（自由主義の原理）に基づく権能の行使が求められる。この政治部門と法原理部門がそれぞれ依拠する理念の違いは，政治部門による立法権・

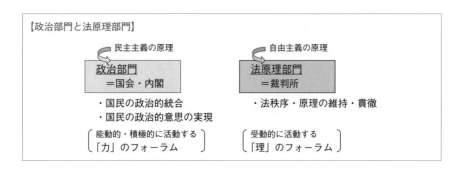

【政治部門と法原理部門】

行政権の行使に対する裁判所による違憲審査という形で顕著に表れるが，その点については，12.3.2 裁判所による違憲審査と民主的正統性を参照。

12.1.2 裁判所の組織

　日本国憲法76条1項は，「すべて司法権は，最高裁判所及び法律の定めるところにより設置する下級裁判所に属する」と規定する。76条1項にいう下級裁判所とは，高等裁判所，地方裁判所，家庭裁判所，簡易裁判所である（裁判所法2条）。

　裁判所の種類としては，通常の訴訟事件を扱う第1審裁判所である地方裁判所（民事事件についての簡易裁判所の判決に対する控訴事件なども取り扱う），家事事件や少年事件の審判などを扱う家庭裁判所（地方裁判所と同格），少額・軽微な事件（訴額140万円未満の民事事件，罰金以下の刑に当たる罪に係る刑事事件）を簡易かつ迅速に処理する簡易裁判所，地方裁判所や家庭裁判所の判決に対する控訴事件などを扱う高等裁判所（地方裁判所の第2審判決に対する上告事件なども扱うほか，特殊な事件の第1審裁判権を有する），高等裁判所の第2審判決に対する上告事件などを扱う最高裁判所の5つがある（裁判所法24条，31条の3，33条，16条，7条）。

　　　最高裁判所は東京都に（裁判所法6条），高等裁判所は，東京都・大阪市・名古屋市・広島市・福岡市・仙台市・札幌市・高松市の8都市に（さらに6か所の支部がある），地方裁判所と家庭裁判所は各都道府県の県庁所在地及び函館市・旭川市・釧路市の50都市に（さらに203か所の支部がある），簡易裁判所は全国438か所に設けられている（下級裁判所の設立及び管轄区域に関する法律1条）。

　　　東京高等裁判所には，その特別の支部として知的財産高等裁判所が設けられており，東京高等裁判所の管轄に属する事件のうち，地方裁判所の判決に対する控訴事件で知的財産権に関する専門的知見を要するものや，特許庁が行った審決に対する取消訴訟（知的財産高等裁判所が第1審となる）などについての裁判権を有する（知的財産高等裁判所設置法2条）。

　簡易裁判所では1人の裁判官で（裁判所法35条），地方裁判所・家庭裁判所では1人の裁判官で，または3人の裁判官からなる合議体で（同法26条，31条の4），高等裁判所では3人の裁判官からなる合議体で（一部の事件について，5人の裁判官からなる合議体で）（同法18条），それぞれ裁判を行う。最高裁判所は，15人の裁判官全員の合議体である大法廷，または5人の裁判官の合議体である小法廷（第一小法廷から第三小法廷まで）で裁判を行う（裁判所法9条）。

　　　最高裁判所において大法廷と小法廷のどちらで審理・裁判するかは，最高裁判所

の定めるところによるが，法令等の憲法適合性を判断するとき（前に大法廷でした当該法令等が憲法に適合するとの裁判と意見が同じであるときを除く），または判例を変更するときは，大法廷で裁判をすることが必要である（裁判所法10条）。そのほかに，小法廷の裁判官の意見が二分し各々同数である場合と，小法廷の裁判長が大法廷で裁判することを相当と認めた場合にも，大法廷で裁判が行われる（最高裁判所裁判事務処理規則9条2項）。なお，最高裁判所が法令や処分を違憲とする裁判を行うためには，8人以上の裁判官の意見の一致が必要である（同規則12条）。

　第1審の裁判所の判決に不服のある当事者は，第2審の裁判所に控訴をすることができ，第2審の裁判所に不服のある当事者はさらに第3審の裁判所に上告をすることができる（控訴と上告を併せて上訴という）。裁判の誤りを防ぐとともに，裁判所の間で法令解釈を統一するため，複数の審級の裁判所による裁判が保障されている。個々の裁判所はそれぞれ独立して裁判を行う（個別の事件について下級審の裁判所が上級審の裁判所の指揮監督を受けることはない）が，下級審の裁判所の裁判に当事者からの上訴があったときは，上級審の裁判所は下級審の裁判所の裁判の当否を審査する権能を有し，上級審の裁判所の判断がなされれば，当該事件について，上級審の裁判所の判断が下級審の裁判所を拘束する（裁判所法4条）。日本国憲法は，このように複数の審級による裁判を受けうること（審級制度）を認めている（憲法76条1項）。

　　一般に，わが国の裁判は三審制といわれるが，憲法自体は，あくまで複数の審級による裁判を受けることを認めているだけであり，その審級が必ずしも3である（2や4であってはならず，ぴったり3でなければならない）ということを求めているわけではない。

　　高等裁判所が第1審となる事件（例えば，選挙無効訴訟〔公職選挙法203条，204条〕，当選無効訴訟〔同法207条，208条〕，内乱罪〔刑法77条，裁判所法16条4号〕など）については，最高裁判所への上告のみが認められており，法律上，二審制となっている。一方，民事訴訟において，簡易裁判所が第1審としてした判決については，地方裁判所が控訴審として裁判し，高等裁判所が上告審として裁判するが，高等裁判所が上告審としてした判決に対しては，判決に憲法解釈の誤りがある場合などには，最高裁判所にさらに特別上告ができる（民事訴訟法327条）ため，四審制的な形となっている。

　　事実問題を審理するのは控訴審までであり（事実審），上告審は原則として原審の事実認定に拘束されて法律問題のみを審理する（法律審）ので，事実問題について3つの異なる審級の裁判所で争うことはできない。また，上告理由は，下級裁判所の判決に憲法違反ないし憲法解釈の誤りがある場合，判例と相反する判断がなされている場合，裁判所の構成等の違法や判決理由の不備等がある場合に限定されてお

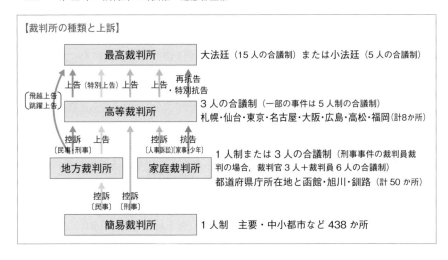

【裁判所の種類と上訴】

り（上告理由につき，民事訴訟法 312 条，刑事訴訟法 405 条，上告受理の申立てにつき，民事訴訟法 318 条，刑事訴訟法 406 条），上告に理由がない場合には，上告は判決または決定で棄却される（民事訴訟法 319 条，317 条 2 項，刑事訴訟法 408 条）。

　なお，民事訴訟において，第 1 審の判決について，当事者間に事実に争いがなく法律問題のみが争点となっている場合，当事者の合意の下で控訴を経ず直接に上告（飛越上告）をすることができる（民事訴訟法 281 条 1 項ただし書き，311 条 2 項）。また，刑事訴訟においても，第 1 審の判決における法令等の憲法判断が不当であることなどを理由に，最高裁判所に上告（跳躍上告）することができる（刑事訴訟法 406 条，刑事訴訟規則 254 条）。

12.1.3　特別裁判所の禁止

　特別の人または事件について裁判をするために，通常の裁判所の系列から独立して設けられた裁判機関である特別裁判所（例えば，軍人・軍属等に対する事件等について軍人が裁判を行う軍隊内部の裁判所である軍法会議）は設置できない（憲法 76 条 2 項前段）。ただし，裁判官の弾劾裁判を扱う弾劾裁判所は，憲法が認めた例外である（64 条）。なお，特定の種類の事件のみを扱う裁判所であっても，通常裁判所の系列に属するのであれば，特別裁判所に該当しない（最大判昭和 31 年 5 月 30 日刑集 10 巻 5 号 756 頁）。

　また，憲法 76 条 2 項後段が「行政機関は，終審として裁判を行ふことができな

い」と規定するが，これは，終審としてでなく前審としてであれば行政機関が裁判類似の手続（行政審判）を担うことが認められるという意味である（裁判所法3条2項参照）。例えば，国家公務員法90条等に基づく人事院による公平審査（不利益処分を受けた国家公務員は人事院に対して審査請求を行うことができ，それに対して人事院は調査を行い，処分を承認，修正，または取り消すことができる），海難審判法30条等に基づく海難審判所による海難審判（海難事故を調査し，海技士・小型船舶操縦士等に対する懲戒を行う）などは，その裁決に不服がある者が通常の裁判所に出訴できるため，憲法76条2項に違反しない。また，行政不服審査法に基づき，行政処分についての審査請求に対して行政機関が裁決を行うことは，当事者が不服のある場合に通常の裁判所に出訴できる（終審ではなく，裁判所による裁判の前審的な役割を担っているにすぎない）ため，同じく憲法76条2項に違反しない。

　　一定の行政処分については，法律で，審査請求に対する裁決を経た後でなければ処分の取消請求訴訟を提起できない旨が規定されている（審査請求前置主義）（行政事件訴訟法8条1項ただし書参照）。例えば，国家公務員に対する不利益処分の取消訴訟は，審査請求に対する人事院の裁決を経た後でなければ提起できないと規定されている（国家公務員法92条の2）。

　　行政審判の審決の取消訴訟は，法律で，管轄裁判所が規定されていることがある。例えば，特許庁による審決に対する訴訟や海難審判所の裁決の取消訴訟は，東京高等裁判所の専属管轄である（特許法178条1項，海難審判法44条1項）。なお，前者は，東京高等裁判所の特別の支部である知的財産高等裁判所が扱う（知的財産高等裁判所設置法2条2号）。

　　2013（平成25）年改正前の独占禁止法（私的独占の禁止及び公正取引の確保に関する法律）に基づく公正取引委員会による審判制度は，憲法76条2項との関係で必ず論及される典型的な行政審判の一つであった。この制度の下で，独占禁止法違反の事件に関して公正取引委員会が認定した事実は，これを立証する実質的な証拠があるときは，裁判所を拘束するとされており（2013〔平成25〕年改正前の独占禁止法80条1項），この実質的証拠法則（準司法手続により事実認定がなされた場合，その判断を尊重して，裁判所は，審判で取り調べられた証拠から当該事実を認定することが合理的であるか否かのみを審査し，当該事実認定に合理性があれば裁判所はそれに拘束されるとする法理）が憲法76条2項に違反するのではないかとの議論があった（当時の通説は，独占禁止法旧80条2項が「実質的な証拠の有無は，裁判所がこれを判断するものとする」と規定していたことから，行政機関の事実認定が裁判所を無条件に拘束するわけではないため合憲であるとしていた）。なお，独占禁止法の改正により，公正取引委員会の審判制度は（実質的証拠法則についても）廃止された。

12.1.4　裁 判 官

　下級裁判所の裁判官は，最高裁判所が指名し，内閣が任命する（憲法80条1項，裁判所法40条1項）。任期は10年で，定年は65歳（簡易裁判所の裁判官のみ70歳）である（憲法80条1項但書，裁判所法50条）。なお，高等裁判所の長官については，天皇が認証する（憲法7条5号，裁判所法40条2項）。裁判官の任命権は内閣にあるが，司法権の独立を確保するために，その指名権は最高裁判所に留保されている。

　　　　下級裁判所の裁判官は，最高裁判所によって指名された者から任命される（内閣は，それ以外の者から任命することはできない）ので，内閣による党派的な任命が避けられる（裁判所の独立〔12.1.7 司法権の独立を参照〕）とともに，最高裁判所自身ではなく（外部の機関である）内閣によって任命されるので，裁判所内部だけで完結する人事がもたらす司法の独善が避けられる。

　　　　なお，先般の司法制度改革（12.1.6 国民の司法参加を参照）によって，裁判官の指名過程の透明性を高め，国民の意見を反映させるため，下級裁判所裁判官として任命されるべき者の指名の適否等を審議し最高裁判所に諮問する，下級裁判所裁判官指名諮問委員会（裁判官，検察官，弁護士，学識経験者からなる）が最高裁判所に設置されている。

　下級裁判所の裁判官には，高等裁判所長官，判事，判事補，簡易裁判所判事の4種類がある（裁判所法5条2項）。判事補は，司法試験に合格し司法修習生の修習を終えた者の中から任命され（同法43条），10年の任期を終えると判事に任命される（判事は，検察官，弁護士，大学の法律学の教授等から任命されることもある）（同法42条）。

　　　　裁判官のうち，判事補は，原則として単独で裁判をすることができない（同法27条1項）。

　　　　簡易裁判所判事は，判事等から任命されるほか，一定期間の職務経験を有する裁判所事務官，法務事務官，法務教官などからも任命される（したがって，いわゆる法曹資格を有しない簡易裁判所判事もいる）（同法44条，45条）。

　　　　裁判官（最高裁判所の裁判官を含む）の欠格事由は，①一般の国家公務員に任命されることができない者，②拘禁刑以上の刑に処せられた者，③弾劾裁判所の罷免の裁判を受けた者に該当する場合である（同法46条）。

　　　　下級裁判所の裁判官の（内閣による）任命は，判事や判事補などの官に就かせる行為であり，任命された裁判官につき，東京地方裁判所判事などの職に就かせる行為（補職）は，最高裁判所によって行われる（同法47条）。

　下級裁判所の裁判官の任期は10年であり，その後については，憲法80条1項が「再任されることができる」と規定している。この文言の意味については，裁

判官は再任される権利を有するという見解（再任権説）や，再任が原則であるが，例外的に，弾劾事由に該当する場合，心身の故障に基づく執務不能の場合，または，成績不良など不適格者であることが客観的に明白である場合に限り，指名権者である最高裁判所や任命権者である内閣が再任を拒否できるという見解（覊束^{き そく}裁量説）もあるが，実際には，再任は（新任の場合と同様に）最高裁判所・内閣の自由な裁量によって決定できるとされている（自由裁量説）。

　　裁判官の任期制は，終身制とすることによって裁判官が独善に陥ることを防ぐためであるが，再任に係る指名・任命が最高裁判所・内閣の自由裁量であるとすれば，裁判官の身分保障が著しく不安定なものになり，司法権の独立の観点から問題となる。

　　なお，裁判官の再任に関しては，宮本判事補再任指名拒否事件が注目される。1971（昭和46）年，10年の任期を経て判事への任命を希望していた熊本地方裁判所のある判事補が，最高裁判所の指名した者の名簿に記載されていなかったため，再任されなかった。名簿に記載されなかった理由について，最高裁判所は人事上の秘密を理由に説明しなかったが，同判事補が青年法律家協会という団体の会員であったことが理由ではないかとの見方（当該裁判官の思想・信条ゆえに，最高裁判所によって指名がなされなかったという）がある。

　最高裁判所は，その長たる裁判官（最高裁判所長官）1人とその他の裁判官（最高裁判所判事）14人によって構成される（憲法79条1項，裁判所法5条1項，3項）。最高裁判所長官は，内閣が指名し，天皇が任命する（憲法6条2項，裁判所法39条1項）。その他の裁判官は，内閣が任命し（憲法79条1項，裁判所法39条2項），天皇が認証する（憲法7条5号，裁判所法39条3項）。いずれも任期はないが，後述するとおり，国民審査が行われる（憲法79条2項，3項）。また，定年は，長官・判事ともに70歳である（憲法79条5項，裁判所法50条）。

　　最高裁判所の裁判官の任命資格は，「識見の高い，法律の素養のある年齢40年以上の者」であり，そのうち少なくとも10人は，高等裁判所長官または判事の職に10年以上あった者または判事・検察官・弁護士・大学の法律学の教授等としての職歴が通算して20年以上の者から任命されなければならない（裁判所法41条）。つまり，15人のうち5人までは，いわゆる法曹資格を有する者ないし法学者でなくてもよい。実際には，裁判官6人，弁護士4人，検察官2人，行政官（内閣法制局長官，外務省・厚生労働省の局長など）2人，法学者1人で構成されるのが近時の慣行である。最高裁判所の裁判官に高度な法律家としての職歴が求められているのは，最高裁判所が最上位の裁判所として司法権及び終局的な憲法解釈権を有するためである一方で，5人まで非法律家からの任命を認めているのは，狭い法律家的見地に偏らない幅広い視野と洞察力が最高裁判所の裁判官に期待されているためである。

　最高裁判所の裁判官は，その任命後初めて行われる衆議院議員総選挙の際に，有権者による審査に付され，その後10年を経過した後初めて行われる総選挙の際に再び審査に付される（その後も同様である）（憲法79条2項）。国民審査の結果，投票の多数が罷免を可とするときは，当該裁判官は罷免される（3項）。国民審査制度は，内閣による恣意的な裁判官の任命を防ぎ，任命を国民が直接に民主的に統制するためのものであり，その法的性質は解職の制度である（通説，判例〔最大判昭和27年2月20日民集6巻2号122頁〕）。最高裁判所裁判官国民審査法によれば，審査人（＝投票者）は，国民審査の対象となる裁判官の氏名が記載された投票用紙の，罷免を可とする裁判官の欄に×印を付ける（14条，15条）。罷免を可とする投票の数が罷免を可としない投票の数より多い裁判官は，罷免を可とされたものとされる（32条）。なお，白票は積極的な罷免の意思のない票であり，罷免を可としない票とみなされる（前掲最大判昭和27年2月20日）。

　　　これまでに，国民審査で罷免された最高裁判所の裁判官はいない（2023〔令和5〕年7月時点）。

　下級裁判所及び最高裁判所の裁判官が罷免される場合は，①「回復の困難な心身の故障のために職務を執ることができないと裁判された場合」（裁判官分限法1条1項）の執務不能の裁判（憲法78条前段）と，②「職務上の義務に著しく違反し，又は職務を甚だしく怠つたとき」または「その他職務の内外を問わず，裁判官としての威信を著しく失うべき非行があつたとき」（裁判官弾劾法2条）の弾劾裁判（憲法78条前段）に限られる。また，最高裁判所の裁判官には，そのほかに前述の国民審査制度がある（憲法79条2項，3項）。裁判官は，憲法上，定期に相当額の報酬を受け，その報酬は在任中は減額されず（憲法79条6項，80条2項），また，法律上，弾劾裁判，国民審査，執務不能の裁判の場合を除き，「その意思に反して，免官，転官，転所，職務の停止又は報酬の減額をされることはない」（裁判所法48条）。

　心身の故障の裁判官に対する執務不能の裁判は，裁判官分限法に基づき，高等裁判所による5人の裁判官の合議体（最高裁判所大法廷に対する抗告ができる）または最高裁判所の大法廷（最高裁判所または高等裁判所の裁判官に対する場合）によって行われ（裁判官分限法4条），相当の長期にわたって継続する心身の故障のために，裁判官の職務の執行に支障をきたすと判断された場合，罷免される（この場合，任命権者による免官の手続が必要である）。

　非行を犯した裁判官に対する弾劾裁判は，裁判官弾劾法に基づき，衆参両議院の議員各10人（計20人）からなる裁判官訴追委員会（5条1項）による訴追を受け

【裁判官の身分】

- 最高裁判所長官　内閣＝指名・天皇＝任命　定年 70 歳 ⎫ 任命後最初の総選挙の際・
- 最高裁判所判事　内閣＝任命・天皇＝認証　定年 70 歳 ⎭ その後 10 年おきに国民審査
- 高等裁判所長官　内閣＝任命・天皇＝認証　定年 65 歳　任期 10 年（再任可）
- その他の裁判官　内閣＝任命　　　　　　　定年 65 歳　任期 10 年（再任可）
- 簡易裁判所判事　内閣＝任命　　　　　　　定年 70 歳　任期 10 年（再任可）

その意に反して罷免されるのは……

- 心身故障の場合　→ 執務不能の裁判（高裁・最高裁） ⎫ 下級裁判所の裁判官
- 職務上の義務違反等の場合→ 弾劾裁判（弾劾裁判所） ⎬
- 総選挙の際　→ 国民審査　　　　　　　　　　　　⎭ 最高裁判所の裁判官

裁判官の懲戒処分は，裁判所（× 行政機関）により裁判の形式で行う

→ 併せて 分限裁判 という ←

た裁判官につき，国会が設置し衆参両議院の議員各 7 人（計 14 人）からなる裁判官弾劾裁判所（16 条）によって行われ，前述の弾劾罷免事由（2 条）に該当すると判断された場合，直ちに罷免される。

　裁判官に対する執務不能の裁判は，これまでに 2 人の裁判官につき 2 回行われ，そのいずれも執務不能の決定がなされ，免官されている（2023〔令和 5〕年 7 月時点）。

　裁判官に対する弾劾裁判は，これまでに 9 人の裁判官につき 10 回行われ（2 回弾劾訴追された裁判官が 1 人いる），7 人について罷免判決が出されている（2023〔令和 5〕年 7 月時点で，1 人の事件について，裁判官弾劾裁判所に係属中である）。主な訴追事由は，私人間の紛争への関与，不適切な令状事務，政治的謀略への関与，性犯罪，ソーシャル・メディアへの私人の名誉を毀損する投稿などである。

　一般の公務員の場合，在職中に欠格条項（国家公務員法 38 条）に該当するに至ったときは当然に失職するとされている（同法 76 条）一方で，裁判官については，同様の規定は存在しない（裁判所法 46 条参照）。そこで，裁判官が在任中に欠格事由に該当するに至った場合，他の公務員と同様に当然に失官する（そのように解しても裁判官の身分保障を危うくするおそれはなく，また訴訟経済の見地から弾劾裁判を省くべきである）という見解もあるが，たとえ欠格事由に該当するに至ったとしても，弾劾裁判所による罷免判決が確定するまで失官しないという見解が通説である。そのように解釈しないと，欠格事由の認定次第で，あるいは法改正により欠格事由を拡大することで，裁判官の身分保障が危うくなるためである。先例も，在任中に禁錮以上の刑が確定しても，弾劾裁判を経るまでは当然には失官しないとしている（裁判官弾劾裁判所判決平成 13 年 11 月 28 日）。

　なお，裁判官は，「職務上の義務に違反し，若しくは職務を怠り，又は品位を辱める行状があつたとき」（裁判所法49条），裁判官分限法に基づき，懲戒処分を受けうる。裁判官の懲戒は，裁判官分限法に基づき，裁判の形式で行われる。懲戒の裁判（執務不能の裁判と併せて分限裁判という）は，高等裁判所による5人の裁判官の合議体（最高裁判所大法廷に対する抗告ができる）または最高裁判所の大法廷（最高裁判所または高等裁判所の裁判官に対する場合）によって行われ（裁判官分限法4条）（なお，憲法78条後段参照），戒告または1万円以下の過料が科されうる（裁判官分限法2条）。裁判官は，懲戒によって罷免されることはない。

　　　裁判所法49条の「品位を辱める行状」とは，「職務上の行為であると，純然たる私的行為であるとを問わず，およそ裁判官に対する国民の信頼を損ね，又は裁判の公正を疑わせるような言動」をいう（第一次岡口判事分限事件最高裁決定〔最大決平成30年10月17日民集72巻5号890頁〕）。

　　　裁判官の身分は，弾劾裁判の場合も懲戒裁判の場合もいずれも，裁判官に対する国民の信頼の確保という観点から判断される。

12.1.5　最高裁判所の権能

　最高裁判所は，司法権と違憲審査権のほかに，最高裁判所規則の制定権（憲法77条1項），下級裁判所の裁判官の指名権（憲法80条1項），最高裁判所の職員と下級裁判所及びその職員を監督する司法行政監督権（裁判所法80条1号）を有する。すなわち，最高裁判所は，裁判に関する終局的な権能のほかに，司法に関して，実質的意味の立法権（規則制定権）と行政権（人事に関する権能など）を有する。これらは，実質的意味の司法権そのものではないが，司法権の行使と密接な関係を有することにかんがみ，司法権の独立を尊重し確保する観点から，他の国家機関ではなく，最高裁判所に委ねられている。

　　　司法行政事務（司法権を行使するために必要な人的・物的な機構を供給・維持すること）は，裁判官全員で組織する裁判官会議の議によって行われ，最高裁判所長官がこれを総括する（裁判所法12条）。司法行政監督権は，明治憲法（大日本帝国憲法）下では司法大臣（司法省の長）が有していたが，日本国憲法下では，司法権の独立を強化するため，行政機関である法務大臣（法務省の長）ではなく，最高裁判所が有することとされた。詳しくは，12.1.7 司法権の独立を参照。

　最高裁判所が最高裁判所規則で定められるのは，「訴訟に関する手続，弁護士，

裁判所の内部規律及び司法事務処理に関する事項」（憲法 77 条 1 項）であるが，このうち，後段部分が裁判所の自律権に関わる純粋な内部的事項（裁判所傍聴規則や司法研修所規則など）であるのに対して，前段部分は（訴訟関係者になれば）一般の国民をも拘束するものである。憲法 77 条 1 項に列挙された事項について，必ず最高裁判所規則で定められなければならないとする見解（専属事項説）がかつて主張されたこともあるが，今日では，規則だけでなく法律でも定めることができると解されており（競合事項説）（最判昭和 30 年 4 月 22 日刑集 9 巻 5 号 911 頁参照），実際に，裁判所法などの法律によって規定されている。具体的には，訴訟手続に関しては，刑事訴訟法や民事訴訟法などの法律が制定されており（特に，刑事手続については，手続の基本構造と国民の基本的人権に直接関係する事項を，国民の代表機関である国会が法律で定めることが，憲法 31 条から要請される），それらを補完するものとして，刑事訴訟規則や民事訴訟規則が最高裁判所によって定められている。弁護士に関する事項についても，弁護士法が法律として制定されている。規則制定権の範囲内の事項について法律と規則とが競合的に制定された場合の効力関係に関しては，規則優位説や規則法律同位説（後法が前法を廃する）も主張されるが，通説は，憲法 41 条の趣旨に照らして（刑事訴訟については，併せて 31 条に基づき）法律が優位すると解している（法律優位説）。

　　最高裁判所規則は，裁判官会議の議によって制定される。なお，最高裁判所は，下級裁判所に関する規則の制定権を下級裁判所に委任することができる（憲法 77 条 3 項）。

12.1.6　国民の司法参加

　わが国では，2009（平成 21）年 5 月から，一般の国民の中から選任された裁判員が，一定の重大な犯罪についての刑事裁判に，裁判官と協働して，事実の認定や法令の適用，刑の量定の判断を行う制度が実施されている。この裁判員制度は，一般の国民が裁判の過程に参加し，裁判内容に国民の健全な社会常識がより反映されるようになることによって，司法に対する国民の理解が増進し，信頼が向上し，司法がより強固な国民的基盤を得ることができるようになることから導入された（裁判員法〔裁判員の参加する刑事裁判に関する法律〕1 条）。

　この制度は，アメリカ合衆国などで見られるような陪審制度（一般国民から選任された陪審員が裁判官から独立して裁判過程に参加する制度であり，これには，刑事事件において，被疑者を起訴するか否かを陪審員のみで判断する大陪審〔起訴陪審〕と，民事・刑

事件において，陪審員のみで事実認定を行う小陪審〔審理陪審〕とがある）や，ドイツなどにおける参審制度（一般国民から選任された参審員が裁判官とともに合議体を構成し，裁判を行う制度）とは異なる，わが国独自のものである。裁判員制度は，裁判員が個別の事件ごとに国民の中から無作為に選任され，裁判官のような身分を有しないという点で，陪審制度に類似する（参審員には一定の任期があり，選考委員会によって選任される）が，他方，裁判官とともに事実認定・法令の適用・量刑判断を行うという点で，参審制度と共通する（刑事裁判における陪審員は，裁判官と協働せず，事実認定のみを行い量刑は判断しない）。

　　　わが国では，明治憲法下の1928年（昭和3）10月から1943（昭和18）年4月まで，陪審の答申に裁判官に対する法的拘束力のない陪審制度が存在し，実際の裁判件数自体はごく少ないものの，一定の重大な刑事事件について，一般の男性国民の中から選任された陪審員による陪審裁判が実施されていたが，裁判員制度との関係では連続性はない。裁判員制度が導入される以前は，日本国憲法の下でも，陪審の答申に裁判官が拘束されないものである限り，陪審制度を設けることは可能であるというのが通説的見解であり，また，裁判官が事実認定の適正を確保しうることを条件に陪審の答申に拘束力を認める陪審制度も違憲ではないとする見解が有力であった。なお，裁判所法3条3項は，「刑事について，別に法律で陪審の制度を設けることを妨げない」と規定している。

　裁判員制度に関して，最高裁判所は，(1) 憲法に国民の司法参加を認める明文の規定が置かれていないことが，直ちに国民の司法参加の禁止を意味するものではなく，また，(2) 憲法が下級裁判所について国民の司法参加を禁じていない以上，裁判官と国民とで構成される裁判体が，憲法上の「裁判所」に当たらないとはいえず，裁判員裁判の裁判体においても，公平な「裁判所」における法と証拠に基づく適正な裁判が行われることが制度的に十分保障されており（したがって，31条，32条，37条1項，76条1項，80条1項に違反しない），(3) 裁判員法が規定する評決制度の下で，裁判官が時に自らの意見と異なる結論に従わざるをえない場合があるとしても，それは憲法に適合する法律に拘束される結果であるから76条3項には違反せず，(4) 裁判員制度による裁判体の判決に対しては控訴・上告が認められているから，76条2項により設置が禁止される特別裁判所に当たらず，(5) 裁判員の職務等は，国民への負担となるとしても，これを苦役というべきではなく，辞退や日当等の支給を認めていることから，18条後段が禁ずる「苦役」に当たらないと判示した（裁判員制度違憲訴訟判決〔最大判平成23年11月16日刑集65巻8号1285頁〕）。

　裁判員制度は，2001（平成13）年6月にまとめられた「司法制度改革審議会意見書」に基づく司法制度改革の一環として導入されたものである。この司法制度改革は，「国民がより容易に利用できるとともに，公正かつ適正な手続の下，より迅速，適切かつ実効的にその使命を果たすことができる司法制度を構築し，高度の専門的な法律知識，幅広い教養，豊かな人間性及び職業倫理を備えた多数の法曹の養成及び確保その他の司法制度を支える体制の充実強化を図り，並びに国民の司法制度への関与の拡充等を通じて司法に対する国民の理解の増進及び信頼の向上を目指し，もってより自由かつ公正な社会の形成に資すること」を理念とするものである（司法制度改革推進法2条）。この改革によって，裁判員制度のほかにも，知的財産高等裁判所の設置，被疑者段階での国選弁護制度の導入，下級裁判所裁判官指名諮問委員会の創設，法曹養成制度の改革（法科大学院制度の創設，新司法試験制度の導入）などが行われた。

12.1.7　司法権の独立

　裁判が公正に行われ人権保障が確保されるためには，裁判所において裁判官が外部から圧力や干渉を受けずに公正無私の立場で裁判を行えるようにする必要がある。したがって，公正な裁判のために，裁判所と裁判官が独立していなければならない。

　　　司法権は非政治的な権力であるから，政治性の強い立法権・行政権から侵害されるおそれが高い。また，裁判を通じて国民の権利を擁護することを使命とする司法権は，多数者からの少数者の保護を図ることが求められる。したがって，司法権の独立が求められる。

　司法権の独立とは，裁判所が司法権の行使について国会や内閣などの他の国家機関から独立すべきであること（裁判所の独立〔司法府の独立〕）と，裁判にあたっては裁判官が各々独立して職権を行使すべきであること（裁判官の職権行使の独立）の2つを意味する。裁判所の独立は，司法機関としての裁判所が，裁判所の外部の国家機関（国会や内閣など）による介入・干渉なしに，組織としての運用を自主的に行うべきという趣旨である（明治憲法下では，行政機関である司法大臣が司法行政権を有していたが，日本国憲法下では，司法行政権は最高裁判所に帰属する）。裁判官職権行使の独立は，裁判所内部において，個々の裁判官が独立して司法権を行使すべきであるという意味であり，他の裁判官からの圧力や干渉が問題となる。

　　　司法権の独立を考えるうえで，いわゆる大津事件は有益な事例である（ただし，事

件が起きた当時は，明治憲法下であり，司法権の独立が憲法上の原理とされていたわけではない）。

　1891（明治 24）年，滋賀県大津市で，訪日中のロシア帝国皇太子ニコライ（後のニコライ 2 世）に対する刺傷事件が起きたが，政府は，ロシアとの国交の悪化を恐れて，外交上の考慮から，被告人に対して，日本の「皇室ニ対スル罪」（旧 刑法〔明治 13 年太政官布告 36 号〕116 条）を適用して死刑判決を下すよう，大審院（当時の裁判所構成法に基づく最上級の裁判所）に働きかけた。しかし，大審院長の児島惟謙は，刑法にいう「皇太子」（これに危害を加え，または加えようとした者は死刑に処すると規定されていた）には外国の皇太子は含まれないと主張し，事件を担当する裁判官を説得した。その結果，普通謀殺未遂罪（旧 刑法 292 条，112 条）が適用され，被告人には無期徒刑（無期懲役刑）が科された。

　この大津事件において，児島大審院長が政府からの要求を拒むことによって，政治部門からの裁判所への介入を排除することに成功したため，本件は裁判所の独立を維持した事例として紹介されることが多いが，児島大審院長が自分の見解を事件の担当裁判官に押し付けた点で，司法内部における裁判官の（職権行使の）独立を侵害した事例として理解することもできる。

　司法権の独立を担保するために，日本国憲法は，裁判所・裁判官について次のように規定している。

　（1）裁判所の独立を担保するため，日本国憲法は，規則制定権（77 条 1 項）と下級裁判所の裁判官の指名権（80 条 1 項）を（国会や内閣にではなく）最高裁判所に付与している。権力分立の見地から国会や内閣からの干渉を排除し，裁判所の自主性・独立性を確保するため（裁判実務に通じた裁判所の専門的な判断を尊重するためにも），規則制定権が裁判所に与えられている（規則制定権については，12.1.5 最高裁判所の権能を参照）。また，裁判官の任命は，最高裁判所の提出する名簿に基づき行われ，内閣は，そこに指名されていない者を裁判官に任命することができないという点で，人事面で裁判所の自主性・独立性が確保されている（裁判官の人事については，12.1.4 裁判官を参照）。

　なお，裁判所法 80 条 1 号は，最高裁判所職員と下級裁判所及びその職員を監督する司法行政監督権を最高裁判所に認めている（さらに，同条 2 号以下は，下級裁判所

```
【司法権の独立のための制度】
                              ┌ 規則制定権（77条1項）を最高裁に付与
                 ┌ 裁判所の独立 ┤ 下級裁判所の裁判官の指名権(80条1項)を最高裁に付与
                 │            │ 司法行政監督権（裁判所法80条等）を最高裁に付与
  司法権の独立 ┤            └ 行政機関による裁判官の懲戒の禁止（78条後段）
                 │                ┌ 良心に従い独立して職権を行使し，憲法・法律にのみ
                 └ 裁判官職権行使の独立┤   拘束されること(76条3項)
                                  └ 裁判官の身分保障（78条前段・80条2項）
```

の司法行政監督権について定める）。ただし，「監督権は，裁判官の裁判権に影響を及ぼし，又はこれを制限することはない」と規定されている（同法81条）。また，裁判所の予算については，独立して国の予算に計上され（同法83条），財政法上，特別な扱いがなされている（18条2項，19条，20条2項）。

　また，行政権による司法権への不当な干渉を避けるため，行政機関による裁判官の懲戒は禁止されており（憲法78条後段），裁判官の懲戒は，裁判所内部で行われる（裁判官の懲戒処分については，12.1.4 裁判官を参照）。

　（2）裁判官の職権行使の独立のため，憲法は，「すべて裁判官は，その良心に従ひ独立してその職権を行ひ，この憲法及び法律にのみ拘束される」と定める（76条3項）。ここでいう「良心」とは，（憲法19条にいう「良心」のような）裁判官個人の主観的な意味での良心ではなく，法律専門職である裁判官としての客観的な良心を意味する。「裁判官が有形無形の外部の圧迫乃至誘惑に屈しないで自己内心の良識と道徳観に従う」という意味であるから，裁判官の個人的良心と法律の命ずるところに齟齬が生じた場合，法が優先すると解される（最大判昭和23年11月17日刑集2巻12号1565頁）。また，76条3項にいう「法律」とは，形式的意味の法律に限らず，命令等や慣習法等をも含む（通説）。

　裁判官の職権行使の独立を実効性のあるものにするには，裁判官の身分が保障されていなければならない。そこで，憲法は，裁判官が罷免される場合を限定し（憲法78条前段）（裁判官が罷免される場合については，12.1.4 裁判官を参照），裁判官に相当額の報酬を保障している（79条6項，80条2項）。

　裁判所の独立が問題となった事例として，参議院の法務委員会が国政調査権の行使によってある刑事事件の判決を批判して問題となった浦和充子事件（1948〔昭和23〕年）（10.3.4 国政調査権を参照）が，また，裁判官職権行使の独立が問題となった事例として，吹田黙祷事件（1953〔昭和28〕年），平賀書簡事件（1969〔昭和44〕年），宮本判事補再任指名拒否事件（1971〔昭和46〕年）（12.1.4 裁判官を参照），寺西

判事補分限事件最高裁決定などがある。このうち，寺西判事補事件は，裁判官の政治運動等の禁止（裁判所法 52 条）に関するものであるが，最高裁判所は，裁判所法 52 条 1 号にいう「積極的に政治運動をすること」とは，「組織的，計画的又は継続的な政治上の活動を能動的に行う行為であって，裁判官の独立及び中立・公正を害するおそれがあるもの」を指すと判示した（最大決平成 10 年 12 月 1 日民集 52 巻 9 号 1761 頁）。なお，同決定は，裁判官の独立及び中立・公正を確保し，裁判に対する国民の信頼を維持するとともに，三権分立主義の下における司法と立法・行政とのあるべき関係を規律するという立法目的は正当であり，裁判官の積極的な政治運動を禁止することとその目的との間に合理的関連性があり，禁止によって得られる利益が失われる利益に比して重要であるから，これを禁止することは，憲法 21 条 1 項に違反せず，また，裁判官の分限裁判は，訴訟事件の裁判ではないため，憲法 82 条 1 項が適用されないともいう。

　　吹田黙禱事件の概要は，次のとおりである。1953（昭和 28）年，大阪地方裁判所における吹田騒擾事件の裁判にあたり，被告人らが朝鮮戦争休戦を祝う拍手や朝鮮人戦死者に対する黙禱を行おうとしたところ，担当の裁判長がそれを制止せず，黙認したため，このような訴訟指揮が問題視された。最高裁判所は，本件の裁判に影響を及ぼすものではないと断ったうえで，本件の訴訟指揮はまことに遺憾であり，法廷の威信を損ない法の権威を失墜することのないよう自戒を求める旨の通達を下級裁判所の長官・所長宛てに発出した。

　　平賀書簡事件の概要は，次のとおりである。1969（昭和 44）年，長沼ナイキ訴訟に関連して，札幌地方裁判所の所長が，事件を裁判長として担当していた裁判官に対して，判断の一助にしてほしいとの前置きをして，国側の裁量判断を尊重して自衛隊の違憲判断を避け，執行停止の申立てを却下すべきである旨を示唆する内容の書簡を私信として送った。書簡を受け取った裁判官は，これを裁判への不当な干渉だと考え，この書簡等を公表しようと企て，そのコピーを友人に送ったため，この問題が発覚した。札幌地方裁判所の裁判官会議は，所長の行為は明らかに裁判に対する干渉に当たるとして，所長を厳重注意処分に付した。また，最高裁判所は，所長を注意処分に付し，東京高等裁判所に転任させた。その後，裁判官訴追委員会は，所長に対して不訴追を，担当裁判官に対して訴追猶予を，それぞれ決定した。

12.1.8　裁判の公開

　日本国憲法 82 条 1 項は，「裁判の対審及び判決は，公開法廷でこれを行ふ」と規定している（そのほかに，37 条 1 項が，刑事被告人の権利として，公開裁判を受ける権

利を保障している）（裁判の公開）。その趣旨は，「裁判を一般に公開して裁判が公正に行われることを制度として保障し，ひいては裁判に対する国民の信頼を確保しようとすることにある」（法廷メモ訴訟〔レペタ訴訟〕最高裁判決〔最大判平成元年3月8日民集43巻2号89頁〕）。

82条にいう「対審」とは，裁判官の面前で当事者が口頭でそれぞれの主張を述べることをいい，具体的には，民事訴訟における口頭弁論手続ないし刑事訴訟における公判手続を意味する。裁判を公開するとは，一般の国民に対して傍聴の自由を認めることを意味する。

裁判所の法廷には必ず傍聴席が設けられており，原則として，誰でもいつでも自由に（自分とまったく無関係なものであっても）裁判を傍聴できる。もっとも，判例によれば，本条は，「各人が裁判所に対して傍聴することを権利として要求できることまでを認めたものでない」とされる（法廷メモ訴訟〔レペタ訴訟〕最高裁判決）。法廷における傍聴席の数は無限ではないため，また，裁判長が法廷の秩序を維持するため必要があると認めるときに，傍聴券を発行しその所持者に限り傍聴を許すこととしたり，裁判官の職務の執行を妨げることを疑うに足りる顕著な事情が認められる者の入廷を禁ずるなど，一定の制限をすること（裁判所傍聴規則1条）は，公開原則に違反するものではないと解される（法廷における取材の自由については，5.2.2 取材の自由を参照）。

法廷において傍聴人がメモを取ることについて，最高裁判所は，「筆記行為の自由は，憲法21条1項の規定の精神に照らして尊重され」，「傍聴人が法廷においてメモを取ることは，その見聞する裁判を認識，記憶するためになされるものである限り，尊重に値し，故なく妨げられてはならない」と判示している。ただし，裁判の公開を定める82条は，「各人が裁判所に対して傍聴することを権利として要求できることを認めたものではない」し，「傍聴人に対して法廷においてメモを取ることを権利として保障しているもので」もないため，裁判長が「公正かつ円滑な訴訟の運営の妨げとなるおそれがある場合は，この権限に基づいて，当然これを禁止又は規制する措置を執ることができる」（法廷メモ訴訟〔レペタ訴訟〕判決）。

82条によって公開を必要とする「裁判」とは，訴訟事件の裁判をいう。すなわち，裁判所が「当事者の意思いかんに拘わらず終局的に，事実を確定し当事者の主張する権利義務の存否を確定する」純然たる訴訟事件については，必ず公開の法廷における対審・判決によってなされなければ，憲法82条に（32条にも）違反する（最大決昭和35年7月6日民集14巻9号1657頁）。一方，民事の法律関係につい

て，当事者間の権利義務の終局的な確定を目的とせず，裁判所が後見的立場から（紛争の発生を予防する観点から）裁量権を行使して一定の法律関係を形成する非訟事件は，公開の法廷における対審・判決によらなくても，82条・32条に違反しない（最大決昭和40年6月30日民集19巻4号1089頁）。

　　　非訟事件では，職権探知主義を原則とし（当事者主義・口頭弁論主義は採られない）（非訟事件手続法49条），手続は公開されない（同法30条）。

　　　家庭事件や借地・借家事件など国家の後見的作用が要請される分野について，それまで訴訟手続で扱われてきた事件を非訟事件として扱う現象（訴訟の非訟化）が生じているため，82条1項によって公開・対審・判決という原則が保障される訴訟事件の裁判だけでなく，非訟事件のうち，家庭裁判所で扱われる家事審判など，（実体的な権利義務の存否を確認する純然たる訴訟事件ではないが）国民が紛争解決のために裁判所で当該事件にふさわしい適正な手続の保障の下で受ける非訟事件に関する裁判を含むと解すべきという見解が有力である。

　なお，「裁判所が，裁判官の全員一致で，公の秩序又は善良の風俗を害する虞があると決した場合」には，対審は，例外的に公開しないことができる（82条2項本文）。これを受けて，裁判所は，個人の名誉・プライバシーや企業の営業秘密を保護するため，裁判官の全員一致により，当事者尋問等を公開せずに行うことができるとされている（人事訴訟法22条，特許法105条の7）。もっとも，判決は公開停止の対象とされておらず（常に公開される），また，「政治犯罪，出版に関する犯罪又はこの憲法第3章で保障する国民の権利が問題となつてゐる事件の対審」は，例外の例外として，常にこれを公開しなければならない（憲法82条2項但書）。

　　　なお，法廷において証人を遮へいする措置（民事訴訟法203条の3，刑事訴訟法157条の5）や証人を法廷以外の別室に在室させて映像・音声の送受信によって行うビデオリンク方式での尋問（民事訴訟法204条，刑事訴訟法157条の6）が行われることがある。このうち，刑事訴訟法の規定に関しては，最判平成17年4月14日刑集59巻3号259頁がその合憲性を確認している（7.2.2 被告人の権利を参照）。

　　　情報公開法（行政機関の保有する情報の公開に関する法律）に基づく行政文書等の開示請求に関して，請求人からの不服申立てについて，行政機関の長からの諮問を受けた情報公開・個人情報保護審査会は，インカメラ審理（情報公開請求の対象となっている文書を直接見分したうえで，対象文書の開示の可否について非公開で行う審理）を行うことができる（情報公開・個人情報保護審査会設置法9条）。しかし，行政機関の長が行った不開示決定の取消訴訟では，開示の可否についての最終的な判断権を有する裁判所は，インカメラ審理を行わない。最高裁判所は，訴訟で用いられる証拠は当事者の吟味・弾劾の機会を経たものに限られるという民事訴訟の基本原則の観点から，裁判所によるインカメラ審理は明文の規定がない限り許されないと判示

【司法権の定義】

司法権＝具体的な争訟について
　　　　　法を適用し，宣言することによって，これを裁定する国家の作用

　　　＝具体的事件に関する紛争（具体的な争訟）が存在する場合において，
　　　　　当事者からの紛争の提起を前提として，
司法権概念の核心部分　独立の裁判所が統治権に基づき
　　　　　　　　　　　　一定の争訟手続によって，
適正手続の要請に則った　紛争解決のために，
公正な裁判を実現するための　何が法であるかの判断をし，正しい法の適用を保障する作用
諸原則に従わなければならない

した（最決平成 21 年 1 月 15 日民集 63 巻 1 号 46 頁）（ただし，憲法 82 条の観点から否定したものではない）。

12.2　司法権の概念

12.2.1　司法権の概念・範囲

　日本国憲法 76 条 1 項は，「すべて司法権は，最高裁判所及び法律の定めるところにより設置する下級裁判所に属する」と規定する。

　実質的意味の司法権とは，具体的な争訟について，法を適用し，宣言することによって，これを裁定する国家の作用をいう。この司法権の概念をより厳密に定義するならば，当事者間に，具体的事件に関する紛争が存在する場合において，当事者からの争訟の提起を前提として，独立の裁判所が統治権に基づき，一定の争訟手続によって，紛争解決のために，何が法であるかを判断し，正しい法の適用を保障する作用といえる。

　日本国憲法下における司法権は，民事事件と刑事事件の裁判権のほかに，行政事件の裁判権を含むものであり，すべて通常の司法裁判所が行う（裁判所法 3 条 1 項参照）。これに対して，明治憲法下では，行政事件の裁判権は，司法権の範囲内に含まれておらず，通常の司法裁判所とは別系列の行政裁判所が扱っていた（61 条）。

　　　通説によれば，司法権の観念は，国や時代により異なる歴史的なものである。ド

【実質的意味の司法権の概念と法律上の争訟】

司法権 ＝具体的な争訟について，法を適用し，宣言することによって，

　　　　‖　　　　　　　　　　　　　　　　　これを裁定する国家の作用

　　法律上の争訟（裁判所法3条1項）

　　　{（1）当事者間の具体的な権利義務ないし法律関係の存否に関する紛争であって

　　　{（2）それが法令を適用することによって終局的に解決することができるもの

イツやフランスなどのヨーロッパ大陸法諸国では，司法権は民事・刑事の裁判作用として理解されている（したがって，ドイツやフランスでは，行政裁判所や労働裁判所などが通常の司法裁判所とは別に設けられている）が，戦前の日本でも同様に理解され，行政裁判所が通常の司法裁判所と別系列のものとして設けられた。しかし，戦後は，わが国では，アメリカ流の司法権概念がとられるようになり（英米法的な法の支配の原理の下で，行政事件に民事事件と区別した固有の領域を認めない），裁判所の設計に関しても，司法権については通常の司法裁判所に一元的に帰属することとなった。

12.2.2　法律上の争訟

司法権の概念のうちの「具体的な争訟」とは，紛争当事者間に法律関係に関する現実的・具体的な利害の対立が存在すること（具体的事件性〔事件性ないし争訟性ともいう〕）であり，そのような性質を備えない抽象的・一般的ないし仮定的な紛争には司法権が及ばない（したがって，裁判所に訴えを提起するためには，自己の権利または法律上の利益が侵害されているという要件〔訴えの利益〕が必要である〔取消訴訟の訴えの利益については，12.4.1 憲法訴訟の意義・訴訟要件を参照〕）。

また，この司法権の概念にいう具体的な争訟とは，裁判所法3条1項にいう裁判所が裁判すべき「法律上の争訟」と同じ意味である。

法律上の争訟とは，判例によれば，（1）当事者間の具体的な権利義務ないし法律関係の存否（刑罰権の存否を含む）に関する紛争であって，かつ，（2）それが法令を適用することによって終局的に解決することができるものをいう（教育勅語合憲確認訴訟最高裁判決〔最判昭和28年11月17日集民10号455頁〕，最判昭和29年2月11日民集8巻2号419頁，板まんだら事件最高裁判決〔最判昭和56年4月7日民集35巻3号443頁〕）。

したがって，次のようなものは，これらの要件を満たさず，法律上の争訟に該当しないので，裁判所の審査権が及ばない。

【司法権の範囲外】

> 司法権の範囲外 ＝法律上の争訟で**ない**から，裁判所が審査できない
>
> - ・抽象的に法令の解釈や効力を裁判で争うこと
> - ・単なる事実の存否，個人の主観的意見の当否，学問上・技術上の論争
> - ・純然たる宗教問題

（1）具体的事件性がない（何ら権利侵害がない）にもかかわらず，抽象的に法令の解釈や効力を裁判で争うことは，原則としてできない。原告が警察予備隊（自衛隊の前身）の設置・維持に関する一切の国の行為の違憲性を争った警察予備隊違憲訴訟判決において，最高裁判所は，訴えを却下した（最大判昭和 27 年 10 月 8 日民集 6 巻 9 号 783 頁）。

（2）単なる事実の存否，個人の主観的意見の当否，学問上・技術上の論争などは，裁判の対象とならない。国家試験における合否の判定は，学問・技術上の知識，能力，意見等の優劣・当否の判断を内容とする行為であるから，試験実施機関の最終判断に委ねられ，裁判の対象とはならない（技術士試験訴訟最高裁判決〔最判昭和 41 年 2 月 8 日民集 20 巻 2 号 196 頁〕）。

（3）純然たる信仰の対象の価値または宗教上の教義に関する判断そのものを求める訴えや，単なる宗教上の地位の確認の訴えは，裁判の対象とならない（板まんだら事件最高裁判決）。宗教に関する事項が前提問題として争われる場合は，（ⅰ）紛争の実体ないし核心が宗教上の争いであって，紛争が全体として裁判所による解決に適しない場合，訴えは却下される（板まんだら事件最高裁判決）が，（ⅱ）紛争自体が全体として裁判所による解決に適しないとはいえない場合（例えば，住職の選任・罷免の手続上の問題など），訴えは却下されず，当該争点についての宗教団体の自律的判断が尊重されたうえで，手続的側面等について審理・判断が行われる（種徳寺事件最高裁判決〔最判昭和 55 年 1 月 11 日民集 34 巻 1 号 1 頁〕，本門寺事件最高裁判決〔最判昭和 55 年 4 月 10 日判時 973 号 85 頁〕）。

　　　　寺などの宗教団体の住職としての地位（宗教的なもの）と，宗教法人の代表役員としての地位（世俗的なもの）とを区別することが，まず重要である。宗教法人においては，その法人の規則があり，それに基づき役員の選任等がなされることから，裁判所としては，何が法人の規則であるかや，その規則に従って代表役員が選任されたか否かなど，手続上の問題については判断できる。多くの場合，宗教法人の規則において，寺の住職としての地位＝宗教法人の代表役員と定められているが，この

【法律上の争訟と客観訴訟】

裁判所法3条　裁判所は，日本国憲法に特別の定のある場合を除いて

　　　一切の　法律上の争訟　を裁判し，　その他法律において特に定める権限　を有する。

　　　　　　　↑　　　　　　　　　　↑

　　　　裁判所の憲法上の権限　　　　裁判所の法律上の権限　　　　裁判所の権限でないもの

　　＝その権限が憲法によって直　＝その権限は憲法によって直　＝法律によってその権限を裁
　　　接与えられており，裁判所　　接与えられていないから，　　判所に与えることができず，
　　　からそれを奪えば違憲であ　　法律によってその権限を裁　　もし与えれば違憲となる
　　　る。　　　　　　　　　　　　判所に与えることもできる　　（法原理部門としての裁判所が扱
　　　→固有の意味の司法権　　　　が，与えなくても違憲では　　うのにふさわしくない）。
　　　　　　　　　　　　　　　　ない。
　　　　　　　　　　　　　　　　→客観訴訟

【客観訴訟】

具体的事件性がない　→　法律上の争訟でない

　　　　　　　　　　→　裁判所は扱わないはず　→　法律で例外的に設けられた客観訴訟

　　　　　　　　　民衆訴訟（行政事件訴訟法5条）　　・選挙無効訴訟（公職選挙法203条，204条）
　　客観訴訟　　　　　　　　　　　　　　　　　　　・当選無効訴訟（公職選挙法207条，208条）
　　　　　　　　　　　　　　　　　　　　　　　　　・住民訴訟（地方自治法242条の2）
　　　　　　　　　機関訴訟（行政事件訴訟法6条）── 地方自治法176条7項，245条の8第5項，251条の5～252条

　　　場合，住職としての地位の存否が，代表役員としての地位の存否を求める請求の当
　　否を判断する前提となっているのであれば，裁判所は，住職としての地位の存否に
　　ついて判断できる。その一方で，ある人が住職として活動するにふさわしい適格
　　（宗教的カリスマ性など）を有しているかどうかというような，本来宗教団体内部に
　　おいて自律的に決定されるべき宗教上の教義に関連する問題については，裁判所は
　　判断できない。

　　具体的事件性がなければ法律上の争訟には当たらず，したがって，裁判所の審
査権は及ばないが，そのような紛争を裁判所が扱うことを禁止する規定は，憲法
上，存在しない（つまり，法律上，設けることができる）。そこで，自己の権利利益と
直接関係しない，法規の客観的適正を確保するための訴えを具体的事件性を前提
とせずに提起できる制度が，法律によって例外的に認められている（客観訴訟）。
通説によれば，事件性の要件を欠く客観訴訟は，司法権の概念に含まれない（含
まれるとする学説もある）が，裁判所法3条1項にいう「法律において特に定める
権限」として，法律で特に創設された裁判所の権限に基づくものと解される。

　　客観訴訟として法律上認められているものは，民衆訴訟（行政事件訴訟法5条にい

う「国又は公共団体の機関の法規に適合しない行為の是正を求める訴訟で，選挙人たる資格その他自己の法律上の利益にかかわらない資格で提起するもの」のことであり，具体的には，選挙無効訴訟〔公職選挙法203条，204条〕，当選無効訴訟〔同法207条，208条など〕と住民訴訟〔地方自治法242条の2〕である）と機関訴訟（行政事件訴訟法6条にいう「国又は公共団体の機関相互間における権限の存否又はその行使に関する紛争についての訴訟」のことである〔地方自治法176条7項，245条の8第3項，251条の5〜252条〕）である。

12.2.3　司法権の限界

　裁判所法3条は，裁判所が「一切の法律上の争訟を裁判」すると定めているが，具体的事件性があり法律上の争訟に該当するものであっても，例外的に，次の3つの場合には，裁判所は裁判できない（司法権の限界）。

　(1)　憲法が明文でその裁判権を司法裁判所以外の機関に授権しているものについては，その機関が裁判を行い，裁判所は裁判を行えない。議員資格争訟の裁判（憲法55条，国会の各議院が行う）と，裁判官の弾劾裁判（64条，国会が設置する裁判官弾劾裁判所が行う）がこれに当たる。

　(2)　国際法によって日本の裁判所は裁判できないと定められているものについては，裁判所は裁判を行えない。国際法上の治外法権（例えば，外国の外交官について，日本の裁判所は民事・刑事の裁判権が及ばない〔外交関係に関するウィーン条約31条参照〕など）や条約による裁判権の制限（駐留米軍の軍人等による公務から生ずる犯罪は，日米地位協定〔日本国とアメリカ合衆国との間の相互協力及び安全保障条約第6条に基づく施設及び区域並びに日本国における合衆国軍隊の地位に関する協定〕17条に基づき，米軍が第一次的な裁判権を有する）などがこれに当たる。

　(3)　次の4つの行為は，事柄の性質上，裁判所の審査権に適しないため，裁判所は裁判を行えない。

　①　自律権に属する行為　　議事手続（議院の定足数や議決の有無）や議員の懲罰など，国会または議院の内部事項は自主的に決定されるべきであるため，裁判所は審査できない。衆議院による会期延長の議決の効力が争われた警察法改正無効訴訟最高裁判決（最大判昭和37年3月7日民集16巻3号445頁）は，裁判所が両議院の自主性を尊重すべきであり，議事手続の効力を判断すべきではないと判示した。

　②　自由裁量行為　　立法機関や行政機関の自由裁量に委ねられている行為については，当・不当が問題となるだけであり（適法か違法かは通常は問題とならない），

各機関が裁量権を著しく逸脱・濫用した場合でなければ，裁判所は裁判できない。なお，行政事件訴訟法30条は，「行政庁の裁量処分については，裁量権の範囲をこえ又はその濫用があつた場合に限り，裁判所は，その処分を取り消すことができる」と規定している。

　③　統治行為　　直接国家統治の基本に関する高度に政治性のある国家行為については，裁判所は裁判できない（統治行為論）。最高裁判所は，衆議院の解散の効力が争われた苦米地事件判決において，「直接国家統治の基本に関する高度に政治性のある国家行為のごときはたとえそれが法律上の争訟となり，これに対する有効無効の判断が法律上可能である場合であつても，かかる国家行為は裁判所の審査権の外にあり，その判断は主権者たる国民に対して政治的責任を負うところの政府，国会等の政治部門の判断に委され，最終的には国民の政治判断に委ねられているものと解すべきである」と述べたうえで，衆議院の解散は，「極めて政治性の高い国家統治の基本に関する行為」であるから，「その法律上の有効無効を審査することは司法裁判所の権限の外にあ」ると判示した（最大判昭和35年6月8日民集14巻7号1206頁）。また，最高裁判所は，旧 日米安全保障条約（日本国とアメリカ合衆国との間の安全保障条約）の合憲性が争われた砂川事件判決において，本条約が「主権国としてのわが国の存立の基礎に極めて重大な関係をもつ高度の政治性を有するもの」であり，「その内容が違憲なりや否やの法的判断は，その条約を締結した内閣およびこれを承認した国会の高度の政治的ないし自由裁量的判断と表裏をなす点がすくなくな」く，それゆえそれが「右違憲なりや否やの法的判断は，純司法的機能をその使命とする司法裁判所の審査には，原則としてなじまない性質のものであ」るから，「一見極めて明白に違憲無効であると認められない限りは，裁判所の司法審査権の範囲外」であり，条約の締結権を有する内閣と承認権を有する国会の判断に従うべきで，終局的には主権者国民の政治的判断に委ねられると判示した（最大判昭和34年12月16日刑集13巻13号3225頁）。統治行為を認める根拠としては，政治的な行為であっても裁判所は本来審査を行うことができるが，審査することで混乱が生じるため，それを回避するために裁判所が審査を自制しているという自制説と，高度に政治性を帯びた行為については，その構成員が国民から直接選任されておらず政治的に責任を負いえない裁判所は審査できない（国会や内閣の判断に委ねられるべきである）という内在的制約説とがあるが，後者が通説・判例（苦米地事件最高裁判決）の立場である。

　　　砂川事件最高裁判決は，（司法権ではなく）違憲審査権の限界として論じられたも

【司法権の限界】

司法権の限界＝法律上の争訟であるが，裁判所が審査できない

- ・憲法の明文上の限界 ┌・議員資格争訟の裁判
- 　　　　　　　　　　└・裁判官の弾劾裁判
- ・国際法上の限界
- ・事柄の性質上の限界 ┌・議院自律権に属する行為
- 　　　　　　　　　　├・自由裁量行為
- 　　　　　　　　　　├・統治行為（判例が認めたのは衆議院の解散・日米安保条約）
- 　　　　　　　　　　└・団体の内部事項に関する行為（地方議会，政党，大学など）

のであり，「一見極めて明白に違憲無効であると認められ」る場合には，裁判所による審査の可能性が示唆されているため，厳密にいえば，純粋な統治行為論ではないと，学説上，評価されている。

　統治行為論について，通説は，憲法の明文上の根拠がなく内容も不明確な概念であるから，自律権や自由裁量行為などで説明できるものは除外すべきであり，また，基本的人権の侵害を争点とする事件には適用すべきではない（統治行為の根拠が国民の意思の尊重という民主政の理論にあることから，この議論を少数者の人権保障を制限するために用いるべきではない）などとして，統治行為の概念と範囲を厳格に限定して認めるべき（具体的には，判例で認められた2つの事項以外には統治行為を認めない）とする。もっとも，日本国憲法が徹底した法の支配の原理を採っていることを前提として，裁判所の審査権が及ばない統治行為の存在を否定する見解も，学説上，有力である。

④ 団体の内部事項に関する行為　　地方議会，政党，大学，宗教団体，弁護士会，労働組合など，自律的な規範を有する団体の内部紛争については，団体の自治を尊重するなどの観点から，裁判所は審査を差し控えるべき場面がある。政党による党員の除名処分の違法性が争われた共産党袴田事件最高裁判決（最判昭和63年12月20日判時1307号113頁）は，「一般市民法秩序と直接の関係を有しない内部的な問題にとどまる限り，裁判所の審判権は及ばない」としたうえで，処分が一般市民としての権利利益を侵害する場合であっても，その当否についての裁判所の審査は，政党の自律的に定めた規範（内部規則）が公序良俗に反するか否かや，規範（ない場合には，条理）に基づき適正な手続に従って処分が行われたか否かという点に限られると判示した。国立大学による単位の不認定の違法性が争われた富山大学事件最高裁判決（最判昭和52年3月15日民集31巻2号234頁）は，部分社会論（一般市民社会の中にあってこれとは別個に自律的な規範〔内部規則〕を有する

特殊な部分社会における法律上の係争は，それが一般市民法秩序と直接の関係を有しない内部的な問題にとどまる限り，その自主的・自律的な解決に委ねられるべきであり，裁判所の審査の対象にならない）に基づき，大学は（国公立であると私立であるとを問わず）学生の教育と学術の研究を目的として学則等を規定し，実施できる自律的・包括的な権能を有する特殊な部分社会であって，大学における単位の認定は一般市民法秩序と直接の関係を有するものではないため，大学の自主的・自律的判断に委ねられるべきであり，裁判所の審査権は及ばないとした（一方，国立大学による専攻科修了の不認定については，一般市民法秩序との関係が認められ，裁判所の審査対象となると判示した〔最判昭和52年3月15日民集31巻2号280頁〕）。この部分社会の法理は，目的や性質の異なる各種団体の内部事項について裁判所の審査対象から一律に外れるという見解であるが，学説は，その団体の目的，性質，機能を勘案し，個別・具体的に検討すべきである（地方議会であれば地方自治の本旨，大学であれば大学の自治，政党であれば結社の自由，労働組合であれば団結権などというように，団体ごとにその自主性・自律性を尊重すべき憲法上の原理を個別に示すべきである）として，まったく支持していない。

　なお，地方議会における議員の出席停止の懲罰議決について，最高裁判所は，山北村議会議員懲罰事件判決（最大判昭和35年10月19日民集14巻12号2633頁）では，議員の除名処分などの重大事項でなく（除名処分が司法審査の対象となることについては，板橋区議会議員除名事件判決〔最大判昭和35年3月9日民集14巻3号355頁〕などですでに認められていた），内部規律の問題にとどまるため裁判所の審査権は及ばない（自治的措置に委ねるべき）と判示していたが，その後，判例変更をし，出席停止の懲罰がなされると住民の負託を受けた議員としての責務を十分に果たすことができなくなるため，その適否がもっぱら議会の自主的・自律的な解決に委ねられるべきであるとはいえず，司法審査の対象となると判示した（岩沼市議会議員懲罰事件判決〔最大判令和2年11月25日民集74巻8号2229頁〕）。

12.3　違憲審査権の概念

```
【違憲審査権そのものをめぐる論点】
　違憲審査権の概念・根拠：違憲審査制とは何であり，なぜ認められるのか？
　違憲審査権の性格：日本の違憲審査制は付随的違憲審査制↔抽象的違憲審査制
　　　　　　　　　　＝司法権の行使に付随して違憲審査が行われる
　違憲審査の主体：最高裁判所＋下級裁判所（憲法裁判所はない）
　違憲審査の対象：すべての国家行為（法律・命令・規則・条例・条約・処分〔判決を含む〕）
　　　　　　　　　立法不作為も（ただし，私法行為は対象外）
```

12.3.1　違憲審査権の概念・根拠

　日本国憲法下の裁判所は，法律上の争訟について裁判するという権能（司法権）のほかに，法令や行政処分の憲法適合性を審査する権能（違憲審査権）を有する（81条）。これは，明治憲法下の裁判所には認められていなかった権能であり，日本国憲法の制定により，新たに裁判所に付与されたものである。

　すべての国家機関は，99条により憲法を尊重し擁護する義務を負う（したがって，各機関が憲法の解釈権を有し，自らの行為の憲法適合性を審査し，合憲的なもののみを行うべきである）が，その中でも終局的な憲法の解釈権を有しているのは，最高裁判所である（81条）。裁判所は，具体的な事件において，憲法適合性が問題となる法令等を解釈し，憲法に違反すると判断した場合には，それを無効として事件への適用を拒否することを通じて，立法府・行政府の違憲な国家行為を統制し，権力相互の抑制と均衡を確保する。

　日本国憲法は国の最高法規であるので，憲法に違反する法令や行政処分その他の国家行為は，無効である（98条1項）。したがって，最高裁判所によって，憲法に違反すると終局的に判断された国家行為は無効となる。

　このような違憲審査権を支える理論的根拠としては，一般に，憲法の最高法規性（憲法は国の最高法規であり，それに反する国家行為は無効であるが，そのことは国家行為の憲法適合性を審査・決定する機関があって初めて現実に確保される）や，人権尊重主義（憲法の目的である基本的人権の保障は，それが侵害された場合に，それを救済する

ための違憲審査制がなければ，画餅に帰すことなる）が挙げられる。

12.3.2　裁判所による違憲審査と民主的正統性

　12.1.1 政治部門と法原理部門で述べたとおり，政治部門（国会・内閣）と法原理部門である裁判所とでは，それぞれ期待される役割が異なり，権能の行使のあり方も異なる。その理由は，それぞれが依拠すべき基本的な理念が異なるからであるが，そのことは，各部門の構成員の選定方法の違いにも表れている。

　すなわち，国会議員は，有権者である国民によって選挙で民主的に選ばれ，また，内閣総理大臣やその他の国務大臣も，国民の代表である国会議員によってその中から民主的に選ばれるのが基本である。その一方，裁判官は，国民によって選挙で選ばれることはない（その意味で，裁判所は非民主的な機関であるといわれる）。では，直接的な民主的正統性をもっていない裁判所が，国民によって直接創出された国会の制定した法律などについて，憲法適合性を審査し，憲法に違反すると判断したものを無効にするという違憲審査を行いうるのは，なぜだろうか。この問題に対しては，政治部門が個人の尊厳という実体的価値を侵害した場合に，裁判所がそれを矯正し，憲法の実体的価値を実現するためであるとか，あるいは，政治部門が民主政の過程を侵害した場合に，裁判所がそれを矯正し，憲法の保障する民主政の過程を維持するためであるなどと説明されている。

　いずれにせよ，構成員が民主的に選任されていない裁判所が，民主的な基盤を有する政治部門によって行われた立法その他の国家行為の違憲審査を行うことの正当性は，容易には説明できるものではない。そこで，違憲審査にあたって，裁判所は，民主的な政治部門の意思を最大限に尊重し，過度な介入を差し控えるべきであるという司法消極主義という考え方が登場することになる。その論拠としては，裁判所の本来的な非民主性のほかに，裁判所の客観性と公正さに対する国民の信頼を傷つけないための自制の必要性や，経験的な審査方法に伴う慎重な対処の必要性などが一般に挙げられる。ただし，精神的自由権や参政権に対する規制など，政治部門の誤りが民主政の過程そのものを危うくするようなものである場合には，司法積極主義（裁判所が，法の支配を重視して，法令等の違憲審査を積極的に行い，必要があれば政治部門による判断を違憲無効とするなど，果敢に介入すべきであるという考え方）が妥当すべきであると解されている。

12.3.3 違憲審査権の性格

違憲審査には，通常の裁判所と区別され特別に設けられた憲法裁判所が，具体的な争訟と関係なく，抽象的に法令の違憲審査を行う**抽象的違憲審査制**（ドイツやイタリアなど）と，通常の裁判所が，具体的な訴訟事件を裁判する際に，その前提として事件の解決に必要な限度で，当該事件に適用される法令の違憲審査を行う**付随的違憲審査制**（アメリカ合衆国など）の2つの種類がある。抽象的違憲審査制を採る国では，違憲審査権は，通常の司法裁判所以外の国家機関が担う（例えば，ドイツでは司法裁判所とは別の憲法裁判所が，フランスでは憲法院という政治的機関が，違憲審査をしている）一方，付随的違憲審査制を採る国では，通常の司法裁判所が司法権を行使し，その司法権行使の範囲内でのみ違憲審査権の行使が認められる。

わが国の制度が付随的違憲審査制であることは，(1) 違憲審査権を規定した81条が日本国憲法第6章の「司法」の部分に置かれていることや，(2) 抽象的違憲審査を認めるのであれば，そのことを積極的に明示する規定（例えば，提訴権者や裁判の効力に関する規定など）が憲法上定められていなければならないが，そのような規定が日本国憲法に存在しないことなどから，明らかである。判例も，警察予備隊違憲訴訟最高裁判決（最大判昭和27年10月8日民集6巻9号783頁）において，わが国の制度が付随的違憲審査制であり，裁判所は抽象的違憲審査を行いえないと判示している。

> 日本国憲法81条は，最高裁判所に憲法裁判所としての権能を認めたものではないが，法律で憲法裁判所としての権能を最高裁判所に付与することは禁止されていないため，訴訟手続等を法律で設けるならば，最高裁判所が憲法裁判所として活動することは可能であるとする見解が有力である。

本来，抽象的違憲審査制が，違憲の法秩序を排除し，憲法を頂点とする法体系

【違憲審査権の性格】

違憲審査権の性格	主 体	目 的	典型的な国
抽象的違憲審査制	特別の憲法裁判所	憲法保障	ドイツ
付随的違憲審査制	通常の司法裁判所	私権保障	アメリカ

公権力による人権侵害を理由に個人による提訴を認めるようになった

個人の権利保護を通じて憲法保障を目指す訴訟が見られるようになった

両制度は，次第に収斂している

の整合性を確保することを目的とする（憲法保障型）のに対して，付随的違憲審査制は，個人の権利保護を第一の目的とする（私権保障型）。もっとも，近年では，抽象的審査制と付随的審査制とが収斂（しゅうれん）しつつある（例えば，ドイツの抽象的違憲審査制では，公権力による人権侵害を理由として個人が提訴することが憲法上認められるようになり，また，アメリカ合衆国の付随的違憲審査制でも，個人の権利保護を通じて憲法秩序そのものの保障を目指す公共訴訟が多く見られるようになった）。わが国の違憲審査制についても，伝統的な私権保障型の付随的違憲審査制を基本としつつ，憲法保障の機能をも有すると解される。

12.3.4　違憲審査の主体

　憲法の文言上，最高裁判所が違憲審査権を有することは明らかである（81 条）が，下級裁判所が違憲審査権を有するか否かは，必ずしも明らかではない。

　この点，(1) 81 条の規定は，下級裁判所の違憲審査権を否定するものとは解されないし，(2) 下級裁判所の裁判官も憲法尊重擁護義務を負う（99 条）ので，具体的な事件に法令を適用して裁判する際，その法令が憲法に適合するか否かを審査することは，（最高裁判所の裁判官に限らず，下級裁判所の裁判官を含めた）すべての裁判官の憲法上の職務・職権である。したがって，下級裁判所も違憲審査権を有すると解される（最大判昭和 25 年 2 月 1 日刑集 4 巻 2 号 73 頁）。現行の法律も，下級裁判所が違憲審査権を行使することを前提としている（刑事訴訟法 405 条，民事訴訟法 312 条 1 項等）。

12.3.5　違憲審査の対象

　違憲審査の対象について，憲法 81 条は，「一切の法律，命令，規則又は処分」と規定している。ここでいう「法律」とは国会の制定する法律を指し，「命令」とは行政機関が制定する命令，「規則」とは日本国憲法が定める規則という形式の法規範（議院規則〔58 条 2 項〕，最高裁判所規則〔77 条〕）であり，これらは，一般的・抽象的な法規範を定立する行為を指す。会計検査院規則や人事院規則は，性質上，命令に含まれるため，違憲審査の対象となる。地方公共団体の議会が制定する条例は，81 条に列挙されていないが，法律に準ずるものとして，違憲審査の対象となる。

　81 条にいう「処分」とは，（「法律，命令，規則」が一般的・抽象的な法規範であるの
に対して）個別的・具体的な内容を有する行為を指す。行政機関による処分はもち
ろん，立法機関や司法機関による処分も含まれる。通説・判例によれば，裁判所の
裁判行為（判決など）は，81 条にいう処分に含まれ，違憲審査の対象となる（最大判
昭和 23 年 7 月 7 日〔刑集には 8 日と記載されているが，7 日の誤り〕刑集 2 巻 8 号 801 頁）。

　国家による私法行為（例えば，公共用地の取得に際して，〔土地収用という公権的行為
ではなく〕私人と対等な立場で通常の売買契約を行う場合）については，「国務に関する
その他の行為」（98 条 1 項）に該当しないため，公権力の行使と同視しうる特段の
事情がない限り，直接的には違憲審査の対象とならないとするのが判例の立場で
ある（百里基地訴訟最高裁判決〔最判平成元年 6 月 20 日民集 43 巻 6 号 385 頁〕）。これに
対して，国家による行為はすべて違憲審査の対象となると解すべきである（そう
しなければ，私法行為の形式を装うことで憲法の適用を免れることが可能になるため）と
する学説もある。

12.3.6　条約の違憲審査

　81 条に条約が列挙されていないことから，条約に対する違憲審査ができるか否
かが問題となる。

　憲法と条約との優劣関係に関して，（1）憲法 81 条（違憲審査権）及び 98 条 1 項
（憲法の最高法規性）において条約が明示的に除外されていることと，（2）98 条 2
項にいう条約の誠実な遵守を実効的に行うには条約の執行を妨げる国内法（憲法
を含む）の効力を否定すべきであるということを理由に，形式的効力において条
約が憲法に優位するとの見解（条約優位説）もある。この見解によれば，そもそも
条約の違憲審査の可否は問題とならない（憲法が条約よりも下位の法規範ということ
になるため，条約が憲法に違反するか否かという議論は論理的に成り立たないためである）。

　しかしながら，この点，形式的効力において憲法が条約に優位するという憲法
優位説が，通説・判例（砂川事件最高裁判決〔最大判昭和 34 年 12 月 16 日刑集 13 巻 13
号 3225 頁〕）の立場である。そして，条約は国内では国内法として通用するのであ
るから，その国内法的側面については，81 条の「法律」に準じて，違憲審査の対
象となる（砂川事件最高裁判決は，〔裁判所は日米安全保障条約の合憲性については審査で
きないが〕条約そのものは違憲審査の対象となりうることを肯定していると解される）。

　　ただし，条約の違憲審査は，条約の国内法的効力に関わるものであり，その国際

法的効力には及ばない。

　憲法優位説の論拠として，(1) 98条2項は，有効に成立した条約の国内法的効力を認めた規定であり，条約と憲法との効力関係を規定したものではないこと，(2) 99条は（条約締結権を有する内閣を構成する）国務大臣，（承認権を有する国会を構成する）国会議員，（違憲審査権を有する裁判所を構成する）裁判官に対して憲法尊重擁護義務を課していること，(3) 条約締結権は憲法によって内閣に授権された権能であるから，条約の締結によってその権能の根拠となる憲法を変更することはできないこと，(4) 憲法改正には両議院の議決と国民投票を必要とするのに対して，内閣の締結と国会の承認で足りる条約が憲法に優位するということは論理的に成り立たないことなどが挙げられる。ただし，憲法優位説に立っても，国家形成的な基本的条約（ポツダム宣言，サンフランシスコ平和条約〔日本国との平和条約〕など）には憲法に優越する効力が認められると解される。

　　　上述の憲法優位説の論拠 (4) は，具体的には，次のとおりである。すなわち，条約は，内閣によって締結され (73条3号)，国会によって承認されることによりその効力が発生するが，国会の承認は，両議院の出席議員（総議員の3分の1以上〔56条1項〕）の過半数 (56条2項) で決せられ，両議院の議決が不一致の場合には衆議院の議決が国会の議決となる (61条，60条2項)。これは，法律の制定（両議院の議決が不一致の場合には，59条2項により，衆議院の3分の2以上の多数による再可決で成立する）よりも容易である。一方，憲法の改正は，96条により，両議院の総議員の3分の2以上の賛成による国会の発議（衆議院の優越はない）に加えて，国民投票における過半数の賛成による承認が必要となる。これらを比較すれば，条約の締結・承認手続は憲法の改正手続よりもはるかに容易である。にもかかわらず，憲法に違反する条約を締結・承認し，その条約の内容が憲法に優位するとなると，憲法の改正手続が困難であるということの意味がなくなる。したがって，憲法が条約に形式的効力において優位すると解すべきということになる。

　　　なお，条約優位説は，98条1項に条約が列挙されていないことを重視する（その一方で，同条2項が誠実に遵守することを必要とするものとして「条約」を挙げていることを踏まえると，1項は誤って条約を挙げ損ねたのではなく，敢えて条約を挙げていないと解するほかない）が，98条1項は国内法秩序における憲法の最高法規性を宣言した規定であるから，条約が列挙されていないのは当然であって，ここから憲法に対する条約の優位は読み取ることはできないと，憲法優位説は主張する。

　なお，憲法優位説に立ちつつも，条約が国家間の合意という特質をもち，一国の意思だけで効力を失わせることはできず，きわめて政治的な内容をもつことが多いことを理由に，条約の違憲審査はできないとする学説もある。

12.3.7　立法不作為の違憲審査

　国会によって制定された法律（立法行為）は違憲審査の対象となる一方で，国会が特定の法律を制定しない（立法を行わない）こと，すなわち，立法不作為が違憲審査の対象となるか否かが問題となる。

　憲法によって明文上ないし解釈上一定の立法を行うべきことが義務づけられているにもかかわらず，正当な理由なく相当の期間を経過してもなお国会が立法を怠ったような場合には，その不作為は違憲と評価される。また，憲法上の立法義務に従い，国会が法律を制定したとしても，その内容が憲法の要求する水準を下回っている場合には，憲法の要求を満たさない部分について，立法不作為の違憲があるといえる。

　　　　憲法が国会に対して立法を行うべきことを義務づけているというのは，例えば，「日本国民たる要件は，法律でこれを定める」と定める憲法 10 条の場合である。同条は，日本国民としての要件を定める法律（国籍法）を制定することを，明文上，国会に対して義務づけているといえるが，もし国会が国籍法を制定しなかったとすれば，憲法の定める立法義務に違反する。つまり，立法の不作為が憲法に違反するといえる。もっとも，このような憲法が明文で特定の法律の制定を国会に要請している場合ではなく，憲法が一定の法律の制定を国会に要請していると解釈される場合については，その法律が制定されないときに立法不作為が憲法違反といえるか否かの判断は容易ではない。

　立法不作為を違憲であると評価しうるとしても，裁判所が立法不作為の違憲審査を行うことができるか否かは別の問題である。立法行為の違憲は違憲とされた法律を無効とすれば解決されるが，立法不作為の違憲は（そもそも法律が制定されていないため）無効とすべきものが存在しない。立法不作為を解決する方法は立法をすることであるが，わが国の裁判所には，国会に対して立法を命じたり，立法を代わりに行ったりする権限は与えられておらず，また，立法をするか否かについては，一般に国会の裁量が広汎に認められる場合が多いからである。

　わが国の違憲審査制は付随的違憲審査制であるため，司法権の範囲内の事項でなければ違憲審査の対象とはならないが，具体的争訟の前提問題として立法不作為の違憲の確認を行うことが，その争訟についての訴えの利益を充足しうるか否かの問題もある（ある法律が制定されていないことを違憲であると確認することそれ自体は，原則として，法律上の争訟とはいえない）。

　そこで，立法不作為の違憲性は，実際には，国会が法律を制定しなかったこと

【立法行為・立法不作為の違憲性と国家賠償請求訴訟】

前提：立法行為・立法不作為の違憲性 ≠ 国家賠償法上の違法性

> 国家賠償法上違法というためには，国会議員の立法行為について法的義務違反が存在する必要がある。

立法行為・立法不作為により，
- 国民の人権を違法に侵害するものであることが明白である場合
- 国民の人権行使のための立法措置が必要不可欠である（憲法上，立法義務がある）ことが明白なのに，国会が正当な理由なく立法を怠る場合
　→国家賠償法1条1項の規定の適用上，違法の評価を受ける

により原告が何らかの損害を被ったと構成し，国家賠償請求訴訟において主張することが有効であると考えられる。もっとも，立法内容・立法不作為の違憲性と立法行為・立法不作為の国家賠償法1条1項の規定の適用上の違法性とは別に考える必要があるため，立法の違憲性を国家賠償請求訴訟で争う場合，立法内容・立法不作為の違憲性の主張が認められたとしても，国会議員の立法行為について国家賠償法上の違法性が認められず，原告の請求が認められないことがある。

　この点，重度身体障害者の在宅投票制度を廃止したという立法行為（公職選挙法の改正）と，制度を復活させないという立法不作為（公職選挙法の再改正を行わないこと）の違憲性が争われた在宅投票制度廃止違憲訴訟判決において，最高裁判所は，「国会議員は，立法に関しては，原則として，国民全体に対する関係で政治的責任を負うにとどまり，個別の国民の権利に対応した関係での法的義務を負うものではない」としたうえで，国会議員の立法行為（立法不作為を含む）は，「立法の内容が憲法の一義的な文言に違反しているにもかかわらず国会があえて当該立法を行うというごとき，容易に想定し難いような例外的な場合でない限り」，国家賠償法1条1項の規定の適用上違法の評価を受けないものと判示した（最判昭和60年11月21日民集39巻7号1512頁）。

　その後，在外国民選挙権訴訟最高裁判決は，「立法の内容又は立法不作為が国民に憲法上保障されている権利を違法に侵害するものであることが明白な場合や，国民に憲法上保障されている権利行使の機会を確保するために所要の立法措置を執ることが必要不可欠であり，それが明白であるにもかかわらず，国会が正当な理由なく長期にわたってこれを怠る場合などには，例外的に，国会議員の立法行為又は立法不作為は，国家賠償法1条1項の規定の適用上，違法の評価を受けるものというべきである」と判示し，国政選挙において在外国民に選挙権の行使を認める制度を設けるなどの立法措置を執ることが必要不可欠であったにもかかわらず，国

会が立法措置を執らなかったことが憲法15条1項，3項，43条1項，44条但書に違反するとして，国に賠償を命じた（最大判平成17年9月14日民集59巻7号2087頁）。最高裁判所は，在宅投票制度廃止違憲訴訟判決では，立法不作為の違憲性を国家賠償請求訴訟で争う途を厳格に制限したが，在外国民選挙権訴訟判決では，それを判例変更することなく，相当の期間の経過を理由に賠償請求を認めた。

　なお，2004（平成16）年の行政事件訴訟法の改正により，公法上の法律関係に関する確認訴訟（4条）が提起できることが明文化されたため，立法の不作為の違憲性を公法上の当事者訴訟で争うことができるようになった（2005〔平成17〕年4月施行）。在外国民選挙権訴訟最高裁判決では，上記のほかに，次回の国政選挙における「在外選挙人名簿に登録されていることに基づいて投票をすることができる地位にある」ことの確認の請求について，公法上の法律関係に関する確認訴訟として適法なものと認めたうえで，それを認容した。

　　　行政事件訴訟法は，行政庁の処分等について，不作為の違法確認訴訟や義務付け訴訟を認めている（3条5項，6項）が，国会による立法については，不作為の違法確認訴訟や義務付け訴訟という制度は，法律上設けられていない。
　　　なお，そもそも，立法不作為が憲法に違反しているという状態を是正する方法は，裁判所による違憲審査に限られない。国会が法律を制定すれば，違憲状態は解消される。司法的救済に固執するのではなく，政治的救済を目指すことは重要である。

　なお，憲法上明確に立法が要求されている事項については，実際には，すでに国会が何らかの法律を制定しているため，立法の不作為を争うのではなく，立法された法律そのものの違憲を争うという方法も考えられる。

12.4　憲法訴訟

12.4.1　憲法訴訟の意義・訴訟要件

　憲法訴訟とは，特別な訴訟形態を指すのではなく，通常の民事・刑事の訴訟手続の中で何らかの憲法上の争点の判断が求められる訴訟の総称である。わが国は付随的違憲審査制を採っているため，憲法上の争点は，通常の民事訴訟（私人間の生活関係上の法的紛争の解決を目的とする訴訟）や刑事訴訟（検察官の公訴の提起に基づき被告人に対する国家の刑罰請求を審査する訴訟）において争われる。

　民事訴訟において，私人間の紛争の中に実質的な憲法上の争点が含まれている

【憲法訴訟の手続等をめぐる論点】

訴訟要件：通常の民事・刑事の訴訟となることが必要（←付随的違憲審査制だから）　訴えの利益など
　　　　　第三者の憲法上の権利侵害等を主張することは原則としてできない（←付随的違憲審査制だから）

　　訴訟要件を充たしている↓　　　　　　　↑　　　　　　→　訴え却下
　　　　　　　　　　　　　　　　訴訟要件を充たしていない

憲法判断の方法：違憲の争点に触れなくても事件を解決できる　→　憲法判断回避
　　　　　　　　違憲と主張された法令が別の解釈では合憲だといえる　──→　合憲限定解釈

　　　　　　　合憲限定解釈ができない…法令の違憲審査をする必要がある

違憲審査の方法：内容審査（立法事実の探知）／　文面審査

違憲判断の方法：合憲判決　／　法令違憲判決　／　適用違憲判決　／　事実行為の違憲
　　　　　　　　　　　　　　　　　　　　　　　　　（適用違憲・処分違法・処分違憲）（「処分」違憲）
　↓

　　　　　　　　個別的効力（「判例」部分に事実上の拘束力）

場合，当事者が自己の請求の根拠または相手方の主張に対する抗弁として憲法問題を提起することで，憲法訴訟となる。また，民事訴訟のうち，特に，公権力の行使により生じた損害の賠償を請求する訴訟（国家賠償請求訴訟）は，公権力の行使の違憲性を争う際にしばしば活用される。

　刑事訴訟では，被告人が，自分に適用される刑罰法規または裁判手続自体の違憲を主張することで，憲法訴訟となる（一方で，検察官が自ら適用刑罰法規や裁判手続自体の違憲を主張することは，通常考えられない）。

　行政訴訟（行政庁の公権力の行使や公法上の法律関係に関する紛争についての訴訟）は，公権力の行使の違憲性などを直接的に争い，その取消しや無効確認を求めるものであるから，憲法訴訟の中でも有効な訴訟形態の一つである。原告は，国・地方公共団体等を被告として，行政事件訴訟法に基づき訴訟を提起するが，その際に，法令や公権力の行使が違憲であると主張することで，憲法訴訟となる。

　　　行政事件訴訟法は，抗告訴訟，当事者訴訟，民衆訴訟，機関訴訟の4つを行政事件訴訟と定める（2条）。このうち，行政庁の公権力の行使に関する不服の訴訟である抗告訴訟（3条1項），特に，行政庁の処分その他の公権力の行使に当たる行為の取消しを求める訴訟（取消訴訟）（3条2項）がその中核である。取消訴訟において裁判所によって憲法判断がなされるためには，それが適式なものとして提起されなければならないため，取消訴訟の要件を充足することが必要となる。

　行政事件訴訟法9条1項は,「取消しを求めるにつき法律上の利益を有する者」が取消訴訟を提起しうると規定している（つまり,このような原告適格を欠く者は,そもそも取消訴訟を提起できない）。また,原告が取消訴訟で勝訴し請求が認容された場合に,原告の具体的な権利・利益が客観的に見て回復可能なものでなければ,取消訴訟を利用できない（狭義の訴えの利益）。この原告適格と狭義の訴えの利益を併せて,広義の訴えの利益という。訴え提起の時点で,処分等の取消しによって救済を受けるに値する正当な利益を有する者であり,かつ,判決時においても,その利益を有するものに,広義の訴えの利益があるといえる。そして,訴訟において違憲主張が行われても,訴えの利益を欠くときには,憲法判断はなされない。最高裁判所は,皇居前広場使用不許可事件判決（最大判昭和28年12月23日民集7巻13号1561頁）では,集会予定日が徒過したことを理由に集会の会場の使用不許可処分の取消請求に係る上告を棄却し,朝日訴訟判決（最大判昭和42年5月24日民集21巻5号1043頁）では,生活保護の被保護者が死亡したことを理由に保護に関する不服申立てに対する裁決の取消請求につき訴訟終了と判断した（ただし,最高裁判所は,両判決において,「なお,念のため」としたうえで,実質的な憲法判断を行った）。

12.4.2　憲法訴訟の当事者適格（違憲主張の適格）

　訴訟当事者が法令等の違憲性を争うにあたって,自己に適用される法令等により自己の憲法上の権利が現実的,実質的かつ直接的に侵害される場合には,原則としてその主張は認められる。その一方で,自己の利益に直接関係のない第三者の憲法上の権利侵害や,想定上の侵害可能性等を理由とすることは,わが国が付随的違憲審査制を採用している以上,憲法訴訟の当事者適格（違憲主張の適格）がないとして,原則として,認められない。

　ただし,(1) 自己に適用されない法規定であっても,同一法令中に存在する,適用規定と密接不可分の関係にある他の規定の違憲を主張したり,法令全体の違憲を主張したりすることは認められる。また,(2) 自己に適用される法令が直接に自己の憲法上の権利を侵害することはないが,特定の第三者の憲法上の権利を侵害すると考えられるとき,そのことを理由に違憲主張をすることについては,一定の要素（違憲の主張する者の利益の程度,援用される憲法上の権利の性格,違憲の主張をする者と第三者との関係,第三者が別の訴訟で自己の権利侵害につき違憲の主張をすることの実際上の可能性）を考慮したうえで,認められる場合もあると解される（通説）。

　なお，(3) 自己に適用される法令が直接に自己の憲法上の権利を侵害することはないが，その内容が不明確であるため，不特定の第三者に適用されると適用違憲の可能性があるとき，そのことを理由に違憲主張をすることについては，罪刑法定主義の観点から明確性が要求される刑罰法規の場合や，萎縮効果が排除されるべき表現の自由の規制立法の場合には，その主張を認めたうえで，当該法令を文面上無効と判示すべきと解される（通説）(5.3.3 表現に対する不明確な規制を参照)。

　判例は，第三者の憲法上の権利が現実に侵害される場合について，違憲主張の適格性を認めるものがある（第三者所有物事件最高裁判決〔最大判昭和 37 年 11 月 28 日刑集 16 巻 11 号 1593 頁〕）一方で，権利侵害の可能性があるにとどまる場合について，これを認めないものもある（刑罰法規の不明確性ゆえに憲法 31 条に違反するとの被告人の主張を退けた川崎民商事件最高裁判決〔最大判昭和 47 年 11 月 22 日刑集 26 巻 9 号 554 頁〕）。

　　宗教法人が信者（宗教法人にとっては第三者）の信教の自由の侵害を主張したオウム真理教解散命令事件決定（最決平成 8 年 1 月 30 日民集 50 巻 1 号 199 頁）や，被告人が裁判員となる国民（被告人にとっては第三者）の意に反する苦役からの自由の侵害を主張した裁判員制度違憲訴訟判決（最大判平成 23 年 11 月 16 日刑集 65 巻 8 号 1285 頁）において，最高裁判所は，黙示的に第三者の憲法上の権利侵害の主張を認めている。一方，最決平成 26 年 7 月 9 日判時 2241 号 20 頁は，客観訴訟である選挙無効訴訟において，選挙人による他人（被告人にとっての第三者）の選挙権制限（未成年者に選挙権を与えていないことや，受刑者に選挙権が制限されていること）の違憲の主張を，法律上これを争うことが予定されていないとして，認めなかった。

12.4.3　憲法判断の方法

　付随的違憲審査制の下で，裁判所による憲法適合性の判断は，当該事件の解決に必要な限りで行われるべきであり，裁判所は必要以上に政治部門による判断に介入すべきではないと考えられる。そこで，アメリカ合衆国の判例法理をもとに，憲法判断は事件の解決にとって必要な場合以外は行わないという憲法判断回避の準則が提唱されている。

　　憲法判断回避の準則は，本来的に非民主的な機関である裁判所が，国民を代表する議会等の政治部門の意思を最大限尊重するための，司法消極主義の技術の一つである。アメリカ合衆国最高裁判所のアシュワンダー対テネシー川流域公社事件判決において，ブランダイス裁判官の補足意見は，(1) 裁判所は，友誼的・非対決的な

【憲法判断の方法】

憲法判断回避の準則 ←司法消極主義（司法の自己抑制）の技術の一つ

例えば……

（狭義の）憲法判断回避

裁判官

| 憲法上の争点を判断せざるをえない解決方法 A |
| 憲法上の争点を判断せざるをえない解決方法 B |
| 憲法上の争点に触れずに解決できる方法 C |

（A・Bではなく）Cを選択することで
憲法判断そのものを回避する

合憲限定解釈

裁判官

| ある法令を違憲と判断せざるをえない解釈方法 A |
| ある法令を違憲と判断せざるをえない解釈方法 B |
| ある法令を合憲と判断しうる解釈方法 C |

（A・Bではなく）Cを選択することで
違憲判断を回避する

訴訟手続においては立法の合憲性の判断をしない，（2）裁判所は，憲法問題を決定する必要が生ずる前に先んじて取り上げない，（3）裁判所は，憲法原則を，それが適用されるべき明確な事実が要求する範囲を越えて定式化しない，（4）裁判所は，憲法問題が記録によって適切に提出されているとしても，その事件を処理することができる他の理由がある場合には憲法問題について判断しない，（5）裁判所は，法律の施行によって侵害を受けたことを立証しない者の申立てに基づいて，その法律の効力について判断しない，（6）裁判所は，法律の利益を利用した者の依頼で，その法律の合憲性について判断するようなことはしない，（7）裁判所は，法律の合憲性について重大な疑いが提起されたとしても，その問題を回避できるような法律解釈が可能であるか否かをまず確認すべきである，と主張したが，ここに憲法判断回避の準則の考え方が定式化されている。このうち，後述する狭義の憲法判断回避は（4）に，合憲限定解釈は（7）に，それぞれ基づくものである。

　訴訟において違憲の争点が適法に提起されている場合でも，裁判所がその争点について必ず憲法判断を行うとは限らない。憲法判断回避の準則は，具体的には，憲法判断そのものの回避（狭義の憲法判断回避）や法律の違憲判断の回避（合憲限定解釈）という形で現れる（これらは，違憲性が争われた法令等を黙示的に合憲と判断する解釈であるといえる）。

　狭義の憲法判断回避とは，違憲の争点にまったく触れなくても当該事件を法的に解決できる場合，違憲の争点に関する判断を行わないという手法である。その例として，自衛隊の所有する通信線を切断し自衛隊法121条違反で起訴された被告人が，同条を含むそもそも自衛隊法全体が憲法9条等に違反すると主張した恵庭事件において，自衛隊法121条にいう「その他の防衛の用に供する物」に通信線が該当しないため，被告人の行為は同条の構成要件に該当しないとして無罪と

する一方で，そのような結論に達した以上，被告人の主張する憲法問題に関しては判断を行う必要はなく，また行うべきでもないと判示した第1審判決（札幌地判昭和42年3月29日判時476号25頁）が挙げられる。

　　その逆に，判決を導くためには必ずしも必要ではない憲法判断を行う下級審裁判例として，内閣総理大臣の靖国神社への参拝によって精神的損害を受けたという原告の主張を認め，参拝行為が憲法20条3項に違反すると判断したものの，原告の法律上保護された具体的な権利利益の侵害がないため，原告による国家賠償請求を棄却した小泉靖国訴訟福岡地裁判決（福岡地判平成16年4月7日判時1859号76頁）や，自衛隊のイラクへの派遣が憲法9条に違反するとの原告の主張を認め，派遣が憲法9条1項に違反する活動を含むと判断したものの，行政権の行使に対して私人は給付請求権を有していないため，派遣の禁止を求める原告による差止請求を棄却したイラク派遣違憲訴訟名古屋高裁判決（名古屋高判平成20年4月17日判時2056号74頁）などがある。これらは，国の行為の違憲性を主張する原告の主張に応じて，裁判所が積極的に憲法判断（違憲判断）をする一方で，原告の法的請求自体は退けている（したがって，被告である国は，勝訴しているため，判決における憲法判断が誤りであるとしても，上訴することができない）。このような「ねじれ判決」については，司法積極主義の観点から好意的に評価される一方で，付随的違憲審査制の下での裁判所の違憲審査のあり方として問題があるとの批判もある。

　合憲限定解釈とは，違憲ではないかと争われている法令の解釈が複数成り立ちうる場合，ある解釈によれば違憲であっても，別の解釈によれば合憲となるというとき，裁判所は合憲とする解釈を採用するという手法である。その典型は，都教組事件最高裁判決（最大判昭和44年4月2日刑集23巻5号305頁）である。これは，地方公務員の争議行為を禁止する地方公務員法37条1項と，違法な争議行為のあおり行為等をした者を処罰する同法61条4号が憲法28条等に違反するかが争われた事件である。最高裁判所は，法律の規定を文字どおりに解釈すれば（地方公務員の一切の争議行為を禁止し，争議行為のあおり行為等のすべてを処罰する趣旨と解すれば）違憲の疑いがあるため，それを憲法の精神に即してそれと調和するように合理的に解釈するならば，37条1項で禁止されるのは争議行為のうち違法性の強いものに限られ，また61条4号で処罰の対象となるのはあおり行為等のうち違法性の強いものに限られるとし（二重のしぼり論），問題となった被告人の行為が争議行為に通常随伴して行われるものであり刑事罰をもってのぞむ違法性はないとして無罪とした。もっとも，このような合憲限定解釈は，全農林警職法事件最高裁判決（最大判昭和48年4月25日刑集27巻4号547頁）によって，明確性を欠き，法文の規定に反し，衡平を失するものとして（「不明確な限定解釈は，かえって犯罪構成

要件の保障的機能を失わせることとなり，その明確性を要請する憲法31条に違反する疑いすら存する」と判示する），全面的に否定された（地方公務員の争議行為の禁止等についての判例変更は，岩教組学テ事件最高裁判決〔最大判昭和51年5月21日刑集30巻5号1178頁〕）。このような合憲限定解釈を採った最高裁判例として，税関検査事件判決（最大判昭和59年12月12日民集38巻12号1308頁），福岡県青少年保護育成条例事件判決（最大判昭和60年10月23日刑集39巻6号413頁），広島市暴走族追放条例事件判決（最判平成19年9月18日刑集61巻6号601頁）などがある。

　合憲限定解釈とは区別すべき解釈手法として，法令の規定それ自体が合憲であり，法令に違憲的に適用される部分がないことを前提に，対象となる法令の文言を前提に直ちに違憲審査を行うのではなく，憲法の趣旨を読み込んで当該法令の趣旨・目的等を踏まえて，当該法令を解釈する手法（憲法適合的解釈）が挙げられる。憲法適合的解釈の典型例は，堀越事件最高裁判決（最判平成24年12月7日刑集66巻12号1337頁）である。「政治的行為」を禁止する国家公務員法102条1項の規定について，同判決は，憲法21条1項によって保障される政治活動の自由が立憲民主政の政治過程にとって不可欠で重要であることにかんがみ，「法令による公務員に対する政治的行為の禁止は，国民としての政治活動の自由に対する必要やむを得ない限度にその範囲が画されるべきものである」と述べたうえで，国家公務員法102条1項にいう「政治的行為」とは，（政治的行為のすべてではなく）「公務員の職務の遂行の政治的中立性を損なうおそれが，観念的なものにとどまらず，現実的に起こり得るものとして実質的に認められるもの」を指すと判示した（本件に関しては，被告人の行為を，「公務員の職務の遂行の政治的中立性を損なうおそれが実質的に認められるものとはいえない」として，罰則規定の構成要件に該当せず，無罪とした）。

　　堀越事件最高裁判決の千葉勝美裁判官の補足意見によれば，本判決の「政治的行為」についての限定的な解釈（「公務員の職務の遂行の政治的中立性を損なうおそれが，現実的に起こり得るものとして実質的に認められるものを指すという限定を付した解釈」）は，合憲限定解釈（「司法の自己抑制の観点」によるもの）ではなく，「憲法判断に先立ち，国家の基本法である国家公務員法の解釈を，その文理のみによることなく，国家公務員法の構造，理念及び本件罰則規定の趣旨・目的等を総合考慮した上で行うという通常の法令解釈の手法によるものである」という。

12.4.4　違憲審査の方法

　付随的違憲審査制の下では，裁判所は，具体的事件を前提として，違憲審査を

行う。事件を解決するためには，裁判所が，誰が，何を，いつ，どこで，どのように行ったかという，当該事件についての個別的な事実（司法事実〔判決事実〕）を調査し，認定することが必要である（例えば，公安条例の違憲性が争われる事件では，原告が条例に沿った許可申請を行っただとか，原告の申請に対して公安委員会が不許可処分をしただとか，被告人が無許可で集会を行ったなどといった司法事実が，裁判所で認定される）。法律そのもの，あるいはその適用などの違憲が争われる憲法訴訟では，それに加えて，法律の立法目的及びそれを達成する手段の合理性を支える社会的・経済的・文化的な一般的事実（立法事実）を検証する必要がある（問題となる公安条例の制定を必要とする社会的・経済的・文化的な一般的事実が，立法事実として，裁判所によって審査される）。立法者が立法をするにあたっては，立法を必要とさせる立法事実が認識されているはずであるが，裁判において法律が合憲であるというためには，立法者による立法事実の認識に誤りがないか否か，裁判時点でも立法事実が存在しているか否かなどの審査が必要となる。そして，法令の内容審査（基本的には目的手段審査で行う）の結果，法令の立法目的そのものを違憲とする場合もあれば，立法目的を達成するための手段を（必要性・合理性がないため）違憲とする場合もある。

　一方，ある法律の定める表現の事前抑制措置が憲法21条2項の禁止する検閲に該当するか否かや，刑罰法規が罪刑法定主義の観点から明確性を欠くか否かなどが争われる事件では，法律の文面を検討するのみで結論を導き出す文面審査の手法をとることが認められる。法令の文言が文面上違憲の場合には，性質上，どのような人に対してどのような事情において適用されても無効となる（ただし，付随的違憲審査制の下で裁判所によって無効とされた法令の効力については，12.4.6 法令違憲判決の効力を参照）。

12.4.5　違憲判断の方法

　法令の憲法適合性を審査し，当該法令が明示的に憲法に適合しないと判断する方法には，法令そのものの規定を違憲とする判決（法令違憲判決）と，法令の規定自体は合憲であるが，それが当該事件の当事者に適用される限りで違憲であるとする判決（広義の適用違憲判決）とがある。

　　適用違憲判決は，後述するように，今日では，法令違憲判決と同様に，（字義に反して）法令そのものの憲法適合性を審査するものであると解されるようになっている（文字どおりの意味での法令の適用行為を審査するのは，適用違憲判決ではなく，処

```
【違憲判断の方法】
        ┌ 法令違憲……法令が違憲（具体的事件に適用するまでもなく，どんな状況下でも違憲）
        │         ┌ 適用違憲……違憲的に適用されうる部分が不可分な法令
違憲判決 ┤         │          （したがって，合憲限定解釈ができない）の適用が
        │         │          違憲（適用される法令が違憲）
        │         │ 処分違法……合憲限定解釈ができる法令の違憲的な適用が
        └（広義の）適用違憲 ┤          違憲（法令は合憲だが，適用行為が違憲）
                  │ 処分違憲……合憲な法令の人権侵害的な適用（法令は合憲だ
                  └          が，適用行為が違憲）
```

分違法判決または処分違憲判決である）。

（1）法令違憲判決　　最高裁判所による法令違憲判決としては，これまでに，次頁に挙げる図表のとおり，11件ある（2023〔令和5〕年7月時点）。法令違憲判決には，法令の規定の全部を違憲とするもの（初期のもの）と，法令の規定の一部のみを違憲とするもの（近時のものの多く）とがある。

（2）適用違憲判決　　適用違憲判決としては，関税法118条1項に基づき第三者の所有物を当該所有者に告知・弁解・防御の機会を与えずに没収することを違憲とした第三者所有物事件最高裁判決（最大判昭和37年11月28日刑集16巻11号1593頁）などがある。

　従来の通説は，適用違憲判決として，①法令が合憲的に適用できる部分と違憲的に適用される可能性のある部分とが不可分の関係にある場合（この場合，合憲限定解釈は不可能である），違憲的適用の場合をも含むような広い解釈に基づいて法令を当該事件に適用するのは違憲であるという判決，②法令の合憲限定解釈が可能であるにもかかわらず，法令が違憲的に適用された場合，その適用行為が違憲であるという判決，③法令そのものは合憲であるが，人権を侵害するような形で法令を解釈・適用した場合に，その解釈・適用行為が違憲であるという判決の3類型があると分類していた。このうち，近時は，適用違憲は①のみを指すものとし，②を処分違法（法令を合憲限定解釈したうえで，適用行為を違法と解釈する）と，③を処分違憲と呼ぶようになっている。

　　　①適用違憲判決の例として，国家公務員法110条1項19号は，同法102条1項に規定する政治的行為の制限に違反した者と規定しているため合憲限定解釈を行う余地がないとして，被告人の行為に適用される限度において憲法21条・31条に違反するとした猿払事件第1審判決（旭川地判昭和43年3月25日判時514号20頁），②処分違法判決の例として，原告の行為は形式上・文理上は国家公務員法102条1項

【最高裁判所による法令違憲判決】（2023〔令和 5〕年 7 月時点）

尊属殺重罰規定違憲訴訟判決（最大判昭和 48 年 4 月 4 日刑集 27 巻 3 号 265 頁）

　刑法 200 条が，尊属殺人罪の法定刑を死刑と無期懲役刑に限定している点で，普通殺人罪の法定刑に比し著しく不合理な差別的取扱いをするものであるため，法の下の平等を定める 14 条 1 項に違反する。

薬事法事件判決（最大判昭和 50 年 4 月 30 日民集 29 巻 4 号 572 頁）

　薬局の開設等の許可基準として適正配置規制を定める薬事法 6 条 2 項・4 項が（これらを準用する 26 条 2 項も），不良医薬品の供給の防止等の目的のために必要かつ合理的な規制を定めたものではないため，職業選択の自由を保障する憲法 22 条 1 項に違反する。

議員定数不均衡訴訟判決（最大判昭和 51 年 4 月 14 日民集 30 巻 3 号 223 頁）

　公職選挙法 13 条・別表第 1 等に定める選挙区・議員定数の規定が，選挙における各選挙人の投票価値の平等を要求する憲法 14 条，15 条 1 項，3 項，44 条但書に違反する。

議員定数不均衡訴訟判決（最大判昭和 60 年 7 月 17 日民集 39 巻 5 号 1100 頁）

　公職選挙法 13 条・別表第 1 等に定める選挙区・議員定数の規定が，選挙における各選挙人の投票価値の平等を要求する憲法 14 条 1 項に違反する。

森林法事件判決（最大判昭和 62 年 4 月 22 日民集 41 巻 3 号 408 頁）

　共有森林につき 2 分の 1 以下の持分権者からの分割請求を禁止する森林法 186 条本文は，財産権を保障する憲法 29 条 2 項に違反する。

郵便法免責規定事件判決（最大判平成 14 年 9 月 11 日民集 56 巻 7 号 1439 頁）

　郵便法 68 条・73 条の規定のうち，書留郵便物と特別送達郵便物について，郵便業務従事者の故意または重過失によって損害が生じた場合に，国の損害賠償責任を免除・制限している部分が，国家賠償請求権を保障する憲法 17 条に違反する。

在外国民選挙権訴訟判決（最大判平成 17 年 9 月 14 日民集 59 巻 7 号 2087 頁）

　1998（平成 10）年改正前の（在外投票制度導入以前の）公職選挙法が，在外日本国民に国政選挙における投票をまったく認めていなかったことは，憲法 15 条 1 項，3 項，43 条 1 項，44 条但書に違反する。また，公職選挙法附則 8 項の規定のうち，在外日本国民に国政選挙における選挙権の行使を認める制度の対象となる選挙を当分の間両議院の比例代表選出議員の選挙に限定する部分は，憲法 15 条 1 項，3 項，43 条 1 項，44 条但書に違反する。

国籍法 3 条 1 項違憲訴訟判決（最大判平成 20 年 6 月 4 日民集 62 巻 6 号 1367 頁）

　国籍法 3 条 1 項の規定のうち，日本国民である父と日本国民でない母との間に出生した後に父から認知された子につき，父母の婚姻により嫡出子たる身分を取得した場合に限り日本国籍の取得を認めていることにより国籍の取得に関する区別を生じさせていることは，法の下の平等を定める憲法 14 条 1 項に違反する。

非嫡出子相続分規定違憲訴訟決定（最大決平成 25 年 9 月 4 日民集 67 巻 6 号 1320 頁）

　非嫡出子の法定相続分を嫡出子のそれの 2 分の 1 とする民法 900 条 4 号ただし書前段の規定は，憲法 14 条 1 項に違反する。

再婚禁止期間規定違憲訴訟判決（最大判平成 27 年 12 月 16 日民集 69 巻 8 号 2427 頁）

　女性について 6 か月の再婚禁止期間を定める民法 733 条 1 項の規定のうち 100 日を超えて再婚禁止期間を設ける部分は，憲法 14 条 1 項，24 条 2 項に違反する。

在外国民国民審査権訴訟判決（最大判令和 4 年 5 月 25 日民集 76 巻 4 号 711 頁）

　最高裁判所裁判官国民審査法が在外日本国民に審査権の行使をまったく認めていないことは，憲法 15 条 1 項，79 条 2 項，3 項に違反する。

に違反するが，同条項を合憲限定解釈すれば当該行為は同条項に違反しないため，同条項を違憲的に適用してなされた被告による懲戒処分はその適用上憲法21条1項に違反するとした全逓プラカード事件（本所郵便局事件）第1審判決（東京地判昭和46年11月1日判時646号26頁），③処分違憲判決の例として，文部大臣による教科書検定制度が合憲であることを前提として，検定における個別の不合格処分が憲法21条2項に違反するとした第二次家永教科書訴訟第1審判決（東京地判昭和45年7月17日判時604号29頁）が，それぞれ挙げられる（ただし，これらはすべて上訴され，控訴審または上告審で破棄されている）。第三者所有物事件最高裁判決は，（合憲限定解釈の余地のない関税法118条1項に基づく処分〔没収〕を違憲とするものであり，①の類型に分類することもできるが）③の類型の例であると解される。

　法令の適用としてなされるわけではない，公権力による個別・具体的な事実行為を違憲と判断する判決も，広義では，処分違憲判決と呼ばれることがある（この場合，法令の解釈は問題とならず，憲法から直接違憲となる要件を導き出して，司法事実に直接当てはめることとなる）。その例として，県による宗教団体への公金支出行為を憲法20条3項，89条に違反するとした愛媛玉串料訴訟最高裁判決（最大判平成9年4月2日民集51巻4号1673頁）や，市が宗教的施設のために公有地を無償で提供する行為を憲法89条，20条1項後段に違反するとした空知太神社訴訟最高裁判決（最大判平成22年1月20日民集64巻1号1頁）がある。

12.4.6　法令違憲判決の効力

　最高裁判所が具体的な事件において特定の法令を違憲と判断した場合には，当該法令の効力はどうなるのか。98条1項によれば，憲法に違反する法令は無効となるはずであるが，法令違憲判決の法令を無効とする効力の意味が問題となる。

　この点，最高裁判所によって違憲と判断された法令は，客観的に無効となる（国会等がその法令を改廃しなくても当然に当該法令が存在しないものとなる）という一般的効力説，当該事件に限ってその適用が排除されるという個別的効力説，その効力自体が法律の定めるところに任されている（法令違憲判決が個別的効力しかもちえないのか一般的効力をもつのかを決定する法律を国会が制定できる）という法律委任説が対立している。

　法令違憲判決の一般的効力を認めると，裁判所が消極的立法行為を行うことになり，国会を唯一の立法機関とする41条に違反することになる。付随的違憲審査制を採るわが国では，提起された事件に関連する限りで法令の違憲審査が行われ

る以上，法令の違憲判決の効力も，当該事件に限って及ぶと解されるため，個別的効力説が妥当であると解され（通説），実際にもそのような取扱いがなされている。すなわち，最高裁判所が法令違憲判決を下したとしても，違憲と判断された法令は，当該事件についてのみその適用が排除されるにとどまり，違憲と判断された法令を権限ある機関（法律であれば，国会）が改廃することによって初めて，当該法令は一般的・対世的に効力を失う。

　しかし，個別的効力説によれば，後に生ずる同種の事件に対して異なる判断がなされる可能性があるが，そうなれば，(1) 法的安定性ないし予見可能性を害し，また，(2) 平等原則 (14条) に違反することになるおそれがある。もっとも，最高裁判所による法令違憲判決が示された場合に，他の国家機関がそれを十分に尊重すること（具体的には，法律の場合，国会は，当該法律を速やかに改廃し，違憲状態を是正し，内閣は，当該法律の執行を控える〔例えば，刑罰法規であれば，検察庁は当該法律に基づく起訴を行わない〕，など）にすれば，個別的効力説の問題点は回避できる。なお，下級裁判所は，最高裁判所による違憲判決に当然に拘束される。

　これまでに最高裁判所によって違憲と判断された法律は，判決確定後，国会によって改廃されている（刑法200条については，1973〔昭和48〕年の尊属殺重罰規定違憲訴訟判決〔最大判昭和48年4月4日刑集27巻3号265頁〕から1995〔平成7〕年に改正されるまで20年以上，改廃手続がとられなかったが，その間，最高検察庁の通達により，それに該当する事件については普通殺人罪〔刑法199条〕の規定が適用された〔なお，判決以前に，刑法200条により確定判決を受けた受刑者に対して個別恩赦がなされた〕）。

　個別的効力説に立てば，違憲判決の（法令を無効とする）効力の発生時期を将来に延期すること（将来効判決）は認められないことになる。裁判所の判決は，本来，過去の事件を解決するためのものであり（当該事件に対して効力を生じない憲法判断は，純粋に権利救済を求めている事件当事者の期待に応えていない），将来の社会一般の紛争を未然に防止するためのものではない（それは立法府の役割である）からである。

　　　衆議院議員選挙における議員定数不均衡訴訟に係る最大判昭和60年7月17日民集39巻5号1100頁において，寺田治郎裁判官らの補足意見は，「判決確定により当該選挙を直ちに無効とすることが相当でないとみられるときは，選挙を無効とするがその効果は一定期間経過後に始めて発生するという内容の判決をすることも，できないわけのものではない」と述べ，判決の将来効を認めうることを示唆した。また，上告審（最大判平成25年11月20日判例集未登載）において違憲性が否定されたものの，選挙を違憲無効としその効果を一定期間経過後に発生するものとする下級審裁判例がある（広島高判平成25年3月25日判時2185号25頁）。

　なお，下級裁判所による法令違憲判決の効力については，下級裁判所は法令の
憲法適合性についての終局的な判断権を有していない（81条）ため，それが確定
しても，単に当該事件の当事者に対して当該法令の適用を排除するだけの意味を
有するにすぎない。下級裁判所が法令を違憲と判断すると，通常は，国側が上訴
し，法令の憲法適合性についての終局的な判断権を有する最高裁判所が最終的に
判断することになるため，多くの場合，下級裁判所による法令違憲判決は確定し
ない（例外的な「ねじれ判決」の場合については，12.4.3 憲法判断の方法を参照）。

12.4.7　判例の拘束力

　判例とは（広義では，裁判所による判決等をいうが），厳密にいえば，最高裁判所の
判決等（決定を含む）のうち，判決の結論を導くうえで意味のある法的理由づけ
（判決理由〔レイシオ・デシデンダイ〕）のことを指し，判決文中で判決理由と関係な
い部分（傍論〔オビタ・ディクタム〕）と区別されるべきであると解される。

　　　学説上，傍論が判決理由よりも注目されることがある。例えば，被保護者が死亡
　　した場合，生活保護処分に関する裁決の取消訴訟が相続人によって承継されないこ
　　とを判示した朝日訴訟最高裁判決（最大判昭和42年5月24日民集21巻5号1043頁）
　　や，日本国民たる住民に限り地方公共団体の議会の議員・長の選挙権を有するもの
　　とする地方自治法11条，18条，公職選挙法9条2項が，憲法15条1項，93条2項
　　に違反しない（つまり，外国人には地方レベルといえども，憲法上，選挙権は認められな
　　い）と判示した定住外国人地方参政権訴訟最高裁判決（最判平成7年2月28日民集49
　　巻2号639頁）は，憲法学上，判決理由ではなく，その傍論部分が重視されている。

　最高裁判所の判決は，個々の具体的な事件について，当該事件の下級審の裁判
所を拘束し（裁判所法4条），後に続く他の事件については，最高裁判所と下級裁
判所において，裁判の規準として適用される。言い換えれば，判例は，後続の他
の事件で同じ法律問題が争点となったときに，その裁判を依拠しうる先例として
扱われる（その意味で，判例には，〔法的な拘束力はないものの〕事実上の拘束力があり，
法源として機能するといえる）（憲法の法源については，1.1.3 憲法の法源を参照）。

　判例は，先例における法令解釈が明らかに誤りである場合や，時の経過により
事情が大きく変化した場合など，十分な理由がある場合には，最高裁判所におい
て変更される（判例変更）。判例変更は，小法廷ではなく，必ず大法廷で行われる
（裁判所法10条）。

第13章

財　政

13.1　財政民主主義

13.1.1　財政民主主義

　日本国憲法 83 条は,「国の財政を処理する権限は, 国会の議決に基いて, これを行使しなければならない」と規定する。これは, 国の財政（国家がその任務を行うために必要な財力を調達し, 管理し, 使用する作用）について, 国民の代表によって構成される国会が, その基本を定め, 統制しなければならないということを意味する。つまり, 国の財政は国民の意思に基づかなければならない。この財政民主主義の原理は, 具体的には, それを収入面で具体化した租税法律主義（84条）と, 支出面で具体化した国費支出・国庫債務負担行為国会議決主義（85条）とで構成される。

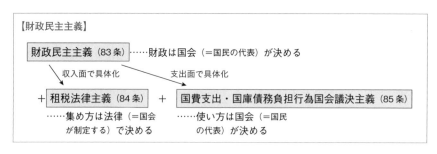

13.1.2　租税法律主義

　84 条は,「あらたに租税を課し, 又は現行の租税を変更するには, 法律又は法律の定める条件によることを必要とする」と規定する。すなわち, 租税は国民に

対して直接負担を求めるものであるので，租税の新設・税制の変更は，法律という形式によって，国民の代表機関である国会によって行われなければならない。この租税法律主義の原則は，財政民主主義を歳入面から規定したものであり，具体的には，納税義務者，課税物件，課税標準，税率などの課税要件や租税の賦課・徴収手続が法律で定められなければならず（課税要件法定主義）（最大判昭和30年3月23日民集9巻3号336頁），かつ，それらが明確に定められなければならないということ（課税要件明確主義）を意味する。

固有の意味の租税とは，国または地方公共団体が，その課税権に基づいて，その使用する経費に充当するために，強制的に徴収する金銭給付をいう。判例も，「租税は，国家が，その課税権に基づき，特別の給付に対する反対給付としてでなく，その経費に充てるための資金を調達する目的をもって，一定の要件に該当するすべての者に課する金銭給付である」と判示している（サラリーマン税金訴訟最高裁判決〔最大判昭和60年3月27日民集39巻2号247頁〕）。言い換えれば，租税は行政サービスの対価ではないし（もしそうであるとすれば，納税していない国民は生活保護などの社会保障給付を受ける資格がないなどという不合理なことになる），納税しているから選挙権が認められるということでもない（現在のわが国は制限選挙制ではなく普通選挙制を採っており，国民であるということだけで，納税の有無・多寡にかかわらず選挙権が与えられる）。国家を運営し行政サービスを提供するためには，国家は税という形で国民から金銭を徴収する必要があるが，納税と行政サービスや選挙権との間に対価性はない。

租税以外にも，道路や河川等の負担金，営業許可に対する手数料，各種の検定手数料，国や地方公共団体の独占事業（公営上下水道事業など）の料金などについても，租税法律主義の趣旨にかんがみ，国会の議決が必要であると解されている。財政法3条も，「租税を除く外，国が国権に基いて収納する課徴金及び法律上又は事実上国の独占に属する事業における専売価格若しくは事業料金については，すべて法律又は国会の議決に基いて定めなければならない」と規定している。この財政法の規定は，(1) 憲法83条の財政民主主義に基づき定められたものなのか，それとも，(2) 憲法84条の租税法律主義に基づき定められたのか（この見解によれば，84条は，固有の意味における租税だけでなく，国が一方的・強制的に賦課する金銭給付すべてを国会の議決によることを求める趣旨ということになる）をめぐって争いがあり，かつては，租税以外の手数料等にも法律上の根拠を求める (2) の見解が通説であったが，現在は，手数料等については（法形式に固執せず）国会による統

制がなされればよいとする（1）の見解が有力である。なお，判例は，租税があくまで特別の給付に対する反対給付の性質をもたないということを確認したうえで，市町村の国民健康保険（保険者は被保険者に対して保険料または保険税のいずれかを賦課徴収する）の保険料は，被保険者において保険給付を受けうることに対する反対給付として徴収されるものであり，84条にいう「租税」に該当しない（ただし，「租税以外の公課であっても，賦課徴収の強制の度合い等の点において租税に類似する性格を有するものについては，憲法84条の趣旨が及ぶ」）と判示した（旭川市国民健康保険条例違憲訴訟最高裁判決〔最大判平成18年3月1日民集60巻2号587頁〕）。なお，ここで問題となる手数料とは，公の役務・公の施設の利用が法律上または事実上強制される場合の手数料（裁判手続を利用する際に裁判所に納付する手数料など）や，免許等に関する行為を行おうとする者や一定の資格を取得しようとする者に対して事実上強制的に賦課されるもの（免許・申請・証明などの手数料）といった，国家が国民に対して一方的かつ強制的に賦課する金銭負担のことであり，これらについて憲法84条の趣旨に照らして国会の議決に基づき定められることが必要とされる（手数料の中には，国公立の博物館の入場料などのように，公の役務の受益者・公の施設の利用者の自由意思に基づく承諾によって支払われるものもあるが，これは強制的な賦課・徴収の性格を有しないものであるから，憲法84条の問題とはならない）。

　なお，憲法30条は，「国民は，法律の定めるところにより，納税の義務を負ふ」と規定しているが，これは，租税法律主義を義務の面から確認したものである。

　　　法律上は課税できるが実際上は非課税と扱われてきた物品を通達によって新たに課税物件として取り扱うことは，通達の内容が法の正しい解釈に合致する限り，違憲ではない（パチンコ球遊器通達課税事件最高裁判決〔最判昭和33年3月28日民集12巻4号624頁〕）。

13.1.3　国費支出・国庫債務負担行為国会議決主義

　85条は，「国費を支出し，又は国が債務を負担するには，国会の議決に基くことを必要とする」と規定する。この国費支出・国庫債務負担行為国会議決主義の原則は，財政民主主義を歳出面から規定したものである。

　　　国費の支出とは，「国の各般の需要を充たすための現金の支払」を意味し（財政法2条1項後段），国庫債務負担行為とは，国が財政上の需要を充足するのに必要な経費を調達するために債務を負うことをいう（財政法15条参照）。

13.1.4　公金支出等の禁止

　国や地方公共団体の所有する公金・公有財産は，国民の負担と密接に関係するので，適正に管理され民主的にコントロールされることが求められる。そこで，憲法89条は，宗教上の組織・団体の使用・便益・維持のため，または公の支配に属しない慈善・教育・博愛の事業に対して，公金を支出したり，公有財産を利用させたりしてはならないと規定している。

　89条前段（宗教上の組織・団体のための公金支出・公有財産の提供の禁止）は，20条によって規定される信教の自由の制度的保障である政教分離の原則を財政面から確保しようとする趣旨である。ここでいう宗教上の組織・団体について，判例は「特定の宗教の信仰，礼拝又は普及等の宗教的活動を行うことを本来の目的とする組織ないし団体」として狭く解する（箕面忠魂碑・慰霊祭訴訟最高裁判決〔最判平成5年2月16日民集47巻3号1687頁〕）一方で，学説上は，広く宗教上の事業・活動を行う共通の目的をもって組織された団体をいうとする見解が有力である（判例による定義のほうが学説による定義よりも狭いので，前者によれば89条前段の規制を免れる団体が後者によれば規制の対象となりうる）。各種税法による宗教法人に対する免税措置（4.2.3 政教分離の原則の意義を参照）がここでいう公金の支出に当たらない理由は，免税が公金の積極的な支出とは異なり，個々の事業に対する公権力による干渉が及ぶおそれがないためである（このことは，宗教法人以外の公益法人に対する免税についても妥当する）。

　89条後段（公の支配に属しない慈善・教育・博愛事業に対する公金支出・公有財産の提供の禁止）の立法趣旨については，教育等の私的事業に対して公費の濫用を防止し（事業の目的の公共性ゆえに，または慈善・教育・博愛の美名に頼って，公費が濫用されやすいと考えられる），私的事業が公権力に依存しようとすることを防ぐためにあるという公費濫用防止説や，教育等の私的事業の自主性を確保するために公権力による干渉の危険を除こうとすることにあるという自主性確保説などが対立している。また，「公の支配」について，国等が財政援助を行う限りにおいて，その援助が不当に利用されることのないように監督することで足りるという見解（緩和説）と，国等が人事・予算を定めたり執行を監督したりするなど，事業の根本的な方向に重大な影響を及ぼすことを指すという見解（厳格説）とが対立している。

　いわゆる私学助成制度が89条後段に違反するか否かについては，議論がある。自主性確保説に立ち，公の支配を厳格にとらえれば，私学助成制度における微温

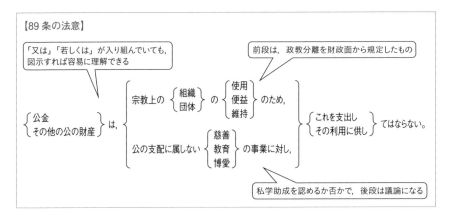

【89条の法意】

「又は」「若しくは」が入り組んでいても，図示すれば容易に理解できる

前段は，政教分離を財政面から規定したもの

公金／その他の公の財産　は，　宗教上の　組織／団体　の　使用／便益／維持　のため，　これを支出し／その利用に供し　てはならない。

公の支配に属しない　慈善／教育／博愛　の事業に対し，

私学助成を認めるか否かで，後段は議論になる

的・名目的な監督は公の支配とはいえないため，私立学校の事業に助成を行うことは違憲ということになるが，私立学校は国民の教育を受ける権利（26条1項）の実現に不可欠のものであるから，助成を一切認めないとするのは現実的ではない。そこで，公費濫用防止説に立ち，公の支配について濫用を防ぎうるだけの監督で足りると解すれば，私立学校の事業は公の支配に属するものであり，89条後段に違反しないと解される。

　　私学助成制度とは，私立学校振興助成法等に基づき，国や地方公共団体が学校法人等に対して，私立大学等経常費補助（大学等の運営に不可欠な教育研究に係る経常的経費について支援するもの）や私立高等学校等経常費助成費等補助（都道府県による私立高等学校等の基盤的経費への助成を支援するもの）などの補助金を交付する制度である。私立学校は法律に定める学校として公の性質を有し，多数の学生等を受け入れており（大学や幼稚園では約8割，高校では約3割の学生等を受け入れている），建学の精神に基づき個性豊かで多様な教育を展開している一方で，私学の収入は学生からの授業料等に頼るところが大きく，国公立学校とは異なり経営基盤が不安定である。そこで，私立学校の教育条件の維持・向上，私立学校に在学する学生等の修学上の経済的負担の軽減，私立学校の経営の健全性の向上のため，公金による助成が行われている。私立学校の所轄庁（文部科学大臣，都道府県知事，指定都市の長など〔私立学校法4条〕）は，助成を受ける学校法人に対して，(1) 業務・会計の報告を徴し，職員等に質問させ，帳簿その他の物件を検査させ，(2) 学則に定められた収容定員を著しく超えて入学させた場合に，その是正を命じ，(3) 学校法人の予算が助成の目的に照らして不適当である場合に，必要な変更をすべき旨を勧告し，(4) 学校法人の役員が法令の規定等に違反した場合に，その役員の解職をすべき旨

【私学助成の合憲性】

私学助成は，合憲か？
　89 条後段の趣旨　　　「公の支配」の意義

・公費濫用防止説→　　・緩和説→　　　私立学校は公の支配に属しているので，合憲

・自主性確保説→　　・厳格説→　　　私立学校は公の支配に属しないので，違憲

※私立学校＝国民の教育を受ける権利の実現に不可欠→私学助成違憲説は採用不可能

　を勧告することができる（私立学校振興助成法 12 条）。

13.2　財政監督の方法

13.2.1　予算の意義・法的性格

　一会計年度における国の財政行為の準則を予算という（具体的には，歳入と歳出の項目などからなる）。予算は，内閣が作成し，国会に提出し，その審議を受け，議決を経なければならない（86 条）。

　　予算は，予算総則，歳入歳出予算，継続費，繰越明許費（くりこしめいきょひ），国庫債務負担行為によって構成される（財政法 16 条）。国の会計年度は，毎年，4 月 1 日に始まり，翌年 3 月 31 日に終わる（同法 11 条）。国会における予算の議決は，毎会計年度，行わなければならない（予算単年度主義）（憲法 86 条）ので，例えば，次年度の予算で次々年度の歳出内容を決めることはできない（ただし，工事等で完成に数会計年度を要するものについては，国会の議決を経て，数年度にわたって支出することもできる〔継続費〕〔財政法 14 条の 2〕）。また，各会計年度における経費は，その年度の歳入をもって支弁しなければならない（会計年度独立の原則）（同法 12 条，42 条本文）。

　　予算の種類として，本予算，補正予算，暫定予算がある。このうち，本予算とは，国の年間予算として当初に成立した予算をいう。補正予算とは，予算作成後に生じた事情の変更に基づき特に緊要となった経費の支出・債務の負担を行うため必要な予算の追加等を行うものである（同法 29 条）が，わが国では，突発的に発生した災害への対策だけでなく，景気を刺激する目的での公共事業等への支出のために，補正予算が作成されることが多い（近年は，ほぼ毎年作成されている）。暫定予算は，本予算が新年度までに成立しない場合に，一会計年度のうち一定期間に関して，予算成立までの国政運営上必要不可欠な経費を内容として作成するものであり，予算が

成立したときに失効する（同法30条）。

　予算には，政府の行為を規律するという法規範性がある（単なる歳入・歳出の見積表ではない）。予算の法的性格については，国会が政府に対して1年間の財政計画を承認する意思表示（もっぱら国会と政府との間でその効力を有する）であるという見解（予算行政説）や，法律の一種であるという見解（予算法律説）もあるが，予算が政府のみを拘束し一般国民を拘束しないこと（通常の法律は一般の国民を拘束する），予算の効力は一会計年度に限られていること（限時法を除き，通常の法律は永続性を有する），内閣のみが予算の提出権を有すること（通常の法律は国会議員にも発案権がある），衆議院に先議権があり衆議院の再議決が認められていないこと（通常の法律は参議院先議とすることができ，また，衆議院が先に審議し可決し，参議院が衆議院と異なる議決をした場合には，衆議院による再議決が可能である）などから，「予算」という通常の法律とは異なる独自の法形式の法規範であると考えられる（予算法規範説）。それぞれの学説の論拠と批判等は，次頁の表のとおりである。

13.2.2　予算の国会による修正

　内閣が提出した予算を国会が修正する際，減額修正（予算原案にある款項を削除したり，金額を減らしたりすること）は自由にできることについては争いがないが，増額修正（予算原案にある款項の金額を増やしたり，原案にない新たな款項を追加したりすること）ができるか否かについては議論がある。内閣の予算提出権の侵害に当たるため，修正は一切認められないとする見解もある（なお，明治憲法〔大日本帝国憲法〕下では，増額修正はできず，減額修正も政府の同意なしにはできなかった〔67条〕）が，日本国憲法下では，財政民主主義の見地から，財源を示したうえであれば認めうるという見解が有力である（国会法57条の2は，予算の修正の動議を議題とすることを認めており，同法57条の3は，意見を述べる機会を内閣に与えることを条件に国会による増額修正を認めている）。また，予算の同一性を損なうような大幅な修正を認めるか否かについては，学説上争いがある。国会の予算修正は内閣の予算提出権を損なわない範囲内において可能である（国会の修正権には限界がある）とするのが政府見解である。

【予算の法的性格】

		法的性格	論 拠	批 判	帰 結
円滑で柔軟に行政を運営しやすい↑	予算行政説	国会が政府に対して1年間の財政計画を承認する意思表示（行政行為）	・予算は，拘束対象（政府のみ）・有効期間（一会計年度に限定）・提出権者（内閣のみ）・議決手続（衆議院先議・再議決なし）が法律とは異なる	・予算の法規範性を否定することになる（財政民主主義の観点から問題である）	・国務大臣による署名と天皇による公布は不要 ・予算と法律の不一致が生じうる ・予算の国会による修正には制限がある
	予算法規範説	「予算」という独自の法形式の法規範（法律ではないが，法律と並ぶ国法の形式）	・予算は政府を拘束する法規範である（予算に反する支出は違法となる）（ので，行政行為ではない） ・予算は，拘束対象・有効期間・提出権者・議決手続が法律とは異なる（ので，法律そのものでない）	（通説である）	・国務大臣による署名と天皇による公布は不要 ・予算と法律の不一致が生じうる ・予算の国会による修正の可否については，議論がある
↓民主的コントロールが強い	予算法律説	法律	・諸外国では予算を法律という法形式で定めている国がある（だから，日本も同じように解釈すべき） ・拘束対象が限定された法律（行政組織法の多く）は存在する ・有効期間が限定された法律（限時法）は存在する	・予算は，拘束対象・有効期間・提出権者・議決手続が法律とは異なる	・国務大臣による署名と天皇による公布は必要（7条1号） ・（予算は法律なので）予算と法律の不一致は理論的に生じない ・予算の国会による修正は自由にできる

13.2.3　予算と法律との不一致

　予算と法律との不一致として，（1）予算は成立したがその支出を認める法律が制定されない場合と，（2）法律は制定されたが，その執行に必要な予算が成立していない場合とが考えられる（不一致を避けるために，予算を伴う法律案を国会議員が発議する要件は加重されている〔国会法56条1項但書，57条但書，57条の3〕）。（1）の場合には，内閣は予算を執行することができず，（2）の場合には，法律のうち予

算を伴う部分は実施できない。(1) については，内閣は法律案を提出し国会の議決を求めるほかない（一方で，国会は法律を制定する義務を負わない）。(2) については，内閣は法律を誠実に執行する義務を負っている（憲法 73 条 1 号）ため，補正予算を組むか（財政法 29 条），経費を流用するか（同法 33 条 2 項），予備費を支出するか（同法 35 条），あるいは，法律の施行の延期等で対処することが求められる。

　　予備費とは，予見し難い予算の不足（予算成立後において歳出に計上された既定経費に不足を生じたり，または新規に経費が必要となり経費の不足が生じたりする場合）に充てるため，内閣の責任において支出できる経費である。予備費は歳入歳出予算に計上される（財政法 24 条）が，これは具体的目的が規定された他の款項の予算とは性質が異なるものである。憲法 87 条 1 項は，「予見し難い予算の不足に充てるため，国会の議決に基いて予備費を設け，内閣の責任でこれを支出することができる」と規定しており（これは，一定の金額を予備費として計上することの承認であり，予備費を具体的に支出することの承認ではない），予備費を支出した際には，「内閣は，事後に国会の承諾を得なければならない」（同条 2 項）。なお，予備費支出の承諾が国会から得られなくても，すでになされた支出の法的効果に影響は生じない。

13.2.4　決算・財政状況の報告

　一会計年度における国の収入支出の実績を示す確定的計数書を決算という。決算は，予算によってたてられた歳入歳出の予定準則が実際に適正に行われたか否かを検証し，それによって予算執行を担う内閣の責任を明らかにするとともに，将来の財政計画や予算編成に役立てるためのものである。国の決算は，毎年，会計検査院が検査し，内閣が，次の年度に，検査報告とともに，国会に提出しなければならない（90 条 1 項）。

　会計検査院は，憲法上認められた機関であり（90 条 1 項，2 項），内閣から独立した地位を有する（会計検査院法 1 条）。会計検査院の検査報告には，国の収入支出の決算の確認，違法・不当な事項の有無，国会の承諾を受ける手続を採らなかった予備費の支出の有無などの記載が含まれる（同法 29 条）。

　決算は，予算と異なり，法規範性はない。提出された決算は，各議院で審査され議決されるが，両議院一致の議決は必要なく，また，各議院の議決は決算の効力には関係ない（決算が否認されても，内閣は何ら対応を法的には求められない）。

　決算とは別に，内閣は，国会及び国民に対し，定期に，少なくとも毎年 1 回，国の財政状況の報告をしなければならない（憲法 91 条）。財政状況の報告は，財政法

46条に基づき行われる。

第 14 章

地 方 自 治

14.1 地方自治の本旨

14.1.1 地方自治の意義

地方自治とは，地方における行財政運営を，地域住民の意思に基づいて，国から独立した地方公共団体が，その権限と責任において自主的に処理することをいう。明治憲法（大日本帝国憲法）下において憲法上の規定が存在しなかった地方自治について，日本国憲法が，新たに規定を設け，1つの章を割り当てたということは，統治システム全体における地方自治の意義を非常に重視しているということの表れである。

明治憲法下の地方制度は，人事，権限，財源などの面で，国の地方への監督権がきわめて強かった。そして，地方が国に従属する制度であったため，戦時中は，国の統制が強められ，地方公共団体が国策遂行のための末端機関として機能するに至った。そこで，日本国憲法は，民主主義の基盤の育成（民主主義的意義）と国への権力の集中の防止（自由主義的意義）という地方自治の重要性にかんがみ，憲法上，これを厚く保障することとした。また，憲法の趣旨に基づき，地方公共団体の区分，組織・運営に関する事項の大綱を定めるとととともに，国と地方公共団体の基本的関係を確立することを目的とした地方自治法が，憲法の施行と同時に施行された。これにより，従前の東京都制・府県制・市制・町村制による地方制度が改められ，住民の選挙権・被選挙権が拡充され，都道県知事・市町村長が住民の直接公選制となるなど，地方自治制度が確立した。

もっとも，日本国憲法によって地方自治が定められたにもかかわらず，戦後も，長らくの間，国と地方との関係は上下・主従の関係として考えられていた（例えば，国等の事務を地方公共団体の機関に委任して行わせ，それについて国が包括的に指揮監

督権を有する機関委任事務制度が，2000〔平成12〕年4月まで存在していた）。憲法が理想とする本来の地方自治の実現を企図してさまざまな改革が行われてきたが，1993（平成5）年6月の衆参両議院による地方分権の推進に関する決議を契機に，にわかに地方分権を推進しようという機運が高まり，1995（平成7）年5月に地方分権推進法が制定され，地方分権一括法（地方分権の推進を図るための関係法律の整備等に関する法律）による2000（平成12）年4月からの第一次地方分権改革，地方分権改革推進法による2007（平成19）年4月からの第二次地方分権改革など，累次にわたって分権改革が進められている。ここでいう地方分権とは，国と地方公共団体とが分担すべき役割を明確にし，地方公共団体の自主性・自立性を高め，個性豊かで活力に満ちた地域社会の実現を図ることを基本理念として，国と地方公共団体とが，上下ではなく対等の関係に立つことを前提に，国から地方公共団体へ権限や財源を移譲することである。

14.1.2　地方自治の本旨

　法律によっても侵しえない地方自治制度の本質的内容とは，憲法92条にいう「地方自治の本旨」のことである。この地方自治の本旨は，地域の住民が地域的な行政需要を自己の意思に基づき自己の責任において充足するという民主主義的要素（住民自治）と，国から独立した地方公共団体が自己の事務を自己の機関により自己の責任において処理するという自由主義的要素（団体自治）という2つの要素からなる。言い換えれば，住民自治とは，地方自治が住民の意思に基づいて行われるという意味である一方，団体自治とは，地方自治が国から独立した地方公共団体に委ねられ団体自らの意思と責任の下でなされるということである（住民自治は住民が主体となって団体を統治するという側面に注目するのに対して，団体自治は団体が自ら団体を統治し国に介入させないという点を強調する）。

　　　　地方自治の本旨について，団体自治は，それ自身が目的ではなく，住民自治を実現するための手段とする見解もある（岩沼市議会議員懲罰事件最高裁判決〔最大判令和2年11月25日民集74巻8号2229頁〕における宇賀克也裁判官の補足意見）。

　具体的には，住民自治は，地方公共団体に議事機関として議会を設置し（93条1項），地方公共団体の長・議員等が住民によって直接選挙されること（93条2項），地方自治特別法（後述）の制定には住民投票が求められること（95条）に，団体自治は，地方公共団体に財産管理権，事務処理権，行政執行権及び条例制定権が付

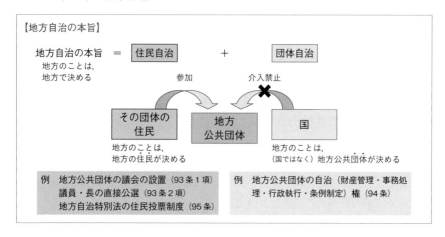

与されていること（94条）に，それぞれ表れている

　憲法92条が地方自治について憲法上の保障を与えていることの根拠としては，地方公共団体の自主立法権や自主財政権を強調する立場から，（私人に自然権・固有権としての人権があるのと同様に）地方公共団体には自然権ないし固有権としての自治権があり，92条はそのことを確認したものであるととらえる見解（固有権説）や，地方自治制度は国家の承認の下にあり（国法に伝来するものである），地方自治制度を定めることは立法政策の問題にすぎない（地方自治の保障の範囲は法律で定めうるし，地方自治の廃止ですらも法律で定めうる）ととらえる見解（承認説〔伝来説，保障否定説〕）もあるが，通説は，地方自治という歴史的かつ伝統的な公法上の制度を保障したものであるととらえる制度的保障説である。

　すなわち，92条により，地方公共団体の組織・運営は法律で定めることができるとはいえ，地方自治制度の本質的内容を侵害するような立法は許されない。例えば，議決機関としての議会を諮問機関としたり，長や議会の議員の直接公選制を廃止したりすることは法律によってはできない（そのような法改正をすれば，地方自治の本旨に反するため憲法92条等に違反する）と解される。

14.1.3　地方自治特別法

　地方自治特別法とは，特定の地方公共団体の組織・運営・権能・権利・義務についての特例を定める法律をいい，国会がこれを定めるためには，法律案を可決

した後，その地方公共団体の住民による投票で過半数の同意を得なければならない（憲法95条，国会法67条）。これは，憲法41条が規定する国会単独立法の原則の例外である（地方公共団体の住民の同意が得られなければ，両議院で可決されても，法律として成立しない）。

地方自治特別法に住民投票による住民の同意を必要とする理由は，国が特別法を制定し地方公共団体の自治権を侵害することを防止するためである。

憲法の文言上は「一の地方公共団体のみに適用される」とあるが，これは特定の地方公共団体にのみ適用されるという意味である（適用される地方公共団体は1つのみでなければならないという意味ではない）。また，地方自治特別法は，前述のとおり，地方公共団体の組織・運営・権能などについて他の地方公共団体と異なる取扱いを規定するものをいう。したがって，地方公共団体の地域を対象とする法律であっても，国の事務や組織について規定するものは，地方自治特別法に該当しない（北海道開発法や沖縄振興特別措置法は，北海道や沖縄という地方公共団体の組織等を規定する法律ではなく，各地域に関する国の施策等を定める法律であるので，地方自治特別法には当たらない）。

> 1949（昭和24）年から1952（昭和27）年まで，特定の地方公共団体を財政面で援助する内容の地方自治特別法が15件（一部改正法を含めると16件）制定された（広島平和記念都市建設法や長崎国際文化都市建設法など）が，それ以降は，地方自治特別法は1件も制定されていない。もっとも，実際に住民投票を経て制定された地方自治特別法の多くは，特定の都市に国の財政援助を行うことを内容としており，地方公共団体の組織や権限について特別の規定を設けるものではなかった（したがって，理論的には，95条に基づく住民投票を経ずに国会が単独で制定することができるものであったとの評価もある）。

14.1.4 直接請求制度

憲法は，国政のみならず地方政治についても，長や議会の議員を通じた間接民主制を採用している（93条）が，地方政治が住民により身近であることから，国政とは異なり，法律上，住民が地方政治に直接的に参加する制度（直接請求制度）が認められている。

具体的には，地方自治法は，条例の制定・改廃（74条〜74条の4），事務の監査（75条），議会の解散（76条〜79条），議員・長・その他一部の職員の解職（80条〜88条）について，住民の直接請求を認めている。これらの直接民主制的な制度は

【地方自治法上の直接請求制度】

	請求者	請求先	請求後の措置	地方自治法上の根拠
条例の制定・改廃の請求	有権者の1/50以上の連署による	長	議会で議決 →過半数で成立	74条
事務の監査請求		監査委員	監査の実施	75条
議会の解散請求	有権者の1/3以上の連署による（有権者数が多い場合には，必要署名数が異なる）	選挙管理委員会	有権者の投票 →過半数で同意＝解散	76条
議員の解職請求			有権者の投票 →過半数で同意＝解職	80条
長の解職請求				81条
主要公務員の解職請求		長	議会への付議 →2/3の出席－3/4で同意＝解職	86条

住民の直接請求の制度としては，①（議員ではなく）住民が議案を発案すること（イニシアティブ），②議案について住民の賛否を問う表決・投票（レファレンダム），③住民が議員や首長の解職を請求すること（リコール）の 3 つがある。現行の地方自治法では，イニシアティブは，レファレンダムに付されるのではなく，議会による議決に付される（住民の意思だけで条例が制定されることはない）。リコールは，請求が認められた後に有権者による投票が行われ，その過半数の同意で解職が実現する。レファレンダムについては，憲法上のもの（地方自治特別法の住民投票〔95条〕と憲法改正の国民投票〔96条1項〕）や法律に基づくもの（合併協議会設置協議についての住民投票〔市町村の合併の特例に関する法律4条〕，特別区の設置についての住民投票〔大都市地域における特別区の設置に関する法律7条〕など）のほかに，個別の政策等についての諮問型の住民投票（各地方公共団体の条例に基づく）がある。議会の多数派や長の意思と住民の意思との間に特定の政策についての対立がある場合，その政策の是非についてのレファレンダムを求めるイニシアティブが提案されることがある。

間接民主制の地方自治を補完するためのものであり，憲法92条にいう地方自治の本旨（特に，住民自治）にかなうものであると解される。

地域社会における重要な問題に関して，住民の意思をより的確に地方政治に反映させるため，地方公共団体が独自に住民投票条例を制定して，その条例に基づき実施する住民投票が行われたことがある。

新潟県巻町（現 新潟市の一部）における原子力発電所の建設の是非をめぐるもの（1996〔平成8〕年8月）を嚆矢に，在日米軍基地や産業廃棄物処理施設の建設などの是非をめぐって行われた。また，市町村合併をめぐっては，法律に基づくもの以外にも，条例に基づき住民の意向を調査するための投票が行われた。

条例に基づく住民投票は，憲法や法律の定める議会や長の権限を法的に侵害しない範囲で，投票の結果に法的拘束力をもたせないように制度設計する（すなわ

ち，地方公共団体が投票の結果を尊重するという諮問型にする）限りで，許容されるという見解が有力である。

14.2　地方公共団体の組織と権能

14.2.1　地方公共団体の意義

　地方自治法は，1条の3で，地方公共団体として，普通地方公共団体と特別地方公共団体の2種類を定め，前者については都道府県と市町村を，後者については，特別区，地方公共団体の組合，財産区を挙げている。地方公共団体は，法人である（同法2条1項）。

　都道府県は同法2条5項にいう「広域の地方公共団体」であり，市町村は2条3項にいう「基礎的な地方公共団体」である。特別区とは，都などの大都市地域の下に置かれる区（281条）のことであり，基礎的地方公共団体として位置づけられる（281条の2第2項）。特別区は，基本的には市の所掌する行政事務に準じた権限が付与されており（283条），議会が置かれ，その議員と区長は住民の直接選挙で選ばれる（283条1項，139条，17条）（その一方，指定都市に置かれる区〔252条の20〕は，単なる行政区画であり，法人格を有しておらず，地方公共団体ではない）。

　　　地方公共団体の組合（一部事務組合・広域連合）（284条）は，普通地方公共団体等
　　　の行う事務や，広域にわたり処理することが適当な事務を処理等するため，事務の
　　　一部（消防や上下水道など）を共同処理するために設けられる法人である。

　地方自治法上の普通地方公共団体と特別地方公共団体は，あくまで法律上の地方公共団体であり，そのすべてが憲法上の地方公共団体であるとは限らない。

　　　地方公共団体は，「地方自治体」ないし「自治体」などと呼ばれる。

　憲法上の地方公共団体とは，判例によれば，「事実上住民が経済的文化的に密接な共同生活を営み，共同体意識をもっているという社会的基盤が存在し，沿革的にみても，また現実の行政の上においても，相当程度の自主立法権，自主行政権，自主財政権等地方自治の基本的権能を附与された地域団体」である（最大判昭和38年3月27日刑集17巻2号121頁）。

　　　したがって，特別地方公共団体である地方公共団体の組合や財産区は，憲法上の
　　　地方公共団体に当たらない（通説）。

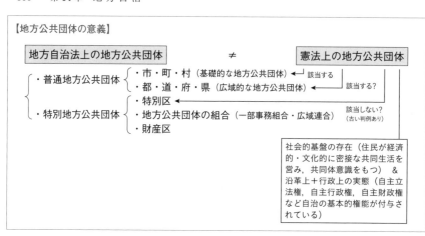

　最高裁判所は，かつて，東京都の特別区は上記の基準に該当せず，憲法93条2項にいう「地方公共団体」に該当しないと判示したことがある（前掲最大判38年3月27日）が，特別区制度そのものが判決当時と現在とでは異なる（地方自治法上は特別地方公共団体であるものの，1999〔平成11〕年の地方自治法の改正により，基礎的な地方公共団体と位置づけられ，基本的に市の規定が適用されるようになった）ため，その判断が今日でも妥当するか否かは不明である。なお，特別区の区長公選制は，1952（昭和27）年の地方自治法改正により一旦は廃止されたが，1974（昭和49）年の同法の改正により復活した（地方自治法283条1項，139条2項，17条）。

　なお，特別区は，現在は，東京都の23区のみであるが，2012（平成24）年に制定された大都市地域における特別区の設置に関する法律に基づき，道府県が区域内の市町村を廃止し特別区を設けることができるようになった（特別区を設けた道府県は，同法10条により，法令上は都とみなされる）。

　市町村が憲法上の地方公共団体であることには争いがないが，都道府県も憲法上の地方公共団体であるといえるかをめぐっては議論が分かれる。これは，市町村と都道府県という二段階制の地方公共団体を設けることまでを保障しているか否かという問題と関連する。

　(1) 市町村と都道府県という二段階制の地方公共団体の仕組みは，憲法上の要請ではなく立法政策の問題であるとする二段階制立法政策説は，都道府県が憲法上の地方公共団体ではないという理解を前提に，憲法上の地方公共団体である市町村を存続させさえすれば，法改正によって，都道府県を廃止し，地方公共団体を一段階のみとすることも憲法違反ではないとする（その一方で，さらに都道府県よりも上段階の地方公共団体〔例えば，道・州〕を設けて，3段階とすることも違憲ではないという）。これは，憲法上の地方公共団体を固定的なものと理解せず，時代の進展とともに法

律によって柔軟に変更しうるものであるとする見解である。

　（2）二段階制は憲法上の要請であるとする二段階制保障説は，法改正によって市町村のみの一段階制とすることは地方自治の本旨に反し憲法違反であるという。これは，明治憲法下の官選知事制度を廃止し公選知事制度に改め，中央集権的官僚制度に組み込まれていた都道府県を完全自治体とすることで地方行政の民主化を企図したという歴史的背景を重視する見解である。この二段階制保障説には，（a）都道府県は憲法上の地方公共団体であり，都道府県と市町村という二段階構造それ自体が憲法上保障されている（したがって，都道府県を廃止すれば，その代わりに，市町村以外の段階の地方公共団体を新設しても違憲となる）という見解と，（b）都道府県は憲法上の地方公共団体でないので，都道府県を廃止しても市町村以外の段階の地方公共団体を新設すれば（例えば，都道府県を統合して道・州を設けたりすれば）違憲ではないという見解の2つがある。（b）の見解は，時代の進展に伴う広域行政の必要性を考慮して，都道府県よりも広域的な地方公共団体を設けうるとするものであり，学説上有力である。

14.2.2　地方公共団体の組織

　普通地方公共団体である都道府県と市町村には，議決機関として議会が（憲法93条1項），執行機関として長（都道府県知事・市町村長のことを指し，首長ともいう）が設けられ，議会の議員と長はそれぞれ住民による直接選挙によって選出される（93条2項）。議決機関としての議会と執行機関としての長とは，いずれも住民によって直接選挙で選ばれる代表機関であり，それぞれに権限が分配され，その自主性を尊重しながら相互に抑制と均衡を図りつつ地方自治の運営を行う（首長主義）。

　日本国憲法は，国政では議院内閣制を採っているのに対して，地方政治では首長制を採用している。首長の正統性は議会に依拠していないため，理論上は（議院内閣制とは異なり）議会と首長との間で牽制の制度を設ける必要性はないが，地方自治法は，議院内閣制の要素を加味して，議会が首長の不信任決議を行いうることとし，その場合に首長には議会の解散権を認めている（地方自治法178条1項，2項）。

　　議会の首長に対する不信任決議権と首長の議会解散権は，国政レベルで相当する制度とは異なり，地方自治法上，より厳重な規定となっている（前者に関して，議会が長に対する不信任の決議をする場合の定足数は3分の2以上であり，表決数は4分の3以上である〔178条3項〕一方，後者に関して，解散できる場合が，議会が不信任の議決をした場合〔178条1項〕と不信任の議決とみなしうる場合〔177条3項〕の2つに限定されている）。なお，議会による不信任の議決の通知を受けた日から10日以内に議

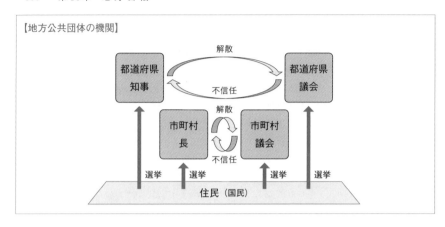

会を解散しなければ，長は失職する（178 条 2 項前段）。また，解散後に初めて招集
された議会において，出席議員の過半数の同意により再度，不信任の議決を受けた
長は，失職する（178 条 2 項後段）。

　地方公共団体の議会は，地方公共団体の議会の解散に関する特例法に基づき，4
分の 3 以上の者が出席し，その 5 分の 4 以上の者の同意があれば，任期満了を待た
ずに自主解散することができる（2 条）。

　地方公共団体の議会は，憲法 93 条によって設置が求められる機関であり，住民
によって直接選出された議員によって構成される議事機関（地方公共団体の意思を
決定する機関）である。地方公共団体の議会は，執行機関（首長）と独立・対等の
関係に立つが，自治権の最高機関としての地位にあるものではない（その点で，国
権の最高機関である国会とは異なる）。

　地方自治法 94 条は，「町村は，条例で，……議会を置かず，選挙権を有する者の
総会を設けることができる」と定めている。この町村総会は憲法にいう議事機関と
しての議会に当たるため，町村総会制を定める地方自治法 94 条は憲法 93 条 1 項に
違反しない（通説）。なお，現行地方自治法下で，1951（昭和 26）年から 1955（昭和
30）年までにごく小さな村で 1 件あったほかは，町村総会の実例は存在しない。

　選挙権は，満 18 歳以上の，日本国民である当該地方公共団体の住民であり，かつ
引き続き 3 か月以上同一の市区町村で住所を有する者である（公職選挙法 9 条 2 項，
地方自治法 18 条）。被選挙権は，満 25 歳以上の，当該地方公共団体の議会の議員の
選挙権を有する者である（公職選挙法 10 条 1 項 3 号，5 号，地方自治法 19 条 1 項）。任
期は 4 年である（地方自治法 93 条）。議員定数は，条例で定められる（地方自治法 90
条，91 条）。

地方公共団体の長は，住民の直接選挙で選出される（憲法 93 条 2 項）。都道府県

には知事が，市町村には市町村長が置かれる（地方自治法139条）。

　　　選挙権は，満18歳以上の，日本国民である当該地方公共団体の住民であり，かつ
　　引き続き3か月以上同一の市区町村で住所を有する者である（公職選挙法9条2項，
　　地方自治法18条）。被選挙権は，知事が満30歳以上で，市町村長が満25歳以上の，
　　日本国民である（当該地方公共団体の住民以外の者からも広く適材を求めるため，議員
　　の被選挙権とは異なり，住所要件は不要とされている）（公職選挙法10条1項4号，6号，
　　地方自治法19条2項，3項）。

　憲法93条2項は，「法律の定めるその他の吏員」が住民によって直接選挙され
る旨を定めているが，これは，吏員（地方公務員）を住民によって直接選挙で選出
することができるという意味であり，必ずしも吏員が住民によって選挙されなけ
ればならないという意味ではない。

　　　地方公共団体の教育委員は，かつては住民による直接選挙で選出されていたが，
　　1956（昭和31）年に制定された地方教育行政の組織及び運営に関する法律により旧
　　教育委員会法が廃止され，地方公共団体の長が議会の同意を得て任命されること
　　なった。現在，「その他の吏員」の直接選挙を定める法律は存在しない（2023〔令和
　　5〕年7月時点）。

14.2.3　地方公共団体の権能

　日本国憲法94条は，「地方公共団体は，その財産を管理し，事務を処理し，及
び行政を執行する権能を有し，法律の範囲内で条例を制定することができる」と
規定しており，地方公共団体の権能として，その財産の管理，事務の処理，行政
の執行，条例の制定を列挙している。ここでいう条例の制定以外の事項は，地方
公共団体の行う行政的機能を一般的・抽象的に掲げたものであり，具体的な地方
公共団体の事務は法律によって定められる。

　　　地方自治法は，地方公共団体の事務として，自治事務と法定受託事務の2つを挙
　　げている。このうち，自治事務は，「地方公共団体が処理する事務のうち，法定受託
　　事務以外のもの」であり（地方自治法2条8項），法定受託事務とは，「法律又はこれ
　　に基づく政令により都道府県，市町村又は特別区が処理することとされる事務のう
　　ち，国が本来果たすべき役割に係るものであつて，国においてその適正な処理を特
　　に確保する必要があるもの」として，「法律又はこれに基づく政令に特に定めるも
　　の」（第1号法定受託事務）と，「法律又はこれに基づく政令により市町村又は特別区
　　が処理することとされる事務のうち，都道府県が本来果たすべき役割に係るもので
　　あつて，都道府県においてその適正な処理を特に確保する必要があるもの」として，

「法律又はこれに基づく政令に特に定めるもの」（第2号法定受託事務）をいう（2条9項）。具体的には，自治事務としては，都市計画の決定，介護保険，国民健康保険の給付，児童福祉サービスなどのように，法令により事務処理が義務づけられているもののほか，各種の助成金等の交付や公共施設の管理などといった法令に基づかずに任意で行うものがある。一方，法定受託事務は，国政選挙，旅券の交付，国の指定統計（国勢調査など），国道の管理，戸籍事務，生活保護，都道府県議会議員・知事の選挙に関して市町村が処理することとされている事務などが挙げられる（地方自治法別表第1，第2）。

なお，1999（平成11）年7月に制定された地方分権一括法（地方分権の推進を図るための関係法律の整備等に関する法律）による改正前の地方自治法2条2項は，普通地方公共団体の事務として，公共事務，団体委任事務（「法律又はこれに基く政令により普通地方公共団体に属するもの」），行政事務（「その区域内におけるその他の行政事務で国の事務に属しないもの」）の3種を挙げたうえで，2条3項等において具体的に例示列挙していた（一方で，地方公共団体が処理できない事務として，2条10号で，司法，刑罰，郵便に関する事務などを挙げていた）。このほかに，地方公共団体は機関委任事務（知事や市町村長などの地方公共団体の機関にその執行を委任された国等の事務）を担当していた。機関委任事務は国の事務であるので，国の包括的な指揮監督を受けることになっていたが，地方公共団体の行う事務の多くの部分（都道府県の事務の7〜8割，市町村の事務の3〜4割）を占めていたため，地方の自治という観点から問題視されていた。そこで，2000（平成12）年4月の改正法の施行により，上記の規定が改正され，機関委任事務という考え方自体を廃止し（国の直轄執行事務となったもののほかは，地方公共団体の事務〔自治事務または法定受託事務〕とされ，一部は事務自体が廃止された），従来の事務区分が再編成された（公共事務・団体委任事務・行政事務は，自治事務となった）。

法定受託事務は，かつての機関委任事務とは異なり，国の事務ではなく，地方公共団体の事務であり，地方公共団体の議会の条例制定権の対象となる。

地方自治法は，「地方公共団体は，住民の福祉の増進を図ることを基本として，地域における行政を自主的かつ総合的に実施する役割を広く担う」と定める一方で，国については，「国が本来果たすべき役割を重点的に担」うものとし，その例として，①「国際社会における国家としての存立にかかわる事務」，②「全国的に統一して定めることが望ましい国民の諸活動若しくは地方自治に関する基本的な準則に関する事務」，③「全国的な規模で若しくは全国的な視点に立つて行わなければならない施策及び事業の実施」の3つを挙げている（1条の2）。

国の専属的な事務としては，具体的には，①として，外交，防衛，通貨，司法が，②として，公正取引の確保，生活保護基準や労働基準の設定が，③として，公的年

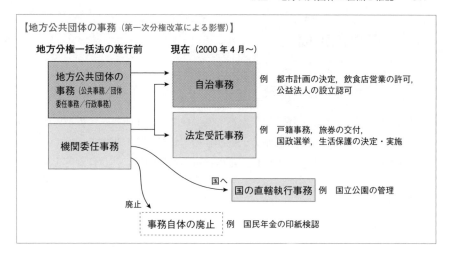

金，宇宙開発，基幹的交通基盤の整備が挙げられる。

　また，地方自治法は，住民に身近な行政はできる限り地方公共団体に委ねることを基本として，国と地方公共団体との間で適切に役割を分担するとしたうえで，国は，地方公共団体に関する制度の策定・施策の実施にあたって，地方公共団体の自主性・自立性が十分発揮されるようにしなければならないと規定している（1条の2第2項）。

　　国と地方公共団体との関係において生じる法的紛争を，公平・中立に処理する第三者機関として，国地方係争処理委員会が総務省に設けられている。国地方係争処理委員会は，地方公共団体に対する国の関与のうち，是正の要求，許可の拒否その他の処分その他公権力の行使に当たるものなどについて不服のある地方公共団体の長等からの審査の申出に基づいて審査を行い，国の関与が違法である，または地方公共団体の自主性・自立性を尊重する観点から不当であると認めた場合には，国の行政庁に対して必要な措置を講ずべき旨の勧告等を行う（地方自治法250条の7〜250条の20）。また，地方公共団体相互の間の紛争の調停や，市町村に対する都道府県の関与に関する審査等については，自治紛争処理委員が事件ごとに任命され，審査を行う（地方自治法251条〜251条の4）。

14.3　条例制定権

14.3.1　条例制定権の意義

　条例とは，地方公共団体がその自治権に基づいて制定する自主法である。地方公共団体の自主法であるから，地方公共団体の事務に関する事項についてしか規定できないが，その範囲内であれば，国の法令とは無関係に独自に規定を設けることができる。

　憲法 94 条にいう「条例」とは，実質的には，①議会の制定する形式的意味の条例（地方自治法 14 条）に限られず，②長の制定する規則（同法 15 条）や③行政委員会（教育委員会，公安委員会，人事委員会など）の制定する規則その他の規程（同法 138 条の 4 第 2 項）も含まれる（憲法は地方公共団体の諸機関が定める自主立法を広く条例と呼ぶ趣旨であると解されるためである）。

　なお，地方公共団体の間で条例の内容が異なることによって，同一の行為が異なる取扱いを受けることになるが，そのような別異取扱いは憲法が許容するところであるから，条例による別異取扱いはそれ自体として平等原則（憲法 14 条）に違反するものではない（東京都売春取締条例事件最高裁判決〔最大判昭和 33 年 10 月 15 日刑集 12 巻 14 号 3305 頁〕）。

14.3.2　法律留保事項についての条例による規制の可否

　憲法が文言上法律で定めることを要求している（法律に留保されている）事項について，条例による規制が可能か否かについては，次の点で議論がある。

　（1）憲法上，財産権の内容は法律で定めると規定されている（29 条 2 項）が，それを条例で規制できるかどうかについては，条例が住民の代表機関である議会の議決によって制定される民主的立法であり，実質的には法律に準ずるものであるから，認められると解される。ただし，問題となる財産権が（地方の利害を超えて）全国民の利害に関わるものである場合には，その内容の規制は法律による必要がある。なお，条例による財産権の制限に関して，奈良県ため池条例事件最高裁判決（最大判昭和 38 年 6 月 26 日刑集 17 巻 5 号 521 頁）は，ため池の堤とう（土手）の使用行為はそもそも財産権の行使として保障されていないと判示し，この論点その

【法律留保事項についての条例による規制の可否】

憲法上,
　財産権の内容（29条2項）←条例≠法律だが，民主的立法であるという点で条例≒法律だから
　刑罰（31条）　　　　　　←条例≠法律だが，民主的立法であるという点で条例≒法律だから
　租税（84条）　　　　　　←条例≠法律だが，民主的立法であるという点で条例≒法律だから
　　　　　　　　　　　　　　＆ そもそも地方公共団体は課税権を有しているから
の3つは，法律で定めなければならないと規定されているが，
　　　　　 条例によって定めることもできる

ものに対する判断を行っていない。

　(2) 憲法31条は，法律の定める手続によらずに刑罰を科すことを禁止している（また，73条6号但書は，法律の委任によらずに政令に罰則を設けることを禁止している）が，条例にその違反に対する制裁として罰則を定めることができるかどうかについては，財産権の保障と同様の理由から，認められると解される。なお，地方自治法14条3項は，条例によって刑罰を設けることを認める趣旨である。判例も，「条例は，……公選の議員をもつて組織する地方公共団体の議会の議決を経て制定される自治立法であつて，……国民の公選した議員をもつて組織する国会の議決を経て制定される法律に類するものであるから，……法律の授権が相当な程度に具体的であり，限定されて」いれば，条例によって刑罰を定めることはできると判示している（大阪市売春取締条例事件最高裁判決〔最大判昭和37年5月30日刑集16巻5号577頁〕）。

　(3) 租税の新設・改廃は法律または法律の定める条件によることが，憲法上，必要である（84条）が，条例によって地方税を賦課徴収することが認められるかどうかについては，そもそも地方公共団体は自治権の一つとして課税権を有しており，また，84条にいう「法律」には条例も含まれる（租税法律主義の趣旨は行政権による専断的な課税を防ぐことにあるから，民主的な手続によって制定された条例は法律に準ずるものと解される）ことから，認められると解される。なお，地方税法3条は，条例による租税の賦課徴収を認める趣旨である。判例も，地方公共団体は課税権の主体となることが憲法上予定されており，法律の範囲内で条例によって課税することはできると判示している（神奈川県臨時特例企業税事件最高裁判決〔最判平成25年3月21日民集67巻3号438頁〕）。

14.3.3　条例制定権の限界

　94条が「法律の範囲内で」という条件を付けて条例制定権を認めているので，条例の効力は法律に劣る。さらに，地方自治法14条1項が「法令に違反しない限りにおいて」と規定していることから，条例の効力は命令にも劣る。

　もっとも，法令に禁止規定がない限り，すでに法令による規制が定められている場合でも，地方公共団体は，法令の特別の委任なくして条例を制定できる。

　地方の条例が国の法令に違反するかどうかは，（両者の対象事項と規定文言を対比するのみでなく）それぞれの趣旨・目的・内容・効果を比較し，両者の間に矛盾・抵触があるかどうかによって決するというのが，通説・判例（徳島市公安条例事件最高裁判決〔最大判昭和50年9月10日刑集29巻8号489頁〕）の立場である。

　徳島市公安条例事件最高裁判決が整理するところの具体的な判断基準（法令による規制の有無，法令の規制目的との異同，条例を制定できる／できない条件）は，次のとおりである。

　（1）法令による規制がない事項については，法令による規制の不存在がいかなる規制もすべきではない（その事項について，一切，規制をせずに放置すべきである）という意味でなければ，条例によって規制できる（一方で，法令による規制の不存在が規制それ自体を禁止する趣旨と解される場合には，法令による規制のない事項について，条例による規制はできない）。

　（2）法令による規制がある事項についても，（a）法令による規制と異なる目的であれば，法令による規制の目的と効果を阻害しない限り，条例によって規制で

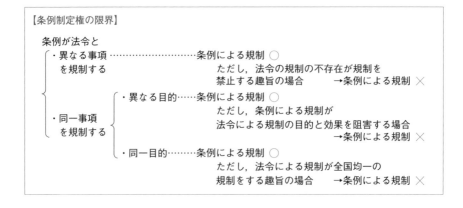

きる（一方で，法令による規制がある事項について，法令と異なる目的であっても，条例によって規制することで，法令による規制の目的と効果が阻害される場合には，条例による規制はできない）。

　また，（b）法令による規制と同じ目的であれば，法令が全国的に一律に同一内容の規制をするという意味でなければ（地方の実情に応じて別段の規制をすることを容認するという意味であれば），条例によって規制できる（一方で，法令による規制がある事項について，法令が全国均一の規制をするという趣旨の場合，法令と同じ目的で条例によって規制することはできない）。

　なお，（2）（b）に関して，法令の規制基準が規制の目安を定める趣旨であるならば，法令による規制が存在する事項について，法令と同一の目的で，法令の定める規制基準よりも厳しい基準を定める条例（上乗せ条例）を制定することができる一方，法令の規制基準が規制の限界を定める（その基準以上の規制をすることを禁止する）趣旨であれば，上乗せ条例は制定できない。また，法令による規制が存在する事項に関連して，法令の規制対象以外の事項についても規制を行う条例（横出し条例）についても，同様に解される（法令の規制が少なくとも特定のものを規制することを企図しており，それ以外のものを規制することを禁止する趣旨でなければ，地方公共団体が独自に条例をもって他の類するものを規制することはできる）。なお，大気汚染防止法4条1項，32条，水質汚濁防止法3条3項，29条は，条例による上乗せ規制・横出し規制を許容する旨を明文で確認的に規定したものである。

第 15 章

天　皇

15.1　日本国憲法下の天皇制

15.1.1　天皇の地位

　日本国憲法は，1条で，「天皇は，日本国の象徴であり日本国民統合の象徴であつて，この地位は，主権の存する日本国民の総意に基く」と定めている。この条文は，天皇が日本国及び日本国民統合の象徴（抽象的・無形的なものを具体的・有形的なものによって具象化する作用またはその媒介物）であることを定めるとともに，主権が国民に存するということを定めている。

　明治憲法（大日本帝国憲法）下の天皇と日本国憲法下の天皇とでは，その地位，地位の根拠，性格，権能の4点について大きく異なる。

　(1) 天皇は，明治憲法下においては，元首であり，統治権の総攬者（すべてを掌握する主権者）と位置づけられていた（1条，4条）。一方，日本国憲法下では，天皇は，日本国及び日本国民統合の象徴であり，主権者は天皇ではなく国民となった（1条後段）。天皇が象徴であるということは，多くの人々が，天皇を見たり天皇のことを考えたりすることによって，日本国・日本国民の統合体（それら自体は，目に見えない抽象的・観念的な存在である）を感得し，想起するということである。

　　　　明治憲法下の天皇は，君主であるという地位に当然に付随して国家の象徴であったが，日本国憲法1条は，この憲法下で天皇が国政に関する権能を有しない（4条1項）にもかかわらず，改めて象徴としての地位を与えることにより，新たな象徴天皇制を創設した（日本国憲法下では，天皇は，象徴としての役割以外の役割を有しない）。

　(2) 天皇の地位の根拠は，明治憲法下では神勅（天照大神の意思）に基づくものであった（神の意思に基づくものである以上，人間の力ではどうにもならないものであった）一方で，日本国憲法下では，天皇の地位は「主権の存する日本国民の総意に基

く」ものとされた（1条後段）。したがって，日本国憲法下の天皇制は，絶対的なものではないため，国民の総意に基づき可変的なものとなった（天皇に関する事柄であっても，皇室典範などの法律で規定されていることは法律を改正することにより，また，憲法で規定されていることは憲法を改正することにより，それぞれ変更しうることとなった）。

　　　　皇室典範は，明治憲法下では，憲法と対等の地位にある独自の法規範であり，帝国議会は関与できなかったが，日本国憲法下では，（「皇室典範」という名称は特異であるが）通常の法律であるので，国会の議決で改廃できるようになった。

　（3）天皇の性格については，明治憲法下では神聖不可侵の存在とされており（3条），天皇の尊厳を侵す一切の行為は不敬罪として刑罰の対象となっていた。しかし，戦後は，天皇の神格性は否定され，刑法の不敬罪の規定は廃止された。日本国憲法下では，天皇は（皇族も）日本国民である（ただし，後述するように一定の人権が制限される）。

　　　　戦前は，天皇は現人神（人間の姿で現れた神）であると考えられていたが，1946（昭和21）年1月，当時の天皇（昭和天皇）は，人間宣言においてその神格性を否定した。

　　　　刑法は，「皇室ニ対スル罪」として，天皇またはそれに準ずる皇族に対して危害を加え，または加えようとした者を死刑とし（73条），不敬の行為をした者を3か月以上5年以下の懲役刑とする（74条）と規定していた。また，その他の皇族に対しても，危害を加えたり，加えようとしたり，または不敬の行為をしたりした者に対する刑罰を設けていた（75条～76条）。しかし，これらの規定は，1947（昭和22）年10月に削除された。

　（4）天皇は，明治憲法下では，統治権の総攬者（4条）としてすべての国家作用を統括する権能を有していた（規定上は，立法権は天皇が帝国議会の協賛をもって行使し〔5条〕，行政権は国務大臣が各々天皇を輔弼し責任を負うものとし〔55条1項〕，司法権は裁判所が天皇の名によって行使する〔57条1項〕とされており〔実際には天皇ではなく帝国議会・内閣・裁判所が各権能を行使していたが，形式上は，天皇の権能とされていた〕，また，天皇は陸軍・海軍の統帥権〔軍隊を指揮・監督する権限〕を有していた〔11条〕）。しかし，日本国憲法下では，天皇は，内閣の助言と承認の下で（3条）憲法に規定された国事行為のみを行うことができ，国政に関する権能を有しない（4条1項）。

　　　　比較憲法学的見地から，国家の形態は，君主制と共和制とに分類することができる。君主制国家にとって，君主（国家を単独で統治する者）は不可欠の機関であり，君主の要件としては，①その地位が（原則として）世襲で伝統的な権威を有することと，②統治権の全部または一部を有していることが挙げられる。中世では，君主は，統治権を有し，それを実際に行使していたが，現代では，君主制が維持された

【明治憲法下の天皇と日本国憲法下の天皇の相違】

	明治憲法	日本国憲法
地位	統治権の総攬者	象徴
地位の根拠	神勅（＝変更不可能）	国民の総意（→可変的）
性格	神聖不可侵	神格性を否定
権能	すべての国家作用 （立法＋行政＋司法＋軍事）	形式的・儀礼的な国事行為のみ （国政に関しては無権能）

国（英国やスペインなど）でも，君主の統治権は名目化している。君主の要件のうち，①のみでよい（②は不要である）と解するならば，世襲の独任機関である天皇は君主の性質を有するといえなくもないため，諸外国では，日本は立憲君主制の国と分類されており，天皇は日本国の君主として認識されている。しかし，日本の憲法学では，そもそも君主制・共和制という国家の分類は（他の国を類型化する際には有用であるとしても）日本については用いないことにしており，また，日本国憲法下では，天皇は日本国の君主ではないと解される。

　国家有機体説（国家を１つの生物として観念し，その成員である個人が全体の機能を分担するという考え方）において，国家を擬人化した際に頭脳に当たる器官を元首という。通常，君主制国家においては君主が元首であり，共和制国家では大統領が元首である。明治憲法４条は，天皇が元首であることを明記していた。元首の要件としては，①国家を対外的に代表する権能を有することが主要なものであるが，②形式的・儀礼的な行為を行う機関についても元首として認めるならば，大使・公使の信任状を認証する権限などの外交上重要な権能（７条５号，８号，９号）を名目的に有する天皇は元首と位置づけることも不可能ではないため，諸外国では，天皇は日本国の元首として認識されている（実際に，外国の大使・公使の信任状の宛先は天皇とされている）。しかし，日本の憲法学では，（他の国に関して元首を考えることは許されるものの）戦後の日本において元首という概念について考えるべきではないとされており，誰が元首であるかを議論することは無意味であるとされる。したがって，日本国憲法下では，天皇は日本国の元首ではないと解される（日本国憲法下の日本国の元首を強いて挙げるのであれば，実質的に対外的な国家の代表権を有する内閣ないしその首長である内閣総理大臣であるという見解が有力である）。

　日本国憲法の解釈論としては，天皇は象徴としての地位以外の地位を与えてはならないと解されるため（明治憲法下における天皇の地位を否定し，日本国憲法によって天皇の地位を象徴のみとしたことを重視するならば），諸外国からどのように認識されているかにかかわらず，天皇は君主ではなく元首でもない（通説）。

15.1.2 皇位の継承

皇位（国家機関としての天皇の地位）は，世襲される（憲法2条）。世襲制は典型的な門地による差別的取扱い（14条1項）に該当するが，日本国憲法自体は天皇制を存置するために必要な制度として世襲制を規定したため，これは平等原則に違反するとはいえない。現行の皇室典範は，皇位が天皇家に属する男系（男子の系列）の男子に継承されるという男系男子主義を採用している（1条）が，そもそも日本国憲法が平等原則の例外として天皇について世襲制を認めている以上，皇室典範の規定する皇位継承の規定（女性に皇位継承資格がないことや，長子等を優先する順位）は平等原則違反にはならない。

現行法上，皇位の継承は男系男子主義を採っているので，男系であっても女子（例えば，天皇を父とする女子）には継承されないし，女系の男子（例えば，女性の天皇を認めた場合の，天皇を母とする男子）にも継承されない。

皇位継承の順序は，皇長子（天皇の長男，つまり，皇太子〔8条前段〕），皇長孫（皇太子の長男），その他の皇長子の子孫（皇太子の次男等），皇次子（天皇の次男）及びその子孫など，皇室典範2条に定められている。ただし，皇嗣（皇位継承順位第1位の皇族）（4条）に精神・身体の不治の重患があり，または重大な事故があるときは，この順序は皇室会議の議により変えることができる（3条）。なお，皇室会議とは，成人の皇族2人，衆議院・参議院の議長・副議長，内閣総理大臣，宮内庁長官，最高裁判所長官，最高裁判所判事1人によって構成され，皇室に関する重要な事項について審議する（28条〜37条）。

皇室典範4条は，新天皇の即位を「天皇が崩じたとき」（死亡したとき）に限定しており，天皇が生存中に退位することを想定していないが，2017（平成29）年6月，当時の天皇が高齢のため国事行為や象徴としての公的活動を行うことが持続困難となることを案じており，国民が天皇を敬愛しその気持ちを理解・共感しており，かつ，当時の皇嗣である皇太子が国事行為の臨時代行等として公務に長期間精勤していることにかんがみ，天皇の退位等に関する皇室典範特例法が制定され，同法に基づき，2019（平成31）年4月30日に天皇が退位し（上皇となった），2019（令和元）年5月1日に皇太子が天皇に即位した。

15.1.3 天皇の権能

天皇の権能について，憲法は，「天皇は，この憲法の定める国事に関する行為のみを行ひ，国政に関する権能を有しない」と定めている（4条1項）。これは，天

皇が国の政治に介入することは象徴たる地位と相容れないので禁止するとともに，天皇の権能を6条と7条（及び4条2項）に定める国事行為に限定するものである。具体的には，天皇の権能は，内閣総理大臣・最高裁判所長官の任命（6条1項・2項），憲法改正・法律・政令・条約の公布（広く国民に知らせること）（7条1号），国会の召集（国会議員を一定期日に集会させ国会の会期を開始させること）（2号），衆議院の解散（3号）（11.2.4 衆議院の解散を参照），国会議員の選挙の施行の公示（4号），国務大臣その他の公務員の任免・全権委任状（特定の条約の締結に関し全権を委任する旨を表示する文書）・大使や公使の信任状（外交使節として派遣する旨を表示する文書）の認証（権限ある機関によって対象行為が正規の手続で成立したことを公に証明する行為）（5号），恩赦の認証（6号）（11.1.3 内閣の権能を参照），栄典（栄誉を表彰するための位階・勲章）の授与（7号），批准書・外交文書の認証（8号），外国の大使・公使の接受（接見すること）（9号），儀式の挙行（10号），及びこれらの国事行為の委任（4条2項）（国事行為の委任という行為自体も国事行為である）に限定されている。これらは例示列挙ではなく限定列挙であるので，これら以外に国事行為を新設することは（憲法の改正以外の方法では）できない。

　天皇の国事行為には，すべて内閣の助言と承認を必要とし（したがって，国事行為の実質的決定権は内閣にある），その行為の結果については，すべて内閣が責任を負う（3条）。ここでいう助言と承認とは，1つの行為である（事前に内閣が天皇に対して助言を行い，天皇による行為後に，天皇の行為を事後的に承認するという手続ではないので，国事行為についての助言と承認についての閣議は1回でよい〔通説・実務〕）。なお，天皇が自ら国事行為を発意し，内閣が応諾するという形は取れないし，内閣の助言と承認に対して，天皇が国事行為を行うことを拒否することはできない。

　　　国会の召集（臨時会の召集に関しては53条で内閣に実質的決定権があるが，常会と特
　　　別会については規定がない）と衆議院の解散については，それ自体が政治性の強い行
　　　為であるにもかかわらず，憲法上，その実質的決定権が明記されていない。この点，
　　　内閣の助言と承認に国事行為の実質的決定権を含まないと解すると，国会の召集や
　　　衆議院の解散をどの機関が実質的に決定するのかの根拠を7条以外の規定に求めな
　　　ければならなくなる。一方，内閣の助言と承認には実質的決定権を含みうると解す
　　　れば，7条を根拠に国会の召集や衆議院の解散の実質的決定権を内閣が有すること
　　　が説明できる（通説・実務）。
　　　7条4号にいう「総選挙」とは衆議院議員の総選挙だけでなく，参議院議員の通
　　　常選挙を含む。
　　　7条5号に基づき天皇によって認証される公務員（いわゆる認証官）は，国務大臣，

各府省の副大臣，内閣官房副長官，人事官（人事院），検査官（会計検査院），公正取引委員会委員長，原子力規制委員会委員長，宮内庁長官，侍従長（上皇侍従長も），特命全権大使，特命全権公使，最高裁判所判事，高等裁判所長官，検事総長（最高検察庁の長），次長検事（最高検察庁の次長），検事長（高等検察庁の長）である。

　7条10号にいう「儀式」とは，天皇が主宰する国家的性格を有するものを指し，それは政教分離の原則から宗教的性格を帯びてはならないとされる。例えば，即位の礼（天皇の即位を示す儀式），大喪の礼（天皇の崩御の際の儀式），新年祝賀の儀（元旦に天皇が皇族や三権の長等から新年の祝賀を受ける儀式）などがある。大嘗祭（新天皇の即位時に行われる宮中祭祀）や大喪儀（天皇等の葬儀）などの宗教的儀式とは区別されて行われる。

　日本国憲法は，天皇の地位を象徴として位置づけ，その権能を国事行為に限定し，国政に関する行為を有しないと規定することで，国家機関としての天皇の権能を制限した（もっとも，天皇は，国家機関として国事行為を行うほかに，私人として私的行為〔例えば，生物学の研究，大相撲の観戦〕ができる）。しかし，実際には，国事行為や私的行為のほかに，国会の開会式での「おことば」の朗読，外国元首の接受や親書・親電の交換，国内の巡幸，外国への公式訪問など，公的性格の強い行為を行っており，これらの行為を，天皇の権能を憲法が定める国事行為に限定している4条1項との関係でいかに解すべきかが問題となる。

　この点，学説は，天皇は，国事行為と私的行為以外は行えないという見解（二行為説）と，国事行為と私的行為以外に一定の公的な行為を行うことができるという見解（三行為説）とに分かれる。二行為説に立てば，先に挙げた行為は憲法上行うことができない（4条1項に違反する）か，または，国事行為（例えば，7条10号にいう「儀式」）か私的行為のいずれかに含まれる（ただし，国事行為ないし私的行為に含まれると解すると，天皇の国事行為を憲法が明示的に限定している趣旨が空文化する）と解される。一方，三行為説に立てば，先に挙げた行為は，象徴行為（天皇の象徴としての地位に基づく行為）（有力説・実務）または公人行為（天皇の公人としての地位に伴う社交的・儀礼的行為）として，憲法上，認められる。なお，この場合，象徴行為ないし公人行為は，国事行為に準じて内閣による統制が必要であると解される。

　天皇が成年に達しないとき，または天皇が精神・身体の重患または重大な事故により自ら国事行為を行えないとき，天皇の名で国事行為を行う者として，皇室会議の議により，摂政が置かれる（憲法5条，皇室典範16条）。摂政は，皇太子または皇太孫，親王及び王，皇后などの順で，成年に達した皇族が就任する（皇室典範17条）。

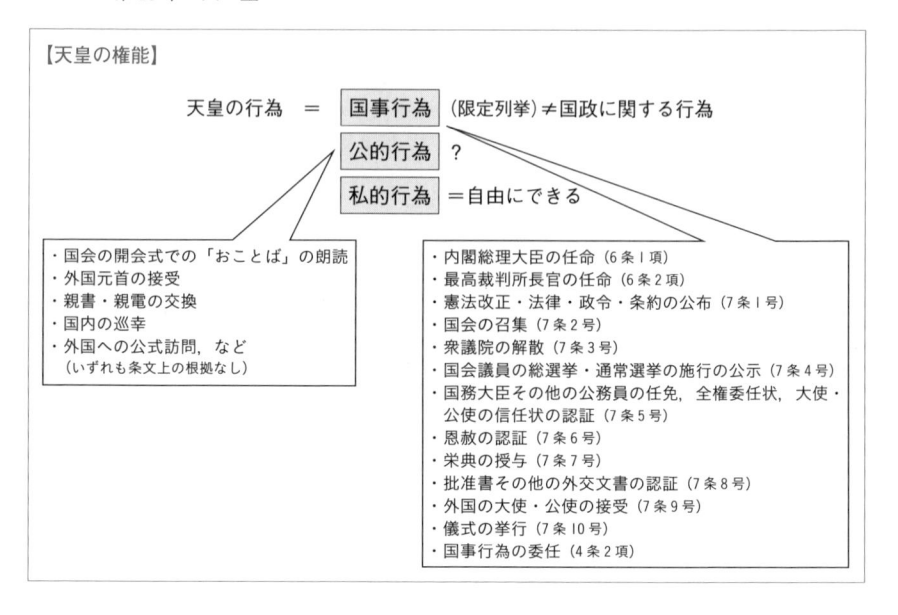

天皇に精神・身体の疾患または事故があるときで，摂政を置くまでに至らない場合，内閣の助言と承認により，天皇の国事行為は，摂政となる順位に当たる皇族（国事行為臨時代行）に委任され，代行される（憲法 4 条 2 項，国事行為の臨時代行に関する法律 2 条）。

　　　現行の法律上，女性は天皇になることができない（皇室典範 1 条）が，摂政や国事行為臨時代行については女性の皇族が就くことが可能である（皇室典範 17 条，国事行為の臨時代行に関する法律 2 条）。

15.1.4　天皇の法的責任

天皇は，摂政がその在任中に刑事訴追されないこと（皇室典範 21 条）と，国事行為臨時代行がその受任期間中に刑事訴追されないこと（国事行為の臨時代行に関する法律 6 条）にかんがみ（天皇そのものについての刑事免責規定は存在しないが，いわゆる勿論解釈により），当然に刑事責任を負わない（したがって，天皇は刑事訴追されない）と解される。また，天皇の民事責任に関して，判例は，天皇が日本国・日本国民統合の象徴であることから，民事裁判権が及ばないとする（最判平成元年 11 月 20 日民集 43 巻 10 号 1160 頁）が，通説は，象徴であることと法的に免責されるこ

ととは関係がないとして，天皇も民事裁判権に服すべきと解する。

15.1.5 天皇・皇族の人権享有主体性

　天皇や皇族（皇室典範5条に定める天皇の親族）も日本国籍を有する日本国民であるが，憲法第3章の人権享有主体としての「国民」に含まれるか否かについては，肯定する見解（政府見解，従来の通説）と否定説（近時の有力説）とが対立している。天皇・皇族の人権享有主体性を認めるとしても，皇位の世襲と職務の特殊性ゆえに，必要最小限度の人権の制約を受ける。

　　　　皇族は，出生によりその身分を取得するほか，女性の場合には天皇・皇族男子との婚姻によっても取得しうる（皇室典範15条）。皇族の身分からの離脱は，15歳以上の内親王・王・女王が，本人の意思に基づき（やむを得ない特別の事由があるときは，本人の意思に基づかずとも），皇室会議の議を経て行う場合（同法11条1項）や，皇族女子が天皇・皇族以外の者と婚姻した場合（同法12条）などがある。

　選挙権・被選挙権等の参政権は，天皇が象徴であり（憲法1条），国政に関する権能を有しないとされている（4条1項）ので，天皇には認められない（法律で選挙権等を与えることは憲法4条違反となる）。皇族の参政権についても，天皇の場合に準じて，認めなくても合憲であると解される（通説）。その他，表現の自由，外国移住の自由・国籍離脱の自由，学問の自由，婚姻の自由，財産権などについても，天皇・皇族は一定の制約を受けうる。例えば，（一般の国民同士の婚姻は男女の合意のみに基づき成立する〔24条1項〕が）天皇や皇族男子の婚姻は，皇室会議の議を経ることが必要とされる（皇室典範10条）。

15.1.6 皇室財産と皇室経費

　日本国憲法下では，天皇及び皇族の財産（皇室財産）はすべて国庫に属する（憲法88条前段）。戦前のように皇室に多額の財産が集積されたり，皇室が特定の個人・団体と特別な関係を結び不当な支配力をもったりすることを防ぐため，憲法8条は，皇室への財産の授受や皇室からの財産の授受が，国会の議決に基づかなければならないと規定している（例外的に国会の議決を経ずに財産の授受を認める場合として，皇室経済法2条）。

　天皇・皇族の活動に必要な経費は，すべて国の予算に計上して国会の議決を経

なければならない（憲法88条後段）。

　　　予算に計上される皇室経費は，①天皇及び皇后・皇太子・皇太子妃などの内廷皇族（これらの家族や未婚の子女）の日常の費用その他内廷諸費に充てられる，天皇家の私費（御手元金）である（宮内庁の経理に属する公金ではない）内廷費（皇室経済法4条），②内廷諸費以外の宮廷諸費に充てられる，皇室の公的活動に費やす公費である（したがって，宮内庁が経理する）宮廷費（同法5条），③皇族としての品位保持の資に充てるために，毎年支出されるもの（内廷皇族以外の皇族〔いわゆる宮家〕の生活費）・皇族が初めて独立の生計を営む際に支給される一時金・皇族が皇室を離脱する際に支給される一時金である，皇族費（同法6条）の3種類がある。

　　　皇室経済法7条は，「皇位とともに伝わるべき由緒ある物は，皇位とともに，皇嗣が，これを受ける」と規定している。また，皇居や御用邸などは，皇室用財産（皇室の用に供する国有財産）である（国有財産法3条2項3号）。

15.1.7　天皇に関連する論点

　天皇に関連して，元号制と国旗・国歌の問題がしばしば議論される。

　（1）日本では，1979（昭和54）年に制定された元号法という法律に基づき，政令で定められた元号が，年を数える方法として（特に，公文書等で）用いられる（元号法1項）。元号法2項は，「元号は，皇位の継承があつた場合に限り改める」と規定している。

　　　明治以降，一世一元制（天皇一代につき元号を1つとすること）とされている。それ以前は，改元（元号を改めること）は，新天皇の即位時のほかに，慶事や大災害のあったときなどにも行われていた（したがって，天皇一代の間に改元が数回行われることもあった）。

　天皇の在位と結びつく元号に対しては，日本国憲法の基本的原理である国民主権と矛盾するという意見がある一方で，元号の法的根拠は国会の制定した法律と内閣の制定した政令であり民主的な基礎を有するものであることから，むしろ国民主権原理に適合的であるとする意見もある。日本国憲法が象徴天皇制を国民主権と併存させた以上，元号制は違憲であるとまではいえないという見解が有力である。

　（2）1999（平成11）年に制定された国旗国歌法（国旗及び国歌に関する法律）は，日章旗（日の丸）を国旗とし（1条），君が代を国歌とする（2条）と規定している。

　　　国旗・国歌に対しては，先の大戦においてわが国が侵略的な戦争を行った際に日

の丸が用いられた歴史的背景から国旗としてふさわしくないという意見や，君が代の「君」が天皇を指すとすれば天皇を賛美する歌は国民主権国家であるわが国の国歌としてはふさわしくないという意見など，批判的な立場をとるものも少なくない（4.1.3 思想・良心の自由が争われた事例を参照）。

　また，国旗及び国歌に関する法律の制定以前は，批判的立場は，日の丸と君が代が国旗・国歌であることの法的根拠がないと主張する一方で，肯定的立場（政府見解など）は，国旗については，1870（明治3）年に太政官布告という法形式で制定された商船規則（国旗国歌法の制定により廃止）を挙げ，法的根拠がないとはいえないと反論していた。ただし，法的根拠の問題については，1999年の法律の制定によって，今日では立法的に解決した。

国歌君が代の「君」は，日本国及び日本国民統合の象徴であり，その地位が主権の存する日本国民の総意に基づく天皇のことを指しており，君が代とは，日本国民の総意に基づき，天皇を日本国及び日本国民統合の象徴とするわが国のことであるとするのが政府見解である。

第16章

平和主義

16.1 日本国憲法9条の法意

16.1.1 平和主義の意義・経緯・背景

18世紀までの世界では，国家間での紛争を解決する手段として戦争を用いることは主権国家にとっては当然の権利であると認識されていたが，19世紀以降は，戦争は違法であると考えられるようになった。例えば，第一次世界大戦終結の翌年である1919（大正8）年に締結された国際連盟規約（日本は原加盟国，1933〔昭和8〕年脱退）は，締約国に戦争に訴えない義務を課し，戦争またはその脅威を連盟の利害事項と位置づけ，国際平和の擁護のため適当かつ有効な措置を執ることとし，1928（昭和3）年に締結した不戦条約（戦争抛棄ニ関スル条約）（日本は原加盟国）は，条約締約国に対して，国際紛争の解決のために戦争に訴えることを非難し，その相互関係において国家の政策の手段として戦争を放棄することを宣言し，国際紛争を平和的手段で解決することを求めた。

1945（昭和20）年に発効した国際連合憲章では，前文において，「われら連合国の人民は，われらの一生のうちに二度まで言語に絶する悲哀を人類に与えた戦争の惨害から将来の世代を救」うことと，「国際の平和及び安全を維持するためにわれらの力を合わせ，共同の利益の場合を除く外は武力を用いないことを」確保することを決意したうえで，すべての加盟国に対して，「国際紛争を平和的手段によって国際の平和及び安全並びに正義を危くしないように解決」することや，「国際関係において，武力による威嚇又は武力の行使を」慎むことなどを義務づけている（2条）。

日本国憲法は，太平洋戦争後の1946（昭和21）年11月3日に公布され，1947（昭和22）年5月3日に施行されたが，国際的な戦争の違法化・平和主義の理念に

沿うように，前文及び 9 条において，わが国が国際平和を希求することを明確に宣言している。

　日本国憲法以外にも，1946 年制定のフランス第 4 共和国憲法，1947 年制定のイタリア共和国憲法，1949 年制定のドイツ連邦共和国基本法など，侵略戦争の放棄等を定める憲法は存在するが，日本国憲法は，侵略戦争を含む一切の戦争・武力の行使・武力による威嚇を放棄し，それを徹底するために戦力の不保持を宣言し，国の交戦権を否認するという点で特異であると解される。

　　　　日本国憲法に平和主義が採用された背景として，侵略主義的国家の非軍事化を求める大西洋憲章（1941 年 8 月），軍国主義を駆逐し，戦争遂行能力を破砕し，軍隊の武装解除を日本に要求するポツダム宣言（1945〔昭和 20〕年 7 月発表，8 月日本受諾），戦争の放棄・軍隊の不保持・交戦権の否認を求めるマッカーサー・ノート（1946〔昭和 21〕年 2 月）がある。

16.1.2　日本国憲法前文における平和主義

　日本国憲法の前文には，平和主義を理念とすることが明確に示されている。

　すなわち，前文は，日本国民が，「政府の行為によつて再び戦争の惨禍が起ることのないやうにすることを決意」し（第 1 段），「恒久の平和を念願し」，「平和を愛する諸国民の公正と信義に信頼して，われらの安全と生存を保持しようと決意し」，「平和を維持し，専制と隷従，圧迫と偏狭を地上から永遠に除去しようと努めてゐる国際社会において，名誉ある地位を占めたいと思」い，「全世界の国民が，ひとしく恐怖と欠乏から免かれ，平和のうちに生存する権利を有することを確認」している（第 2 段）。そして，第 3 段で，「いづれの国家も，自国のことのみに専念して他国を無視してはならない」と述べ，国際協調主義に立つことが各国の責務であると位置づけるとともに，第 4 段で，平和国家の「理想と目的」を崇高なものとして，日本国民が「国家の名誉にかけ，全力をあげて……達成することを誓」うとしている。

　ただし，この前文の法的性格は，憲法の一部を構成する法規範であるが，裁判規範ではないと解されている（通説）（詳しくは，1.1.4 憲法前文の内容と法的性格を参照）。

16.1.3　9条の法的性格

　日本国憲法9条はそもそも法規範であるといえるか。

　9条は，国家の理想を示した国際政治のマニフェストにすぎず，国家の安全に対して国民に責任を負う，国家を直接に拘束する規範としての性質をもたないとする見解（政治的マニフェスト説）がかつてあったが，9条が前文ではなく本文として置かれており，具体的かつ明確に陸海空軍その他の戦力の不保持と交戦権の否認を規定していることから，この見解は支持されていない。

　通説は，9条は公権力を拘束する法規範性を有すると解している。判例も，砂川事件最高裁判決（最大判昭和34年12月16日刑集13巻13号3225頁）において，9条の法規範性及び裁判規範性を認めている。ただし，高度の政治的判断を伴う理想が込められており，その解釈・運用において国民の間での十分な合意がなく，したがって，裁判所による規範的意味の確定が困難であることなどから，9条は，裁判規範としてよりも，国会等の政治部門においてその合憲性が判断される政治的規範としての性格が強いという見解（ただし，裁判規範性を否定しているわけではない）も有力である。

16.1.4　9条の法意

　日本国憲法は，9条1項で，「国際紛争を解決する手段としては」戦争を放棄すると定めている。ここで放棄された国際紛争を解決する手段としての戦争とは，(a) 侵略戦争のみを指すのか，それとも，(b) 自衛戦争を含めたすべての戦争を含むのか，議論が分かれている。国際法上，国際紛争を解決する手段としての戦争とは，「国家ノ政策ノ手段トシテノ戦争」（不戦条約1条）のことを意味し，具体的には侵略戦争を意味する。(a) の立場は，この国際法上の用語法に従って，9条1項によって放棄されているのは侵略戦争のことであり，自衛戦争は9条1項では放棄されていないと解する。一方，(b) の立場は，日本国憲法が過去の戦争の反省のうえに制定されたものであり，侵略戦争が歴史上しばしば自衛の美名の下に行われてきたことを踏まえると，9条1項によって放棄されているのは，自衛戦争を含む一切の戦争であると解するものである（自衛戦争すら認めないことによって，侵略戦争を絶対にさせないようにする）。(a) の立場が通説であり，政府見解である。

　また，9条2項前段は，「前項の目的を達するため」戦力を保持しないと定めて

いる。9 条 2 項にいう戦力の不保持の目的とは，(x) 9 条 1 項全体の指導精神を指
すのか，それとも，(y) 国際紛争を解決する手段としての戦争（侵略戦争）を放棄
することを指すのか，議論が分かれている。(x) の立場は，1 項が戦争なるもの
を基本的には放棄するという趣旨であると理解し，2 項において 1 項の目的に言
及しているのは戦力不保持の動機を強調する趣旨であると解する。したがって，
この立場では，目的如何を問わず戦力に該当するものは，2 項によって一切保持
が禁止されることになる。一方，(y) の立場は，1 項の読み方として，戦争を放
棄するという部分ではなく，自衛戦争が許容されるという部分をより重視するも
のであり，2 項で 1 項の目的を挙げたのは戦力不保持の範囲を限定する趣旨であ
ると解する。この立場によれば，2 項によって保持が禁止されるのは，侵略戦争
用の戦力に限られ，自衛戦争用であれば戦力を保持することが認められることに
なる。(x) の立場が通説であり，政府見解である。

　　　9 条 2 項前段の「前項の目的を達するため」という文言は第 90 回帝国議会の衆議
　　院での審議における修正で付け加えられたものである（衆議院帝国憲法改正小委員会
　　の芦田均委員長の名前をとって，「芦田修正」と呼ばれる）。芦田は，この文言を付加し
　　たことによって一定の条件の下で武力を保持しうる余地が生じる旨を述べている
　　（連合国軍総司令部〔GHQ〕や極東委員会も同様に理解し，その結果，極東委員会の意向
　　を受けて貴族院での審議において，66 条 2 項として文民条項が設けられた）が，芦田自
　　身は憲法制定当時にこのような考えを有していなかった（後に意見を変えた）と考え
　　られている。いずれにせよ，そもそも日本国憲法の解釈は制定に関与した者の意見
　　に拘束されるものではないと解される。

　通説・政府見解は，1 項の解釈において (a) の立場を採り，自衛戦争は 1 項で
は放棄されていないが，2 項の解釈において (x) の立場を採るため，自衛用とい
えども戦力を保持できないため，結局，自衛の場合であっても戦力をもって戦争
をすることができないことになる（2 項全面放棄説）。1 項の解釈において (b) の
立場を採れば，2 項の解釈では（論理的に (y) の立場を採りえないため）(x) の立場
を採ることになる（1 項全面放棄説）。なお，1 項の解釈で (a) の立場を採ったう
えで，2 項の解釈で (y) の立場を採れば，2 項によって自衛戦争用の戦力の保持
が禁止されておらず，これをもって（1 項で許容されている）自衛戦争を遂行するこ
とができるという見解（限定放棄説）も成り立ちうるが，学説としては少数説であ
る（政府は，この立場で自衛隊の合憲性を認めているわけではない）。

　　　通説・政府見解（2 項全面放棄説）は，9 条 1 項段階では自衛戦争を放棄していな
　　いが，2 項によって一切の戦力の保持を禁止する結果，9 条全体として（自衛戦争を

【9条1項・2項の解釈】

1項の解釈　　　　　　　　　　　**2項の解釈**

(a) 侵略戦争 放棄－自衛戦争 許容　　(x) 侵略用戦力 不保持－自衛用戦力 不保持

(b) 侵略戦争 放棄－自衛戦争 放棄　　(y) 侵略用戦力 不保持－自衛用戦力 保 持

(a)－(x) ……侵略戦争はできないが，自衛はできる（2項で戦力を保持しない結果，自衛戦争はできない）（2項全面放棄説）

(a)－(y) ……侵略戦争はできないが，自衛戦争はできる（自衛用であれば，戦力を保持できる）（限定放棄説）

(b)－(x) ……侵略戦争はできないし，自衛戦争もできない（1項全面放棄説）

※(b)－(y) という組み合わせは論理的に成り立たない。

【自衛隊の合憲性についての政府見解】

9条2項で禁止される 戦力 ＞ 自衛力 （自衛のための必要最小限度の実力）

自衛隊＝自衛力≠戦力

∴自衛隊は9条2項に違反しない

含む）一切の戦争が禁止されているとする見解である。9条1項の解釈部分のみを取り上げ，この見解が自衛戦争を許容していると述べてはならないとされる。自衛戦争を合憲とする議論は，(1) 日本国憲法には，文民条項（66条2項）以外に軍隊を予定した規定が存在しないこと，(2)「平和を愛する諸国民の公正と信義に信頼」するとする憲法前文は，国際連合による安全保障を基本としていること，(3) 自衛のための戦力と侵略のための戦力とを区別することが不可能であるから，自衛のための戦力の保持を認めれば，結局戦力一般を認めることになる（9条2項が空文化する），(4) 自衛戦争を認めておきながら交戦権を否認するのは合理的ではない，などの理由から採りえないと解される。

　政府は，自衛隊の存在を憲法9条に違反するものではないと解するが，その理由は，2項において保持が禁止される「戦力」とは，自衛のための必要最小限度の実力（自衛力）を超えるものを指し，自衛隊は自衛力にとどまりそれを超えて戦力に至るものではないと解しているためである。これに対しては，自衛のための必要最小限度の実力とは何を意味するかが不明確であるとの学説の批判も多い（政府は，この点について，他国に侵略的な脅威を与えるような攻撃的武器を保持できない趣旨であるという）（16.1.6 戦力の不保持も参照）。

　ここまでで，9条の法意について概説した。以下では，9条の文言について，より詳細に検討していくこととする。

16.1.5　戦争の放棄

9 条 1 項は,「国権の発動たる戦争と, 武力による威嚇又は武力の行使は, 国際紛争を解決する手段としては, 永久にこれを放棄する」と規定している。

このうち,「国権の発動たる戦争」とは, 国際法上, 国の主権に基づいて行いうる武力による国家間の闘争のこと (形式的意味の戦争) であり, それは, 通常, 相手国に対する宣戦布告などの戦争の意思表示によって始まり, 戦時国際法規 (兵力の殺傷, 要塞・艦艇の破壊などの兵力的効果, 敵人の収容・敵産の管理などの非兵力的効果, 第三国の中立義務など) の適用を受ける。

「武力による威嚇」とは, 武力を背景にして自国の要求を相手国に強要することである。例えば, ドイツ・フランス・ロシアによる対日三国干渉 (1895〔明治 28〕年) や, 日本による対華 21 か条要求 (1915〔大正 4〕年) などである。

「武力の行使」とは, 宣戦布告なしで行われる国家間の事実上の武力衝突である。例えば, 満州事変 (1931〔昭和 6〕年～1933〔昭和 8〕年) や日中戦争 (1937〔昭和 12〕年～1945〔昭和 20〕年) がこれに当たる (日本は正式な戦争の意思表示をしなかった)。

9 条 1 項は, 国権の発動たる戦争 (形式に則ったものだけでなく事実上のものも含む) だけでなく, 武力による威嚇と武力の行使についても, 国際紛争を解決する手段として, 放棄している。

16.1.6　戦力の不保持

9 条 2 項前段は,「陸海空軍その他の戦力は, これを保持しない」と定めるが, ここでいう戦力の意味については, 通説は, 軍隊 (目的及び実体の両面から見て, 対外的軍事行動のために設けられている人的組織力と物的装備力) 及び有事の際にそれに転化しうる程度の実力部隊であると解している (この立場によれば, 目的・実体の 2 つの面から, 軍隊と警察力とを区別し, 警察力を超えるものを戦力ととらえる)。このように戦力をとらえれば, 現在の自衛隊は, その人員・装備・編成等の実態に即して判断すると, 9 条 2 項の戦力に該当すると解される。

> もっとも, 通説は, 自衛隊を違憲であることを (暗示するが) 明言することはない。自衛隊の発足後半世紀以上が経ち, 国民の多くが自衛隊の存在を肯定している現状の下で, 自衛隊が違憲であるのみを主張する解釈は現実的な妥当性を有しないためである。

　一方，政府は，憲法制定当初は，通説と同じ解釈を採っていたが，保安隊・警備隊が発足した1952（昭和27）に，近代戦争遂行に役立つ程度の装備・編成を備えるものとして解釈を変更し，さらには，自衛隊が発足した1954（昭和29）年，自衛のための必要最小限度の実力を超えるものとして，解釈を再変更した（したがって，他国に侵略的な脅威を与えるような攻撃的な武器を保持することができないと解される）。このように戦力をとらえれば，16.1.4　9条の法意で述べたとおり，自衛隊は，自衛力を有するが，戦力を有するものではないので，9条2項によって保持が禁止されている戦力に該当しないと解される。

　　　朝鮮戦争が勃発した1950（昭和25）年8月，警察予備隊が発足し，平和条約の発効（1952〔昭和27〕年4月）後の同年10月にそれが保安隊に改組され，さらに1954（昭和29）年7月に自衛隊に改組された（1952〔昭和27〕年4月に設置された海上警備隊も，同年8月に警備隊として保安隊とともに保安庁の下に置かれ，1954〔昭和29〕年7月に海上自衛隊に改組された）。

　　　戦後の東西冷戦を背景に，アメリカ合衆国は，東側陣営に対抗するために，1951（昭和26）年10月，西側陣営諸国に軍事・経済の両面で援助を行い防衛力と経済力を強化させるための相互安全保障法（MSA）を制定した。これを契機として，わが国は，1954（昭和29）年3月，日米相互防衛援助協定（日本国とアメリカ合衆国との間の相互防衛援助協定）を締結したが，この条約によって，日本は自国の防衛能力を増強する法的義務を負うことになった（8条）ため，防衛庁を設置し自衛隊を発足させることにした。戦力をめぐる政府見解の変更は，自衛隊の発足に伴うものである。

　なお，自衛隊の合憲性が争われた長沼ナイキ訴訟において，第1審判決は，自衛隊が憲法9条2項にいう「戦力」に該当すると判示した（札幌地判昭和48年9月7日判時712号24頁）が，控訴審判決は，原告に訴えの利益がないとして第1審判決を取り消したうえで，自衛隊の存在が憲法9条に違反するか否かは統治行為に属するため司法審査の対象外であると判示した（札幌高判昭和51年8月5日判時821号21頁）。最高裁判所は，訴えの利益の観点から原告の主張を退け，自衛隊の合憲性には触れなかった（最判昭和57年9月9日民集36巻9号1679頁）。また，自衛隊の合憲性が争われた事件として，そのほかに，警察予備隊違憲訴訟（最高裁判決〔最大判昭和27年10月8日民集6巻9号783頁〕），恵庭事件（第1審判決〔札幌地判昭和42年3月29日判時476号25頁〕で確定），百里基地訴訟（最高裁判決〔最判平成元年6月20日民集43巻6号385頁〕）などがあるが，いずれにおいても，裁判所が自衛隊を憲法違反と判示したことはない。

16.1.7　自衛権の概念

　9 条 2 項で保持が禁止される戦力に関連して，自衛権の概念が問題となる。自衛権とは，外国からの急迫または現実の違法な侵害に対して，自国を防衛するために必要な一定の実力を行使する権利をいう。一般的に，自衛権を行使するためには，(1) 外国からの急迫または現実の不正な侵害があり（違法性），(2) 侵害を排除するためには，一定の実力の行使以外に選択肢がなく（必要性），かつ，(3) 自衛のための措置が侵害行為を排除するのに必要な限度で行使され，かつ侵害行為を超えるものではないこと（均衡性）の 3 つの要件（自衛権行使の 3 要件）を充足する必要がある（したがって，軽微な侵害に対して過剰な実力を行使することは許されず，また，実力行使の必要がなくなれば，直ちにそれを中止しなければならない）。

　この意味での自衛権について，戦争放棄・戦力不保持を規定する憲法 9 条の下では，伝統的な自衛権は放棄されているという見解（自衛権放棄説）もあるが，通説・判例は，主権国家が固有の権利として自衛権を保持することは国際法の一般原則であり（ただし，憲法上の個人の権利という意味ではない），日本国憲法 9 条もこの意味での自衛権を放棄したものではないと解している（砂川事件最高裁判決〔最大判昭和 34 年 12 月 16 日刑集 13 巻 13 号 3225 頁〕）。

　憲法 9 条は自衛権を留保しているという見解（自衛権留保説）に立つ場合，9 条 2 項が戦力を用いて自衛権を行使することを禁止しているとして，自衛権の行使は，国家による武力の行使以外の方法（外交交渉による侵略の未然回避，警察力による侵害の排除，民衆が武器をもって抵抗する群民蜂起など）で行われるべきとする立場（非武装自衛権説，武力なき自衛権説）と，憲法 9 条 2 項は自衛のために必要な，戦力に至らない実力を保持することを禁止していないとして，自衛権の行使は自衛隊などの自衛力によってなされるべきとする立場（自衛力肯定説），さらに，9 条 2 項の解釈として自衛のための戦力を放棄していないと解したうえで，自衛権の行使の方法として，自衛戦争を行いそのための戦力を保持することが認められるという立場（自衛戦力肯定説）とに分けられる。このうち，通説は非武装自衛権説であり，政府見解は自衛力肯定説である。

　なお，国際連合憲章 51 条は，「国際連合加盟国に対して武力攻撃が発生した場合には，安全保障理事会が国際の平和及び安全の維持に必要な措置をとるまでの間，個別的又は集団的自衛の固有の権利を害するものではない」と定めており，武力攻撃が発生した場合に，安全保障理事会による必要な措置を執るまでの期間

【9条1項・2項の解釈と自衛権】

9条1項と2項を どう解釈するか？	自衛権は放棄 されているか？	自衛権を どう行使するのか？
1項全面放棄説 ────────	自衛権放棄説 ─	（自衛権は行使できない）
2項全面放棄説（通説）		非武装自衛権説
2項全面放棄説（政府見解）	自衛権留保説	自衛力肯定説
限定放棄説		自衛戦力肯定説

に限定して，各国に自衛権の行使を認めている。

16.1.8　集団的自衛権

　国際連合憲章は，51条において，新たに集団的自衛権という概念を創設した（そして，集団的自衛権と区別する意味で，従来の自衛権を個別的自衛権と呼ぶことにした）。政府見解によれば，個別的自衛権が自国に対する武力攻撃を実力をもって阻止する権利をいうのに対して，集団的自衛権とは，自国と密接な関係にある他国に対する武力攻撃を，自国が直接攻撃されていないにもかかわらず，実力をもって阻止する権利をいう。わが国が，国際法上，集団的自衛権を有していることは当然であるが，憲法上，これを行使することは許されないとするのが，従来の政府見解であった。一方，通説は，集団的自衛権が，自国の実体的権利が侵略されていないのに，（武力攻撃を受けた）他国とともに防衛行動を執るものであるため，日本国憲法下では認められないと解する。

　日本政府は，2014（平成26）年7月1日の閣議決定で，自衛権を発動するための違法性の要件としての「わが国に対する急迫不正の侵害があること」について，実質的に集団的自衛権の行使を限定的に可能にするものに変更した。これによれば，わが国が武力行使をするためには，（1）わが国に対する武力攻撃が発生した場合のみならず，わが国と密接な関係にある他国に対する武力攻撃が発生し，これによりわが国の存立が脅かされ，国民の生命，自由及び幸福追求の権利が根底から覆される明白な危険があること，（2）これを排除し，わが国の存立を全うし，国民を守るために他に適当な手段がないこと，（3）必要最小限度の実力の行使にとどまるべきこと，という3つの要件（自衛の措置としての武力の行使の新3要件）が必要である。

　この考え方に基づき，翌2015（平成27）年9月，いわゆる平和安全法制（平和

安全法制整備法〔我が国及び国際社会の平和及び安全の確保に資するための自衛隊法等の一部を改正する法律〕と，国際平和支援法〔国際平和共同対処事態に際して我が国が実施する諸外国の軍隊等に対する協力支援活動等に関する法律〕）が制定され，自衛隊の防衛出動（内閣総理大臣が，わが国を防衛するため必要があると認める場合に，国会の承認を得て自衛隊の出動を命令できる）は，**武力攻撃事態**（わが国に対する外部からの武力攻撃が発生した事態，またはわが国に対する外部からの武力攻撃が発生する明白な危険が切迫していると認められるに至った事態）だけでなく，**存立危機事態**（わが国と密接な関係にある他国に対する武力攻撃が発生し，これによりわが国の存立が脅かされ，国民の生命，自由及び幸福追求の権利が根底から覆される明白な危険がある事態）にも可能となった（自衛隊法 76 条）。集団的自衛権の行使を認めない通説は，この 2014（平成 26）年の閣議決定及びそれを踏まえた平和安全法制すべてを全面的に批判している。

16.1.9　交戦権の否認

　9 条 2 項後段は，「国の交戦権は，これを認めない」と定める。ここでいう交戦権の意味については，単に交戦する権利を指すという見解もあるが，国際法上の用法に従って，通説・政府見解は，交戦状態に入った場合に交戦国に国際法上認められる権利（例えば，敵国の兵力を殺傷したり軍事施設を破壊したり，相手国の領土を占領したり，中立国の船舶を臨検し敵性船舶を拿捕したりする権利）をいうと解している。

　9 条 2 項前段の「前項の目的を達するため」は，戦力の不保持の部分のみを修飾し，後段部分である交戦権の否認を修飾するものではない。つまり，9 条 2 項後段によって，交戦権は無条件に否認されている（通説・政府見解）。

　なお，政府は，自衛権に基づく自衛行動権を交戦権とは別の観念として区別したうえで，交戦権そのものは憲法 9 条 2 項によって全面的に否定されているが，わが国が自衛権の行使として相手国の兵力を殺傷したり破壊したりすることは可能であると解している（ただし，相手国の領土の占領などは，自衛のための必要最小限度を超えるものとして認められないとする）。

16.1.10　平和的生存権

　前文第 2 段の文言（「ひとしく恐怖と欠乏から免かれ，平和のうちに生存する権利」）を根拠に，平和を享受する権利を平和的生存権という新しい人権として認めるべき

であるとの主張もあるが、そもそも前文は裁判規範ではなく、また、平和的生存
権の主体（前文によれば、「全世界の国民」が主体となるはずである）・内容・性質など
が不明確であるので、これに具体的な法的権利性を認めることはできないと解さ
れる（通説）。

　平和的生存権は、自衛隊の基地周辺の住民が基地の撤廃を裁判所に求める際の
訴えの利益を基礎づけるために主張されたものである。長沼ナイキ訴訟の第1審
判決（札幌地判昭和48年9月7日判時712号24頁）は、これを法的権利として認め
たが、控訴審判決（札幌高判昭和51年8月5日判時821号21頁）ではこれを否定し、
最高裁判所も事件を憲法問題として扱わなかった（最判昭和57年9月9日民集36巻
9号1679頁）。また、最高裁判所は、百里基地訴訟判決（最判平成元年6月20日民集
43巻6号385頁）において、平和的生存権として主張される平和とは、「理念ない
し目的としての抽象的概念であつて、それ自体が独立して、具体的訴訟において
私法上の行為の効力の判断基準になるものとはいえ」ないと判示している。なお、
平和的生存権を「全ての基本的人権の基礎にあってその享有を可能ならしめる基
底的権利」であり「憲法上の法的な権利」として、「裁判所に対してその保護・救
済を求め法的強制措置の発動を請求し得るという意味における具体的権利性が肯
定される場合がある」と判示する下級審裁判例がある（イラク派遣違憲訴訟名古屋高
裁判決〔名古屋高判平成20年4月17日判時2056号74頁〕）。

16.1.11　有事法制

　有事とは、外国からの武力攻撃など、国家及び国民の平和と安全に対する重大
な事態をいう（広くは、大地震などの自然災害や国内における武力蜂起も含めて、緊急な
対応を要請される事態をいう）。有事の際に対処方法を定める一連の法律を有事法制
という。

　もともと軍隊の存在を予定していなかった日本国憲法には、有事に関する規定
が設けられていなかった。しかし、冷戦の終結以降、有事法制の必要性が認識さ
れるようになり、有事法制が徐々に整備されてきた。

　2003（平成15）年、武力攻撃事態対処法（武力攻撃事態等における我が国の平和と
独立並びに国及び国民の安全の確保に関する法律）が（併せて関連する2つの法律も）制
定された（いわゆる武力攻撃事態対処関連3法）。これは、武力攻撃事態と、武力攻撃
予測事態（武力攻撃事態には至っていないが、事態が緊迫し、武力攻撃が予測されるに至

った事態）（武力攻撃事態と併せて，武力攻撃事態等という）への対処のための態勢を整備するものである（武力攻撃事態対処法は，16.1.8 集団的自衛権で述べたとおり，いわゆる平和安全法制整備法により改正され，事態対処法〔武力攻撃事態等及び存立危機事態における我が国の平和と独立並びに国及び国民の安全の確保に関する法律〕として，存立危機事態への対処についても対応することとなったため，以下では，現行の事態対処法として説明する）。

　事態対処法 9 条に基づき，武力攻撃事態等または存立危機事態に至ったときは，政府は，これらの事態への対処に関する基本的な方針（対処基本方針）を閣議決定し（1 項，6 項），国会の承認を求め（7 項），また，内閣総理大臣を長とする対策本部を設置し，その旨を国会に報告する（10 条）。わが国を防衛するため必要があると認める場合に，内閣総理大臣が自衛隊に防衛出動を命じることができるが，その際には，自衛隊法 76 条 1 項・事態対処法 9 条 4 項に基づき，（特に緊急の必要があり事前に国会の承認を得るいとまがない場合を除き）事前に国会の承認を得なければならない（不承認の議決があったときは，対処措置を速やかに終了させ，防衛出動を命じた自衛隊を直ちに撤収させなければならない〔事態対処法 9 条 11 項〕）。

　防衛出動を認められた自衛隊は，わが国を防衛するため，必要な武力の行使が可能である（自衛隊法 88 条）。なお，事態対処法 3 条 5 項は，「武力攻撃事態等及び存立危機事態への対処においては，日本国憲法の保障する国民の自由と権利が尊重されなければならず，これに制限が加えられる場合にあっても，その制限は当該武力攻撃事態等及び存立危機事態に対処するため必要最小限のものに限られ，かつ，公正かつ適正な手続の下に行われなければなら」ず，「この場合において，日本国憲法第 14 条，第 18 条，第 19 条，第 21 条その他の基本的人権に関する規定は，最大限に尊重されなければならない」と規定している。

　　　政府見解によれば，自衛隊法 88 条にいう「武力の行使」とは，わが国の物的・人的組織体による国際的な武力紛争の一環としての戦闘行為をいう。これに対して，同法 95 条等にいう「武器の使用」とは，火器，火薬類，刀剣類その他直接人を殺傷し，または武力闘争の手段として物を破壊することを目的とする機械，器具，装置をその物の本来の用法に従って用いることをいう。武力の行使は武器の使用を含む実力の行使のことであるが，武器の使用がすべて憲法 9 条 1 項の禁ずる武力の行使に当たるというわけではない。また，憲法上，武力の行使が許容されるのは，新 3 要件を充足する場合に限られる。自衛官は，自衛隊または米軍その他の外国の軍隊等の武器等の警護の際に，人または武器等を警護するため（自衛隊法 95 条の 2），もしくは自衛隊の施設の警護・防護のため（同法 95 条の 3）などのほか，自衛官が自

己または自己とともに現場に所在する他者の生命・身体を防護するため，武器の使用が認められる。

　2004（平成16）年には，武力攻撃事態等において，武力攻撃から国民の生命・身体・財産を守り，国民生活等に及ぼす影響を最小にするための，国・地方公共団体等の責務，避難・救援・武力攻撃災害への対処等の措置（国民保護措置）（10条，11条，16条等）を定めた国民保護法（武力攻撃事態等における国民の保護のための措置に関する法律）が制定された。

　国民保護法では，武力攻撃事態等以外の，武力攻撃に準ずるテロなどの緊急対処事態（武力攻撃の手段に準ずる手段を用いて多数の人を殺傷する行為が発生した事態，または当該行為が発生する明白な危険が切迫していると認められるに至った事態）にも，武力攻撃事態等における国民保護措置に準じた措置（緊急対処保護措置）を実施することと規定している（172条等）。また，国民保護法5条は，「国民の保護のための措置を実施するに当たっては，日本国憲法の保障する国民の自由と権利が尊重されなければならない」と定めるとともに，「前項に規定する国民の保護のための措置を実施する場合において，国民の自由と権利に制限が加えられるときであっても，その制限は当該国民の保護のための措置を実施するため必要最小限のものに限られ，かつ，公正かつ適正な手続の下に行われるものとし，いやしくも国民を差別的に取り扱い，並びに思想及び良心の自由並びに表現の自由を侵すものであってはならない」と規定している。

　国民保護法と同時に，武力攻撃事態対処法に定められた基本理念等の枠組みの下での個別法制の整備として，武力攻撃事態等・存立危機事態における，武力攻撃の排除のために必要な米軍の行動の円滑化等のための米軍行動関連措置法（武力攻撃事態等におけるアメリカ合衆国の軍隊の行動に伴い我が国が実施する措置に関する法律），武力攻撃事態等・存立危機事態における，外国軍用品等の海上輸送を規制するため船舶の臨検等を認める海上輸送規制法（武力攻撃事態における外国軍用品等の海上輸送の規制に関する法律）などが制定された（いわゆる有事関連7法）。

　2015（平成27）年9月には，16.1.8 集団的自衛権で述べたとおり，平和安全法制整備法が制定され，自衛隊の防衛出動は，武力攻撃事態だけでなく，存立危機事態にも可能となった。また，平和安全法制整備法により，米軍行動関連措置法は，米軍等行動関連措置法（武力攻撃事態等及び存立危機事態におけるアメリカ合衆国等の軍隊の行動に伴い我が国が実施する措置に関する法律）に改められ（海上輸送規制法も，武力攻撃事態及び存立危機事態における外国軍用品等の海上輸送の規制に関する法律

に改められた），武力攻撃事態等だけでなく存立危機事態についても対処できるようになった。

16.2　日米安保体制と日本の国際貢献

16.2.1　日米安全保障体制

わが国は，アメリカ合衆国との間で，日米安全保障条約（日本国とアメリカ合衆国との間の相互協力及び安全保障条約）を締結し，軍事同盟関係にある（日米同盟）。

1951（昭和26）年9月，わが国と連合国各国との間の戦争状態を終了させ，日本の主権を回復させる，いわゆるサンフランシスコ平和条約（日本国との平和条約）が締結されたが，翌1952（昭和27）年4月にこの条約が発効すると，それまでわが国に駐留していた連合国の占領軍は撤退しなければならない（6条a）。しかし，当時の日本の安全保障環境は不安定であり，連合国軍総司令部（GHQ）の司令により武装解除された日本の防衛力は（1950〔昭和25〕年8月に警察予備隊が発足していたものの）依然として十分ではなかった。平和条約は，「日本国が主権国として国際連合憲章第51条に掲げる個別的又は集団的自衛の固有の権利を有すること」と「日本国が集団的安全保障取極を自発的に締結することができること」を認めており（5条c），1つ以上の連合国との間で別に新たに条約を締結すれば，それに基づき外国の軍隊が日本国の領域に駐留することを認めていた（6条a但書）。

そこで，平和条約の締結と同日に，旧日米安全保障条約（日本国とアメリカ合衆国との間の安全保障条約）が締結され，日本に連合国軍として駐留していた米軍は，そのまま，この安全保障条約を根拠に駐留を続けることとなった（ただし，旧条約には，駐留米軍に日本を防衛する義務があることは明記されていなかった）。その後，1960（昭和35）年に，この旧条約が改定され，現在の日米安全保障条約に至る。

現行の日米安全保障条約は，5条において，「日本国の施政の下にある領域における，いずれか一方に対する武力攻撃」に対して，「自国の憲法上の規定及び手続に従つて」共同で対処することとしている。つまり，日本国の施政下における日本への攻撃や米軍基地等への攻撃について，日米両国は，それぞれ自国の平和と安全を危うくするものであると認めて，共同防衛行動を執る。そして，6条では，米軍が，「日本国の安全に寄与」するためのみならず，「極東における国際の平和

及び安全の維持に寄与するため」，日本国における施設・区域を使用することが許される（日本は，アメリカ合衆国に対して基地等を提供し，駐留軍を国内に滞在させる義務を負う）。

　　　日本の施政下にある領域における米軍基地に対して攻撃がなされた場合にも，日本が共同防衛行動を執りうることについて，政府見解は，このような攻撃は日本の領土侵犯であり日本に対する攻撃であるので，それに対する防衛行動は個別的自衛権の行使であることから認められるとしている。一方，通説は，自衛権行使の3要件（違法性・必要性・均衡性）を充足しない場合（例えば，日本の領海内の米軍戦艦に対する攻撃）もありうるため，また，その場合にどのような防衛行動を執るかの決定権が米国にあり日本はその決定に従って自衛権を発動することになるので3要件充足の有無の判断すらできなくなるため，日本が共同防衛行動を執ることを否定的に評価している。

　　　また，米国が日本に基地をもつ目的は，日本の安全に寄与するためだけでなく，「極東における国際の平和及び安全の維持に寄与するため」でもあるが，ここでいう「極東」の範囲について，政府見解は，「在日米軍が日本の施設及び区域を使用して武力攻撃に対する防衛に寄与しうる区域」として，具体的には，フィリピン以北並びに日本とその周辺地域であって，韓国及び台湾地域を含むものと解している。ただし，この区域に対して武力攻撃が行われ，この区域の安全が周辺地域に起こった事情のため脅威されるような場合，米国がこれに対処するため執る行動の範囲は，必ずしもこの区域に局限されるわけではないと解されていた。これに対して，学説は，極東の範囲が明確でないとして批判している。

　なお，最高裁判所は，砂川事件判決で，憲法9条2項にいう戦力とは，「わが国がその主体となつてこれに指揮権，管理権を行使し得る戦力」をいい，「外国の軍隊は，たとえそれがわが国に駐留するとしても，ここにいう戦力には該当しない」として，駐留米軍は9条2項で保持が禁止される戦力に該当しないと判示した。また，日米安全保障条約は，「主権国としてのわが国の存立の基礎に極めて重大な関係をもつ高度の政治性を有するものというべきであ」るため，その合憲性は「条約を締結した内閣およびこれを承認した国会の高度の政治的ないし自由裁量的判断と表裏をなす」ため，「純司法的機能をその使命とする司法裁判所の審査には，原則としてなじまない性質のものであ」ることから，「一見極めて明白に違憲無効であると認められない限りは，裁判所の司法審査権の範囲外のものであ」ると判示した（最大判昭和34年12月16日刑集13巻13号3225頁）。

　　　一方，学説の多くは，そもそも憲法9条2項は主体の如何にかかわらず戦力の存在を禁止するものであるとしたうえで，駐留米軍は，日本の指揮下にない外国の軍

隊であるが，条約により日本の意思に基づき駐留していることから，米軍の駐留を
許容した日本政府の行為は憲法9条2項に違反するとする見解が有力である。

16.2.2 重要影響事態

日米安全保障条約の運用に寄与するため，日本がどこまで米軍の活動を支援で
きるのかに関しては，重要影響事態安全確保法（重要影響事態に際して我が国の平和
及び安全を確保するための措置に関する法律）が，その範囲を画定している。

1999（平成11）年5月に制定された周辺事態法（周辺事態に際して我が国の平和及
び安全を確保するための措置に関する法律）は，そのまま放置すればわが国に対する
直接の武力攻撃に至るおそれのある事態など，わが国周辺の地域におけるわが国
の平和と安全に重大な影響を与える事態（周辺事態）に際し，日米安全保障条約の
目的の達成に寄与する活動を行う米軍に対して，わが国が後方地域支援（後述する
「後方支援活動」と同じ）などを行うことを認めていた。そして，この周辺事態法は，
2015（平成27）年9月に制定された平和安全法制整備法の施行（2016〔平成28〕年
3月）によって，重要影響事態安全確保法に改められた。

重要影響事態安全確保法では，周辺事態から地域的概念が削られた重要影響事
態（そのまま放置すればわが国に対する直接の武力攻撃に至るおそれのある事態など，わ
が国の平和及び安全に重要な影響を与える事態）において，日米安全保障条約の目的
の達成に寄与する活動を行う米軍に対して，後方支援活動（物品・役務の提供，便
宜の供与など支援措置）を行うことができるだけでなく，国際連合憲章の目的の達
成に寄与する活動を行うアメリカ合衆国以外の外国軍隊に対しても，同様の活動
を行いうるようになった。

重要影響事態においては，後方支援活動のほかに，捜索救助活動や船舶検査活動
などを行うこともできる。ただし，外国の領域で行う際には，当該外国などの同意
が必要である。なお，憲法9条は自衛権の行使以外の武力の行使を禁止しているの
で，日本が武力の行使に当たる行為を行うことはできない。また，他国の武力の行
使との一体化を回避するとともに，自衛隊員の安全を確保するため，現に戦闘行為
が行われている現場では活動を実施しない。なお，後方支援活動では，武器の提供
は行わないものの，弾薬の提供と戦闘作戦行動のために発進準備中の航空機に対す
る給油・整備を実施できるものとしている。

重要影響事態において自衛隊の部隊等が後方支援活動等を実施する際には，（緊
急の必要がある場合を除き）事前に国会の承認を得なければならない（重要影響事態

安全確保法5条)。

16.2.3 安全保障面での日本の国際貢献

日本国憲法は，前文第2段において，「日本国民は，恒久の平和を念願し，人間相互の関係を支配する崇高な理想を深く自覚するのであつて，平和を愛する諸国民の公正と信義に信頼して，われらの安全と生存を保持しようと決意」するとともに，「平和を維持し，専制と隷従，圧迫と偏狭を地上から永遠に除去しようと努めてゐる国際社会において，名誉ある地位を占めたい」と述べており，自国の利益のみを追求するのではなく，諸外国と友好的に協力し合うという国際協調主義を採ることを宣言している。

グローバル化の進展した現代では，どの国も，一国で自らの平和と安全を維持することは困難である。そこで，わが国は，戦後，段階的に，国際連合の平和維持活動をはじめ，国際の平和と安全の維持に向けた活動に参画してきた。

　　国際連合憲章は，紛争のうち，その継続が国際の平和及び安全の維持を危うくするおそれのあるものの当事者に対して，まずは平和的手段による解決を求めている（33条）。にもかかわらず，平和に対する脅威，平和の破壊及び侵略行為が発生した場合には，安全保障理事会は，国際の平和及び安全を維持しまたは回復するために，関係当事者に勧告等を行い（39条），非軍事的措置（経済関係の中断や外交関係等の断絶を含む）を国際連合加盟国に要請する（41条）が，それでも不十分な場合には，国連軍（国際連合安全保障理事会の決議によって組織された，国際連合の指揮に服する，国際連合加盟国の軍隊）による軍事的措置を執ることができると規定している（42条）。ただし，国際連合憲章42条に基づく国連軍は，これまでに組織されたことはない（2023〔令和5〕年7月時点）。なお，国際連合安全保障理事会の決議等により各国が自発的に派遣した軍隊の連合（多国籍軍）は国連軍ではない（ただし，1950〔昭和25〕年の朝鮮戦争の際に，国際連合安全保障理事会の決議により組織された多国籍軍は，国際連合憲章42条に基づく国連軍ではないが，「国連軍」と呼称されている）。

もともと自衛隊の主たる任務は，「我が国の平和と独立を守り，国の安全を保つため，我が国を防衛すること」である（自衛隊法3条1項前段）ため，自衛隊が海外に出動することに対しては，消極的な意見が少なくなかった。しかし，今日では，自衛隊の従たる任務として，公共の秩序の維持活動や重要影響事態への対応（後方支援活動）のほかに，国際平和協力活動と国際平和共同対処事態に対応して行う活動が明記されている（1項後段，2項）。

　冷戦終結後の1990（平成2）年8月，イラク軍のクウェート侵攻を契機に勃発した湾岸戦争（1991〔平成3〕年1月～2月）では，わが国は，多国籍軍に対して130億ドルの資金援助を行ったが，国際社会が求めていた人的貢献は行わなかった。自衛隊が初めて国際的な人的貢献（ペルシャ湾での機雷の除去・処理）を行ったのは，停戦後の1991（平成3）年4月のことであった。

　1992（平成4）年6月，国際平和協力法（国際連合平和維持活動等に対する協力に関する法律）が制定され，わが国は，国際連合平和維持活動（Peacekeeping Operations：PKO）に参加できるようになった。

　　　国際連合平和維持活動とは，国際連合（総会または安全保障理事会）が行う決議に基づき，武力紛争の当事者間の武力紛争の再発の防止に関する合意の遵守の確保，紛争による混乱に伴う切迫した暴力の脅威からの住民の保護，武力紛争の終了後に行われる民主的な手段による統治組織の設立及び再建の援助その他紛争に対処して国際の平和及び安全を維持することを目的として，国際連合の統括の下に行われる活動であって，国際連合事務総長の要請に基づき参加する複数の国及び国際連合によって実施されるもののうち，①武力紛争の停止及びこれを維持するとの紛争当事者間の合意があり，かつ，当該活動が行われる地域の属する国及び紛争当事者の当該活動が行われることについての同意がある場合に，いずれの紛争当事者にも偏ることなく実施される活動，②武力紛争が終了して紛争当事者が当該活動が行われる地域に存在しなくなった場合において，当該活動が行われる地域の属する国の当該活動が行われることについての同意がある場合に実施される活動，③武力紛争がいまだ発生していない場合において，当該活動が行われる地域の属する国の当該活動が行われることについての同意がある場合に，武力紛争の発生を未然に防止することを主要な目的として，特定の立場に偏ることなく実施される活動をいう（国際平和協力法3条1号）。

　この国際平和協力法は，わが国の国際平和協力として，①国際連合平和維持活動への協力，②国際連携平和安全活動への協力，③人道的な国際救援活動への協力，④国際的な選挙監視活動への協力の4つを掲げる（法制定当初は，②を除く3つ）（2条1項）とともに，いわゆるPKO参加5原則（①紛争当事国間で停戦合意が存在すること，②受入国などがわが国の参加に同意していること，③中立的立場が保たれていること，④要件が満たされなくなった場合には派遣した部隊を直ちに撤収できること，⑤武器の使用は必要最小限度とすること）に従って活動を行うべきことを定めている。このうち，国際連携平和安全活動は，2015（平成27）年の平和安全法制整備法による改正により新たに加えられたものであり（16.1.8 集団的自衛権を参照），国際連合平和維持活動以外の枠組みにおいて，国際連合の決議等を受けた受入国の要請などに

基づき行われるものである。

　　憲法9条は自衛権の行使以外の武力の行使を禁止しているので，日本が武力の行使に当たる行為を行うことはできないが，国際平和協力法に基づく国際連合平和維持活動等への参加は，PKO参加5原則により，武器の使用は必要最小限のものに限られており，停戦合意が破れた場合にはわが国の部隊は業務を中断し撤収することなどから，憲法上の禁止される武力の行使に当たらないと解される（政府見解）。

　　国際平和協力法の制定当初は，わが国は，自衛隊の部隊等が行う平和維持隊（Peacekeeping Forces：PKF）のいわゆる本体業務（武力紛争の停止の遵守状況・軍隊の撤退等・武装解除等の監視，緩衝地帯等での駐留・巡回，武器の搬入・搬出の検査・確認，放棄された武器の収集・管理・処分，紛争当事者が行う停戦線などの境界線の設定の援助，紛争当事者間の捕虜交換の援助といった，3条5号イからへまでの国際平和協力業務）は実施しないこととされていたが，わが国が国際平和協力業務の経験を蓄積し内外の広い理解が得られたため，2001（平成13）年12月の同法の改正により，平和維持隊の本体業務の凍結が解除された。それに伴い，国際平和協力業務に従事する自衛官が，自己の管理下に入った者の生命・身体等を防護するために武器を使用できることになった（同法25条）。さらに，2015（平成27）年9月の同法の改正により，自己の管理下にないものの近くで活動する者（外国の軍隊の部隊，国際機関やNGOの職員など）の要請に応じて駆けつけて警護する際にも，武器を使用できるようになった（駆け付け警護）（同法3条5号ラ，26条2項）。

　　国際平和協力法の定める国際平和協力業務（3条5号）のため自衛隊の部隊等を海外へ派遣する場合，内閣総理大臣は，派遣開始前に国会の承認を得なければならない（国際平和協力法6条7項）。

　2001年9月のアメリカ合衆国の同時多発テロ事件を契機に，アフガン戦争（2001年10月〜2021年8月）とイラク戦争（2003年3月〜2011年12月）が勃発したが，その際には，国際連合による決議を踏まえての国際協力という形で，2001（平成13）年に制定されたテロ対策特別措置法（平成13年9月11日のアメリカ合衆国において発生したテロリストによる攻撃等に対応して行われる国際連合憲章の目的達成のための諸外国の活動に対して我が国が実施する措置及び関連する国際連合決議等に基づく人道的措置に関する特別措置法）と2003（平成15）年に制定されたイラク支援特別措置法（イラクにおける人道復興支援活動及び安全確保支援活動の実施に関する特別措置法）に基づき，わが国は，自衛隊を海外に派遣した。前者では，諸外国の軍隊等に対する物品・役務の提供，便宜の供与などの協力支援活動，戦闘行為によって遭難した戦闘参加者の捜索救助活動，食糧・医薬品等の輸送や医療その他の人道的精神に基づく被災民救援活動などが，後者では，被災民の救援・被害の復旧・

復興の支援などの人道復興支援活動，国際連合加盟国による活動を支援するための医療・輸送・補給などの安全確保支援活動などが，それぞれ行われた。

　　憲法9条は自衛権の行使以外の武力の行使を禁止しているので，日本が武力の行使に当たる行為を行うことはできないが，テロ対策特別措置法及びイラク支援特措法に基づく対応措置については，対応措置がそれ自体として武力の行使に当たらず，また，その実施地域が非戦闘地域（現に戦闘行為〔国際的な武力紛争の一環として行われる人を殺傷し又は物を破壊する行為〕が行われておらず，かつ，そこで実施される活動の期間を通じて戦闘行為が行われることがないと認められる地域）に限定されていることなどから，他国の武力の行使と一体化することはない（武器・弾薬の補給・提供や，戦闘作戦行動のために発進準備中の航空機に対する給油・整備は行わない）ため，憲法上の禁止される武力の行使に当たらないと解される（政府見解）。

　　テロ対策特別措置法及びイラク支援特措法に基づく対応措置については，その実施につき国会の承認を得なければならない（不承認の議決があったときは，速やかに対応措置を終了させなければならない）とされていた。また，自衛官は，自己またはその管理の下に入った者等の生命・身体の防衛のために武器の使用ができるとされていた。

　両法とも，必要な都度制定された時限的な特措法であり，すでに失効していたが，これらと同様の事態において国際協力に対処するための恒久法として，2015（平成27）年9月，国際平和支援法（国際平和共同対処事態に際して我が国が実施する諸外国の軍隊等に対する協力支援活動等に関する法律）が制定された。国際平和支援法では，国際平和共同対処事態（国際社会の平和及び安全を脅かす事態であって，その脅威を除去するために国際社会が国際連合憲章の目的に従い共同して対処する活動を行い，かつ，わが国が国際社会の一員としてこれに主体的かつ積極的に寄与する必要があるもの）に際し，国際連合（総会または安全保障理事会）の決議があることを要件として，①協力支援活動（諸外国の軍隊等に対する物品・役務の提供〔武器の提供は行わないものの，弾薬の提供と戦闘作戦行動のために発進準備中の航空機に対する給油・整備を実施できる〕），②捜索救助活動，③船舶検査活動を実施することができるとしている。国際平和共同対処事態のための対応措置については，内閣総理大臣は，実施前に（例外なく）国会の承認を得なければならない（国際平和支援法6条1項）。なお，憲法9条は自衛権の行使以外の武力の行使を禁止しているので，日本が武力の行使に当たる行為を行うことはできない。また，他国の武力の行使との一体化を回避するとともに，自衛隊員の安全を確保するため，現に戦闘行為が行われている現場では活動を実施できない。

第 17 章

憲 法 保 障

17.1 憲法保障の意義

17.1.1 憲法保障の意義

　法律や命令などの法規範は，それが違法な公権力の行使によって規範として歪められるようなことがあれば，より上位の法規範である憲法に基づき矯正することができる。しかし，国の最高法規である憲法は，法律や命令などの下位の法規範とは異なり，より上位の法規範が存在しない。したがって，下位の法規範や違憲的な権力行使によって，憲法の最高法規性が脅かされることが起こりうる。そこで，憲法の最高法規性が歪められることを事前に防止し，あるいは事後に是正するための装置を，あらかじめ憲法秩序の中に内蔵しておく必要がある。このように憲法の最高法規性への侵害を事前に防止し，または事後に是正することを憲法保障という。

　憲法保障の制度には，憲法自身にあらかじめ内蔵されているもの（組織的保障）と，憲法には定められていないが超憲法的な根拠によって認められると解されるもの（未組織的保障）とがある。

　　　そのほかに，刑法の内乱罪（77 条）や破壊活動防止法などの法律によっても，憲法秩序の維持が図られている。

17.1.2 組織的な憲法保障制度

　日本国憲法に規定された組織的憲法保障の制度は，次のとおりである（このうち，（1）〜（4）が事前の予防策で，（5）が事後の是正策である）。

　（1）憲法の最高法規性の宣言（98 条 1 項）　　憲法自らが最高法規であることを

宣言することで，下位の法規範による抵触を認めないことを示すとともに，違憲的な権力行使の発生を牽制する。

（2）権力分立制（41条，65条，76条1項）　　統治権が単一の国家機関に集中するのではなく，複数の機関に分担され，相互に抑制と均衡を図らしめることによって，公権力が違憲的に行使されることを予防する。

（3）公務員の憲法尊重擁護義務（99条）　　天皇，摂政，国務大臣，国会議員，裁判官その他の公務員は，日本国憲法を尊重し，擁護する義務を負う。国家機関を構成する個々の公務員に憲法を尊重し擁護する義務を課すことによって，公権力が違憲的に行使されることを予防する。

（4）憲法改正規定の存在と憲法の硬性性（96条）　　改正規定が存在することによって，憲法改正が必要なときに改正することができ（憲法が可変的である），既存の憲法を全部廃棄せずに済む（もし改正規定が存在しなければ，改正が必要な場合には憲法典全部を廃棄するほかなくなる）とともに，改正手続が困難であることによって（憲法が硬性である），安易な憲法改正を防止することができる（もし憲法改正が容易であれば，不必要な憲法改正が行われる危険が生じる）。

（5）違憲審査制（81条，98条1項）　　裁判所が国家行為の憲法適合性を審査し，違憲的な国家行為を無効とすることで，違憲な公権力の行使を事後的に是正する（違憲審査制については，12.3 違憲審査権の概念を参照）。

17.1.3　未組織的な憲法保障制度

（1）抵抗権　　国家権力が人間の尊厳を侵す重大な不法を行った場合に，国民が，自らの権利・自由を守り，人間の尊厳を確保するため，実定法上の義務（違憲な法律によって課された，本来認められないはずの人権侵害的な義務）を拒否しうる権利をいう。これは，国家が制定する実定法が自然法に違反している場合には，個人は，それに対して抵抗する権利が認められなければならないという自然法思想を起源とする。抵抗権は，憲法を保障する目的で行使されるが，実定法が許容しない実力行使という形でなされる（その本質は非合法であるが，そもそも合法・非合法を判断する基準となる法律自体が自然法の観点から誤っているため，超憲法的に許容されることになる）。抵抗権は，他に合法的な救済手段が不可能になったときに，初めてその行使が認められる。

　　日本国憲法が抵抗権を規定していようともいなくとも，抵抗権は自然権であるか

ら，その行使が必要な場合には，人々がそれを行使することは認められる。なお，国民が基本的人権を「不断の努力によって」保持することを求めている12条から，圧政に対する抵抗権の理念を読み取ることができるという見解が有力である。

（2）国家緊急権　　平時の統治機構をもっては対処できない非常事態（戦争，内乱，恐慌，大規模自然災害など）において，国家の存立を維持するために，国家権力が，立憲的憲法秩序を一時停止して，必要な措置を講じる権限をいう。具体的には，国家存亡の危機の際に，人権保障を停止し人権を広く制限するとともに，権力分立を停止し行政権等へ権力を集中させることである。通説は，国家権力が恣意的に国家緊急権を発動する危険性があり，現に国内外において国家緊急権が濫用されかえって憲法秩序の混乱が生じたことがあるため，国家の自然権として国家緊急権を認めることはできないと解される。なお，明治憲法（大日本帝国憲法）は戒厳大権（14条）と非常大権（31条）という緊急権に関する規定を設けていたが，日本国憲法には，緊急権の規定は設けられていない。

　　なお，非常事態に対応する法律上の制度として，内閣総理大臣による緊急事態の布告（警察法71条），内閣総理大臣による災害緊急事態の布告（災害対策基本法105条），内閣総理大臣による原子力緊急事態宣言の発出（原子力災害対策特別措置法15条2項），政府対策本部長（内閣総理大臣）による新型インフルエンザ等緊急事態宣言の発出（新型インフルエンザ等対策特別措置法32条）がある。このうち，緊急事態の布告と災害緊急事態の布告の場合には，布告の発令から20日以内に国会に付議し承認を求めなければならない（警察法74条，災害対策基本法106条）。また，自衛隊法は，78条以下で，緊急事態に際して一般の警察力をもっては治安を維持できないと認められる場合の内閣総理大臣による自衛隊の治安出動命令について規定している（78条2項は，治安出動命令から20日以内に国会に付議し承認を求めなければならないとしている）。それらに加えて，武力攻撃事態，武力攻撃予測事態，存立危機事態への対処等を定めた事態対処法（武力攻撃事態等及び存立危機事態における我が国の平和と独立並びに国及び国民の安全の確保に関する法律）や，武力攻撃事態等における避難・救援・武力攻撃災害への対処等を定めた国民保護法（武力攻撃事態等における国民の保護のための措置に関する法律）も，非常事態に対応する法律である（事態対処法22条5項は，緊急対処事態対処方針についての閣議決定から20日以内に国会に付議し承認を求めなければならないとしている）。

抵抗権は国家に対する国民の権利であるのに対して，国家緊急権は国家の権限である。抵抗権は憲法上の根拠なく認められるべきであると考えられているのに対して，国家緊急権は憲法上の根拠なく認められるべきではないと解される（通説）。

```
【憲法保障の諸制度】
                    ┌ 憲法の最高法規性の宣言（98条1項）         ┐
         組織的保障 ┤ 権力分立制（41条，65条，76条1項）        ├ 事前予防手段
                    │ 公務員の憲法尊重擁護義務（99条）          │
                    └ 憲法改正規定の存在と憲法の硬性性（96条）  ┘
                    ┌ 違憲審査制（81条，98条1項）              ┐
         未組織的保障┤ 抵抗権　国民の権利　肯定すべき           ├ 事後是正手段
                    └ 国家緊急権　国家の権限　否定すべき       ┘
```

17.2　憲法改正の意義

17.2.1　憲法改正の意義と手続

　憲法改正とは，憲法に定められた改正手続に従い，憲法典中の前文または本文の個別条項を修正・削除・追加し，または条項を新設し増補することによって，憲法を形式的に改変することをいう。憲法改正は，既存の成文憲法を前提としてそこに定められた改正手続によって行われるという点で，元の憲法を廃止して新たな憲法を制定することとは異なる。

　日本国憲法96条は，憲法改正について，(1) 国会が，各議院の総議員の3分の2以上の賛成で発議し，(2) 国民投票によって，過半数の賛成で承認され，(3) 天皇が，国民の名で公布するという3つの手続を定めており，通常の法律等の改正よりも手続をより困難なものとしている（各議院の議決要件を高め，かつ国民投票を要することとしている）。つまり，日本国憲法は硬性憲法である。

　(1) 国会による憲法改正の発議に関して，憲法の改正案の原案を提出する権能（発案権）は，国会議員にある（国会法68条の2は，衆議院では議員100人以上，参議院では議員50人以上の賛成が必要であると規定する）。内閣に憲法改正案の原案の発案権が認められるか否かに関しては，発議権が国会にあるということは発案権者が国会議員に限られるという意味ではないこと，発案権を内閣に認めても審議における国会の自主性が損なわれないこと，議院内閣制においてはそもそも国会と内閣とは協働関係にあることなどから，肯定する見解がある一方で，憲法改正は国民の憲法制定権力（制憲権）の作用であり，通常の法律の改正の場合とは異なることや，発案は発議手続の一部であると考えられ，憲法が国会にのみ発議権を認め

た趣旨を貫徹して，内閣の発案権を否定する見解もある（さらに，内閣の発案権を認めるか否かは，国会が法律で決めるべきとの見解もある）。実際には，内閣を構成する国務大臣は（少なくとも，その過半数は）国会議員であり，その他の議員とともに国会議員としての資格で改正案の原案を提出できるため，内閣の発案権の有無を議論する実益は乏しい。国会議員によって提出された改正案の原案は，両議院の憲法審査会で審査され（同法102条の6），本会議に付され，総議員の3分の2以上の賛成で可決した場合には（憲法改正の発議については，衆議院の優越はない）（憲法96条1項），国会が憲法改正の発議を行い国民に提案したものとされる（両議院での可決をもって国会の発議が成立するため，議決のほかに，発議や国民への提案という特別な行為が行われるわけではない〔国会法68条の5第1項〕）。なお，審議に際して，国会は，原案を自由に修正できる（修正案の提案権については，同法68条の4）。各議院の総議員の3分の2以上の賛成とは，法定議員数（定数）と解すべきか（憲法の硬性性を重視する），現在議員数（定数から，辞職・死亡等の欠員を引いた数）と解すべきかで争いがあるが，後者が通説である（前者と解すれば，欠員の数の議員が反対したことと同じように扱われることになり不合理であるため）。

　(2) 国民による承認について，憲法は，「特別の国民投票又は国会の定める選挙の際行はれる投票」によって行われると規定する（96条1項後段）。国民の承認には，過半数の賛成が必要である。憲法改正に国会による議決だけでなく，それに加えて国民投票による承認を必要とする趣旨は，国民主権の原理と最高法規としての憲法の国民意思による民主的正当化の要請とを確保するためである。ここでいう過半数とは，(i) 有権者総数の過半数（棄権者を含む）か，(ii) 投票総数の過半数（無効票を含む）か，(iii) 有効投票総数の過半数かで争いがあるが，(iii) の見解が通説であり，国民投票法（日本国憲法の改正手続に関する法律）も (iii) の立場を採っている。

　国民投票法は，2007（平成19）年に制定され，2010（平成22）年に施行された。国会による発議がなされると，その60日以後180日以内において，国民投票が行われる（国民投票法2条1項）。その間に国民への広報事務を担当する国民投票広報協議会が国会に設置されるが，これは発議時に各議院の議員であった者の中から選任された各10人の委員で組織する（国会法102条の11，102条の12，国民投票法11条〜19条）。国民投票運動（憲法改正案に対して賛成または反対の投票をし，またはしないよう勧誘する行為）（国民投票法100条の2）は，選挙における選挙運動と比べて規制が緩和されている（文書図画の規制，運動費用の規制，戸別訪問の禁止は規定され

ておらず，特定公務員〔裁判官，検察官，警察官など〕を除く一般の公務員については，個人的に行う賛否の投票等の勧誘行為や憲法改正に関する意見表明は原則として自由である）。改正原案の発議は，内容において関連する事項ごとに区分して行う（国会法 68 条の 3）こととなっており，区分された案につき個別的に投票を行う。投票権者は，満 18 歳以上の国民である（国民投票法 3 条）。賛成の票の数が有効投票総数（賛成投票数と反対投票数の合計数〔同法 98 条 2 項〕）の 2 分の 1 を超えたときは，国民の承認があったとされる（同法 126 条 1 項）。

（3）天皇は，国民の名で公布する（憲法 7 条 1 号，96 条 2 項）。「国民の名で」公布する趣旨は，改正権者である国民の意思による改正であることを明らかにするためである。

なお，全部改正は，（それが現実的か否かは別論として）憲法改正権の限界を越えない限りにおいて，必ずしも排除されているわけではない。

17.2.2　憲法改正の限界

憲法改正権に法的な限界があるか否かについては，議論が分かれている。（1）憲法制定権力（制憲権）は万能であり改正権はその制憲権と同じものであることと，憲法規範には上下の価値序列は認められないということを論拠として，憲法 96 条に規定された改正手続に従えばどのような改正もできるとする改正無限界説もあるが，（2）制憲権によって与えられた憲法改正権は憲法制定権力の主体やその定められた基本原理を変えることができないことを理由に，改正手続によっても一定の事項については改正できないとする改正限界説が通説である（憲法制定権力と憲法改正権との関係については，1.2.2 日本国憲法の基本的原理を参照）。

憲法改正の限界とされるのは，国民主権主義，平和主義，人権尊重主義の 3 つである。すなわち，（1）憲法改正権は制憲権によって生み出されたものである（制憲権は憲法の外にあって憲法を制定する権力である〔実定法上の権力ではない〕が，近代の憲法は，憲法改正の最終決定権を国民に与えるという形で制憲権を憲法典の中に取り込んでいる）から，改正権が自己の存立の基盤というべき制憲権の所在（国民主権）を変更することは理論的に不可能である。また，憲法 96 条の定める憲法改正の際の国民投票制度は，国民の制憲権の思想を具体化したものであるため，これを削除することはできない（憲法改正によって，憲法改正の際に国民投票を不要とする改正を行うことはできない）。（2）近代の憲法の進化を支配してきた平和主義も改正権の範

囲外にあるので，憲法改正によって平和主義を廃棄することは理論的に不可能である。ただし，平和主義の基本原則が維持される限りで，日本国憲法9条の条文そのものを改変することは絶対に不可能であるというわけではない（通説）。(3)人間は生まれながらにして自由であり平等であるという自然権の思想を成文化したものが憲法の人権規定であるから，基本的人権を尊重しなければならないという憲法の根本規範を，憲法改正によって改変することは理論的に不可能である。ただし，人権尊重主義の基本原則が維持される限りで，個々の人権規定を改正することは可能である。

　　改正の限界を超えて改正を行うことは理論的には不可能であるが，現実に改正の限界を超えて改正が行われた場合，それはもはや憲法の改正ではなく，憲法の廃止・新憲法の制定という政治的事件（革命）ということになる。

17.2.3　憲法の変遷

　形式的な改正手続を執らずに，現実社会において，憲法規範の本来の意味を変更するような現実が生起し，それが一定の段階に達したとき，憲法改正と同様の法的効果が生ずると解することができるか否かについては，争いがある。このような憲法の変遷を認める見解は，現実の違憲の状態が継続・反復し，かつそのことに広く国民の同意があるという要件が充足されていれば，当該違憲状態が法的性格を帯び憲法規範を改廃する効力を有する（違憲の実例のほうが法的効力を認められ，それに矛盾する憲法規定のほうが効力を失う）と主張する。法が法として効力を有するには，その法が国民を拘束し国民に遵守を求めるという拘束性と，その法が現実に国民によって遵守されているという実効性の2つの要素が必要であるが，憲法の変遷を認める見解は，実効性のない憲法規範はもはや法とはいえないと解するものである。

　しかし，どの時点で実効性がなくなったのかを確定することは困難であり，また，ある時点で実効性がない（現実に守られていない）憲法規範であっても，法としての拘束性は消滅しておらず，将来，国民意識の変化によって，その法が再び守られるようになることもあるため，憲法の変遷は認められないと解するのが通説的見解である。特に，日本国憲法は硬性憲法であるため，改正手続を採らずに，違憲状態が実定憲法（憲法典）を無効化し憲法としての効力をもつようになるという考えは認められる余地がない。

参 考 文 献

　日本国憲法の解釈論については，非常に多くの概説書等が刊行されており，そ
れらを網羅的に列挙することは困難である。本書の執筆に際して，新しく刊行さ
れたものを含めてさまざまな概説書等を参照したが，特に参考にしたのは，芦部
信喜（高橋和之補訂）『憲法［第7版］』（岩波書店，2019年）と，野中俊彦ほか『憲法
Ⅰ・Ⅱ［第5版］』（有斐閣，2012年）である。他の類書と同様に，本書においても，芦
部教授らによる表現を用いている部分があるが，その理由は，これらの著作にお
いて通説的見解がわかりやすく示されているためである。本書では，教科書とし
ての性質上，引用・参照箇所の出典を逐一明記していないが，芦部教授らをはじ
めとする憲法学の先人たちの学術的業績への敬意を常に抱きつつ執筆した。

　なお，本書で解釈論の基礎を学び終えた読者は，新世社の他のシリーズの憲法
概説書（毛利透『グラフィック憲法入門［第2版］』〔2021年〕，市川正人『基本講義 憲法
［第2版］』〔2022年〕，長谷部恭男『憲法［第8版］』〔2022年〕）をはじめ，他の概説書
等へと学習を進めてほしい。

事 項 索 引

あ 行

アクセス権　104
芦田修正　359
アダムズ方式　205
新しい人権　64
アファーマティブ・アクション　75
委員会中心主義　224
違憲主張の適格　309
違憲審査基準論　43
違憲審査権　299
萎縮の効果　126
一院制　217
一元的外在制約説　39
一元的内在制約説　39
一事不再議の原則　221
一事不再理の原則　169
1項・2項一体論　177
1項・2項分離論　177
1項全面放棄説　359
一般性（法の）　210
一般的行為自由説　63
一般的効力説　317
一票の較差　200
意に反する苦役　161
委任命令　213
委任立法　213
意味論的憲法　4
インカメラ審理　290
インターネット　110
訴えの利益　292, 309
上乗せ条例　345
営業の自由　145
営利的表現　117
LRA の基準　129
公の支配　323
押し付け憲法論　18
恩赦　259

か 行

海外渡航の自由　143
会期　219
会期制　219
会期不継続の原則　220
外国移住の自由　142
外国人　31
解散　269
解散権　270
改正限界説　381
改正無限界説　381
外的行為からする思想推知の禁止　87
会派　249
下級裁判所裁判官指名諮問委員会　278
閣議　259
学習権　182
各省大臣　254
学問研究の自由　99
学問の自由　99
駆け付け警護　374
課税要件法定主義　321
課税要件明確主義　321
家庭裁判所　274
過度の広汎性ゆえに無効　126
簡易裁判所　274
環境権　73
間接選挙　200
間接的・付随的制約　131
間接適用説　60
完全補償説　158
完全連記制　241
観点規制　128
議案　236
議院規則制定権　232
議員資格争訟の裁判権　231
議員懲罰権　232
議員定数不均衡　201
議院内閣制　266
議会　338

機関委任事務　340
機関訴訟　295
議事機関　338
規制目的二分論　148
議席喪失説　250
議席保有説　250
貴族院型　217
羈束裁量説　279
基本権保護義務論　62
基本的人権　20
機能的脆弱性　118
規範的憲法　4
義務　29
義務教育の無償　183
客観訴訟　294
教育権　183
教育の機会均等　183
教育を受ける権利　182
競合的保障説　64
教授の自由　99
行政改革　255
行政各部　252
行政協定　229
行政権　252
行政控除説　252
行政国家現象　12
行政審判　277
行政取極　229
協約憲法　4
許可制　146
居住・移転の自由　141
許容説　32
緊急集会　221
緊急対処事態　368
均衡本質説　269
禁止説　32
欽定憲法　4
勤労者　187
勤労条件法定主義　186
勤労の義務　186
勤労の権利　185
具体的権利　21
具体的権利説　178
具体的事件性　292
具体的な争訟　292
君主　347

経済的自由権　141
警察比例の原則　149
警察目的規制　146
形式的意味の憲法　2
形式的平等　74
刑事施設被収容者　57
刑事補償請求権　174
決算　328
結社　139
　　──の自由　139
血統主義　31
ゲリマンダー　240
検閲　122
元首　348
厳格審査基準　44, 79
厳格な合理性の基準　44, 79, 148
研究発表の自由　99
元号　354
現実の悪意の法理　115
限定されたパターナリスティックな制約
　　37
限定放棄説　359
限定列挙説　76
憲法　2
憲法改正　379
憲法慣習　5
憲法制定権力　10
憲法訴訟　307
　　──の当事者適格　309
憲法尊重擁護義務　377
憲法適合的解釈　313
憲法の自律性　17
憲法の第三者適用　58
憲法の変遷　382
憲法判断回避　311
　　──の準則　310
憲法判例　6
憲法保障　376
憲法問題調査委員会　16
憲法優位説　303
権利一元説　193
権力的契機　10
権力分立主義　12
権力分立制の現代的変容　12
公安条例　137
皇位　349

公共の福祉　39
拘禁　165
合憲限定解釈　312
合憲性推定の原則　147
公権力行使等地方公務員　33
皇室財産　353
皇室典範　347
公衆衛生　176
公人行為　351
硬性憲法　4
交戦権　365
控訴　275
拘束名簿式　240
公的扶助　176
高等裁判所　274
行動を伴う表現　130
公費濫用防止説　323
幸福追求権　63
公平な裁判所　166
後方支援活動　371
公務員　52, 54
　　──に関する当然の法理　32
公務説　193
拷問　170
合理性の基準　44, 78, 147
合理的関連性の基準　130
合理的期間論　202
合理的根拠の基準　80
国際協調主義　372
国際人権規約　24
国際紛争を解決する手段としての戦争　358
国際平和共同対処事態　375
国際平和協力　373
国際連合憲章　24
国際連合平和維持活動　373
国事行為　350
国事行為臨時代行　352
国政調査権　233
国籍　31
国籍離脱の自由　143
告知と聴聞　163
国費支出・国庫債務負担行為国会議決主義
　322
国民　31
国民教育権説　184
国民主権主義　10

国民審査　280
国民投票　214
国民投票運動　380
国民内閣制　268
国民発案　214
国務請求権　172
国務大臣　254
国連軍　372
個人の尊重　63
国歌　354
国会単独立法の原則　212
国会中心立法の原則　212
国家教育権説　184
国家緊急権　378
国家同視説　61
国家独占事業　147
国家賠償請求権　172
国家有機体説　348
国旗　354
国権の発動たる戦争　361
事柄の性質　79
事の性質　151, 156
個別的効力説　317
個別的自衛権　364
固有権説　332
固有性（人権の）　25
固有の意味の憲法　3
根本規範　9

さ　行

在外選挙制度　195
在監者　57
罪刑法定主義　163
最高決定権　11
最高裁判所　274
最高裁判所規則　282
最高責任地位説　212
最高独立性　10
最高法規　8
財産権　154
財政　320
財政状況の報告　328
財政民主主義　320
再任権説　279
裁判員制度　283
裁判官　278

――の職権行使の独立　285
裁判規範　7
裁判所の審査能力　119
裁判所の独立　285
裁判の公開　289
裁判を受ける権利　173
歳費特権　239
差別的表現　115
残虐な刑罰　170
三審制　275
参審制度　284
参政権　27, 191
三段階審査　45
自衛権　363
自衛権行使の3要件　363
自衛権放棄説　363
自衛権留保説　363
自衛戦力肯定説　363
自衛の措置としての武力の行使の新3要件
　　364
自衛力　360
自衛力肯定説　363
私学助成制度　324
資格制　146
事件性　292
自己決定権　70
自己実現の価値　102
自己統治の価値　102
事後法・二重の危険の禁止　168
事実審　275
自主性確保説　323
事情判決の法理　202
私人間効力　58
自制説　296
自然権　21
自然人　30
事前抑制の禁止　120
思想に反する行為の強制の禁止　87
思想の自由市場論　103
思想・良心の自由　86
自治事務　339
執行機関　337
執行命令　213
実質的意味の憲法　2
実質的証拠法則　277
実質的平等　74

執務不能の裁判　280
質問　237
私的自治の原則　59
児童酷使の禁止　187
自白の強要からの自由　168
自白排除法則　168
自白補強法則　168
死票　240
司法行政事務　282
司法権　291
　　――の限界　295
　　――の独立　285
司法国家現象　13
司法事実　314
司法消極主義　300
司法制度改革　285
司法積極主義　300
司法府の独立　285
社会学的代表　216
社会権　27, 174
社会国家　15
社会国家的公共の福祉　40
社会的身分　77
社会福祉　176
社会保険　176
社会保障　175
自由委任　215
集会　134
　　――の自由　134
衆議院の優越　224
宗教　91
宗教上の組織・団体　323
宗教的活動　94
宗教的結社の自由　90
宗教的行為の自由　90
住居等の不可侵　166
自由権　26
自由国家　14
自由国家的公共の福祉　40
私有財産制　154
自由裁量説　279
修正議席保有説　250
自由選挙　199
集団行動の自由　137
集団的自衛権　364
自由の基礎法　7

住民自治　331
住民投票　333, 334
重要影響事態　371
主権　10
取材源の秘匿　108
取材の自由　107
首相公選制　267
主題規制　128
首長　337
首長主義　337
首長制　266
出生地主義　31
純粋代表　216
常会　219
消極国家　14
消極的権利　26
消極目的規制　146
上告　275
少数代表制　240
常設制　219
小選挙区制　240
小選挙区比例代表並立制　241
上訴　275
象徴　346
象徴行為　351
象徴的表現　130
証人審問・喚問権　166
承認説　332
条約　228
条約優位説　303
上諭　18
将来効判決　318
条例　342
職業選択の自由　144
処分違憲　315
処分違法　315
処分審査　49
処分的法律　210
自律権　231
知る権利　103
人格権　66
人格的利益説　63
審級制度　275
信教の自由　90
人権　20
　　──のインフレ化　64

人権尊重主義　11
信仰の自由　90
人種　76
信条　76
人身の自由　160
臣民　15
生活保護制度　176
請願　172
請願権　172
政教分離の原則　93
制限規範　8
制憲権　10
制限選挙　198
制限連記制　241
政策目的規制　146
政治改革　248
政治上の権力　94
政治団体　247
性質説　31
政治的代表　215
政治的美称説　212
政治的マニフェスト説　358
政治部門　273
精神的自由権　85
生存権　175
成典憲法　4
制度依存的権利　49
政党　247
政党国家現象　12
正当性の契機　10
正当な補償　158
制度後退禁止原則　181
制度準拠審査　50
制度説　271
制度的保障　93
制度的保障説　332
性表現　112
性別　77
政令　213
世界人権宣言　24
責任本質説　269
惜敗率　241
世襲制　349
積極国家　15
積極的権利　27
積極的差別解消措置　75

積極目的規制　146
摂政　351
絶対的平等　74
折衷説　184
選挙　239
選挙運動の自由　197
選挙権　193
選挙事項法定主義　240
全国民の代表　215
全体的考察方法　112
選択的夫婦別氏制　84
煽動　116
戦闘行為　375
前文　6
戦力　361
　　──の不保持　359
先例拘束性の原則　6
争議権　189
争議行為　189
総合的判断手法　95
総辞職　265
争訟性　292
相対的平等　74
相当補償説　158
総攬　346
訴訟事件　289
租税　321
租税法律主義　321
存立危機事態　365

た　行

大学の自治　100
対審　289
大選挙区制　240
大統領制　266
大日本帝国憲法　23
代表　215
逮捕　164
多数代表制　240
弾劾裁判　280
単記制　240
団結権　188
団体交渉権　189
団体行動権　189
団体自治　331
地方公共団体　335

地方裁判所　274
地方自治　330
　　──の本旨　331
地方自治特別法　332
地方分権　331
中間審査基準　44
抽象性（法の）　210
抽象的違憲審査制　301
抽象的権利説　177
中選挙区制　241
町村総会　338
懲罰　232
直接請求制度　333
直接選挙　200
直接的制約　131
直接適用説　59
勅令　213
沈黙の自由　86
通信の秘密　105
定義づけ衡量論　112, 114, 115
抵抗権　377
定足数　221
敵意ある聴衆の法理　136
適用違憲　315
手数料　322
天皇　346
統括機関説　212
動議　237
党議拘束　216
同時活動の原則　216
党首討論　224
統帥権　347
統治権　10
統治行為論　296
同輩中の首席　262
投票　240
特定秘密保護法　109
特別会　219
特別権力関係論　51
特別裁判所　276
特別の犠牲　157
独立活動の原則　217
独立行政委員会　262
独立権能説　234
特許制　147
特権　94

届出制　146
奴隷的拘束　161

な 行

内閣　254
内閣不信任決議　264
内在・外在二元的制約説　39
内在的制約説　296
ナシオン主権論　215
7 条説　272
軟性憲法　4
二院制　216
二元説　194
2 項全面放棄説　359
二重の危険の禁止の原則　169
二重の基準論　43, 118
二重のしぼり論　312
二段階審査　78
二段階制保障説　337
二段階制立法政策説　336
日米安全保障体制　369
日米同盟　369
ねじれ判決　312
能動的権利　27

は 行

背景的権利　21
賠償　158
陪審制度　283
漠然性ゆえに無効　126
8 月革命説　18
パブリック・フォーラム論　136
判決事実　314
半大統領制　266
半代表　216
判断過程審査　181
判例　319
判例変更　319
反論文掲載請求権　104
PKO 参加 5 原則　373
比較衡量論　41
非拘束名簿式　240
非訟事件　290
被選挙権　196
非戦闘地域　375
一人一票の原則　200

一人別枠方式　204
非武装自衛権説　363
秘密選挙　199
表決数　222
表現内容規制　127
表現内容中立規制　127
表現の自由　102
平等権　73
平等原則　73
平等選挙　198
比例原則　46
比例代表制　240
プープル主権論　215
不可侵性（人権の）　26
武器の使用　367
福祉国家　15
不敬罪　347
付随的違憲審査制　301
不成典憲法　4
不逮捕特権　238
普通選挙　198
部分社会論　297
普遍性（人権の）　26
不法な逮捕からの自由　164
不法な抑留・拘禁からの自由　165
プライバシーの権利　68, 71
武力攻撃事態　365
武力攻撃予測事態　366
武力なき自衛権説　363
武力による威嚇　361
武力の行使　361, 367
プログラム規定説　177
分限裁判　282
文民　256
文面審査　314
ヘイトスピーチ　116
平和安全法制　364
平和主義　11
平和的生存権　365
別格の首長　262
弁護人依頼権　166
防衛出動　365
法規　210
法源　5
法原理部門　273
法人　34

放送の自由　109
法治主義　13
法定受託事務　339
法定適正手続の保障　163
法的権利　21
法的権利説　177
法的代表　215
法適用平等説　74
報道の自由　106
法内容平等説　74
法の支配　13
法律　8
　——の留保　16
法律委任説　317
法律上の争訟　292
法律審　275
法令違憲判決　314
法令審査　49
傍論　319
補充的保障説　64
補償　158
補助的権能説　234
輔弼　264
本会議中心主義　224

ま 行

マッカーサー草案　16
マッカーサー・ノート　16
未成年者　36
民衆訴訟　294
民主的第二次院型　217
民定憲法　4
無適用説　59
無任所大臣　254
明確性の理論　126
明治憲法　23
明白かつ現在の危険の基準　128
明白性の原則　148
名簿式　240
名目的憲法　4
名誉　67
名誉毀損的表現　113
命令　8
命令委任　215
免責特権　239
目的・効果基準　94

文言説　31
問責決議　264
門地　77

や 行

役員選任権　231
夜警国家　14
野党　224
有権解釈　5
有事　366
有事法制　366
要請説　32
抑留　165
横出し条例　345
予算　325
予算行政説　326
予算法規範説　326
予算法律説　326
与党　220
予備費　328
より制限的でない他の選びうる手段の基準
　129

ら 行

立憲主義　14
立憲的意味の憲法　3
立候補の自由　196
立法権　210
立法事実　314
立法者拘束説　74
立法者非拘束説　74
立法不作為　305
両院協議会　226
両院制　216
良心　287
臨時会　219
令状主義　166
例示列挙説　76
レモン・テスト　96
連記制　241
連邦型　217
労働基本権　188
労働協約　189
労働組合　188
労働者　187
69 条限定説　270

69条説　271
69条非限定説　270
65条説　271

わ 行

わいせつな文書　112
忘れられる権利　111

判 例 索 引

最高裁判所

最大判昭和 23・3・12 刑集 2 巻 3 号 191 頁 ……………………………………… 170
最大判昭和 23・5・5 刑集 2 巻 5 号 447 頁 ……………………………………… 166
最大判昭和 23・6・23 刑集 2 巻 7 号 777 頁 ……………………………………… 170
最大判昭和 23・7・7 刑集 2 巻 8 号 801 頁 ……………………………………… 303
最大判昭和 23・7・29 刑集 2 巻 9 号 1012 頁 …………………………………… 168
最大判昭和 23・7・29 刑集 2 巻 9 号 1045 頁 …………………………………… 167
最大判昭和 23・9・29 刑集 2 巻 10 号 1235 頁（食糧管理法事件）………………… 179
最大判昭和 23・11・17 刑集 2 巻 12 号 1565 頁 ………………………………… 287
最大判昭和 23・12・27 刑集 2 巻 14 号 1934 頁 ………………………………… 167
最大判昭和 24・4・6 刑集 3 巻 4 号 456 頁 ……………………………………… 199
最大判昭和 24・4・20 民集 3 巻 5 号 135 頁 …………………………………… 192
最大判昭和 24・5・18 刑集 3 巻 6 号 839 頁 …………………………………… 117
最大判昭和 24・11・30 刑集 3 巻 11 号 1857 頁 ………………………………… 165
最大判昭和 25・2・1 刑集 4 巻 2 号 73 頁 ……………………………………… 302
最大判昭和 25・9・27 刑集 4 巻 9 号 1805 頁 …………………………………… 170
最判昭和 25・11・9 民集 4 巻 11 号 523 頁 ……………………………………… 199
最大判昭和 25・11・15 刑集 4 巻 11 号 2257 頁（山田鋼業事件）………………… 189
最大判昭和 27・2・20 民集 6 巻 2 号 122 頁 …………………………………… 280
最大判昭和 27・8・6 刑集 6 巻 8 号 974 頁（石井記者事件）……………………… 108
最大判昭和 27・10・8 民集 6 巻 9 号 783 頁（警察予備隊違憲訴訟）……… 293, 301, 362
最判昭和 28・11・17 集民 10 号 455 頁（教育勅語合憲確認訴訟）………………… 292
最大判昭和 28・12・23 民集 7 巻 13 号 1523 頁（農地改革事件）………………… 158
最大判昭和 28・12・23 民集 7 巻 13 号 1561 頁（皇居前広場使用不許可事件）……… 135, 309
最判昭和 29・2・11 民集 8 巻 2 号 419 頁 ……………………………………… 292
最判昭和 29・7・16 刑集 8 巻 7 号 1151 頁 ……………………………………… 168
最大判昭和 29・11・24 刑集 8 巻 11 号 1866 頁（新潟県公安条例事件）…………… 138
最大判昭和 30・1・26 刑集 9 巻 1 号 89 頁 ……………………………………… 150
最大判昭和 30・2・9 刑集 9 巻 2 号 1217 頁 …………………………………… 194
最大判昭和 30・3・23 民集 9 巻 3 号 336 頁 …………………………………… 321
最大判昭和 30・3・30 刑集 9 巻 3 号 635 頁 …………………………………… 198
最大判昭和 30・4・6 刑集 9 巻 4 号 819 頁 ……………………………………… 198
最判昭和 30・4・19 民集 9 巻 5 号 534 頁 ……………………………………… 173
最判昭和 30・4・22 刑集 9 巻 5 号 911 頁 ……………………………………… 283
最大判昭和 30・4・27 刑集 9 巻 5 号 924 頁 …………………………………… 166

最大判昭和30・12・14刑集9巻13号2756頁 ……………………………… 76

最大判昭和30・12・14刑集9巻13号2760頁 ……………………………… 165

最大判昭和31・5・30刑集10巻5号756頁 ………………………………… 276

最大判昭和31・7・4民集10巻7号785頁（謝罪広告事件）……………… 86, 113

最大判昭和32・3・13刑集11巻3号997頁（「チャタレイ夫人の恋人」事件）……… 112

最大判昭和32・6・19刑集11巻6号1663頁 ……………………………… 34

最大判昭和32・12・25刑集11巻14号3377頁 …………………………… 34

最大決昭和33・2・17刑集12巻2号253頁（北海タイムス事件）………… 109

最判昭和33・3・28民集12巻4号624頁（パチンコ球遊器通達課税事件）…… 322

最大判昭和33・9・10民集12巻13号1969頁（帆足計事件）…………… 143, 144

最大判昭和33・10・15刑集12巻14号3305頁（東京都売春取締条例事件）………… 342

最大判昭和34・12・16刑集13巻13号3225頁（砂川事件）………… 229, 296, 303, 358, 363, 370

最判昭和35・3・3刑集14巻3号253頁 …………………………………… 132

最大判昭和35・3・9民集14巻3号355頁（板橋区議会議員除名事件）…… 298

最大判昭和35・6・8民集14巻7号1206頁（苫米地事件）……………… 296

最大決昭和35・7・6民集14巻9号1657頁 ……………………………… 173, 289

最大判昭和35・7・20刑集14巻9号1243頁（東京都公安条例事件）…… 138

最大判昭和35・10・19民集14巻12号2633頁（山北村議会議員懲罰事件）…… 298

最大判昭和36・2・15刑集15巻2号347頁（あん摩師等法違反事件）…… 117

最判昭和36・7・14刑集15巻7号1097頁 ………………………………… 146

最大判昭和37・3・7民集16巻3号445頁（警察法改正無効訴訟）……… 222, 295

最大判昭和37・5・2刑集16巻5号495頁 ………………………………… 168

最大判昭和37・5・30刑集16巻5号577頁（大阪市売春取締条例事件）… 343

最大判昭和37・11・28刑集16巻11号1593頁（第三者所有物事件）…… 163, 310, 315

最大判昭和38・3・27刑集17巻2号121頁 ……………………………… 336

最大判昭和38・5・15刑集17巻4号302頁（加持祈祷事件）…………… 90

最大判昭和38・5・22刑集17巻4号370頁（東大ポポロ事件）………… 99～101

最大判昭和38・6・26刑集17巻5号521頁（奈良県ため池条例事件）… 158, 342

最判昭和39・2・26民集18巻2号343頁（教科書無償訴訟）…………… 183

最判昭和39・5・27民集18巻4号676頁（待命処分無効確認事件）…… 74, 76, 77

最大決昭和40・6・30民集19巻4号1089頁 ……………………………… 174, 290

最判昭和41・2・8民集20巻2号196頁（技術士試験訴訟）…………… 293

最判昭和41・6・23民集20巻5号1118頁（「署名狂やら殺人前科」事件）… 115

最大判昭和41・10・26刑集20巻8号901頁（全逓東京中郵事件）…… 41, 55

最大判昭和42・5・24民集21巻5号1043頁（朝日訴訟）……………… 179, 180, 309, 319

最大判昭和43・11・27刑集22巻2号1402頁（河川附近地制限令事件）…… 158, 159

最大判昭和43・12・4刑集22巻13号1425頁（三井美唄炭鉱労組事件）…… 189, 197

最大判昭和43・12・18刑集22巻13号1549頁（大阪市屋外広告物条例事件）…… 132

最大判昭和44・4・2刑集23巻5号305頁（都教組事件）……………… 41, 55, 312

最大判昭和44・4・23刑集23巻4号235頁 ……………………………… 197

最大判昭和44・6・25刑集23巻7号975頁（夕刊和歌山時事件）……… 115

最大判昭和44・10・15刑集23巻10号1239頁（「悪徳の栄え」事件）… 112, 113

最大決昭和 44・11・26 刑集 23 巻 11 号 1490 頁（博多駅テレビフィルム提出命令事件）
……………………………………………………………………… 41, 106, 108
最大判昭和 44・12・24 刑集 23 巻 12 号 1625 頁（京都府学連事件）……………… 65, 68
最大判昭和 45・6・17 刑集 24 巻 6 号 280 頁 …………………………………………… 132
最大判昭和 45・6・24 民集 24 巻 6 号 625 頁（八幡製鉄事件）……………… 34, 35, 247
最大判昭和 45・9・16 民集 24 巻 10 号 1410 頁 ………………………………………… 58, 71
最大判昭和 47・11・22 刑集 26 巻 9 号 554 頁（川崎民商事件）…………………… 164, 310
最大判昭和 47・11・22 刑集 26 巻 9 号 586 頁（小売商業調整特措法事件）
………………………………………………… 43, 118, 145, 148, 149, 153
最大判昭和 47・12・20 刑集 26 巻 10 号 631 頁（高田事件）………………………… 167
最大判昭和 48・4・4 刑集 27 巻 3 号 265 頁（尊属殺重罰規定違憲訴訟）………… 78, 81, 316, 318
最大判昭和 48・4・25 刑集 27 巻 4 号 547 頁（全農林警職法事件）…………… 42, 56, 189, 312
最判昭和 48・10・18 民集 27 巻 9 号 1210 頁（土地収用法事件）………………… 158
最大判昭和 48・12・12 民集 27 巻 11 号 1536 頁（三菱樹脂事件）……………… 61, 76, 88
最大判昭和 49・11・6 刑集 28 巻 9 号 393 頁（猿払事件）……………… 41, 53, 130, 213
最大判昭和 50・4・30 民集 29 巻 4 号 572 頁（薬事法事件）
………………………… 41, 43, 47, 118, 145, 149, 151, 152, 156, 316
最大判昭和 50・9・10 刑集 29 巻 8 号 489 頁（徳島市公安条例事件）…………… 127, 344
最大判昭和 51・4・14 民集 30 巻 3 号 223 頁（議員定数不均衡訴訟）………… 201～203, 207, 316
最大判昭和 51・5・21 民集 30 巻 5 号 615 頁（旭川学テ事件）…………… 100, 182～184
最大判昭和 51・5・21 民集 30 巻 5 号 1178 頁（岩教組学テ事件）………………… 313
最判昭和 52・3・15 民集 31 巻 2 号 234 頁（富山大学事件〔単位認定〕）……………… 297
最判昭和 52・3・15 民集 31 巻 2 号 280 頁（富山大学事件〔専攻科修了認定〕）……… 298
最大判昭和 52・7・13 民集 31 巻 4 号 533 頁（津地鎮祭事件）………………… 93, 95
最判昭和 53・5・31 刑集 32 巻 3 号 457 頁（外務省秘密電文漏洩事件〔西山記者事件〕）…… 109
最大判昭和 53・7・12 民集 32 巻 5 号 946 頁（国有農地売払特措法事件）……………… 157
最判昭和 53・9・7 刑集 32 巻 6 号 1672 頁 ……………………………………………… 166
最大判昭和 53・10・4 民集 32 巻 7 号 1223 頁（マクリーン事件）………………… 31, 34
最判昭和 54・12・20 刑集 33 巻 7 号 1074 頁 ……………………………………………… 134
最判昭和 55・1・11 民集 34 巻 1 号 1 頁（種徳寺事件）……………………………… 293
最判昭和 55・4・10 判時 973 号 85 頁（本門寺事件）………………………………… 293
最判昭和 55・11・28 刑集 34 巻 6 号 433 頁（「四畳半襖の下張」事件）………… 113
最判昭和 56・3・24 民集 35 巻 2 号 300 頁（日産自動車事件）…………………… 61
最判昭和 56・4・7 民集 35 巻 3 号 443 頁（板まんだら事件）…………………… 292, 293
最判昭和 56・4・14 民集 35 巻 3 号 620 頁（前科照会事件）………………………… 68
最判昭和 56・4・16 刑集 35 巻 3 号 84 頁（月刊ペン事件）………………………… 114
最判昭和 56・6・15 刑集 35 巻 4 号 205 頁（戸別訪問事件）…………… 131, 133, 198
最判昭和 56・7・21 刑集 35 巻 5 号 568 頁 ………………………………………………… 133
最大判昭和 56・12・26 民集 35 巻 10 号 1369 頁（大阪空港訴訟）………………… 73
最大判昭和 57・7・7 民集 36 巻 7 号 1235 頁（堀木訴訟）…………… 177, 179, 180
最判昭和 57・9・9 民集 36 巻 9 号 1679 頁（長沼ナイキ訴訟）………………… 362, 366
最判昭和 57・11・16 刑集 36 巻 11 号 908 頁（佐世保エンタープライズ寄港阻止闘争事件）‥ 139

最大判昭和 58・4・27 民集 37 巻 3 号 345 頁 ………………………………………… 206

最大判昭和 58・6・22 民集 37 巻 5 号 793 頁（よど号ハイジャック記事抹消事件）………… 41, 57

最大判昭和 58・11・7 民集 37 巻 9 号 1243 頁 …………………………………………… 204

最判昭和 59・3・27 刑集 38 巻 5 号 2037 頁 ……………………………………………… 168

最判昭和 59・5・17 民集 38 巻 7 号 721 頁 ……………………………………………… 208

最大判昭和 59・12・12 民集 38 巻 12 号 1308 頁（税関検査事件）………… 122〜125, 127, 313

最大判昭和 59・12・18 刑集 38 巻 12 号 3026 頁（吉祥寺駅構内ビラ配布事件）…………… 133, 136

最大判昭和 60・3・27 民集 39 巻 2 号 247 頁（サラリーマン税金訴訟）………… 78, 79, 82, 321

最大判昭和 60・7・17 民集 39 巻 5 号 1100 頁（議員定数不均衡事件）………… 204, 316, 318

最判昭和 60・10・23 刑集 39 巻 6 号 413 頁（福岡県青少年保護育成条例事件）……… 126, 313

最判昭和 60・11・21 民集 39 巻 7 号 1512 頁（在宅投票制度廃止違憲訴訟）………………… 306

最大判昭和 61・6・11 民集 40 巻 4 号 872 頁（北方ジャーナル事件）

………………………………………………… 41, 65〜67, 114, 121, 123〜125

最判昭和 62・3・3 刑集 41 巻 2 号 15 頁（大分県屋外広告物条例事件）………… 132

最大判昭和 62・4・22 民集 41 巻 3 号 408 頁（森林法事件）………………… 41, 154〜157, 316

最判昭和 62・4・24 民集 41 巻 3 号 490 頁（サンケイ新聞事件）……………………… 105

最判昭和 63・2・16 民集 42 巻 2 号 27 頁（NHK 韓国人名日本語読み訴訟）……………… 67

最大判昭和 63・6・1 民集 42 巻 5 号 277 頁（自衛官合祀訴訟）………………… 66, 97

最判昭和 63・7・15 判時 1287 号 65 頁（麹町中学校内申書訴訟）……………………… 88

最判昭和 63・10・21 判時 1321 号 123 頁 ………………………………………………… 206

最判昭和 63・10・21 民集 42 巻 8 号 644 頁 …………………………………………… 203

最判昭和 63・12・20 判時 1307 号 113 頁（共産党袴田事件）…………………………… 297

最判平成元・1・20 刑集 43 巻 1 号 1 頁 ………………………………………………… 150

最決平成元・1・30 刑集 43 巻 1 号 19 頁（日本テレビ事件）…………………………… 108

最判平成元・3・2 判時 1363 号 68 頁（塩見訴訟）……………………………………… 33

最判平成元・3・7 判時 1308 号 111 頁 ………………………………………………… 150

最大判平成元・3・8 民集 43 巻 2 号 89 頁（法廷メモ訴訟〔レペタ訴訟〕）………… 109, 289

最判平成元・6・20 民集 43 巻 6 号 385 頁（百里基地訴訟）………………… 303, 362, 366

最判平成元・9・19 刑集 43 巻 8 号 785 頁（岐阜県青少年保護育成条例事件）………… 113

最判平成元・11・20 民集 43 巻 10 号 1160 頁 ………………………………………… 352

最判平成元・12・14 刑集 43 巻 13 号 841 頁（どぶろく裁判）………………………… 71

最判平成元・12・21 民集 43 巻 12 号 2252 頁（長崎教師批判ビラ事件）………………… 115

最判平成 2・2・6 訟月 36 巻 12 号 2242 頁（西陣ネクタイ事件）……………………… 154

最判平成 2・3・6 判時 1357 号 144 頁 ………………………………………………… 86

最決平成 2・7・9 刑集 44 巻 5 号 421 頁（TBS 事件）………………………………… 108

最判平成 2・9・28 刑集 44 巻 6 号 463 頁（渋谷暴動事件）…………………………… 117

最決平成 3・3・29 刑集 45 巻 3 号 158 ………………………………………………… 174

最判平成 3・4・19 民集 45 巻 4 号 367 頁（小樽種痘事件）…………………………… 159

最判平成 3・9・3 判時 1401 号 56 頁（東京学館高校バイク自主退学事件）…………… 71

最大判平成 4・7・1 民集 46 巻 5 号 437 頁（成田新法事件）………… 127, 134, 164

最判平成 4・11・16 集民 166 号 575 頁（森川キャサリーン事件）……………………… 34

最判平成 4・12・15 民集 46 巻 9 号 2829 頁（酒類販売免許制事件）…………………… 150

最大判平成 5・1・20 民集 47 巻 1 号 67 頁 ……………………………………… 204
最判平成 5・2・16 民集 47 巻 3 号 1687 頁（箕面忠魂碑・慰霊祭訴訟）…………… 97, 323
最判平成 5・2・26 判時 1452 号 37 頁（ヒッグス・アラン訴訟）………………… 31
最判平成 5・3・16 民集 47 巻 5 号 3483 頁（第一次家永教科書訴訟）………… 41, 124, 125
最判平成 5・6・25 判時 1475 号 59 頁 ………………………………………… 154
最判平成 6・2・8 民集 48 巻 2 号 149 頁（ノンフィクション「逆転」事件）…… 68
最大判平成 7・2・22 刑集 49 巻 2 号 1 頁（ロッキード事件丸紅ルート）……… 262
最判平成 7・2・28 民集 49 巻 2 号 639 頁（定住外国人地方参政権訴訟）…… 11, 31, 32, 319
最判平成 7・3・7 民集 49 巻 3 号 687 頁（泉佐野市民会館事件）………… 129, 135, 136
最判平成 7・5・25 民集 49 巻 5 号 1279 頁（日本新党事件）………………… 251
最大決平成 7・7・5 民集 49 巻 7 号 1789 頁 ………………………………… 82
最判平成 7・12・5 判時 1563 号 81 頁 ……………………………………… 83
最判平成 7・12・15 刑集 49 巻 10 号 842 頁（指紋押捺事件）………………… 68
最決平成 8・1・30 民集 50 巻 1 号 199 頁（オウム真理教解散命令事件）…… 91, 310
最判平成 8・3・8 民集 50 巻 3 号 469 頁（エホバの証人剣道実技拒否事件）… 92, 181
最判平成 8・3・15 民集 50 巻 3 号 549 頁（上尾市福祉会館事件）…………… 136
最判平成 8・3・19 民集 50 巻 3 号 615 頁（南九州税理士会事件）…………… 36
最判平成 8・7・18 判時 1580 号 92 頁 ……………………………………… 197
最判平成 8・7・18 判時 1599 号 53 頁（修徳高校パーマ自主退学事件）…… 71
最大判平成 8・9・11 民集 50 巻 8 号 2283 頁 ………………………………… 206
最判平成 9・3・13 民集 51 巻 3 号 1453 頁 …………………………………… 197
最判平成 9・3・28 判時 1602 号 71 頁 ……………………………………… 200
最大判平成 9・4・2 民集 51 巻 4 号 1673 頁（愛媛玉串料訴訟）………… 95, 317
最判平成 9・9・9 民集 51 巻 8 号 3850 頁（病院長自殺国家賠償請求訴訟）… 239
最判平成 10・3・13 集民 187 号 409 頁 ……………………………………… 31
最判平成 10・4・10 民集 52 巻 3 号 776 頁 …………………………………… 34
最大決平成 10・12・1 民集 52 巻 9 号 1761 頁（寺西判事補分限事件）…… 131, 288
最大判平成 11・3・24 民集 53 巻 3 号 514 頁 ………………………………… 165
最大判平成 11・11・10 民集 53 巻 8 号 1441 頁 ……………………………… 205
最大判平成 11・11・10 民集 53 巻 8 号 1577 頁 ………………………… 50, 79, 244
最大判平成 11・11・10 民集 53 巻 8 号 1704 頁 ……………………………… 244
最決平成 11・12・16 刑集 53 巻 9 号 1327 頁 ………………………………… 106
最判平成 12・2・8 刑集 54 巻 2 号 1 頁（司法書士法事件）………………… 153
最判平成 12・2・29 民集 54 巻 2 号 582 頁（エホバの証人輸血拒否事件）… 71
最大判平成 14・2・13 民集 56 巻 2 号 331 頁（証券取引法事件）…………… 156
最判平成 14・4・25 判時 1785 号 31 頁（群馬司法書士会事件）…………… 36
最大判平成 14・7・11 民集 56 巻 6 号 1204 頁（鹿児島大嘗祭訴訟）……… 97
最大判平成 14・9・11 民集 56 巻 7 号 1439 頁（郵便法免責規定事件）… 173, 316
最判平成 14・9・24 判時 1324 号 5 頁（「石に泳ぐ魚」事件）……………… 125
最判平成 15・3・14 民集 57 巻 3 号 229 頁（長良川リンチ殺人事件報道訴訟）… 107
最判平成 15・9・12 民集 57 巻 8 号 973 頁（早稲田大学江沢民講演会参加者名簿事件）… 69
最大判平成 16・1・14 民集 58 巻 1 号 1 頁 …………………………………… 246

最大判平成 16・1・14 民集 58 巻 1 号 56 頁 ………………………………… 182

最判平成 16・4・13 刑集 58 巻 4 号 247 頁 ……………………………………… 168

最判平成 16・7・15 民集 58 巻 5 号 1615 頁（「新・ゴーマニズム宣言」事件）……… 115

最判平成 16・11・25 民集 58 巻 8 号 2326 頁（生活ほっとモーニング事件）…… 105

最大判平成 17・1・26 民集 59 巻 1 号 128 頁（東京都管理職選考受験訴訟）…… 11, 32, 33

最判平成 17・4・14 刑集 59 巻 3 号 259 頁 ……………………………………… 167, 290

最判平成 17・7・14 民集 59 巻 6 号 1569 頁（船橋市西図書館蔵書廃棄事件）……… 66, 104

最大判平成 17・9・14 民集 59 巻 7 号 2087 頁（在外国民選挙権訴訟）… 11, 50, 193, 196, 307, 316

最判平成 18・2・7 民集 60 巻 2 号 401 頁（呉市教研集会事件）……………… 137, 182

最大判平成 18・3・1 民集 60 巻 2 号 587 頁（旭川市国民健康保険条例違憲訴訟）…… 211, 322

最判平成 18・6・23 判時 1940 号 122 頁 ………………………………………… 98

最決平成 18・10・3 民集 60 巻 8 号 2647 頁（NHK 記者嘱託証人尋問証言拒否事件）… 108

最判平成 19・2・27 民集 61 巻 1 号 291 頁（ピアノ伴奏拒否事件）…………… 89

最判平成 19・9・18 刑集 61 巻 6 号 601 頁（広島市暴走族追放条例事件）…… 127, 313

最判平成 19・9・28 民集 61 巻 6 号 2345 頁（学生無年金障害者訴訟）……… 78

最判平成 20・3・6 民集 62 巻 3 号 665 頁（住基ネット訴訟）………………… 65, 69

最判平成 20・4・11 刑集 62 巻 5 号 1217 頁（立川反戦ビラ配布事件）……… 133

最大判平成 20・6・4 民集 62 巻 6 号 1367 頁（国籍法 3 条 1 項違憲訴訟）…… 79, 83, 316

最決平成 21・1・15 民集 63 巻 1 号 46 頁 ……………………………………… 291

最判平成 21・11・30 刑集 63 巻 9 号 1765 頁（葛飾政党ビラ配布事件）…… 78, 133

最大判平成 22・1・20 民集 64 巻 1 号 1 頁（空知太神社訴訟）……………… 95, 317

最大判平成 23・3・23 民集 65 巻 2 号 755 頁 …………………………………… 205

最判平成 23・5・30 民集 65 巻 4 号 1780 頁（起立斉唱拒否事件）…………… 89

最大判平成 23・11・16 刑集 65 巻 8 号 1285 頁（裁判員制度違憲訴訟）…… 11, 284, 310

最判平成 24・2・28 民集 66 巻 3 号 1240 頁（老齢加算廃止違憲訴訟）…… 181

最大判平成 24・10・17 民集 66 巻 10 号 3357 頁 ……………………………… 206

最判平成 24・12・7 刑集 66 巻 12 号 1337 頁（堀越事件）………………… 43, 54, 313

最判平成 24・12・7 刑集 66 巻 12 号 1722 頁（宇治橋事件）……………… 54

最判平成 25・1・11 民集 67 巻 1 号 1 頁（医薬品ネット販売規制違憲訴訟）…… 214

最判平成 25・3・21 民集 67 巻 3 号 438 頁（神奈川県臨時特例企業税事件）…… 343

最大決平成 25・9・4 民集 67 巻 6 号 1320 頁（非嫡出子相続分規定違憲訴訟）…… 77, 82, 316

最大判平成 25・11・20 民集 67 巻 8 号 1503 頁 ……………………………… 205

最大判平成 25・11・20 判例集未登載 ………………………………………… 318

最決平成 26・7・9 判時 2241 号 20 頁 ………………………………………… 310

最大判平成 26・11・26 民集 68 巻 9 号 1363 頁 ……………………………… 206

最判平成 27・11・25 民集 69 巻 7 号 2035 頁 ………………………………… 205

最判平成 27・12・3 刑集 69 巻 8 号 815 頁 …………………………………… 169

最大判平成 27・12・16 民集 69 巻 8 号 2427 頁（再婚禁止期間規定違憲訴訟）…… 84, 316

最大判平成 27・12・16 民集 69 巻 8 号 2586 頁（夫婦同氏制違憲訴訟）……… 84

最判平成 28・12・15 判時 2328 号 24 頁（京都府風俗案内所規制条例事件）…… 117

最決平成 29・1・31 民集 71 巻 1 号 63 頁 ……………………………………… 111

最大判平成 29・3・15 刑集 71 巻 3 号 13 頁（GPS 捜査違憲訴訟）………… 166

最大判平成 29・9・27 民集 71 巻 7 号 1139 頁 ……………………………………………… 207
最大判平成 29・12・6 民集 71 巻 10 号 1817 頁（NHK 受信料訴訟）………………… 110
最大決平成 30・10・17 民集 72 巻 5 号 890 頁（第一次岡口判事分限事件）………… 282
最大判令和 2・11・18 民集 74 巻 8 号 2111 頁 …………………………………………… 247
最大判令和 2・11・25 民集 74 巻 8 号 2229 頁（岩沼市議会議員懲罰事件）…… 298, 331
最大判令和 3・2・24 民集 75 巻 2 号 29 頁（那覇市孔子廟訴訟）…………………… 98
最判令和 3・3・18 民集 75 巻 3 号 552 頁（要指導医薬品ネット販売規制違憲訴訟）………… 153
最判令和 4・2・7 民集 76 巻 2 号 101 頁（平成医療学園訴訟）……………………… 154
最判令和 4・2・15 民集 76 巻 2 号 190 頁（大阪市ヘイトスピーチ対処条例事件）…………… 116
最大判令和 4・5・25 民集 76 巻 4 号 711 頁（在外国民国民審査権訴訟）………… 191, 196, 316
最判令和 5・2・21 判例集未登載（金沢市庁舎前広場事件）………………………… 137

高等裁判所

札幌高判昭和 30・8・23 高刑集 8 巻 6 号 845 頁 ……………………………………… 234
東京高判昭和 34・12・26 判時 213 号 46 頁（昭和電工事件）……………………… 261
名古屋高判昭和 46・5・14 判時 630 号 7 頁（津地鎮祭事件控訴審判決）………… 91
大阪高判昭和 50・11・10 判タ 330 号 161 頁（堀木訴訟控訴審判決）…………… 177
札幌高判昭和 51・8・5 判時 821 号 21 頁（長沼ナイキ訴訟控訴審判決）…… 362, 366
仙台高判平成 3・1・10 判時 1370 号 3 頁（岩手靖国訴訟）………………………… 98
福岡高判平成 4・2・28 判時 1426 号 85 頁 …………………………………………… 98
東京高判平成 4・12・18 判時 1445 号 3 頁 …………………………………………… 159
東京高判平成 9・6・18 判時 1618 号 69 頁 …………………………………………… 237
東京高判平成 10・2・9 判時 1629 号 34 頁（エホバの証人輸血拒否事件控訴審判決）………… 71
名古屋高判平成 20・4・17 判時 2056 号 74 頁（イラク派遣違憲訴訟）………… 312, 366
広島高判平成 25・3・25 判時 2185 号 25 頁 ………………………………………… 318

地方裁判所・簡易裁判所

東京地決昭和 29・3・6 判時 22 号 3 頁 ………………………………………………… 238
東京地判昭和 38・11・12 判タ 155 号 143 頁 ………………………………………… 211
東京地判昭和 39・9・28 判時 385 号 12 頁（「宴のあと」事件）…………………… 68
札幌地判昭和 42・3・29 判時 476 号 25 頁（恵庭事件）…………………………… 312, 362
旭川地判昭和 43・3・25 判時 514 号 20 頁（猿払事件第 1 審判決）……………… 315
東京地判昭和 45・7・17 判時 604 号 29 頁（第二次家永教科書訴訟）…………… 317
東京地判昭和 46・11・1 判時 646 号 26 頁（全逓プラカード事件〔本所郵便局事件〕）……… 317
札幌地判昭和 48・9・7 判時 712 号 24 頁（長沼ナイキ訴訟第 1 審判決）………… 362, 366
神戸簡判昭和 50・2・20 判時 768 号 3 頁（牧会活動事件）………………………… 91
東京地判昭和 55・7・24 判時 982 号 3 頁（日商岩井事件）……………………… 235, 236
京都地判昭和 59・3・30 判時 1115 号 51 頁（京都市古都保存協力税条例事件）………… 92
東京地判昭和 59・5・18 判時 1118 号 28 頁 ………………………………………… 159
東京地判昭和 61・3・20 判時 1185 号 67 頁（日曜日授業参観事件）…………… 92
大阪地判昭和 62・9・30 判時 1255 号 45 頁 ………………………………………… 159
熊本地判平成 13・5・11 判時 1748 号 30 頁 ………………………………………… 142

福岡地判平成 16・4・7 判時 1859 号 76 頁（小泉靖国訴訟）………………………… 312
京都地判平成 23・4・21 判例集未登載（京都朝鮮第一初等学校事件〔刑事事件〕）………… 116
東京地判平成 25・3・14 判時 217 号 3 頁 …………………………………………… 194
京都地判平成 25・10・7 判時 2208 号 74 頁（京都朝鮮第一初等学校事件〔民事事件〕）……… 116

　裁判官弾劾裁判所

裁判官弾劾裁判所判決平成 13・11・28 …………………………………………………… 281

著者紹介

柳瀬　昇（やなせ　のぼる）

1977 年神奈川県横浜市生まれ。2000 年慶應義塾大学法学部卒業。2002 年同大学大学院法学研究科前期博士課程修了。2006 年同大学大学院政策・メディア研究科後期博士課程単位取得退学。修士（法学），博士（政策・メディア）（慶應義塾大学）。信州大学全学教育機構講師，准教授，駒澤大学法学部准教授，日本大学法学部准教授を経て，現在，日本大学法学部教授。慶應義塾大学非常勤講師（法学部，法科大学院）。カリフォルニア大学バークレー校客員研究員。主要著書として，『裁判員制度の立法学──討議民主主義理論に基づく国民の司法参加の意義の再構成』（日本評論社，2009 年），『熟慮と討議の民主主義理論──直接民主制は代議制を乗り越えられるか』（ミネルヴァ書房，2015 年），『教育判例で読み解く憲法［第 2 版］』（学文社，2021 年）。

ライブラリ 今日の法律学＝1

憲 法

2023年8月10日 ⓒ　　　　　　　　　　　　初 版 発 行

著　者　柳　瀬　　昇　　　　発行者　森　平　敏　孝
　　　　　　　　　　　　　　　印刷者　篠　倉　奈緒美
　　　　　　　　　　　　　　　製本者　小　西　惠　介

【発行】　　　　　　　株式会社　新世社
〒151-0051　東京都渋谷区千駄ヶ谷1丁目3番25号
編集 ☎(03) 5474-8818 (代)　　　サイエンスビル

【発売】　　　　　　　株式会社　サイエンス社
〒151-0051　東京都渋谷区千駄ヶ谷1丁目3番25号
営業 ☎(03) 5474-8500 (代)　　振替 00170-7-2387
FAX ☎(03) 5474-8900

印刷　(株)ディグ　　　　製本　(株)ブックアート
《検印省略》

サイエンス社・新世社のホームページのご案内
https://www.saiensu.co.jp
ご意見・ご要望は
shin@saiensu.co.jp まで.

ISBN 978-4-88384-372-5

PRINTED IN JAPAN

新法学ライブラリ 2

憲 法
第8版

長谷部恭男 著
A5判／512頁／本体3,450円（税抜き）

日本において現に機能している憲法が何か，に重点をおいて記述する長谷部憲法学テキスト最新版。NHK受信料訴訟，岩沼市議会議員出席停止事件，孔子廟事件等に関する新たな判例についての記述を加えるとともに，平和主義，立法の意義，予算，裁判官の良心等，各所で説明の加除補正を行った。

【主要目次】
Ⅰ 憲法の基本原理（憲法とは何か／日本憲法史／平和主義／天皇制）
Ⅱ 憲法上の権利保障（権利保障の基本問題／包括的基本権／平等／自由権／社会権／参政権／国務請求権）
Ⅲ 統治機構（国会／内閣／裁判所／地方自治）

発行　新世社　　　発売　サイエンス社